普通高等教育土建类系列教材

结 构 力 学

主编　杨建功　路　维　张子静
参编　王邵臻　孙雪兵　艾海英

机械工业出版社

本书是根据高等学校土木工程专业本科教育培养目标和培养方案及结构力学课程教学大纲的要求编写的。全书共 10 章，内容包括绪论、平面体系的机动分析、静定梁与静定刚架、静定拱、静定平面桁架和组合结构、结构位移计算、力法、位移法、渐近法、影响线及其应用。本书紧密结合工程结构，将抽象的力学图形与实际结构相关联，以便读者理解、掌握和灵活运用结构力学的基本概念、基本原理和计算方法。

本书既可作为高等学校土建类、水利类专业本科生结构力学课程的教材，也可作为土建类及水利类行业从业人员的参考书。

图书在版编目（CIP）数据

结构力学 / 杨建功，路维，张子静主编. -- 北京：机械工业出版社，2024. 10. --（普通高等教育土建类系列教材）. -- ISBN 978-7-111-77093-0

Ⅰ. O342

中国国家版本馆 CIP 数据核字第 202422EC75 号

机械工业出版社（北京市百万庄大街 22 号　邮政编码 100037）
策划编辑：马军平　　　　　　　责任编辑：马军平
责任校对：李　杉　张　薇　　　封面设计：张　静
责任印制：张　博
北京新华印刷有限公司印刷
2025 年 5 月第 1 版第 1 次印刷
184mm×260mm・17 印张・421 千字
标准书号：ISBN 978-7-111-77093-0
定价：59.00 元

电话服务　　　　　　　　　　网络服务
客服电话：010-88361066　　　机　工　官　网：www.cmpbook.com
　　　　　010-88379833　　　机　工　官　博：weibo.com/cmp1952
　　　　　010-68326294　　　金　书　网：www.golden-book.com
封底无防伪标均为盗版　机工教育服务网：www.cmpedu.com

前　言

本书以教育部高等学校力学基础课程教学指导委员会制订的"结构力学课程教学基本要求"为依据，以结构力学的基本概念、基本原理和计算方法为突破口，紧密结合工程实际结构，着重培养学生分析问题、解决问题的能力。

"结构力学"是土木工程专业一门重要的专业基础课。它以"高等数学""理论力学""材料力学"等课程为基础；同时，它又是"混凝土结构设计原理""钢结构设计原理""土力学与地基基础""结构抗震""砌体结构"等专业课程的基础。该课程在专业基础课与专业课之间起着承上启下的作用。本书内容根据应用型本科院校的整体建设规划目标及发展方向，针对应用型人才培养编写。应用型本科院校的人才培养目标是以通识教育为基础，培养学生理论联系实际，用其所掌握的知识和技术解决实际问题的能力。因此，本书每一章都结合实际工程结构，对基本理论进行介绍，内容简明扼要，既方便教师教学，也方便学生自学。本书未编写动力学部分。

本书获得北京科技大学天津学院资助出版。全书由杨建功、路维、张子静担任主编，王邵臻、孙雪兵、艾海英担任参编。具体编写分工：杨建功负责第 7~9 章的编写；路维负责第 3~6 章的编写；张子静负责第 2 章和第 10 章的编写；王邵臻、孙雪兵、艾海英负责第 1 章的编写。

限于编者水平，书中不足之处在所难免，敬请广大读者批评指正，以便我们进一步补充完善。

编　者

二维码清单

名称	二维码	名称	二维码	名称	二维码
1 结构的计算简图		7 截面法求解静定平面桁架		13 超静定结构的位移计算	
2 几何不变体系的基本组成规则		8 位移计算的一般公式		14 位移法的基本概念	
3 单跨静定梁		9 荷载作用下静定结构的位移计算		15 基本未知量数目的确定	
4 静定平面刚架		10 图乘法		16 力矩分配法的基本原理	
5 静定拱概述		11 超静定结构概念和超静定次数的确定		17 用静力法绘制静定结构的影响线	
6 结点法求解静定平面桁架		12 力法的基本概念和力法方程		18 用机动法绘制影响线	

目 录

前言
二维码清单
第 1 章　绪论 ……………………………………… 1
　内容提要 …………………………………………… 1
　基本要求 …………………………………………… 1
　导入案例 …………………………………………… 1
　1.1　结构力学的研究对象、任务和学习
　　　　方法 …………………………………………… 2
　1.2　荷载的分类 …………………………………… 3
　1.3　结构的计算简图 ……………………………… 4
　1.4　结构的分类 …………………………………… 11
　本章小结 …………………………………………… 14
　思考与讨论 ………………………………………… 14
　习题 ………………………………………………… 15
第 2 章　平面体系的机动分析 …………………… 16
　内容提要 …………………………………………… 16
　基本要求 …………………………………………… 16
　导入案例 …………………………………………… 16
　2.1　概述 …………………………………………… 17
　2.2　几何不变体系的基本组成规则 ……………… 20
　2.3　瞬变体系 ……………………………………… 23
　2.4　机动分析示例 ………………………………… 25
　本章小结 …………………………………………… 29
　思考与讨论 ………………………………………… 29
　习题 ………………………………………………… 30
第 3 章　静定梁与静定刚架 ……………………… 34
　内容提要 …………………………………………… 34
　基本要求 …………………………………………… 34
　导入案例 …………………………………………… 34
　3.1　单跨静定梁 …………………………………… 35
　3.2　多跨静定梁 …………………………………… 42
　3.3　静定平面刚架 ………………………………… 47

　本章小结 …………………………………………… 55
　思考与讨论 ………………………………………… 56
　习题 ………………………………………………… 56
第 4 章　静定拱 …………………………………… 62
　内容提要 …………………………………………… 62
　基本要求 …………………………………………… 62
　导入案例 …………………………………………… 62
　4.1　概述 …………………………………………… 63
　4.2　三铰拱的内力计算 …………………………… 64
　4.3　三铰拱的合理拱轴线 ………………………… 69
　本章小结 …………………………………………… 73
　思考与讨论 ………………………………………… 73
　习题 ………………………………………………… 73
第 5 章　静定平面桁架和组合结构 ……………… 76
　内容提要 …………………………………………… 76
　基本要求 …………………………………………… 76
　导入案例 …………………………………………… 76
　5.1　概述 …………………………………………… 77
　5.2　结点法求解静定平面桁架 …………………… 79
　5.3　截面法求解静定平面桁架 …………………… 82
　5.4　联合法求解静定平面桁架 …………………… 84
　5.5　组合结构的计算 ……………………………… 87
　本章小结 …………………………………………… 89
　思考与讨论 ………………………………………… 90
　习题 ………………………………………………… 90
第 6 章　结构位移计算 …………………………… 94
　内容提要 …………………………………………… 94
　基本要求 …………………………………………… 94
　导入案例 …………………………………………… 94
　6.1　概述 …………………………………………… 95
　6.2　变形体系的虚功原理 ………………………… 96
　6.3　位移计算的一般公式——单位

荷载法 ………………………………… 104
6.4　荷载作用下静定结构的位移计算 …… 107
6.5　图乘法 …………………………………… 111
6.6　温度变化时静定结构的位移计算 …… 117
6.7　支座移动时静定结构的位移计算 …… 120
6.8　线弹性结构的互等定理 ……………… 120
本章小结 ……………………………………… 123
思考与讨论 …………………………………… 124
习题 …………………………………………… 125

第7章　力法　128
内容提要 ……………………………………… 128
基本要求 ……………………………………… 128
导入案例 ……………………………………… 128
7.1　超静定结构概念和超静定次数的
　　　确定 …………………………………… 129
7.2　力法的基本概念和力法方程 ………… 132
7.3　用力法计算超静定梁和刚架 ………… 137
7.4　用力法计算超静定桁架和组合结构 … 143
7.5　两铰拱及系杆拱 ……………………… 146
7.6　最后内力图的校核 …………………… 151
7.7　温度变化时和支座移动时超静定
　　　结构的计算 …………………………… 153
7.8　对称性的利用 ………………………… 158
7.9　超静定结构的位移计算 ……………… 165
本章小结 ……………………………………… 168
思考与讨论 …………………………………… 169
习题 …………………………………………… 170

第8章　位移法　176
内容提要 ……………………………………… 176
基本要求 ……………………………………… 176
导入案例 ……………………………………… 176
8.1　位移法的基本概念 …………………… 177
8.2　等截面直杆的转角位移方程 ………… 177
8.3　基本未知量数目的确定 ……………… 183
8.4　位移法的典型方程及计算步骤 ……… 184
8.5　位移法应用举例 ……………………… 187
8.6　直接利用平衡条件建立位移法方程 … 191

8.7　对称性的利用 ………………………… 192
本章小结 ……………………………………… 195
思考与讨论 …………………………………… 195
习题 …………………………………………… 196

第9章　渐近法　200
内容提要 ……………………………………… 200
基本要求 ……………………………………… 200
导入案例 ……………………………………… 200
9.1　概述 …………………………………… 201
9.2　力矩分配法的基本原理 ……………… 201
9.3　用力矩分配法计算连续梁和无侧移
　　　刚架 …………………………………… 207
9.4　无剪力分配法 ………………………… 212
9.5　剪力分配法 …………………………… 216
本章小结 ……………………………………… 221
思考与讨论 …………………………………… 222
习题 …………………………………………… 222

第10章　影响线及其应用　226
内容提要 ……………………………………… 226
基本要求 ……………………………………… 226
导入案例 ……………………………………… 226
10.1　概述 ………………………………… 227
10.2　用静力法绘制静定结构的影响线 …… 228
10.3　用机动法绘制影响线 ……………… 232
10.4　间接荷载作用下的影响线 ………… 235
10.5　桁架的影响线 ……………………… 237
10.6　利用影响线求量值 ………………… 240
10.7　最不利荷载位置 …………………… 242
10.8　简支梁的绝对最大弯矩及内力
　　　 包络图 ………………………………… 247
10.9　超静定结构影响线作法概述 ……… 250
10.10　连续梁的内力包络图 ……………… 252
本章小结 ……………………………………… 255
思考与讨论 …………………………………… 255
习题 …………………………………………… 256

附录　部分习题参考答案 ………………… 260
参考文献 …………………………………… 266

第1章 绪　　论

内容提要

结构定义，结构力学的研究对象、主要任务，荷载分类，结构的计算简图，结构的分类。

基本要求

了解结构力学研究对象，荷载、结点及支座的分类，结构计算简图的简化。

导入案例

天下第一桥——赵州桥

赵州桥（图1-1）建于隋朝开皇、大业年间，由著名匠师李春设计建造，距今已有1400多年，是当今世界上现存第二早（还有一座小商桥）、保存最完整的古代单孔敞肩石拱桥。赵州桥是古代劳动人民智慧的结晶，开创了中国桥梁建造的新局面。赵州桥桥长64.40m，跨径37.20m，拱圈矢高7.23m，两端宽9.6m。桥的设计完全合乎科学原理，施工技术更是巧妙绝伦。

图1-1　赵州桥

赵州桥的特点:

1) 全桥只有一个大拱,长达 37.4m,在当时可算是世界上最长的石拱。桥洞不是普通半圆形,而是像一张弓,因而大拱上面的道路没有陡坡,便于车马上下。

2) 大拱的两肩上,各有两个小拱。这是创造性的设计,不但节约了石料,减轻了桥身的重量,而且在河水暴涨的时候,还可以增加桥洞的过水量,减轻洪水对桥身的冲击。同时,拱上加拱,桥身也更美观。

3) 大拱圈由 28 条并列的石拱圈拼成,就像这么多同样形状的弓合拢在一起,做成了一个弧形的桥洞。每条石拱圈都能独立支撑上面的重量,一条石拱圈坏了,其他各条不会受到影响。

4) 全桥结构匀称,和四周景色配合得十分和谐;桥上的石栏石板也雕刻得古朴美观。唐朝的张鷟说,远望这座桥就像"初月出云,长虹引涧"。赵州桥高度的技术水平和不朽的艺术价值,充分显示出了我国劳动人民的智慧和力量。赵州桥的设计构思和工艺的精巧,不仅在我国古桥中是首屈一指,据世界桥梁的考证,像这样的敞肩拱桥,欧洲到 19 世纪中期才出现,比我国晚了一千二百多年。

思考:在当时的社会经济条件下,赵州桥的结构设计思路及其优缺点。

1.1 结构力学的研究对象、任务和学习方法

1. 结构的定义

建筑物或构筑物中能够发挥承受、传递荷载的骨干作用的部分被称为工程结构,简称结构。结构的形式多种多样。例如,在房屋建筑中,梁、板、柱、剪力墙等构件形成的房屋结构体系,图 1-2 为单层厂房简图;在水工建筑中,承受水压力的闸门和水坝,图 1-3 为长江三峡水电站;铁路和公路上的隧道、桥梁、涵洞等,图 1-4 为港珠澳大桥。这些都称为结构。

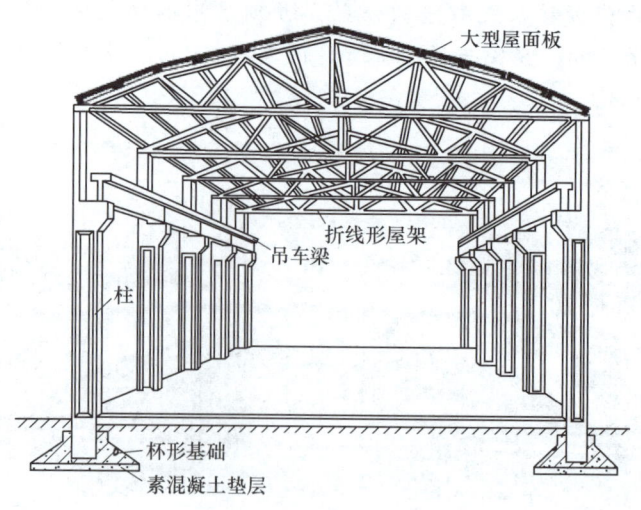

图 1-2 单层厂房简图

图1-3　长江三峡水电站

图1-4　港珠澳大桥

2. 结构力学的任务

1）研究结构的组成规则、合理形式和计算简图的合理选择等问题。研究组成规则的目的是保证结构各部分既不发生相对的刚体运动，又能够承担荷载维持平衡；讨论结构的合理形式，是为了有效利用材料，充分发挥其力学性能；合理选择计算简图的目的是既反映结构的总体特征，又能够简化结构计算。

2）研究结构在荷载等因素作用下的内力和变形的计算方法，对结构的强度和刚度进行验算。内力和变形计算的目的是为强度、刚度计算提供依据；验算强度在于保证结构的安全性和经济性；验算刚度在于保证结构不发生过大变形，结构始终处于正常使用极限状态内。

3）研究结构的稳定性和动力荷载作用下的结构反应等问题。

3. 结构力学与其他课程的关系

结构力学是一门承上启下的专业基础课程，它在结构、道路、桥梁、水利和地下工程等专业的学习中占有重要地位。结构力学是以高等数学、理论力学和材料力学等先修课为基础，为学习钢筋混凝土结构、砌体结构、钢结构、土力学、地基基础、工程结构抗震设计、高层结构设计、土木工程施工及桥梁工程、隧道工程等后继专业课程提供理论基础和计算分析方法。因此，结构力学在整个专业课程体系中发挥着连接基础课程与专业课程的桥梁作用。

在本科阶段，力学主要涉及基础知识或基本知识部分，具体包括理论力学、材料力学、结构力学和弹（塑）性力学。通常，人们把理论力学、材料力学、结构力学称为"三大力学"。理论力学重点研究物体机械运动的基本规律；材料力学、结构力学和弹（塑）性力学重点研究结构及其构件的强度、刚度、稳定性和动力反应等问题，其中材料力学主要研究单根杆件的拉压、剪切、弯曲和扭转四种主要变形形式，结构力学以杆件结构为研究对象，主要研究整个结构在荷载作用下的受力及变形问题，弹（塑）性力学主要研究弹性和弹塑性物体应力和变形规律。结构力学、理论力学、材料力学、弹（塑）性力学之间关系非常密切，学习好理论力学和材料力学，能够熟练运用相关基本理论、知识和方法，是进一步学好结构力学的前提和基础。

1.2　荷载的分类

荷载是结构上各种作用的统称。

1.2.1 按荷载作用时间的久暂分类

1. 恒载

永久作用在结构上的不变荷载称为恒载。例如，结构本身的自重及永久固定在结构上的设备重量等。在结构的使用阶段，上述荷载的大小、位置和方向均不发生改变。

2. 活载

临时作用在结构上的可变荷载称为活载。例如，列车、起重机荷载，人群、风和雪荷载等。

在具体进行结构计算时，通常把恒载及有些活载（如人群、风和雪荷载）在结构上的作用位置视作固定的，这类荷载又称为固定荷载。有些活载（如起重机、汽车和列车荷载）在结构上的作用位置是移动的，这类荷载又称为移动荷载。

1.2.2 按荷载作用的性质分类

1. 静力荷载

静力荷载是指大小、位置和方向并不随时间而变化的荷载，荷载的加载过程比较缓慢，一般设想由零逐渐增加到最终值。因此在静力荷载作用下，认为结构上的质量并不产生显著的加速度和相应的惯性力，从而不会使结构引起振动。结构的自重和其他恒载都是静力荷载的实例。

2. 动力荷载

动力荷载是指随时间迅速变化的荷载，在动力荷载作用下，结构的质量将产生显著的加速度和相应的惯性力，因而引起结构明显的运动或振动。例如，机器运转时由于偏心质量的存在所产生的荷载、地震时由于地面运动对结构所引起的动力作用、波浪压力对水工结构物的冲击、其他如因爆破所引起的气浪冲击波、风的脉动荷载等，都是动力荷载的实例。

1.2.3 按荷载分布情况分类

1. 分布荷载

分布荷载是指作用在整个结构或某一部分上，其作用范围必须考虑的荷载。一般又分为体荷载、面荷载和线荷载等，前面属于体积力，后两者属于表面力。例如，结构自重、土压力、水压力、风荷载、雪荷载和积灰荷载等。

2. 集中荷载

集中荷载是指作用面积相对于总面积非常小的荷载。在实际工程结构中，绝对的集中荷载并不存在，当荷载的作用范围与杆件的长度相比很小时，可近似认为是集中荷载。例如，火车荷载是通过轮子作用在铁轨上的，而轮子与铁轨的接触面积非常小，因此，火车荷载可视为集中荷载。

1.3 结构的计算简图

实际结构在受力上往往是非常复杂的，如果完全按照实际结构的工作状态进行力学分析，将会非常复杂且不必要，因而在进行力学分析之前，要对实际结构进行简化和假设。即在计算时，常把实际结构中的一些次要因素加以忽略，但是又要能反映出实际结构的主要受力特征，这种经过简化了的结构图形称为结构的计算简图。在力学计算中，结构的计算简图就是实际结构的代表。结构计算简图的合理选择，在结构分析中是一个极为重要的环节，也是首先要解决的问题。

1.3.1 计算简图的选取原则

结构计算简图的选择主要有以下原则：

1）正确反映实际结构的主要受力特征和变形特点，使得结构计算结果与实际情况比较接近，以保证计算结果的合理性和可靠性。

2）保留主要因素，略去次要因素。在满足工程需要的前提下，忽略一些次要因素，使计算简图便于力学分析和计算。

同一结构，由于要求不同和具体情况有差异，选取的计算简图也会有所不同。对于重要结构，计算简图选取一般比较精确；对于初步设计或手算，计算简图选取一般较为粗糙；对于施工图设计阶段或采用电算，一般可选取较为精细的计算简图；对于动力和稳定性问题的计算分析，一般可选用相对简单的计算简图；对于静力计算，由于计算比较简单，一般可选取较为精确的计算简图等。

1.3.2 计算简图的简化要点

计算简图的简化工作通常包括结构体系的简化、杆件的简化、支座的简化、结点的简化及荷载的简化五个方面。

1. 结构体系的简化

严格地说，实际的工程结构均是空间结构，但是根据其结构特点及受力情况可简化为平面体系进行研究。图 1-5a 为一单层单跨厂房，主要由屋面板、屋架、吊车梁、牛腿柱和基础等组成，形成空间结构，其荷载传递路线主要是：屋面荷载通过屋面传递给屋架，再由屋架传给牛腿柱，然后由牛腿柱传递给基础，最后由基础传递给地基。

在实际工程中，多数结构一般都是空间结构，是由不同的构件相互连接组成的一个空间体系，该体系可承担各种荷载。在一些情况下，空间结构可以简化为平面体系进行计算。例

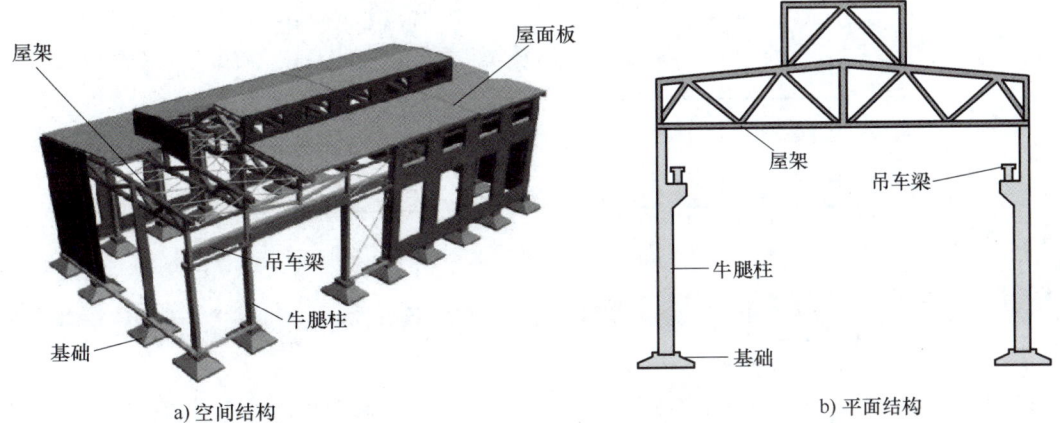

图 1-5 单层单跨厂房

如，在图 1-5a 所示的空间结构中，某一平面内的杆件结构主要承担该平面内的荷载作用，一些次要的空间约束可以忽略，这样就可以将一个空间结构分解简化为若干个图 1-5b 所示的平面结构，使得结构计算简化。此外，还有一些结构，如图 1-6 所示，由于外荷载空间特征突出，无法简化为平面结构。

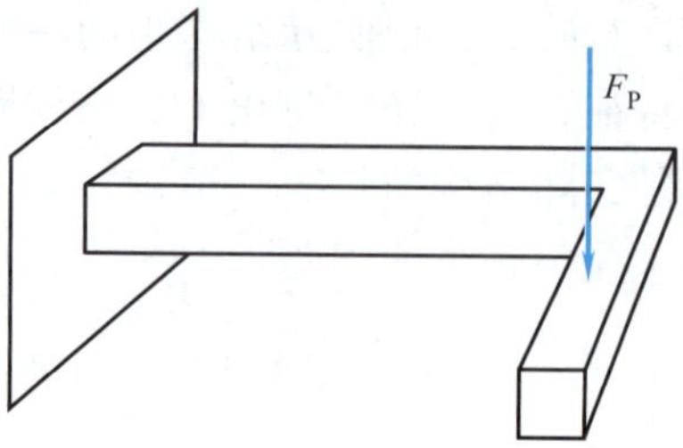

图 1-6　L 形悬臂梁

2. 杆件的简化

平面杆件结构由若干杆件相互连接组成。杆件可分为直杆和曲杆，当忽略横截面高、宽尺寸的影响时，杆件可以用截面形心的连线即轴线来代替。用结点表示杆件之间的连接位置，用结点间的间距表示直杆的长度。一般认为，荷载作用在杆件的轴线上。对杆件的简化，须采用以下假定：

1）杆件沿轴线方向不发生伸缩变形，横向荷载作用下主要发生弯曲变形。
2）杆件产生变形后，其任一横截面仍是平面，且轴线保持垂直。

3. 支座的简化

把结构与基础联系起来的装置称为支座。支座的构造形式很多，但在计算简图中，通常归纳为活动铰支座、固定铰支座、滑动铰支座及固定支座四种。

（1）活动铰支座　桥梁中用的辊轴支座（图 1-7a、b）及摇轴支座（图 1-7c）即属于活动铰支座。它允许结构在支承处绕圆柱铰 A 转动和沿平行于支承平面 $m—n$ 的方向移动，但 A 点不能沿垂直于支承面的方向移动，即该支座不能竖向伸长或压缩。当不考虑摩擦力时，这种支座的反力 F_A 将通过铰 A 中心并与支承平面 $m—n$ 垂直，即反力的作用点和方向都是确定的，只有它的大小是一个未知量。根据这种支座的位移和受力的特点，在计算简图中，

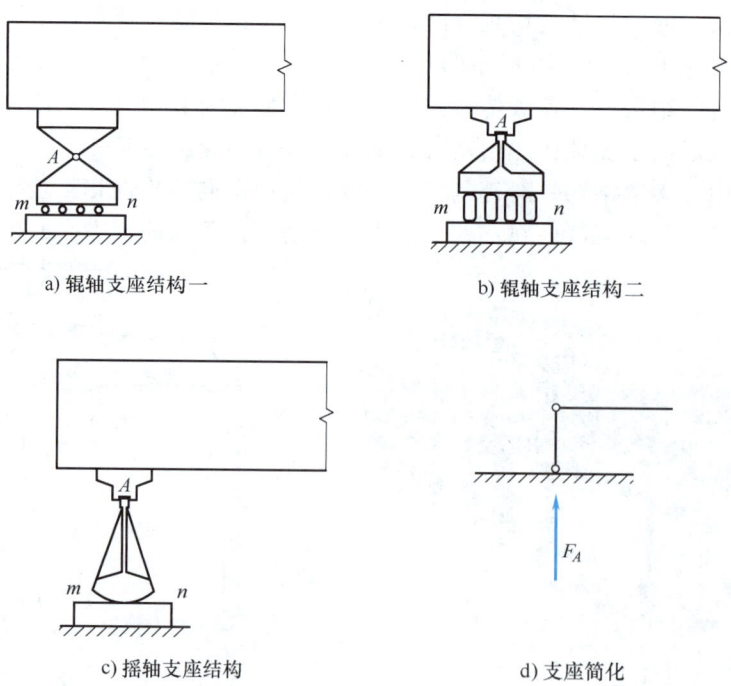

a）辊轴支座结构一　　　b）辊轴支座结构二

c）摇轴支座结构　　　d）支座简化

图 1-7　活动铰支座及其简化

可以用一根垂直于支承面的链杆 AB 来表示（图 1-7d）。此时，结构可绕 A 转动；链杆又可绕 B 转动，当转动很微小时，A 点的移动方向可看成是平行于支承面的。

（2）固定铰支座　固定铰支座又称为不动铰支座，简称为铰支座。被支承的杆端可以绕铰转动，但水平和竖向的移动受到限制。在荷载作用下，支座可产生两个互相垂直的反力。在计算简图中，通常用支杆表示铰支座，支杆是用来表示支座的链杆，支座需要用两根相交的支杆来表示，支杆间既可以相互垂直，也可以相互斜交成三角形，如图 1-8 所示。

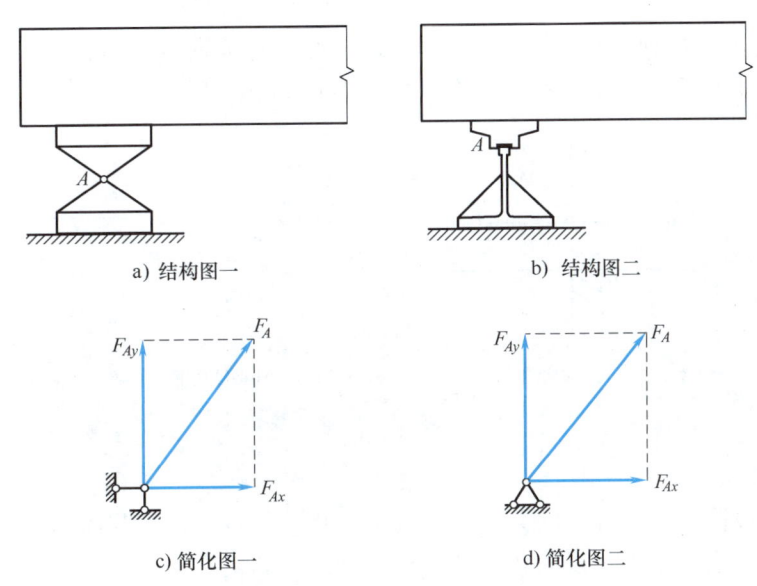

图 1-8　固定铰支座及其简化

（3）滑动铰支座　这种支座又称为定向支座，结构在支承处不能转动，不能沿垂直于支承面的方向移动，但可沿支承面方向滑动。这种支座的计算简图可用垂直于支承面的两根平行链杆表示，其反力为一个垂直于支承面（通过支承中心点）的力和一个力偶。图 1-9a 为一水平滑动支座，图 1-9b、c 为其计算简图；图 1-10a 为竖向滑动支座，图 1-10b 为其计算简图（这种支座在实际结构中不常见，但在对称结构取一半的计算简图中，以及用机动法研究影响线等情况时会用到）。

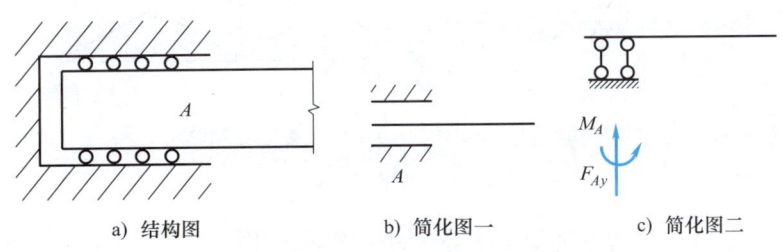

图 1-9　水平滑动铰支座及其简化

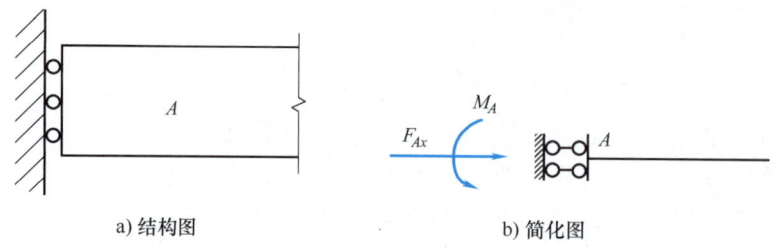

图 1-10　竖向滑动支座及其简化

（4）**固定支座**　这种支座不容许结构在支承处发生任何移动和转动。在荷载作用下，杆端将产生两个相互垂直的反力和反力矩，如图 1-11 所示。

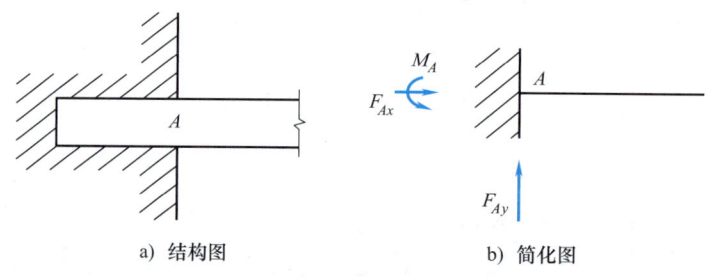

图 1-11　固定支座及其简化

4. 结点的简化

结构中两个或两个以上杆件间共同连接的地方称为结点。在计算简图中，考虑到杆件间的连接形式多样，通常结点可以简化为铰结点、刚结点和组合结点。

（1）**铰结点**　铰结点的特征是所连接各杆可以绕其自由转动，因此可用一理想光滑的铰来表示。这种理想情况在实际工程中很难实现。例如，图 1-12a 为木桁架的端节点构造，杆件各端虽不能任意转动，但是由于连接不可能很严密牢固，因而杆件之间有微小相对转动的可能。

图 1-13a 为一钢桁架的结点下弦中间结点构造图，此结点处各杆并不能完全自由地转动，但是由于杆件间的连接对于相对转动的约束不强，受力时杆件发生微小的相对转动还是可能的。因此，将这种结点近似地作为铰结点处理后（图 1-13b），不致引起大的误差。

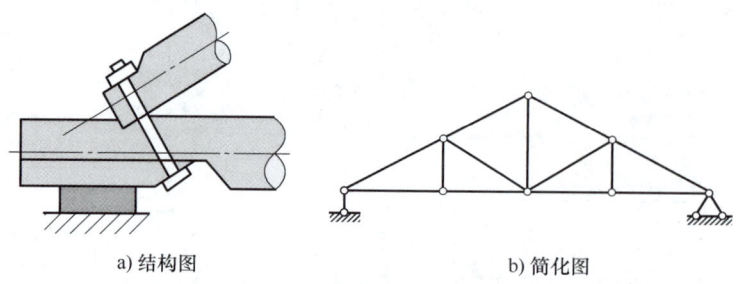

图 1-12　木桁架结点

（2）**刚结点**　图 1-14a 为钢筋混凝土框架中一结点的构造图，梁与柱子浇筑在一起，且均配有钢筋，因此杆端能承受弯矩，使得在荷载作用下梁与柱子间夹角不会改变。此结点称

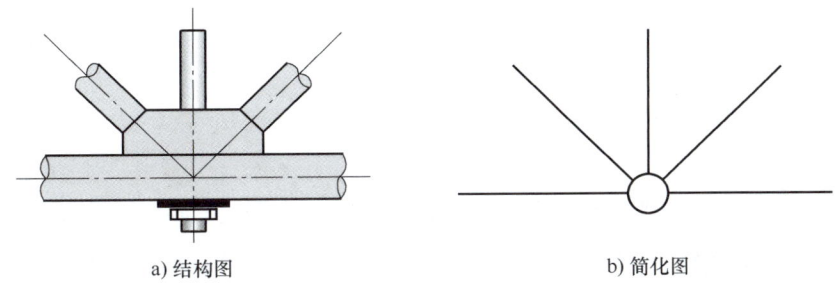

a) 结构图 b) 简化图

图 1-13　钢桁架结点

为刚结点，计算简图如图 1-14b 所示。梁端及柱端的内力有轴力、剪力和弯矩。

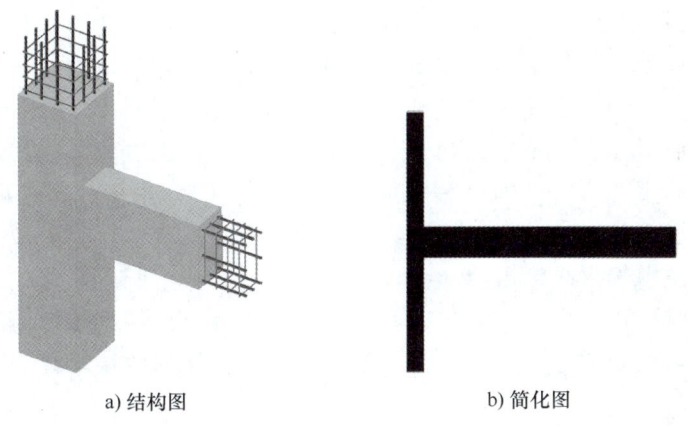

a) 结构图 b) 简化图

图 1-14　钢筋混凝土梁柱结点

（3）组合结点　若干杆件会交于同一结点，当其中某些杆件的连接为刚结，而其他杆件的连接可视为铰结时，便形成了组合结点。如图 1-15 所示为一根加劲梁。

5. 荷载的简化

结构承受的荷载可分为体积力和表面力两大类。体积力是指结构的自重或惯性力等；表面力则是由其他物体通过接触面传给结构的作用力，如土压力、车辆的轮压力等。在杆件结构中把杆件简化为轴线，因此，不管是体积力还是表面力，都可以简化为作用在杆件轴线上的力。

为说明实际结构的简化过程，先看一个简单的例子。图 1-16a 为一根梁两端搁在

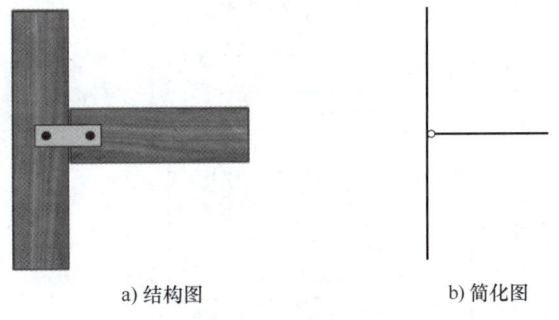

a) 结构图 b) 简化图

图 1-15　组合结点

墙上，上面放一重物。简化时，梁本身用其轴线来代表。重物近似看作集中荷载，梁的自重则视为均布荷载。至于两端的反力，其分布规律是难以知道的，现假定为均匀分布，并以其作用于墙宽中点的合力来代替。考虑到支承面有摩擦，梁不能左右移动，但受热膨胀时仍可伸长，故可将其一端视为固定铰支座而另一端视为活动铰支座。这样，便得到图 1-16b 所示的计算简图。显然，只要梁的截面尺寸、墙宽及重物与梁的接触长度均比梁的长度小许多，

9

则上述简化在工程上一般是许可的。

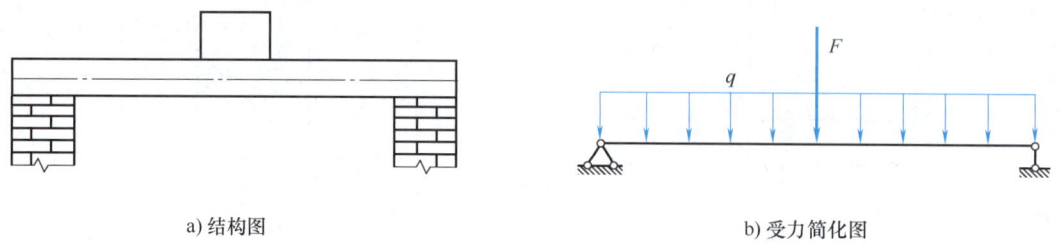

图 1-16　两端搁在墙上的梁

图 1-17a 所示的单层工业厂房，从整体上看，该厂房为空间结构，主要承重结构包括四个部分：大型屋面板、预应力钢筋混凝土折线形屋架、阶梯形变截面和环形基础。大型屋面板的两端搁置在屋架的上弦杆上面，屋面荷载通过大型屋面板传给屋架；屋架两端分别与两边柱子的顶端相连，柱子下端插入基础被固定。这样，大型屋面板及其所承受的荷载形成沿厂房的纵向平面，而屋架、柱子基础和它们所承受的荷载形成横向平面。

因此，该厂房的主要承重结构可分解成沿纵向（水平或竖直）和沿横向的平面结构处理。由于柱子下端插入基础杯口内，周围缝隙用细石混凝土填实，因而被嵌固在基础上，可作为固定支座处理。由于折线形屋架上弦杆所受压力较大，故所用截面较大，而且对钢筋混凝土材料而言，上弦杆通常为一个整体，所以将上弦杆各个杆件端部视为刚性连接；而其他杆件较细长，由变形引起的弯曲应力不大，故腹杆和下弦杆的两端均视为铰接，于是得到图 1-17b 所示的计算简图。

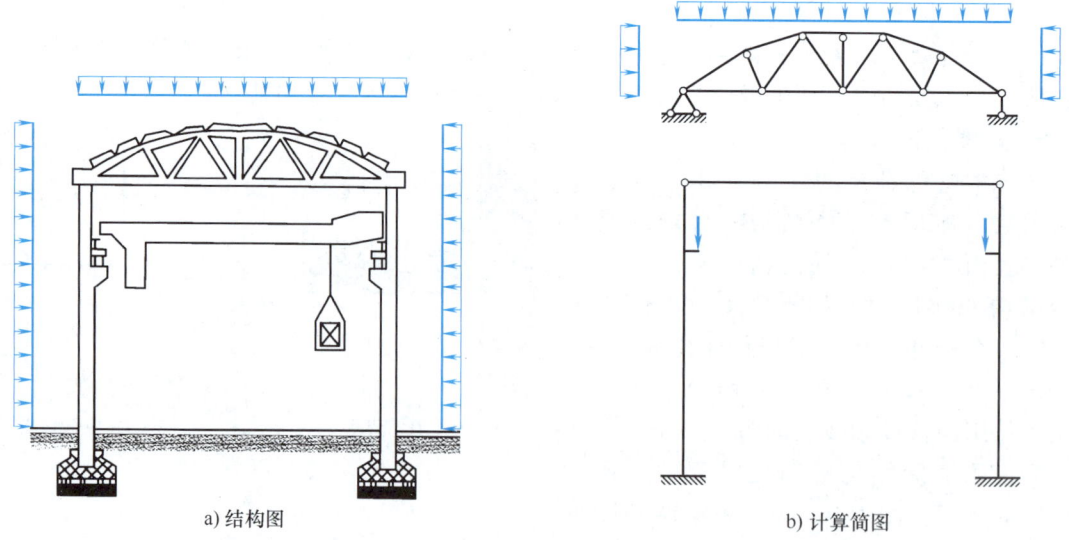

图 1-17　单层工业厂房

有时，在初步设计中采用计算较简单但精确度不高的计算简图，而在最后设计中改用计算较繁但精度较高的计算简图。计算机的应用为采用较精确的计算简图提供了更多的可能性。

1.4 结构的分类

1. 按照几何特征分类

工程结构的受力特征和承载能力与结构的几何特征有着密切的联系。按照几何特征，结构可以分为以下杆件结构、薄壁结构、实体结构三类。

（1）杆件结构　杆件结构是由若干个杆件相互连接而组成的结构。杆件的几何特征是其某一个方向上的尺度远大于其他方向的尺度，以及横截面上两个方向的几何尺度远小于长度。例如，梁、刚架、拱和桁架等都是杆件结构的典型形式。

（2）薄壁结构　薄壁结构的几何特征是其厚度方向尺度远小于其宽度、高度方向上的尺度，也称为板壳结构。它可以由钢、钢筋混凝土等刚度较大的材料制造，当它为一平面板状物体时，称为薄板，如图1-18a所示；当它具有曲面外形时，称为薄壳，如图1-18b所示。

（3）实体结构　实体结构的几何特征是其长、宽、高三个尺度大小相近。重力式挡土墙、堤坝等都是实体结构，图1-19所示为重力式挡土墙。

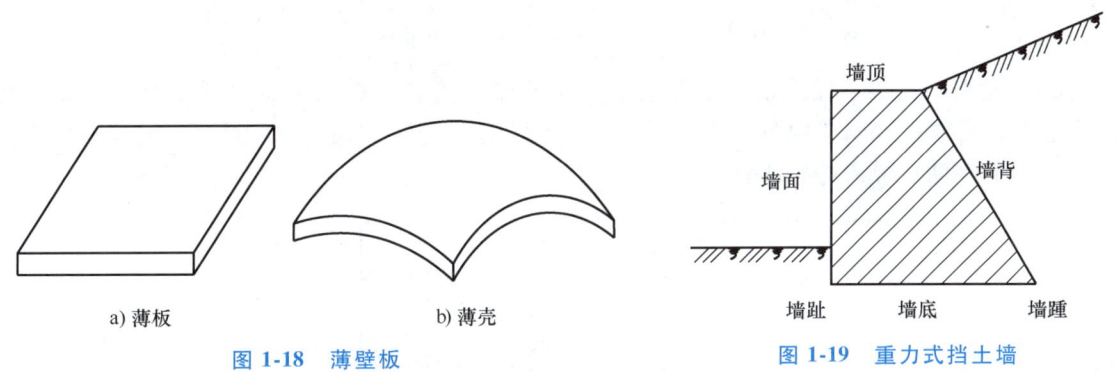

图1-18　薄壁板

图1-19　重力式挡土墙

2. 根据结构形式和受力特征分类

结构力学研究的对象主要是杆件结构。按其受力特性不同，杆件结构又可分为以下梁、拱、刚架、桁架、组合结构、悬索结构六类。

（1）梁　梁是一种受弯构件，其轴线通常为直线。当荷载垂直于梁轴线时，横截面上的内力只有弯矩和剪力，没有轴力。图1-20所示为工程中常见梁结构的计算简图。

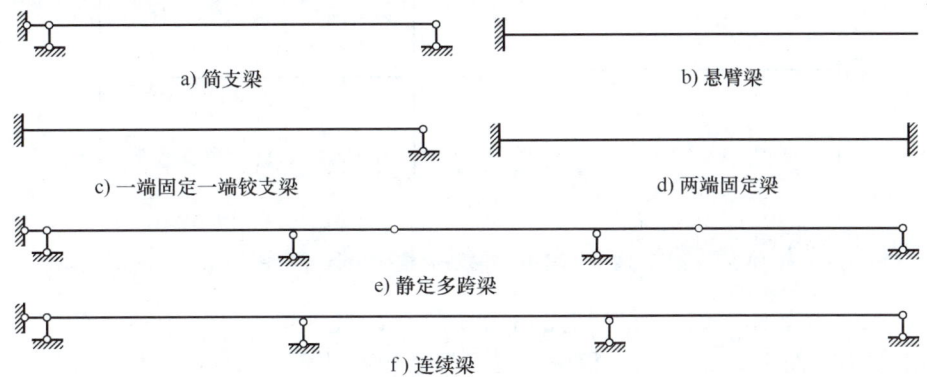

图1-20　工程中常见梁结构的计算简图

（2）拱 拱的轴线为曲线且在竖向荷载作用下会产生水平反力，这使得拱比跨度、荷载相同的梁的弯矩及剪力都要小，而有较大的轴向压力。图 1-21 所示为工程中常见拱结构的计算简图。

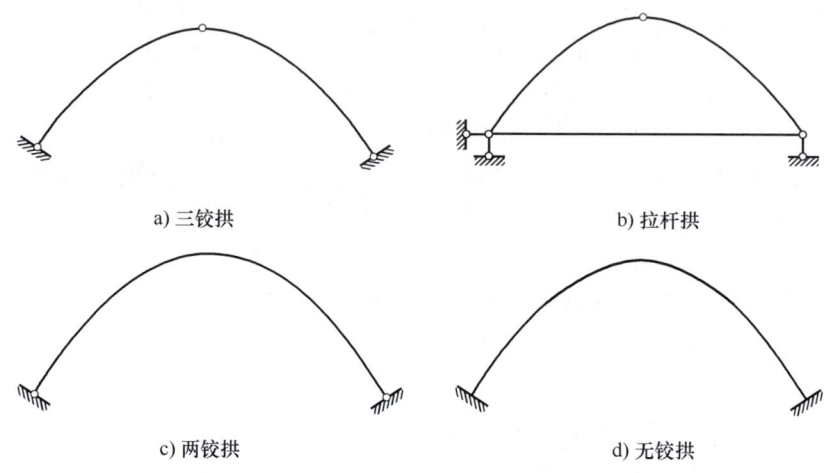

图 1-21 工程中常见拱结构的计算简图

（3）刚架 由梁、柱等直杆全部或部分采用刚性连接组合而成的结构，称为刚架，也称为框架。一般来说刚架中各杆均为受弯杆，内力通常包括弯矩、剪力和轴力。图 1-22 所示为工程中常见刚架结构的计算简图。

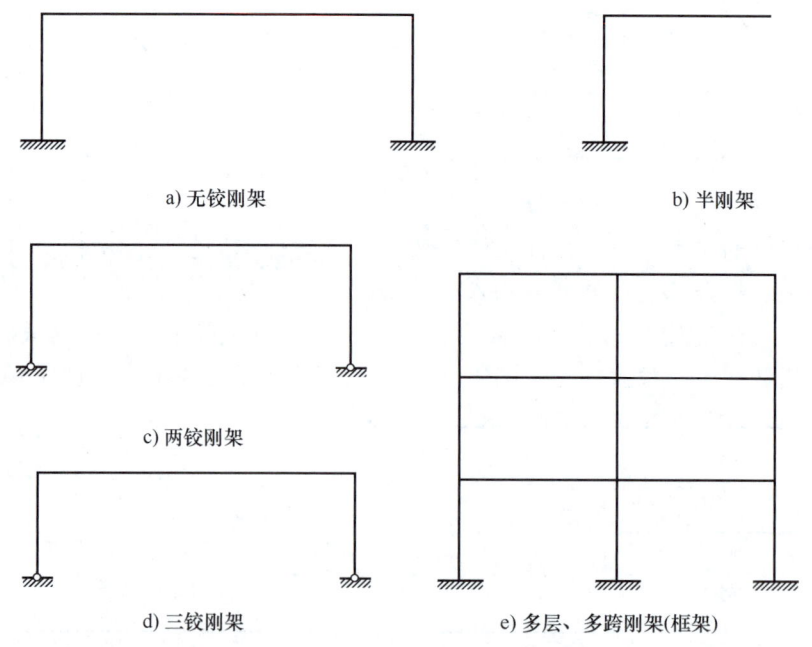

图 1-22 工程中常见刚架结构的计算简图

（4）桁架 由直杆组成，所有结点均为铰结点，当只受到作用于结点的集中荷载时，各杆只产生轴力。图 1-23 所示为工程中常见桁架结构的计算简图。

（5）组合结构 是由桁架和梁或桁架与刚架组合在一起的结构，其中有些杆件只承受

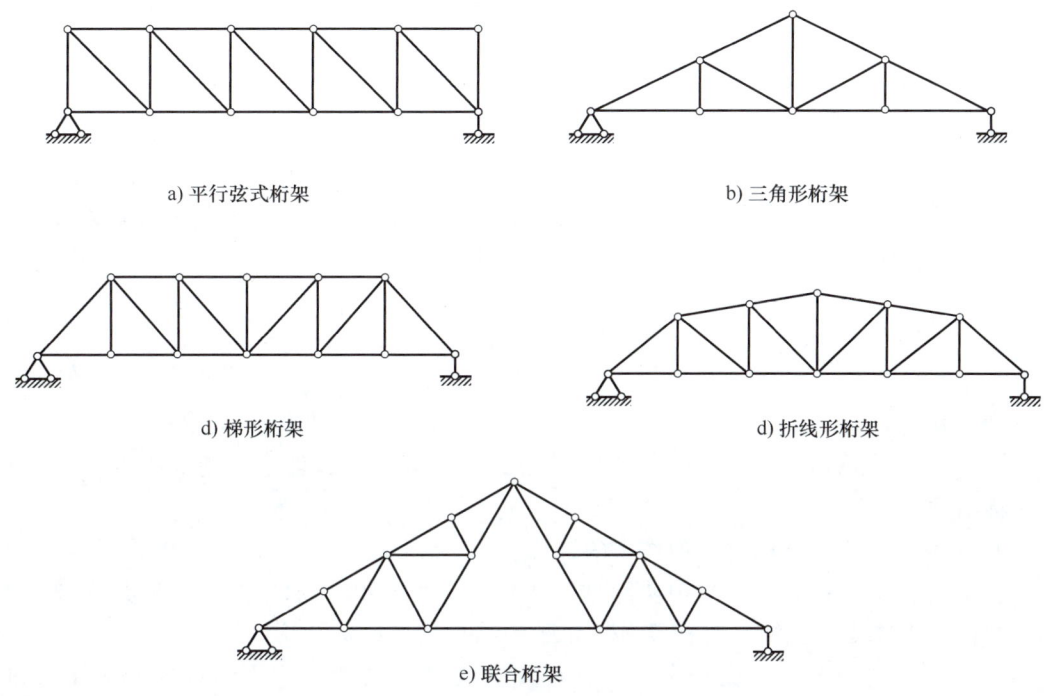

图 1-23 工程中常见桁架结构的计算简图

轴力,另一些杆件同时还承受弯矩和剪力,如图 1-24 所示。

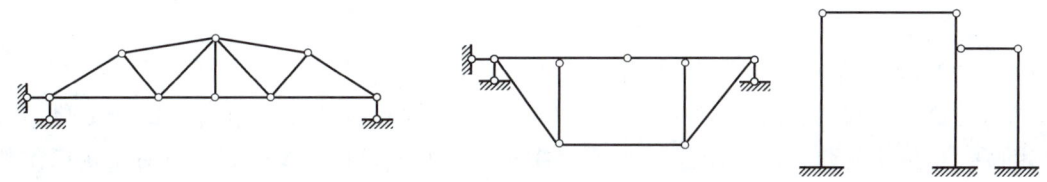

图 1-24 组合结构的计算简图

(6) 悬索结构 主要承重构件为悬挂于塔、柱上的缆索,索只受轴向拉力,可最充分发挥钢材的强度,且自重轻,可跨越很大的跨度,如悬索屋盖、悬索桥、斜拉桥(图 1-25) 等。

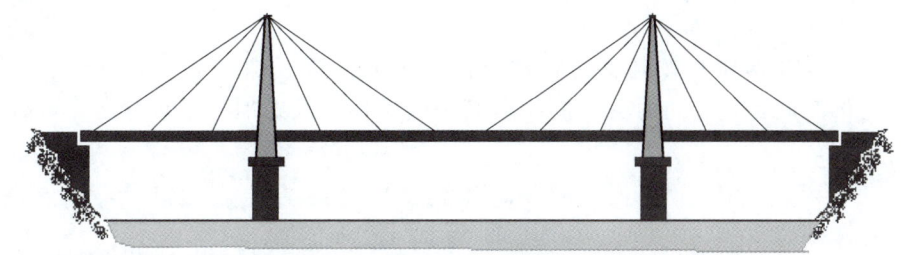

图 1-25 斜拉桥简图

3. 根据杆件轴线和外力的空间分布分类

(1) 平面结构 结构的各杆轴线及外力(包括荷载和反力)均在同一平面结构为平面结构。

（2）空间结构　结构的各杆轴线及外力（包括荷载和反力）不在同一平面结构为空间结构。

4. 根据计算特性分类

杆系结构按照内力是否静定可分为：

（1）静定结构　结构的全部反力和内力都可由静力平衡条件确定的结构为静定结构。

（2）超静定结构　只靠静力平衡条件还不能确定全部的反力和内力，还需考虑变形条件的结构为超静定结构。

本 章 小 结

1. 基本概念

（1）结构　建筑物或构筑物中能够发挥承受、传递荷载的骨干作用的部分称为工程结构，简称结构。

（2）荷载　荷载是结构上各种作用的统称。

（3）计算简图　计算时，常把实际结构中的一些次要因素加以忽略，但是又要能反映出实际结构的主要受力特征，这种经过简化了的结构图形称为结构的计算简图。

（4）结点　结构中两个或两个以上杆件间共同连接的地方称为结点。在计算简图中，考虑到杆件间的连接形式多样，通常结点可以简化为铰结点、刚结点和组合结点。

（5）支座　支座是指联系结构与基础的装置，一般可分为活动铰支座、固定铰支座、滑动铰支座、固定支座。

2. 知识要点

（1）结构的分类　一般分为杆件结构、薄壁结构和实体结构三类。

（2）荷载的分类　按作用时间的久暂，可分为恒载和活载；按作用位置的变化，可分为固定荷载和移动荷载；按作用范围大小，可分为集中荷载和分布荷载；按对结构产生的动力作用效应，可分为静力荷载和动力荷载。

（3）结构的计算简图

1）正确反映实际结构的主要受力特征和变形特点，使得结构计算结果与实际情况比较接近，以保证计算结果的合理性和可靠性。

2）保留主要因素，略去次要因素。在满足工程需要的前提下，忽略一些次要因素，使计算简图便于力学分析和计算。

（4）杆件结构的分类　按其受力特性不同，可分为梁、拱、架、刚架和组合结构；按照轴线和外力的空间位置，可分为空间结构和平面结构；按照内力是否静定，可分为静定结构和超静定结构。

思考与讨论

1. 结构力学的研究对象和具体任务是什么？
2. 什么是荷载？结构主要承受哪些荷载？如何区分静力荷载和动力荷载？
3. 什么是结构的计算简图？如何确定结构的计算简图？

4. 结构的计算简图中有哪些常用的支座和结点？

5. 哪些结构属于杆系结构？它们有哪些受力特征？

习　　题

一、选择题

1. 结构力学研究的是（　　）。

　A. 结构中的材料强度　　B. 结构中的载荷传递　　C. 结构中的变形与位移　　D. 所有上述答案

2. 结构力学的研究对象包括（　　）。

　A. 钢结构　　　　　　　B. 筏形基础　　　　　　C. 钢筋混凝土结构　　　　D. 所有上述答案

3. 以下不属于可变荷载的是（　　）。

　A. 风　　　　　　　　　B. 雪　　　　　　　　　C. 雨　　　　　　　　　　D. 楼面活荷载

4. 支撑部分可以转动不能移动，能提供两个支座反力的是（　　）。

　A. 滚轴支座　　　　　　B. 铰支座　　　　　　　C. 定向支座　　　　　　　D. 固定支座

5. 选择计算简图的原则是（　　）。

　A. 体现实际材料　　　　B. 计算过程简单　　　　C. 体现实际结构　　　　　D. 体现实际，分清主次

二、简答题

请你仔细观察身边的建筑物，分析其结点连接方式是什么？承受的荷载有哪些？并分析其计算简图。

第2章　平面体系的机动分析

内容提要

体系的类别、平面体系的计算自由度、几何不变体系的基本组成规则、瞬变体系、三刚片体系中虚铰在无穷远处的情况。

基本要求

掌握平面几何不变体系的基本组成规律，了解自由度的概念，能熟练运用这些规律正确地分析一般平面体系的几何组成，正确判断超静定结构的多余联系及数目。

导入案例

颐和园里的十七孔桥

十七孔桥是颐和园中著名的景点之一（图2-1）。它东连廊如亭，西接南湖岛，长150m，堪称中国园林中最大的桥梁。十七孔桥是一座联拱石桥。桥面下宽14.6m，桥面上宽6.56m，高7m。整座桥给人一种雄伟高大之感。这座桥共有17个桥洞，所以叫十七孔桥。在这17个桥孔中，第9孔最大，由中间向两端逐渐变小，呈对称排列。

思考：十七孔桥结构体系是属于几何不变体系还是几何可变体系？

图2-1　颐和园里的十七孔桥

2.1 概述

体系受到任意荷载作用后，材料产生应变，因而体系发生变形。但是，这种变形一般很小。如果不考虑这种微小的变形，而体系能维持其几何形状和位置不变，则这样的体系称为几何不变体系。图 2-2a 所示的体系就是一个几何不变体系，因为在图示荷载 P 的作用下，只要不发生破坏，它的形状和位置是不会改变的。在任意荷载作用下，不考虑材料的应变，体系的形状和位置可以改变，则称这样的体系为几何可变体系。图 2-2b 所示的体系，在图示荷载 P 的作用下，即使 P 的值非常小，它也不能维持平衡，这是由于体系缺少必要的杆件或杆件布置得不合理导致的。一般工程结构都必须是几何不变体系，不能采用几何可变体系，否则将不能承受任意荷载而维持平衡。因此，在设计结构和选取计算简图时，首先必须判别它是否几何不变，从而决定能否采用。这一工作称为体系的机动分析或几何组成分析。此外，体系的机动分析还将有助于结构的内力分析。

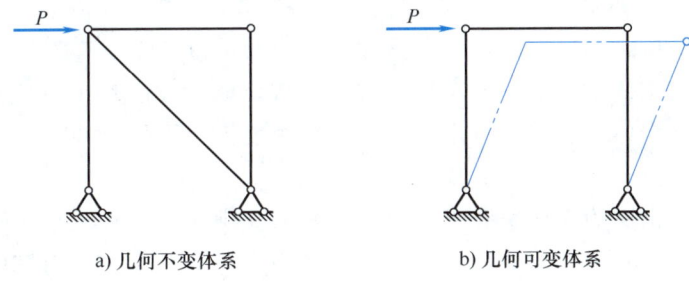

a) 几何不变体系   b) 几何可变体系

图 2-2　体系几何性质

对体系进行机动分析的目的就是确定该体系是否几何不变，从而决定它能否作为结构。如何确定体系是否为几何不变体系，需要研究几何不变体系的组成规律，以保证所设计的结构能承受荷载而维持平衡。通过体系的几何组成，可以确定结构是静定的还是超静定的，以便在结构计算中选择相应的计算方法。

为了分析平面体系的几何组成，首先介绍几个基本概念。

1. 刚片

一个在平面内可以看作刚体的物体，它的几何形状和尺寸都是不变的。因此，在平面体系中，当不考虑材料的应变时，就可以把一根梁、一根链杆或者体系中已经确定为几何不变的某一部分看作一个刚片，结构的基础也可以看作刚片。

2. 自由度

图 2-3a 所示为平面内一点 A 的运动情况。一点在平面内可以沿水平方向（x 轴方向）移动，也可以沿竖直方向（y 轴方向）移动。当给定 x、y 坐标值后，A 点的位置确定。换句话说，平面内一点有两种独立运动方式（两个坐标 x、y 可以独立地改变），即确定平面内一点的位置只需要两个独立的几何参数（x、y 坐标值）。因此，一点在平面内有两个自由度。

图 2-3b 所示为平面内一个刚片的运动，其位置需要三个独立的几何参数确定，即刚片内任意点 A 的坐标 x、y 及通过 A 点的任一直线的倾角 φ。改变这三个独立的几何参数，使

其变为新值 x'、y' 和 φ'，则刚片就有完全确定的新位置（图 2-3b）。因此，一个刚片在平面内的运动有三个自由度。结构的基础可以看作一个刚片，但这种刚片是不动刚片，它的自由度为零。

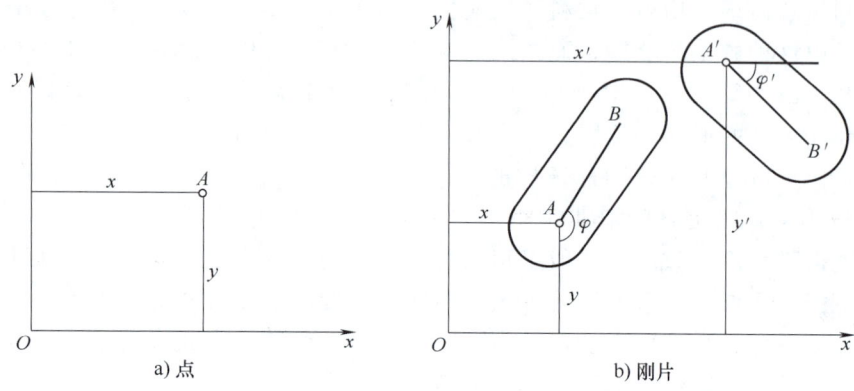

图 2-3 平面内一点及一刚片的自由度

综上所述，某个体系的自由度，就是该体系运动时可以独立变化的几何参数的数目，或者说，就是用来确定该体系的位置所需独立坐标的数目。一般说来，如果一个体系有 n 个独立的运动方式，则这个体系有 n 个自由度。凡是自由度大于零的体系都是几何可变体系。

3. 约束

使得体系减少自由度的连接装置称约束或联系。在刚片间加入某些连接装置，它们的自由度将减少，减少一个自由度的装置，就称为一个约束；减少 n 个自由度的装置，就称为 n 个约束。

2.1.1 不同连接装置对体系的约束作用

1. 链杆的作用

图 2-4a 表示用一根链杆 BC 连接的两个刚片 I 和 II。在未连接以前，这两个刚片在平面内共有六个自由度。在用链杆 BC 连接以后，对刚片 I 而言，其位置需用刚片上 A 点的坐标 x、y 和 AB 连线的倾角 φ 来确定。因此，它有三个自由度。但是，对刚片 II 而言，由于与刚片 I 已用链杆 BC 连接，故它只能沿着以 B 为圆心、BC 为半径的圆弧运动和绕 C 点转动，再用两个独立参数 α 和 β 即可确定它的位置，所以减少了一个自由度。因此，两个刚片用一根链杆连接后的自由度总数为五个（6-1=5）。由此可见，一根链杆使体系减少了一个自由度，也就是说，一根链杆相当于一个联系或一个约束。

2. 单铰的作用

图 2-4b 表示用一个铰 B 连接的两个刚片 I 和 II。在未连接以前，两个刚片在平面内共有六个自由度。在用铰 B 连接以后，刚片 I 仍有三个自由度，而刚片 II 则只能绕铰 B 做相对转动，即再用一个独立参数（夹角 α）就可确定它的位置，所以减少了两个自由度。因此，两个刚片用一个铰连接后的自由度总数为四个（6-2=4），把连接两个刚片的铰称为单铰。由此可见，一个单铰相当于两个联系或两个约束，也相当于两根链杆的作用；反之，两根链杆也相当于一个单铰的作用。

将基础看作是不动的，这样，如果在体系上加一个可动铰支座，就使体系减少一个自由度;加一个固定铰支座,就使体系减少两个自由度;加一个固定支座,就使体系减少三个自由度。

3. 复铰的作用

图 2-4c 表示用一个铰 C 连接的三个刚片Ⅰ、Ⅱ和Ⅲ。在未连接以前,三个刚片在平面内共有九个自由度。在用铰 C 连接以后,刚片Ⅰ仍有三个自由度,而刚片Ⅱ和刚片Ⅲ则都只能绕铰 C 做相对转动,即再用两个独立参数(夹角 α、β,就可确定它们的位置。因此,减少了四个自由度。把连接两个以上刚片的铰称为复铰。由上述可见,一个连接三个刚片的复铰相当于两个单铰的作用。一般情况下,如果 n 个刚片用一个复铰连接,则这个复铰相当于 $n-1$ 个单铰的作用。

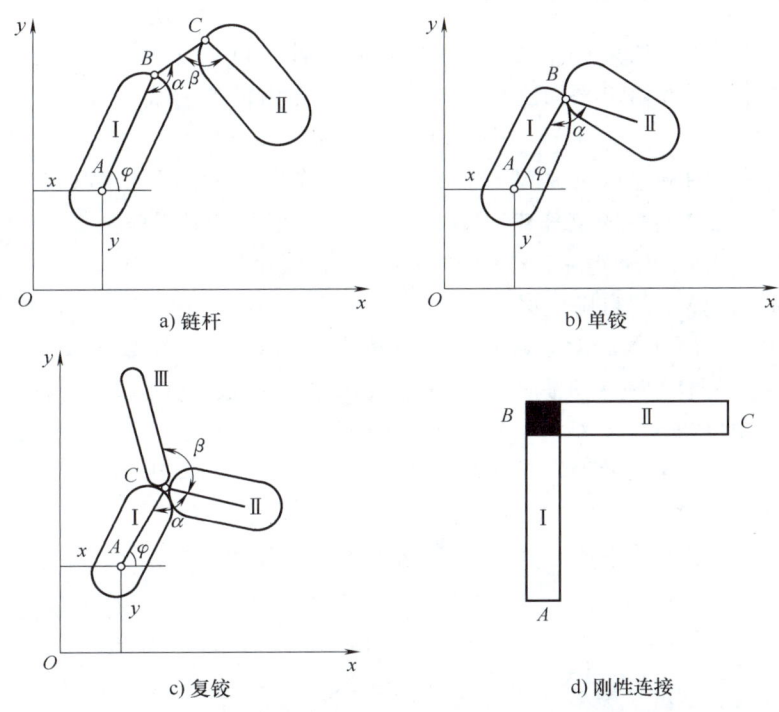

图 2-4 链杆、单铰、复铰、刚性连接相当的约束数目

4. 刚性连接的作用

图 2-4d 所示为两根杆件 AB 和 BC 在 B 点连接成一个整体,其中的结点 B 为刚结点。原来的两根杆件在平面内共有六个自由度,刚性连接成整体,形成一个刚片,只有三个自由度,所以一个刚性连接相当于三个约束。

显然,可动铰支座即链杆支承只能阻止刚片沿链杆方向的运动,使刚片减少了一个自由度,相当于一个约束;铰支座阻止刚片上下和左右移动,使刚片减少两个自由度,相当于两个约束;固定支座阻止刚片上下、左右移动,也阻止其转动,所以相当于三个约束。

5. 虚铰的作用

由于两根链杆也相当于一个单铰的作用,则图 2-5 所示刚片Ⅰ在平面内有三个自由度,如果用两根不平行的链杆 AB 和 CD 把它与基础连接,则此体系仍有一个自由度。下面来分析刚片Ⅰ的运动特点。由于链杆 AB 的约束作用,A 点的微小位移应与链杆 AB 垂直,C 点的微小位移要与链杆 CD 垂直。以 O 点表示两链杆轴线延长线的交点。显然，刚片 I 可以发生以 O 为中心的微小转动，且随时间不同，O 点的位置不同，因此称 O 点为瞬时转动中心。这时刚片 I 的瞬时运动情况与刚片 I 在 O 点用铰与基础连接时的运动情况完全相同。因此，从瞬时微小运动来看，两根链杆所起的约束作用相当于在链杆交点处的一个铰所起的约束作用。这个铰称为虚铰。显然，体系在运动过程中，与两根链杆相应的虚铰位置也跟着改变。

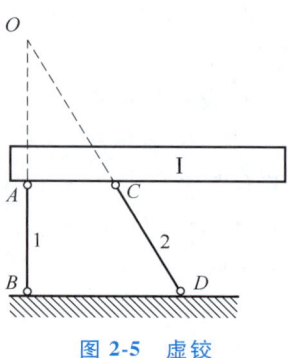

图 2-5　虚铰

2.1.2　体系自由度的计算公式

前面已经研究了不同约束对体系自由度的影响，计算自由度为体系中各构件的总自由度数与总约束数之差，下面给出平面刚片系统计算体系自由度的公式。

$$W = 3m - 2n - c - c_0 \qquad (2-1)$$

式中，m 表示体系中的刚片数（地基不计入）；n 为连接刚片的单铰数；c 为连接刚片的链杆数；c_0 为体系与地基连接的支座链杆数，且将三类支座均用相应的链杆约束代替，即可动铰支座 $c_0=1$，固定铰支座 $c_0=2$，定向支座 $c_0=2$，固定支座 $c_0=3$。

显然，几何不变体系的自由度必然等于零或小于零，即由式（2-1）计算出的 $W \leq 0$。

图 2-6a 所示为一简支梁，其刚片数 $m=1$，单铰数 $n=0$，链杆数 $c=0$，支座链杆数 $c_0=3$，则自由度 $W=0$。而图 2-6b 所示的体系刚片数 $m=9$，单铰数 $n=12$，链杆数 $c=0$，支座链杆数 $c_0=3$，则自由度 $W=3 \times 9 - 2 \times 12 - 0 - 3 = 0$。然而，这一体系是一几何可变体系（证明见 2.2 节），这说明体系自由度等于或小于零，体系不一定为几何不变体系。因此，由式（2-1）计算出的体系自由度等于或小于零只是判断体系为几何不变体系的必要条件，并不是充分条件。当体系的约束或刚片布置不合理时，体系自由度等于或小于零，体系仍然是几何可变体系。

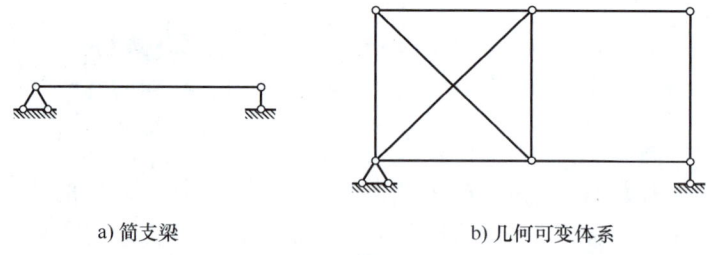

a) 简支梁　　　　　　　b) 几何可变体系

图 2-6　体系自由度计算

由于用式（2-1）计算体系自由度不能保证体系的几何不变性，因此，通常采用对体系直接进行几何组成分析的方法来判断体系是否几何不变，省略体系的自由度计算。

2.2　几何不变体系的基本组成规则

为了分析体系的几何组成，必须知道体系不变的条件，即几何不变体系的组成规则。本节将研究构成平面几何不变体系的几个基本规则，用以判断体系的几何组成情况。

2.2.1 两刚片之间的连接

图 2-7a 表示用两根不平行的链杆相连接的刚片 I 和刚片 II。设刚片 II 固定不动，则刚片 I 的运动方式只能是绕 AB 与 CD 杆延长线的交点即相对转动瞬心而转动。当刚片 I 运动时，其上的 A 点将沿与链杆 AB 垂直的方向运动，而 C 点将沿与链杆 CD 垂直的方向运动。因为这种转动只是瞬时的，在不同瞬时，O 点在平面内的位置将不同。由于两根链杆的作用相当于一个铰的作用，此时这个铰的位置在链杆的延长线上，而且它的位置随链杆的转动而改变，即虚铰。

欲使刚片 I 和刚片 II 不能发生相对转动，需要增加一根链杆，如图 2-7b 所示。这样，刚片 I 绕 O 点转动时，E 点将沿与 OE 连线垂直的方向运动。但是，从链杆 EF 来看，E 点的运动方向必须与链杆 EF 垂直。由于链杆 EF 延长线不通过 O 点，所以 E 点的这种运动不可能发生，也就是链杆 EF 阻止了刚片 I 和刚片 II 的相对转动。因此，这样组成的体系是几何不变体系。

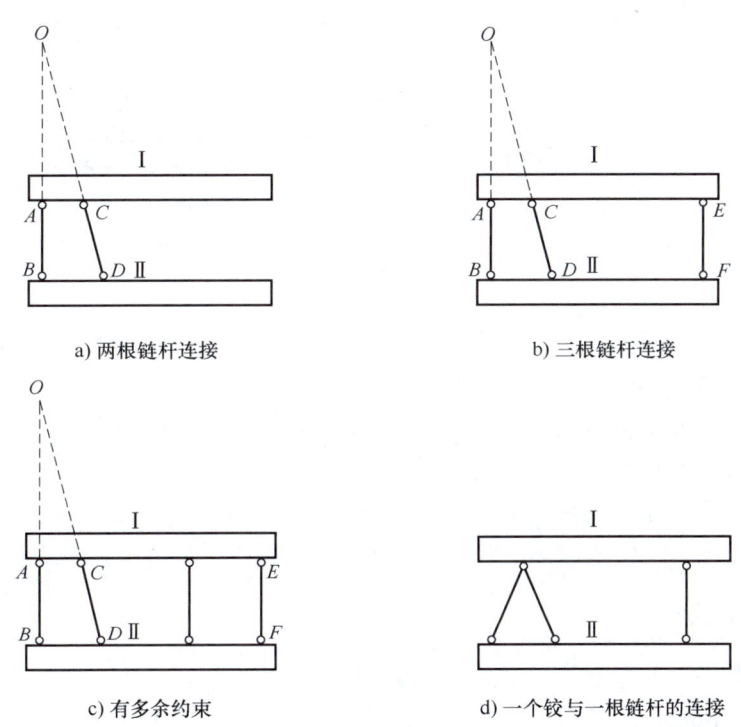

图 2-7 两刚片组成规则

如果在刚片 I 和刚片 II 之间，再增加一根链杆，如图 2-7c 所示，显然，体系仍是几何不变的。但从保证几何不变性来看，它是多余的。这种可以去掉而不影响体系几何不变性的约束称为多余约束。

由以上分析可得规则一。

规则一：两个刚片用不交于一点也不互相平行的三根链杆相连接，则所组成的体系是几何不变的，并且没有多余约束。

如果两根链杆 AB 和 CD 相交成为实铰，如图 2-7d 所示，显然，它也是一个几何不变体系，故规则一也可以表述为：两个刚片用一个铰和轴线不通过这个铰的一根链杆连接，则所组成的体系也是几何不变体系。

2.2.2 三刚片相互连接

将三个刚片Ⅰ、Ⅱ和Ⅲ用不在同一直线上的三个铰两两相连，即得一三角形 ABC，如图 2-8a 所示。从几何上看，它的几何形状是不会改变的。从运动上看，如将刚片Ⅰ固定不动，则刚片Ⅱ只能绕 A 点转动，其上的 C 点必在半径为 AC 的圆弧上运动；而刚片Ⅲ则只能绕 B 点转动，其上的 C 点又必在半径为 BC 的圆弧上运动。由于 AC 和 BC 是在 C 点用铰连接在一起的，C 点不可能同时在两个不同的圆弧上运动，因此刚片之间不可能发生相对运动，所以这样组成的体系是几何不变的。

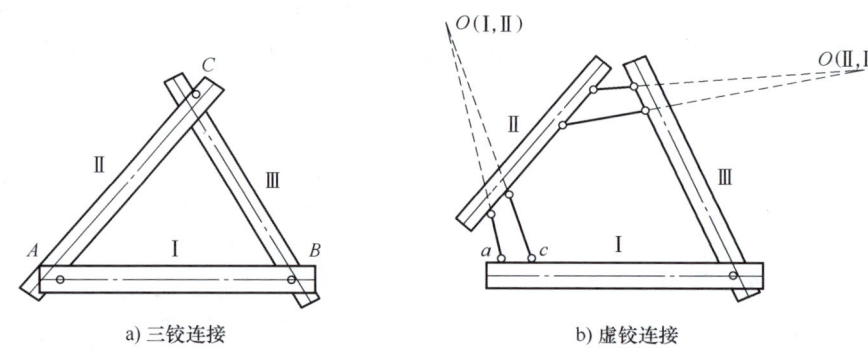

a) 三铰连接　　　　　　　　b) 虚铰连接

图 2-8　三刚片组成规则

因为两根链杆的作用相当于一个单铰的作用，则将图 2-8a 中的任一单铰换为两根链杆所构成的虚铰，如图 2-8b 中的 a、c。此时，三刚片用三个铰（两个虚铰和一个实铰）连接，且三个铰不在一直线上，这样组成的体系同样为几何不变的，而且无多余约束。

由以上分析可得出规则二。

规则二：三个刚片用不在同一直线上的三个铰两两铰连，组成的体系是几何不变的，并且没有多余约束。

2.2.3 二元体的概念

图 2-9 所示体系中Ⅰ为刚片，从刚片上的 A、B 两点出发，用不共线的链杆 1、链杆 2 在结点 C 相连。将链杆 1、链杆 2 均视为刚片，则由规则二可知，该体系是几何不变的。由于实际结构的几何组成中这种连接方式应用很多，为了便于分析，将这样连接的两根链杆称为二元体。二元体的特征是两链杆用铰相连，而另一端分别用铰与刚片或体系相连。根据二元体的组成特征可得出规则三。

规则三：在一个刚片上增加一个二元体仍为几何不变体系。

由规则三不难得出以下推论：在一个体系上依次加入二元体，不会改变原体系的计算自由度，也不影响原体系的几何不变性和可变性。反之，若在已知体系上，依次排除二元体，也不会

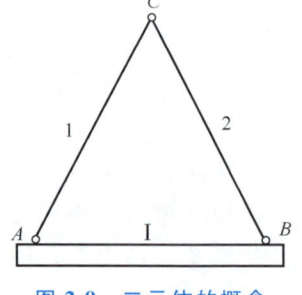

图 2-9　二元体的概念

改变原体系的计算自由度、几何不变性或可变性。

屋面桁架也是一种静定结构，在进行内力分析时，可将其视为由多个二元体组成。

在分析图 2-10 所示桁架时，由规则二可知，任选一铰结三角形都是几何不变体系，并以此为新的刚片，采用增加二元体的方式分析。如取新刚片 AHC，增加一个二元体得结点 I，从而得到几何不变体系 AHIC，再以其为基础，增加一个二元体得结点 D……如此依次增添二元体而最后组成该桁架，故知它是一个几何不变体系，且无多余约束。

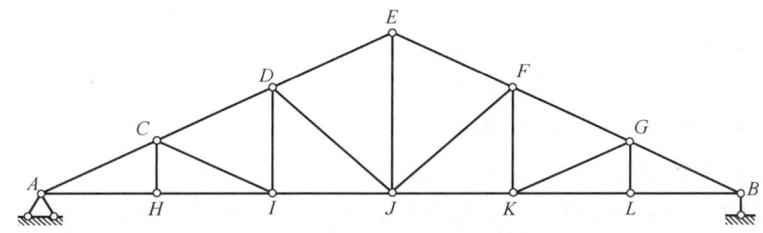

图 2-10　桁架

此外，也可以反过来，用拆除二元体的方法来分析。因为从一个体系拆除一个二元体后，所剩下的部分若是几何不变的，则原来的体系必定也是几何不变的。现从结点 B 开始拆除一个二元体，然后依次拆除结点 L，G，K……最后剩下铰结三角形 AHC，它是几何不变的，故知原体系也是几何不变的。当然，若去掉二元体后剩下的部分是几何可变的，则原体系必定也是几何可变的。

综上所述可以将规则三进一步阐述为：在一个体系上增加或拆除二元体，不会改变原有体系的几何组成性质。

2.3　瞬变体系

在 2.2 节讨论体系的组成规则时，曾提出了一些限制条件，如在两刚片规则中，连接两刚片的三根链杆不能完全平行也不能交于一点；三刚片规则中，要规定连接三刚片的三个铰不在同一直线上。现在来研究当体系的几何组成不满足这些限制条件时体系的状态。

图 2-11 表示用三根互相平行的链杆连接的刚片 I 和刚片 II。在此情况下，因刚片 I 和刚片 II 的相对转动瞬心在无穷远处，故两刚片的相对转动即成为相对移动。在两刚片发生微

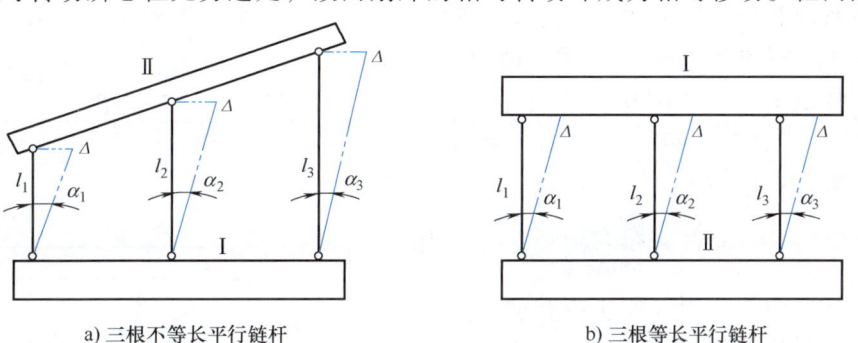

a) 三根不等长平行链杆　　　　　b) 三根等长平行链杆

图 2-11　两刚片用三根平行链杆连接的情况

小的相对移动后，相应地三根链杆发生微小的相对位移 Δ。移动后三根链杆的转角（弧度）分别为

$$\alpha_1 = \frac{\Delta}{l_1}, \ \alpha_2 = \frac{\Delta}{l_2}, \ \alpha_3 = \frac{\Delta}{l_3}$$

如图 2-11a 所示，当三根链杆不等长，即 $l_1 \neq l_2 \neq l_3$ 时，$\alpha_1 \neq \alpha_2 \neq \alpha_3$。这就是说，在两刚片发生微小的相对位移 Δ 后，三根链杆就不再互相平行，并且不交于一点，故体系就成为几何不变的。这种瞬时间从几何可变转换成几何不变的体系称为瞬变体系。

而图 2-11b 所示的三根链杆等长，即 $l_1 = l_2 = l_3$，则有 $\alpha_1 = \alpha_2 = \alpha_3$。这就是说，在两刚片发生相对位移 Δ 后，三根链杆仍旧互相平行，故位移将继续发生，两刚片将发生相对平移运动。显然，这样的体系是几何可变体系。

图 2-12 表示由三根相交于一点的链杆连接的两个刚片。如图 2-12a 所示，若三根链杆相交成一虚铰，则发生一微小的转动后，三根链杆就不再全交于一点，转动瞬心不再存在，体系即成为几何不变的。因此，此体系是一个瞬变体系。当三根链杆相交成一实铰 O 时，如图 2-12b 所示，刚片 Ⅱ 则相对刚片 Ⅰ 绕实铰 O 转动。因此，此体系是一个几何可变体系。

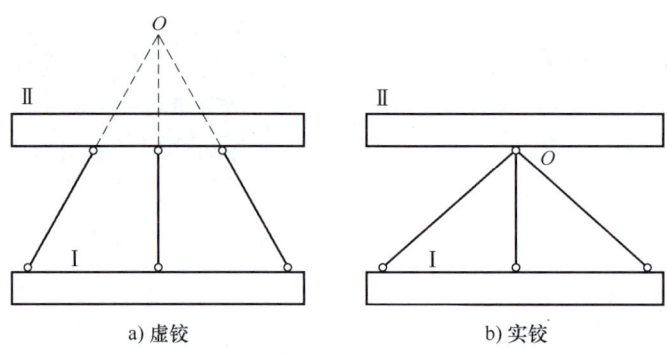

图 2-12 两刚片用三根相交链杆连接的情况

图 2-13 中的三刚片由在一直线上的三铰 A、B、C 连接。设刚片 Ⅰ 固定不动，则刚片 Ⅱ 绕铰 A 转动，刚片 Ⅲ 绕铰 B 转动。此时，C 点既属于刚片 Ⅱ，又属于刚片 Ⅲ，因而只可能沿着以 AC 和 BC 为半径的圆弧 1 和圆弧 2 的公切线方向发生无限小的运动。但这种微小的运动是瞬时的，一旦发生微小的运动，三铰已不在一条直线上，圆弧 1 圆弧 2 不再有公切线，故 C 点不可能继续运动。因此，此体系是一个瞬变体系。

瞬变体系既然只是瞬时可变，随后即转化为几何不变，那么工程结构中能否采用这种体系呢？为此来分析图 2-13 所示体系的内力。为了便于分析，将图 2-13 中的刚片 Ⅰ 和刚片 Ⅱ 用链杆 AC 和 BC 代替，如图 2-14 所示。由平衡条件可知，AC 和 BC 杆的轴力为

$$N_{AC} = N_{BC} = \frac{P}{\sin\alpha}$$

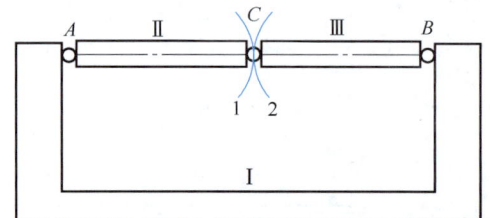

图 2-13 三刚片用三铰共线连接的情况

由于 α 非常微小，sinα 趋于零，此时 P 即使非常小，两链杆的轴力 N_{AC} 和 N_{BC} 将趋于无穷大。

这表明，瞬变体系即使在很小的荷载作用下也会产生巨大的内力，从而可能导致体系的破

坏。瞬变一般发生在体系的刚片间本有足够的约束，但其布置不合理，因而不能限制瞬时运动的情况。

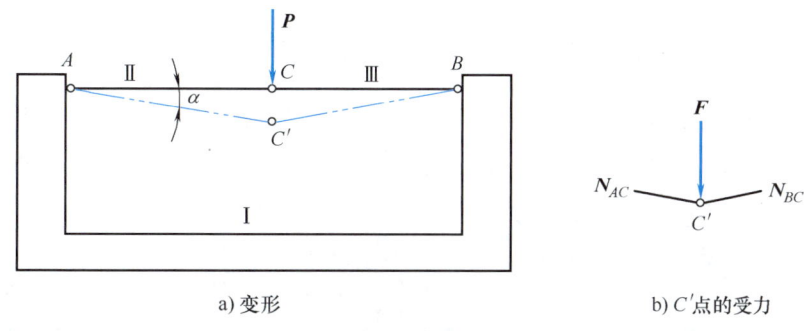

a) 变形　　　　　　　　　　　　b) C' 点的受力

图 2-14　瞬变体受力分析

下面就几种特殊瞬变体情况加以说明。在三个铰中，也可以有部分或全部是虚铰的情形。图 2-15a 所示是由一个虚铰和两个实铰所组成的瞬变体系。因为连接刚片 I 和刚片 II 的两根平行链杆与其余两个铰 O_1（I，III）和 O_2（II，III）的连线相互平行，它们相交在无限远处的一点，也就是说连接刚片 I 和刚片 II 交于无限远处的虚铰 O_3（I，II），是在其余两个铰连线的延长线上，即三个铰在一直线上，所以体系是瞬变的。

图 2-15b 所示是由两个虚铰和一个实铰所组成的瞬变体系，因为虚铰 O_1（I，III）和 O_2（II，III）及实铰 O_3（I，II）三铰在一直线上，所以体系是瞬变的。图 2-15c 所示为由三对（组）平行链杆且都相交在无限远处的三个虚铰所连接的体系。根据几何学上的定义，各组平行线的相交点是在无限远处的一直线上，故由三对平行链杆所形成的三个虚铰是在无限远处的一直线上，因而是瞬变体系。

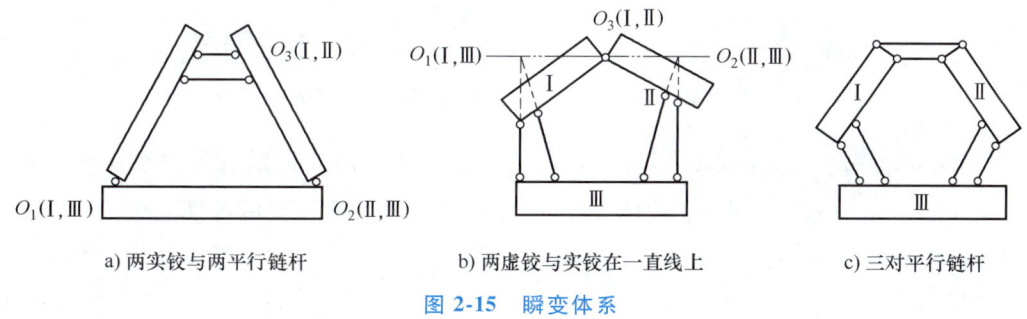

a) 两实铰与两平行链杆　　　　b) 两虚铰与实铰在一直线上　　　　c) 三对平行链杆

图 2-15　瞬变体系

应当注意，并非任意两根链杆就可视为虚铰，而必须是连接相同两个刚片的两根链杆才能形成一个虚铰。

2.4　机动分析示例

应用 2.2 节的几何组成规则，对体系进行机动分析，其目的在于确定体系是否为几何不变体系，从而决定体系能否作为结构使用。一般来说组成体系的杆件较多，需要应用几何组成规则逐次判断，最后确定体系的几何组成。对体系进行机动分析时，一般遵循的原则是：先将能直接应用规则观察出的几何不变部分当作一个刚片，再与其他刚片应用规则进行判断，依次继续连接下去。在分析过程中，一根链杆可以作为一个刚片，一个刚片也可以作为一根链杆使用，刚片与链杆要根据具体情况来确定。对于较简单的体系，直接进行机动分析。

下面提出一些进行机动分析时行之有效的方法，可视具体情况运用。

1）当体系中有明显的二元体时，可先去掉二元体，再对余下的部分进行组成分析。如图 2-16 所示体系，自结点 A 开始，按 D→E→A→C 的次序，依次撤掉汇交于各结点的二元体，最后只余下了基础。显然该体系为一几何不变体系，且无多余约束。

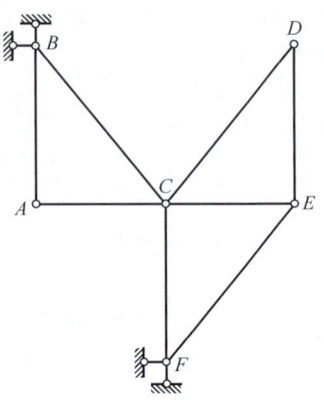

图 2-16 二元体组成的体系

2）当体系的基础以上部分与基础间以三根支座链杆按规则二连接时，可以先撤去这些支杆，只就上部体系进行几何组成分析，所得结果即代表整个体系的性质，如图 2-17a 中的体系便可以去除基础和三根支杆，考察图 2-17b 所示部分即可。而对此部分来说，自结点 B（或结点 D）开始，按照前述方法，依次去掉二元体，最后便只余 AG 和 GH 两根杆件与铰连接。由此可知，整个体系是几何可变的。

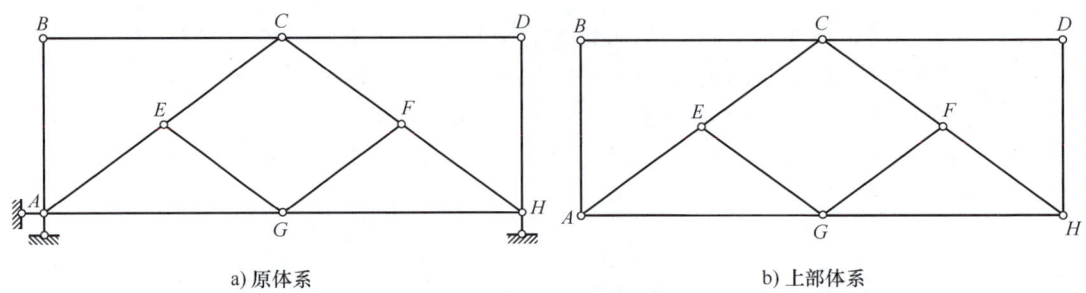

图 2-17 去掉与基础的连接再做几何组成分析的方式

3）当体系的基础与其他部分的约束超出三根支座链杆时，可将基础作为体系中的一个刚片与其他刚片一起分析。此时，如果有两根链杆形成的固定铰支座可换成单铰，则将由此连接的杆件作为链杆使用，而链杆的另一端所连接的杆件或几何不变体部分作为刚片，然后应用规则判断即可，如图 2-18 所示。取基础、ED 杆和 △BCF 为刚片Ⅰ、刚片Ⅱ、刚片Ⅲ，则不难分析出该体系为瞬变体系。

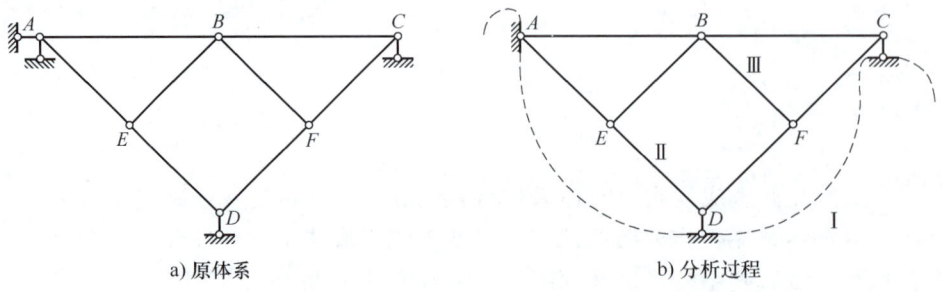

图 2-18 与基础的约束超出三个的体系做几何组成分析的方式一

对于体系的基础与其他部分的约束超出三根支座链杆，且存在一刚片与基础由三根链杆的连接时，可由此出发，按规则逐渐增大刚片，直到不能增加为止，再与其他刚片连接，按规则判断。对图2-19所示的体系，AB杆与基础组成几何不变体系，增加二元体ACB及ADC，而CE杆和E结点对应的链杆也是一个二元体，故组成一个新刚片称为Ⅰ。△FGI增加二元体GHI形成刚片Ⅱ，则由规则一可判断出该体系为瞬变体系。

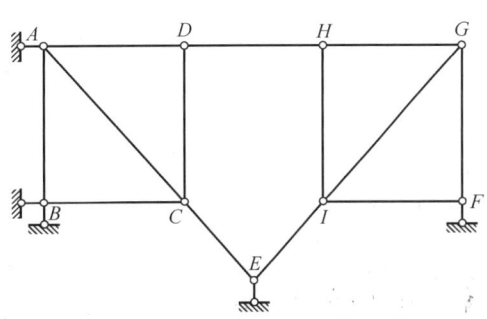

图2-19 与基础的约束超出三个的体系做几何组成分析的方式二

4）将刚结点所连接的杆件视为一个刚片，将固定支座连接的杆件与基础视为一个刚片。

下面用具体的例子来说明如何运用这些知识对体系进行机动分析。

【例2-1】 试对图2-20所示体系进行机动分析。

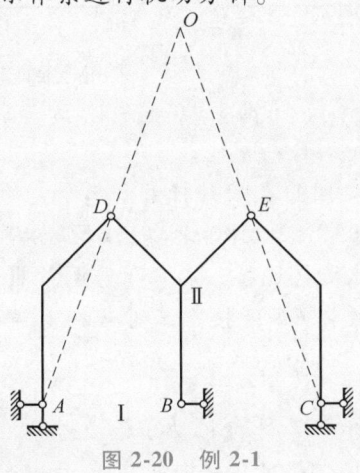

图2-20 例2-1

解：因为基础与上部体系之间的支座链杆多于三个，故将基础作为刚片Ⅰ。取杆BDE为刚片Ⅱ，将折杆AD和折杆CE看成链杆，刚片Ⅰ和刚片Ⅱ间由三根链杆连接，三根链杆既不平行，也不交于一点。由规则一可知，该体系为几何不变体系，且无多余约束。

【例2-2】 试对图2-21所示体系进行机动分析。

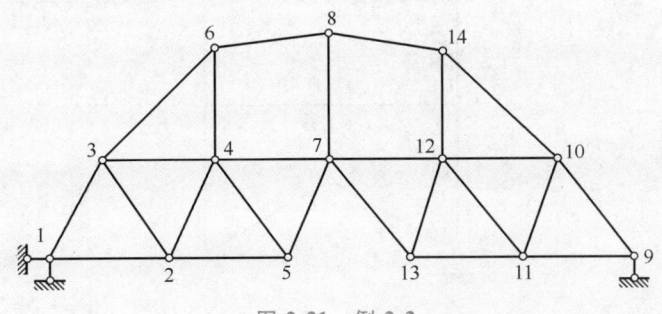

图2-21 例2-2

解：由于基础与上部体系用三根既不平行也不交于一点的链杆连接，故可撤去支座约束，只研究上部体系自身的几何组成。从△123 出发，按 4→5→6→7→8 的次序，依次增加汇交于各结点的二元体，形成刚片Ⅰ。同理，由△91011 出发，按 12→13→14 的次序，依次增加汇交于各结点的二元体，形成刚片Ⅱ。刚片Ⅰ和刚片Ⅱ通过铰 7 和链杆 8-14 组成几何不变体系，所以整个体系为几何不变体系，且无多余约束。

【例 2-3】 试对图 2-22a 所示体系进行机动分析。

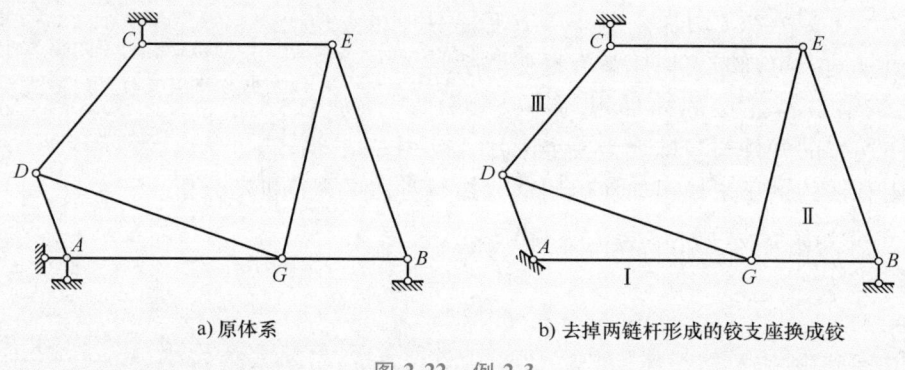

a) 原体系　　　　　　　　b) 去掉两链杆形成的铰支座换成铰

图 2-22　例 2-3

解：因为基础与上部体系之间的支座链杆多于三个，故将基础作为刚片Ⅰ。去掉两链杆形成的铰支座 A 换成铰，如图 2-22b 所示。取△BEG 为刚片Ⅱ，杆 CD 为刚片Ⅲ。刚片Ⅰ与刚片Ⅱ由链杆 AG 及 B 支座链杆连接；刚片Ⅰ与刚片Ⅲ由链杆 AD 及 C 支座链杆连接；刚片Ⅱ与刚片Ⅲ由链杆 DG 及链杆 CE 连接。三对链杆形成的三个虚铰不在一直线上，故由规则二判断该体系为几何不变体系，且无多余约束。

【例 2-4】 试对图 2-23 所示体系进行机动分析。

解：由于基础与上部体系用三根既不平行也不交于一点的支座链杆连接，故可撤去支座约束，只研究上部体系自身的几何组成。折杆 ACDB 为刚片Ⅰ，△EFH 为刚片Ⅱ，杆 GH 为刚片Ⅲ。刚片Ⅰ与刚片Ⅱ由平行链杆 CE、链杆 DF 连接，在无穷远处形成虚铰；刚片Ⅰ与刚片Ⅲ由链杆 AG、链杆 BG 连接，两链杆交于 G 铰；刚片Ⅱ与刚片Ⅲ由实铰 H 连接。由于三铰在同一直线上，故整个体系为瞬变体系。

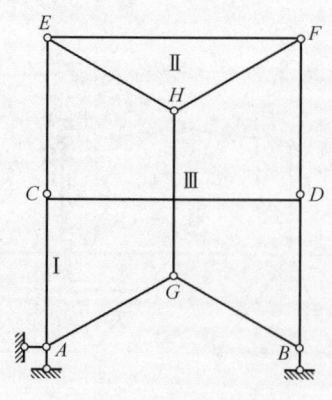

图 2-23　例 2-4

本 章 小 结

平面杆件体系可分为几何不变体系和几何可变体系，其几何性质与约束类型及几何组成密切相关。通过平面几何不变体系的基本组成规则，进一步研究了静定结构和超静定结构的几何组成特点。

1. 基本概念

（1）几何不变体系、几何可变体系、几何瞬变体系　在不考虑材料应变的条件下，受到任意荷载作用时能够保持几何形状和位置不变的体系称为几何不变体系；在任意荷载作用下，不考虑材料的应变，形状和位置可以改变的体系称为几何可变体系；由瞬时几何可变变为几何不变的体系称为几何瞬变体系。

（2）自由度　一个体系的自由度，就是该体系运动时可以独立变化的几何参数的数目，也就是确定该体系的位置所需独立坐标的数目。

（3）约束　约束是指减少物体运动自由度的装置，也称联系。常用的约束包括链杆、铰连接和刚性连接。能够限制体系运动自由度的约束称为必要约束，而不能限制体系运动自由度的约束称为多余约束。

（4）虚铰　两刚片通过两链杆相连，每根链杆两端分别连接到两个刚片上，这两根链杆的约束作用等效于链杆交点处的一个铰的约束作用，这种等效约束称为虚铰。

（5）计算自由度　计算自由度为体系中各构件的总自由度数与总约束数之差。

2. 知识要点

三刚片规则、两刚片规则和二元体是平面体系的三个基本组成规则，它体现了组成一般无多余约束几何不变体系的必要和充分条件。除了基本规则，计算自由度也可用于初步分析体系的几何组成。

（1）两刚片规则　两个刚片用不交于一点也不互相平行的三根链杆连接，则所组成的体系是几何不变的，并且没有多余约束。该规则也可描述为：两个刚片用一个铰和轴线不通过这个铰的一根链杆连接，则所组成的体系也是几何不变体系。

（2）三刚片规则　三个刚片用不在同一直线上的三个铰两两铰连，组成的体系是几何不变的，并且没有多余约束。

（3）二元体规则　在一个刚片上增加一个二元体仍为几何不变体系。

思考与讨论

1. 为什么计算自由度 $W \leq 0$ 的体系不一定就是几何不变的？试举例说明。
2. 什么是刚片？什么是链杆？链杆能否作为刚片？刚片能否当作链杆？
3. 图 2-24 所示体系按三刚片规则分析，三铰共线，故为几何瞬变体系。该说法是否正确？为什么？
4. 若使图 2-25 所示平面体系成为几何不变，且无多余约束，需要添加多少根链杆？
5. 静定结构的几何组成特征是什么？有多余约束的体系一定是超静定结构吗？为什么？
6. 何谓瞬变体系？为什么土木工程中要避免采用瞬变和接近瞬变的体系？

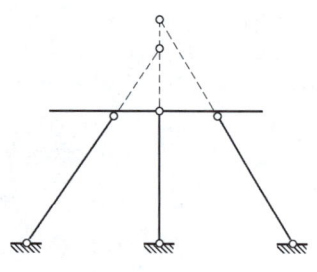

图 2-24　思考与讨论题 3

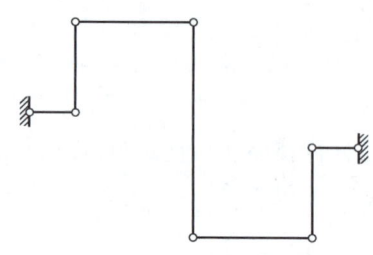

图 2-25　思考与讨论题 4

7. 图 2-26 所示平面体系的几何组成特征是什么？

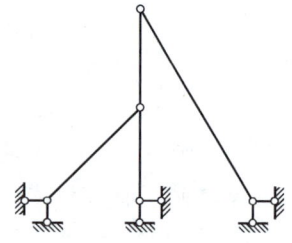
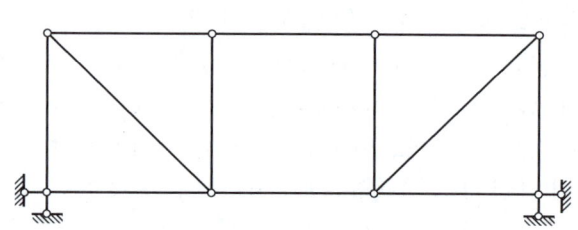

图 2-26　思考与讨论题 7

8. 试小结机动分析的一般步骤和技巧。

习　　题

一、选择题

图 2-27 所示体系属于（　　），图 2-28 所示体系属于（　　），图 2-29 所示体系属于（　　），图 2-30 所示体系属于（　　），图 2-31 所示体系属于（　　），图 2-32 所示体系属于（　　）。

A. 几何可变
B. 几何不变，无多余约束
C. 几何不变，有 1 个多余约束
D. 几何不变，有 2 个多余约束

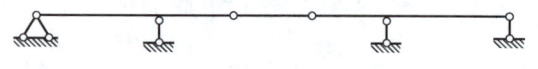

图 2-27　选择题 1

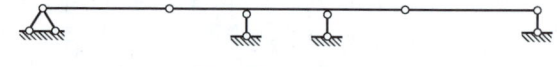

图 2-28　选择题 2

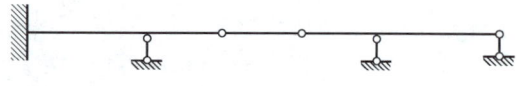

图 2-29　选择题 3

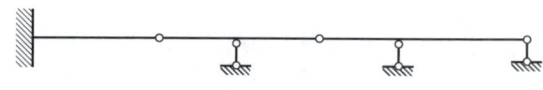

图 2-30　选择题 4

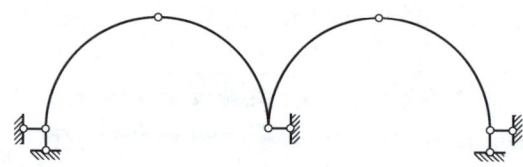

图 2-31　选择题 5 问一

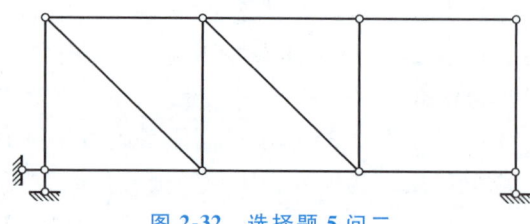

图 2-32　选择题 5 问二

二、分析题

1. 请分析图 2-33 所示体系的几何组成。

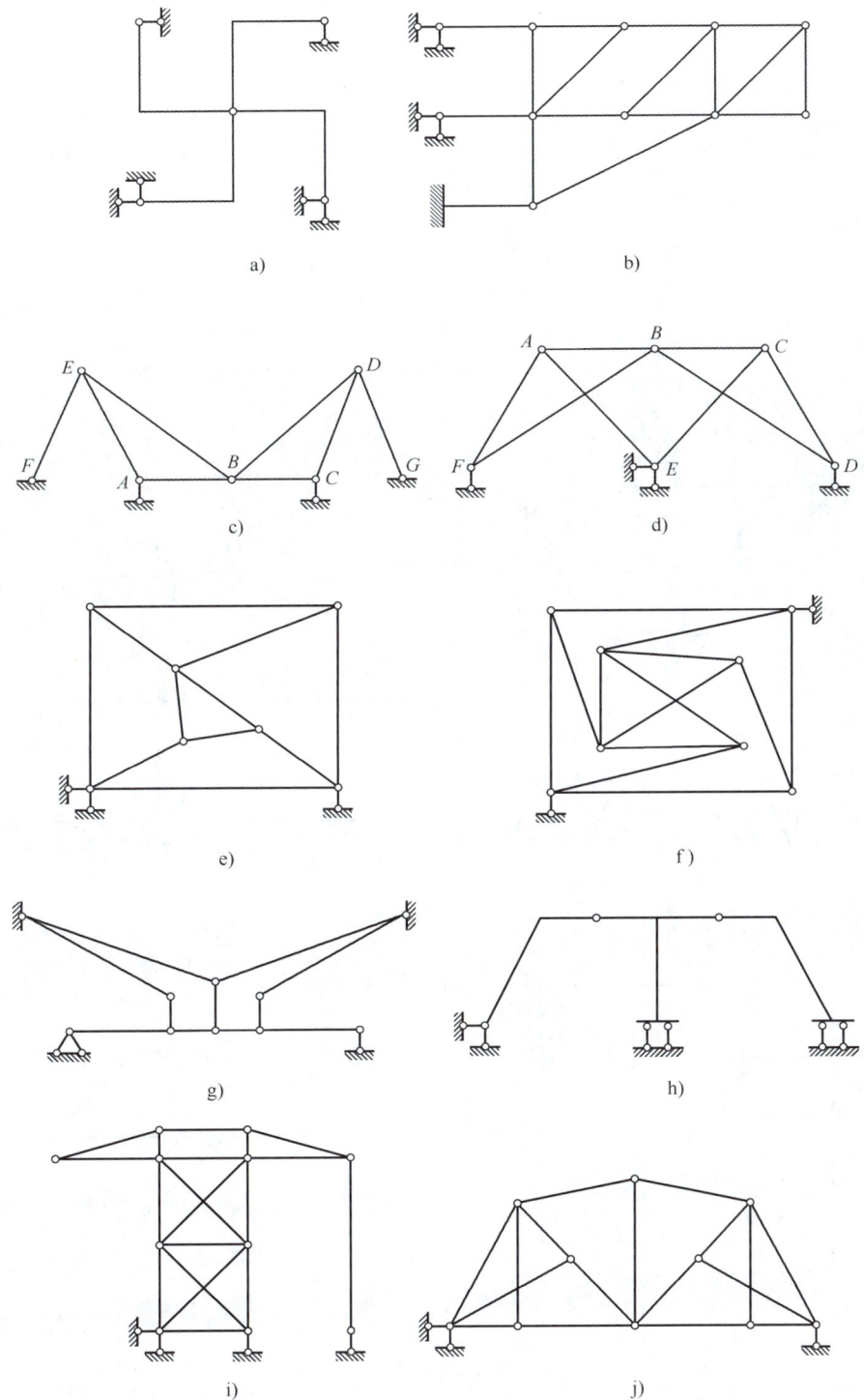

图 2-33 分析题 1

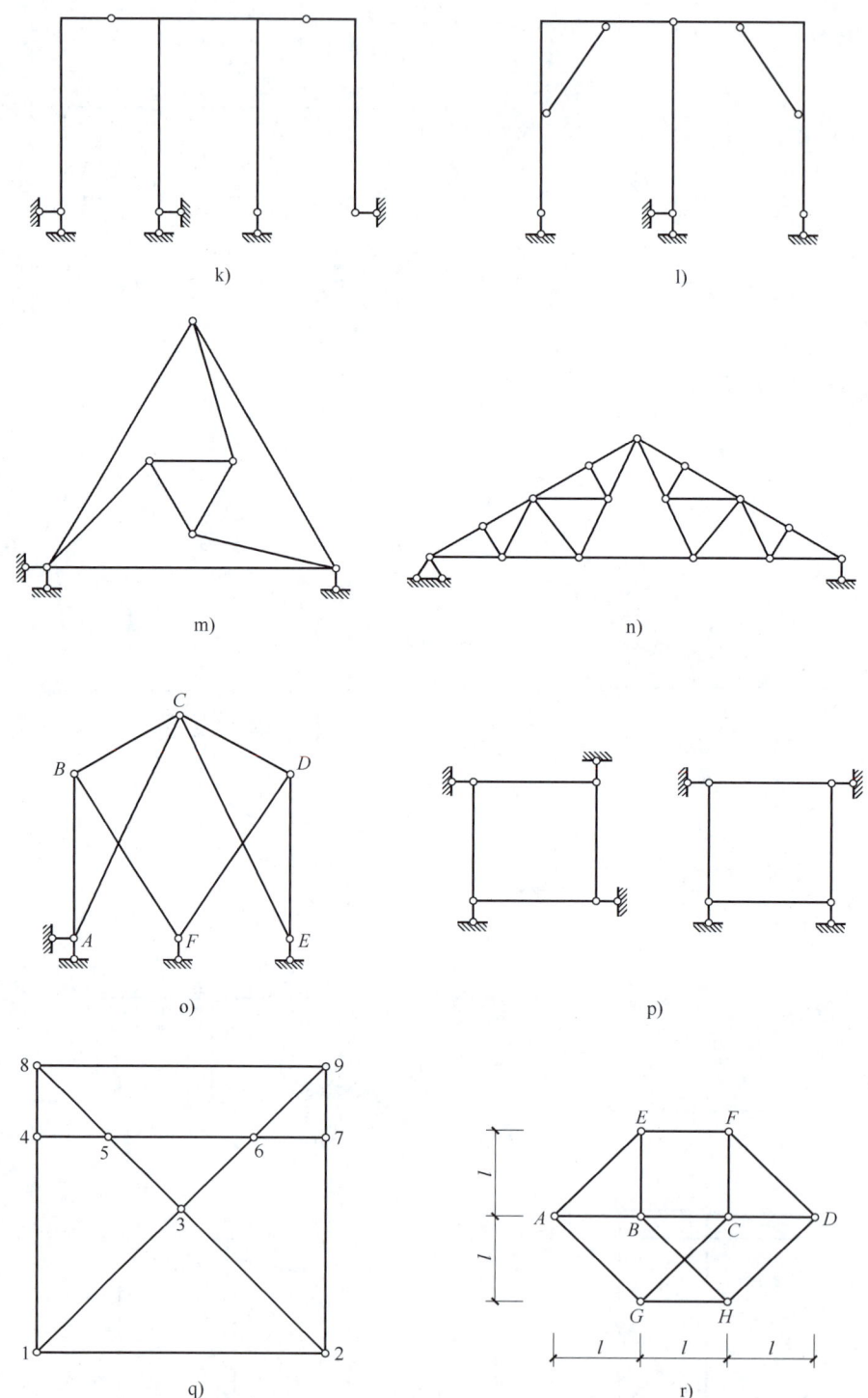

图 2-33 分析题 1（续）

2. 判断图 2-34 所示体系的多余约束数目，并做机动分析。

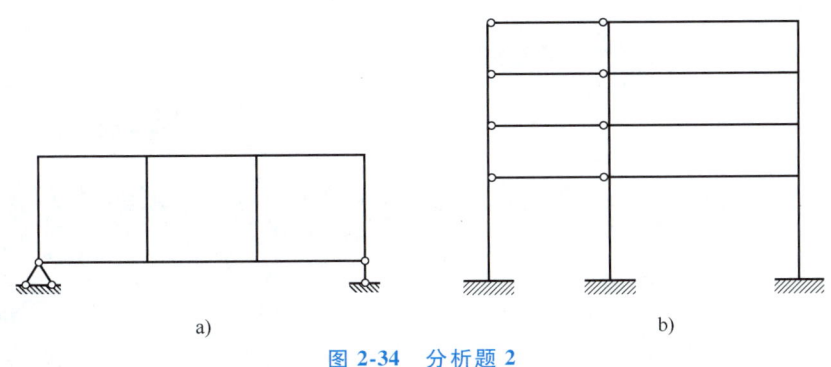

图 2-34　分析题 2

三、简答题

一般来说，几何可变体系（包括常变体系和瞬变体系）是不能用作结构的，但是随着高强度材料和预应力技术的应用，这一"禁区"已被突破。请你结合生活中所见到的建筑物谈一谈，哪类建筑物是属于几何可变体系。

第3章 静定梁与静定刚架

内容提要

本章重点讨论静定结构内力计算的基本方法，包括单跨静定梁的内力计算、多跨静定梁的内力分析、静定平面刚架的内力计算。

基本要求

灵活运用隔离体平衡的方法，熟练掌握静定梁、静定刚架内力图的作法及内力的解法，掌握用"拟简支梁区段叠加法"绘制弯矩图。

导入案例

苏州东方之门

东方之门（图3-1）位于江苏省苏州市工业园区星港街199号，东方之门是由两栋超高层建筑组成的双塔连体建筑，分南、北塔楼和南、北裙房等主要结构单元，塔楼总高度为278m，裙房总高度为50m左右，塔楼和裙房之间设抗震缝，缝宽250mm。两栋塔楼在第四避难层，即229.2m高度连成一体，连体以上共有10层，总高约51.9m。主体结构的连接体部分在第四避难层外边缘设置空间桁架，与该层的其他双向桁架形成有效的结构体系，提高连体结构的抗扭能力。连体的横向设置柱间支撑形成竖向桁架，增强连体结构中间部位的横向刚度。

东方之门作为中国结构最复杂的超高层建筑之一，通过简单的几何曲线处理，将传统文化与现代建筑融为一体，最大限度地传承了苏州历史文化。

图 3-1 苏州东方之门

东方之门获"中国结构最复杂的超高层建筑""中国最高无边际泳池""中国最高的过街天河""中国最高的空中苏式园林""第十八届中国土木工程詹天佑奖"等荣誉。

目前，工程结构中大量使用静定结构，主要形式为静定单跨梁（各类结构的基本构件）、静定多跨梁（公路桥、檩条等）、静定平面刚架（工业厂房、仓库、食堂、雨篷、火车站站台、阳台、起重机钢支架等）、静定平面桁架（屋架、托架、桥梁和塔架等）、组合结构和三铰拱等。

思考：如何对东方之门进行静定结构内力分析？

3.1 单跨静定梁

单跨静定梁是建筑工程中常用的简单结构，是组成各种结构的基本构件之一。它设计简单、施工方便，多用于短跨结构，如楼板、门窗过梁、吊车梁等。其受力分析是各种结构受力分析的基础。因此，尽管在材料力学中对单跨静定梁的内力分析已经做过讨论，在这里仍然有必要加以简略的回顾和补充，以使读者进一步熟练掌握，为后续课程打下一个良好的基础。

3.1.1 单跨静定梁的类型及反力

常见的单跨静定梁有简支梁、悬臂梁和外伸梁三种形式，如图3-2所示。它们都是由梁和地基按两刚片规则组成的静定结构，因而其支座反力都只有三个，可取全梁为隔离体，由平面一般力系的三个平衡方程求得。

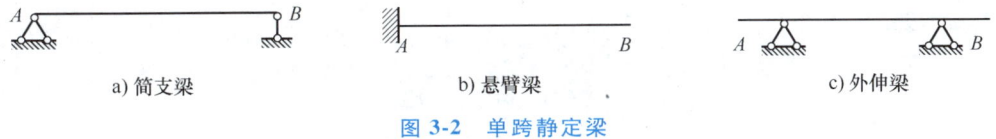

a) 简支梁　　　　b) 悬臂梁　　　　c) 外伸梁

图 3-2 单跨静定梁

3.1.2 用截面法求梁的内力

1. 内力符号规定

在任意荷载作用下，梁横截面上有弯矩 M、剪力 Q 和轴力 N 三个内力分量，其符号通常规定如下（图3-3）：梁的弯矩 M 使杆件下凹者为正（下侧纤维受拉为正），反之为负；剪力 Q 使截开部分产生顺时针转动趋势为正，反之为负；轴力 N，拉为正，压为负。作内力图时，规定弯矩图纵标画在受拉一侧，不标注正负号；剪力图和轴力图可绘在杆轴的任意一侧，但必须标注正负号。

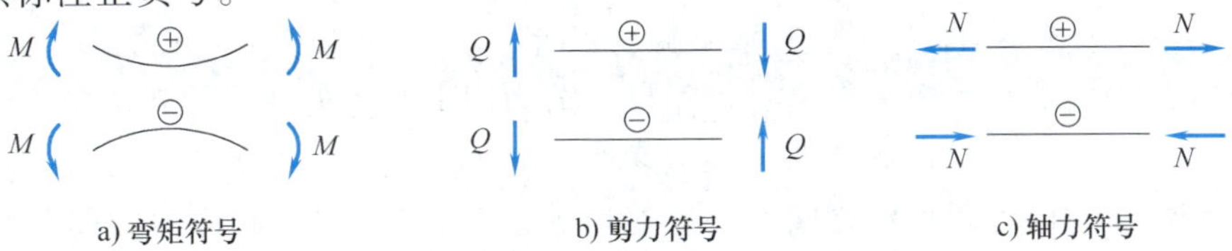

a) 弯矩符号　　　　b) 剪力符号　　　　c) 轴力符号

图 3-3 内力符号规定

2. 求内力的方法——截面法

用假想截面将杆件截开，以截开后受力简单部分为平衡对象，也称隔离体，并分析其内力。以图 3-4a 所示简支梁为例，在求出支座反力 H_A、V_A、V_B 之后，用一个假想的平面 m—m 将梁沿所求内力截面 K 截开，可选取截面的任一侧为隔离体，如取截面左侧部分为隔离体（图 3-4b），利用平衡条件计算欲求的内力分量。

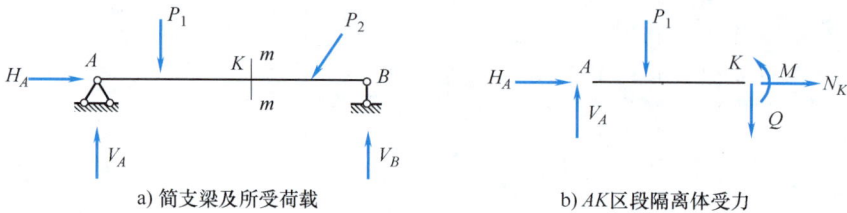

a) 简支梁及所受荷载　　　　　b) AK区段隔离体受力

图 3-4　截面法

弯矩等于截面一侧所有外力（包括荷载和反力）对截面形心力矩的代数和。
剪力等于截面一侧所有外力在垂直于杆轴线方向投影的代数和。
轴力等于截面一侧所有外力在沿杆轴线方向投影的代数和。

3. 利用直杆段的平衡微分关系作内力图

取微段 dx 为隔离体，如图 3-5 所示，假设其上受有轴向分布荷载集度 $p(x)$、横向分布荷载集度 $q(x)$，在给定坐标系中它们的指向与坐标正向相同者为正。

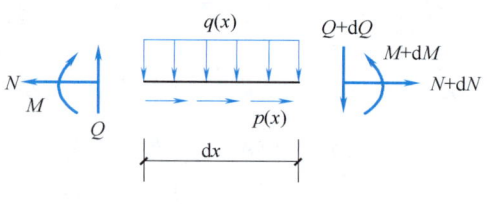

图 3-5　微段隔离体

考虑微段的平衡条件

$$\sum X = 0 \quad \frac{dN}{dx} = -p(x) \tag{3-1}$$

$$\sum Y = 0 \quad \frac{dQ}{dx} = -q(x) \tag{3-2}$$

$$\sum M = 0 \quad \frac{dM}{dx} = Q \tag{3-3}$$

由式（3-2）和式（3-3）可得

$$\frac{d^2M}{dx^2} = -q(x) \tag{3-4}$$

式（3-1）~式（3-4）即直杆段的平衡微分关系。其几何意义是：轴力图上某点切线斜率等于该点处的轴向荷载集度，但是符号相反；剪力图上某点处切线的斜率等于该点处的横向荷载集度，但是符号相反；弯矩图上某点切线斜率等于该点处的剪力。由以上微分关系可以推知：荷载情况与内力图形状之间的一些对应关系，见表 3-1。掌握内力图形状上的这些特征，对于正确和迅速地绘制内力图很有帮助。

表 3-1 直杆内力图的形状特征与荷载情况的对应关系

荷载情况	剪力图特点	弯矩图特点
直杆段无横向外荷载作用	平行杆轴的直线	一般为斜直线（剪力等于零时，弯矩为平行杆轴的直线）
横向均布荷载 q 作用区段	斜直线	二次抛物线（凸出方向同 q 指向）
横向集中力 P 作用点处	有突变（突变值 = P）	有尖角（尖角指向同 P 指向）
集中力偶 M 作用点处	无变化	有突变（突变值 = M）

3.1.3 用"拟简支梁区段叠加法"绘制弯矩图

小变形的情况下，绘制结构中的直杆段弯矩图时，可采用拟简支梁区段叠加法。它是结构力学中常用的一种简便方法。由于避免了列弯矩方程式，从而使得弯矩图的绘制工作得到了简化。

图 3-6a 为结构中任意截取的某一区段 AB，杆长为 L，其上作用实际承受的荷载（本例中只有均布荷载）。AB 两端的弯矩、剪力、轴力分别为 M_A、Q_A、N_A 和 M_B、Q_B、N_B。它们是这两个截面的真实内力值。图 3-6b 绘出的是与 AB 段同长度的简支梁。此梁承受的荷载与 AB 段承受的荷载完全相同，两端分别作用有力 M_A、M_B。因杆端轴力 N_A、N_B 不产生弯矩，故没有绘出。设简支梁的反力为 V_A、V_B，由此 AB 段为隔离体列出的静力平衡条件及通过对比，可知：$Q_A = V_A$，$Q_B = -V_B$，即图 3-6a 所示的区段与图 3-6b 所示的简支梁二者的内力分布完全一样。现分别作出简支梁在 M_A、M_B 共同作用下及均布荷载 q 作用下的弯矩图，如图 3-6c、d 所示。将上述两个弯矩图的纵标叠加（不是图形的简单拼和），可得简支梁的最后弯矩图（图 3-6e），该弯矩图即 AB 区段的弯矩图。实际作图时，通常不必作出图 3-6c、d，而可直接作出图 3-6e。方法是：先将两端的 M_A、M_B 绘出并以直线相连，如图 3-6e 虚线所

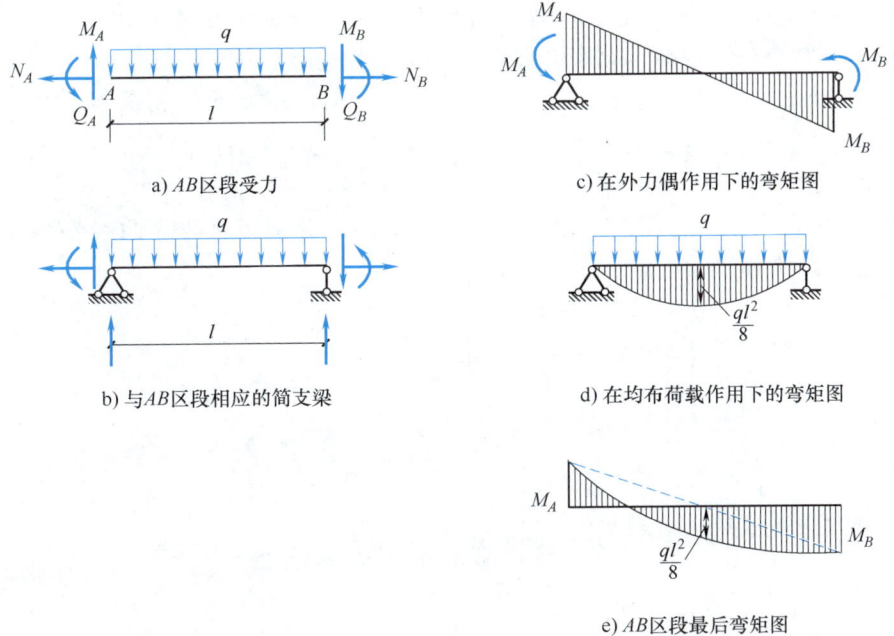

a) AB 区段受力

b) 与 AB 区段相应的简支梁

c) 在外力偶作用下的弯矩图

d) 在均布荷载作用下的弯矩图

e) AB 区段最后弯矩图

图 3-6 区段叠加法

示，然后以此虚线为基线叠加简支梁在均布荷载 q 作用下的弯矩图。但必须注意的是，这里弯矩图的叠加是指其纵标叠加，因此图 3-6d 中的竖标 $ql^2/8$ 仍垂直于杆轴（而不是垂直 M_A、M_B 的连线）。当区段上有集中力或者是其他形式的荷载时，叠加作图的方法与之相同。这种绘制弯矩图的方法称为"拟简支梁区段叠加法"。

为了方便地应用叠加原理，下面给出几种应该熟记的简支梁在不同荷载作用下的内力图，如图 3-7 所示。

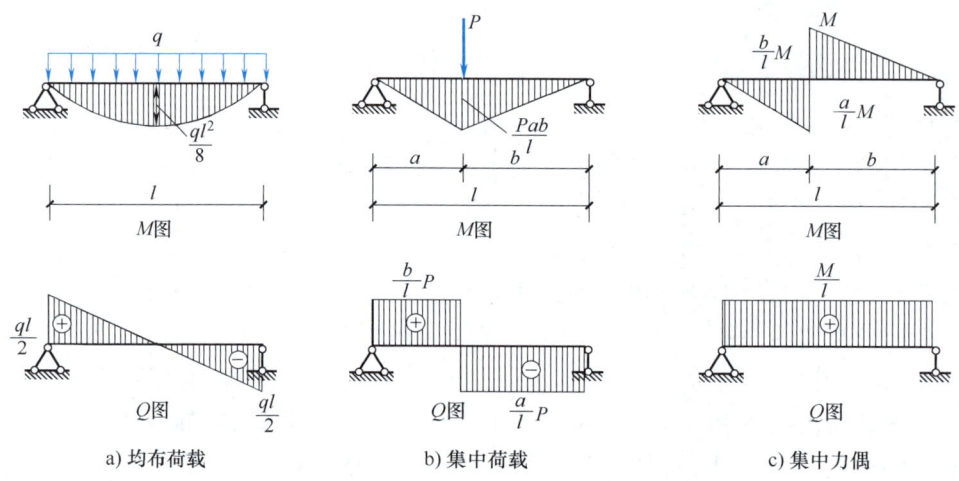

图 3-7 简支梁在不同荷载作用下的内力图

综上所述，绘制内力图的一般步骤为：

1）求反力（悬臂梁可不必求支座反力）。

2）分段。凡是外力不连续处均应作为分段点，如集中力及力偶作用处，均布荷载两端点等。这样，根据微分关系即可判断各段梁上的内力图形状。

3）定点。根据各段梁的内力图形状，选定所需要的控制截面，如集中力及力偶的作用点两侧的截面、均布荷载两端截面等，用截面法求出这些截面的内力值，并将它们在内力图的基线上用纵标绘出。

4）连线。由各段梁内力图的形状，根据叠加原理，分别用直线或曲线将各控制点依次相连，即所求的内力图。

【例 3-1】 试绘制图 3-8a 所示的外伸梁的弯矩图和剪力图。

解：1）计算支座反力。

$\sum X = 0 \qquad H_A = 0$

$\sum M_A = 0 \qquad V_B \times 8 + 30 - 10 \times 4 \times 2 - 20 \times 11 = 0$

$\qquad\qquad\qquad V_B = 33.75 \text{kN}（↑）$

$\sum M_B = 0 \qquad V_A \times 8 - 30 - 10 \times 4 \times 6 + 20 \times 3 = 0$

$\qquad\qquad\qquad V_A = 26.25 \text{kN}（↑）$

校核 $\qquad \sum Y = (26.25 + 33.75 - 10 \times 4 - 20) \text{kN} = 0$

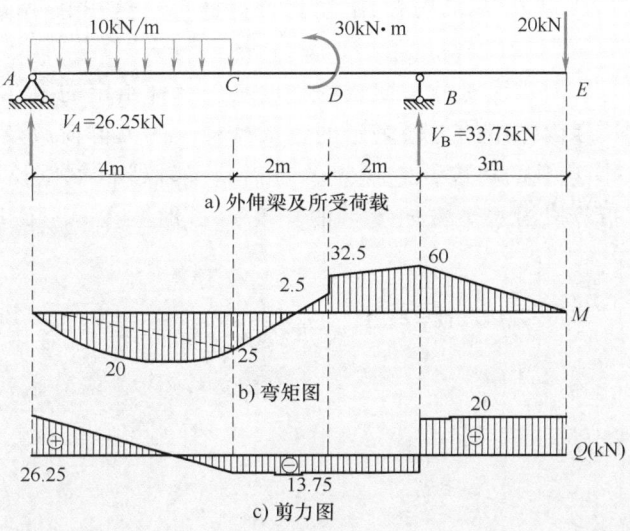

图 3-8 例 3-1

2) 作弯矩图。选择 A、C、D、B、E 为控制截面，计算出其弯矩值

$$M_A = 0$$
$$M_C = (26.25 \times 4 - 10 \times 4 \times 2) \text{kN} \cdot \text{m} = 25 \text{kN} \cdot \text{m}$$
$$M_{D左} = (26.25 \times 6 - 10 \times 4 \times 4) \text{kN} \cdot \text{m} = -2.5 \text{kN} \cdot \text{m}$$
$$M_{D右} = (26.25 \times 6 - 10 \times 4 \times 4 - 30) \text{kN} \cdot \text{m} = -32.5 \text{kN} \cdot \text{m}$$
$$M_B = (-20 \times 3) \text{kN} \cdot \text{m} = -60 \text{kN} \cdot \text{m}$$
$$M_E = 0$$

对于 CD、DB、BE 各区段，分别用直线连接两端控制截面弯矩纵标。对于 AC 区段，因有均布荷载作用，则以 A、C 两点纵标连线为基线，再叠加上相应的简支梁在均布荷载作用下的弯矩图。绘制出的弯矩图如图 3-8b 所示。

3) 作剪力图。用截面法计算出各个控制截面的剪力值

$$Q_A = 26.25 \text{kN}$$
$$Q_C = (26.25 - 10 \times 4) \text{kN} = -13.75 \text{kN}$$
$$Q_D = (26.25 - 10 \times 4) \text{kN} = -13.75 \text{kN}$$
$$Q_E = 20 \text{kN}$$
$$Q_{B右} = 20 \text{kN}$$
$$Q_{B左} = (20 - 33.75) \text{kN} = -13.75 \text{kN}$$

用直线连接各个梁段控制截面剪力的纵标，绘制出剪力图如图 3-7c 所示。

3.1.4 斜梁的受力分析

当单跨梁的两个支撑顶面的标高不相等时，即形成斜梁。斜梁在工程中经常遇到，如梁

式楼梯的楼梯梁、锯齿形状楼盖及雨篷结构中的斜杆等。这里仅就简支斜梁讨论其计算方法。

计算斜梁的内力时，需要注意分布荷载的集度是怎么样给定的。在图 3-9a 中荷载集度 q 是以沿水平线每单位长度内作用的力来表示的，如楼梯上的人群荷载及屋面斜梁上的雪荷载等。图 3-9b 中 q' 是楼梯自重的集度，它代表的是沿斜梁轴线每单位长度内荷载的量值。为了计算的方便，将 q' 折算成沿水平方向度量的集度 q_0。根据在同一微段范围内合力相等的原则，求出 q_0，即

$$q_0 dx = q' ds, \quad q_0 = \frac{q' ds}{dx} = \frac{q'}{\cos\alpha}$$

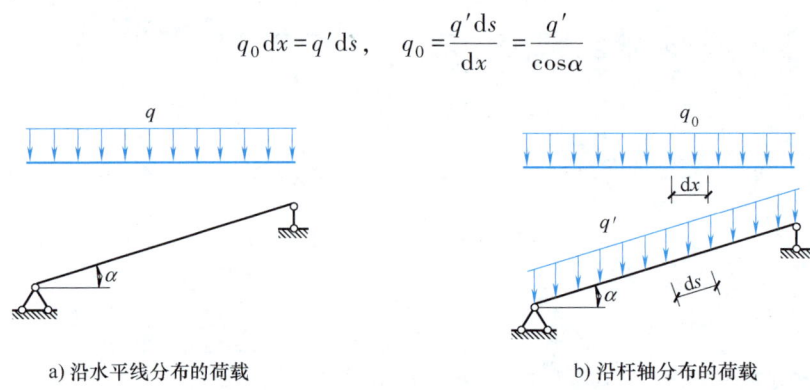

a) 沿水平线分布的荷载　　　　b) 沿杆轴分布的荷载

图 3-9　简支斜梁承受外荷载情况

斜梁计算与水平梁的计算基本相同。斜梁的特点主要是梁轴线和横截面都是倾斜的。当求斜梁上任意一截面的轴力时，应该将外力和支座反力向杆轴线的方向投影；而求剪力时，应该将外力和支座反力向垂直于杆轴线的方向投影；截面上的弯矩不因为梁轴的倾斜而受到影响。

【例 3-2】　作图 3-10a 所示斜梁的弯矩图、剪力图和轴力图。

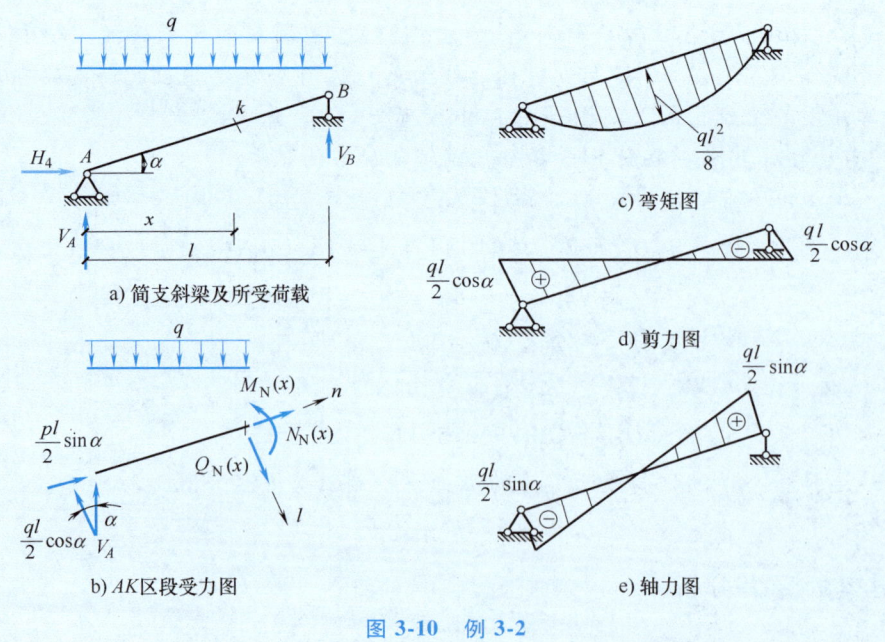

图 3-10　例 3-2

解：1）求支座反力。

$$\sum X = 0, \quad H_A = 0$$

$$\sum M_B = 0, \quad V_A = \frac{ql}{2}(\uparrow)$$

$$\sum M_A = 0, \quad V_B = \frac{ql}{2}(\uparrow)$$

校核

$$\sum Y = \frac{ql}{2} + \frac{ql}{2} - ql = 0$$

2）作内力图。为求任意一截面 K 的内力，取图 3-10b 所示的隔离体。

计算弯矩 $\sum M_K = 0$，$M_K(x) = V_A x - \frac{1}{2}qx^2 = \frac{ql}{2}x - \frac{q}{2}x^2$

故 $M_K(x)$ 为一抛物线，跨中弯矩为 $\frac{ql^2}{8}$，如图 3-10c 所示。

计算剪力和轴力

$$\sum t = 0, \quad Q_K(x) = V_A\cos\alpha - qx\cos\alpha = \left(\frac{ql}{2} - qx\right)\cos\alpha$$

$$\sum n = 0, \quad N_K(x) = -V_A\sin\alpha + qx\sin\alpha = -\left(\frac{ql}{2} - qx\right)\sin\alpha$$

由以上两式可绘制出 Q 图和 N 图，如图 3-10d、e 所示。

【例 3-3】 作图 3-11a 所示斜梁的弯矩图、剪力图和轴力图。

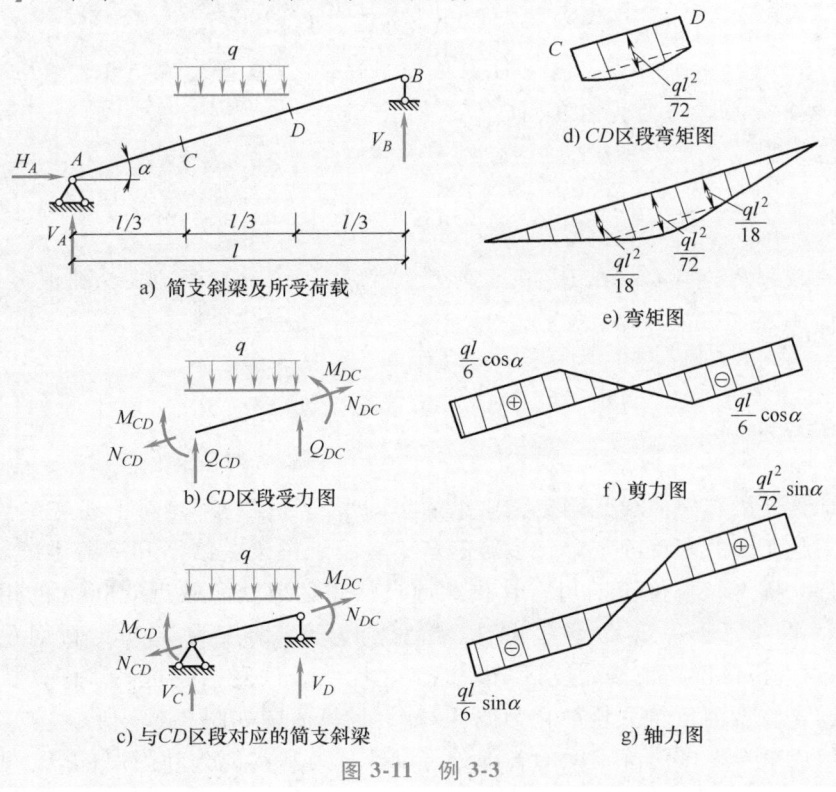

图 3-11 例 3-3

解：(1) 计算支座反力

$$\sum X = 0 \qquad H_A = 0$$

$$\sum M_B = 0 \qquad V_A = \frac{ql}{6}(\uparrow)$$

$$\sum M_A = 0 \qquad V_B = \frac{ql}{6}(\uparrow)$$

校核

$$\sum Y = \frac{ql}{6} + \frac{ql}{6} - q \times \frac{l}{3} = 0$$

(2) 作内力图　由于均布荷载只作用于斜梁上的局部，因此应该选择 A、C、D、B 四点为控制截面。

1) M 图。

$$M_{CA} = V_A \times \frac{l}{3} = \frac{ql^2}{18}, \quad M_{DB} = V_B \times \frac{l}{3} = \frac{ql^2}{18}$$

CD 段梁上有均布荷载，仍然可以用拟简支梁的区段叠加法绘制 M 图。图 3-11b 为 CD 段的隔离体，其受力状态与图 3-11c 所示简支梁的受力状态完全相同，因而二者的弯矩图也完全相同。由于轴向力 N_{CD}、N_{DC} 不产生弯矩，故 CD 部分的弯矩即由两端弯矩而产生的直线弯矩图和由均布荷载所产生的抛物线弯矩图叠加而成，如图 3-11d 所示，最后弯矩图为图 3-11e。

2) Q 图。

$$Q_{CD} = V_A \cos\alpha = \frac{ql}{6}\cos\alpha, \quad Q_{DC} = -V_B \cos\alpha = -\frac{ql}{6}\cos\alpha$$

AC 段、DB 段没有外荷载，因此 Q 图平行于杆轴，CD 区段有均布荷载 q 的作用，故 Q 图为斜直线。最后剪力图为图 3-11f。

3) N 图。

$$N_{CD} = -V_A \sin\alpha = -\frac{ql}{6}\sin\alpha, \quad N_{DC} = V_B \sin\alpha = \frac{ql}{6}\sin\alpha$$

在 AC 区段轴力为 N_{CD}，在 DB 段上轴力为 N_{DC}，在 CD 段轴力图为斜直线。最后轴力图如图 3-11g 所示。

3.2　多跨静定梁

简支梁、悬臂梁和外伸梁是静定梁中最简单的情况。多跨梁是将上述这些基本构造单元适当组合在一起而成的多跨静定梁，多跨静定梁多用于桥梁、渡槽和屋盖系统。图 3-12a 所示是两河口特大桥（该桥位于四川省甘孜藏族自治州，地处海拔近 3000m 的川西高原。大桥全长 628m，跨越了雅砻江大峡谷。主桥墩高达 172m，跨度为 220m，桥面距离江面的高度超过 280m。大桥位于高地震烈度区域，地形、地质条件复杂。桥高谷深，桥面瞬间最大风力达 13 级），将两河口特大桥简化为图 3-12b，计算简图如图 3-12c 所示。

从几何组成来看，多跨静定梁的各部分可以区分为基本部分和附属部分。就图 3-12c 而言，梁 AB 和梁 CD 直接由支杆固定于基础，不依赖其他部分而可以维持几何不变，称它为基本部分。而短梁 BC 的两端支于 AB 和 CD 的伸臂上面，必须依靠基本部分才能保持其几何不变性，故称为附属部分。

a) 两河口特大桥

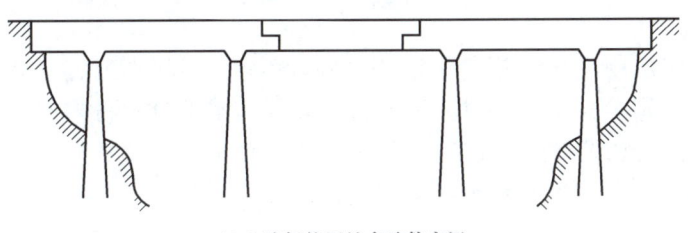

b) 公路桥使用的多跨静定梁

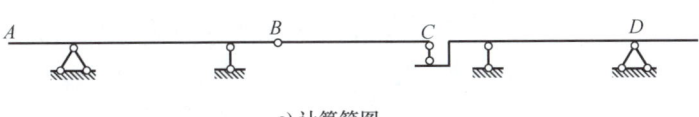

c) 计算简图

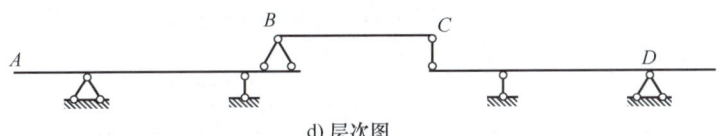

d) 层次图

图 3-12　桥梁工程中的多跨静定梁

图 3-13a 所示为屋盖中木檩条的构造。图 3-13b 为其计算简图。在计算简图中，AB 段为基本部分，BC 段为其附属部分，而 CD 段则是更高层次的附属部分。

以上所介绍的组成方式是多跨静定梁的两种基本形式。为了更加清晰地表示出整个结构各个部分之间的依存关系，常绘出受力层次图，如图 3-12c 和图 3-13c 所示。

从受力分析方面考虑，基本部分不依赖附属部分可以独立承受荷载的作用，而附属部分必须依靠基本部分才能承受荷载的作用。当荷载单独地作用于基本部分时，只有基本部分产生内力，附属部分不产生内力；而当荷载作用于附属部分上时，附属部分将产生内力和约束力，且约束力通过连接部分向基本部分传递。

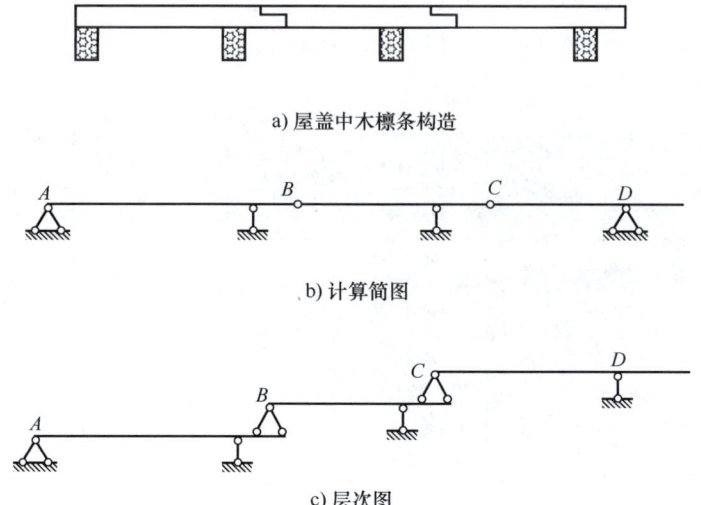

图 3-13　屋盖中的多跨静定梁

多跨静定梁的组成顺序是先基本部分，后附属部分，最终形成整个结构。而计算多跨静定梁时应该遵循的原则是：先计算附属部分，再计算基本部分；将附属部分的约束力反其指向，就是加于基本部分的荷载。这样把多跨梁拆成单跨梁计算，从而避免求解联立方程。将各单跨梁的内力图组合在一起就是多跨梁的内力图。

【例 3-4】 试计算图 3-14a 所示多跨静定梁的内力，并且绘出内力图。

解：由于 A 处为固定铰支座，且略去轴向变形，故该多跨静定梁各截面均无水平线位移。于是，AC、DG 可视为基本部分，CD、GH 可视为附属部分。根据荷载情况，作出该多跨静定梁的受力层次图如图 3-14b 所示。

绘出各个部分隔离体的受力图（图 3-14c）。先计算附属部分。求出附属部分的约束力，反其指向加在基本部分后，对基本部分进行计算。计算数据分别标在图上，其计算过程从略。

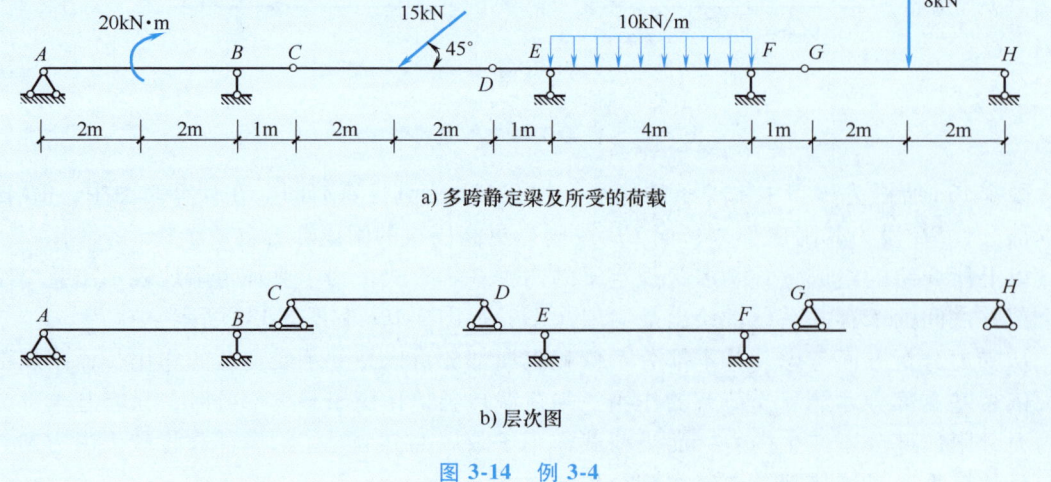

图 3-14　例 3-4

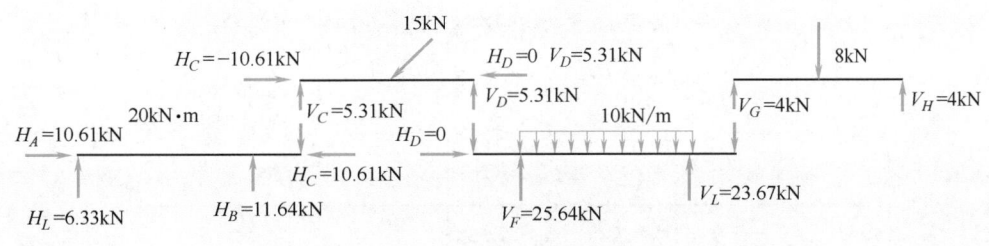

c) 每层受力图

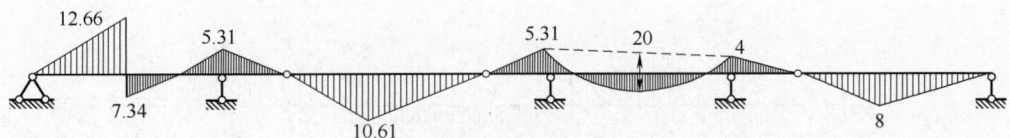

d) 弯矩图(单位: kN·m)

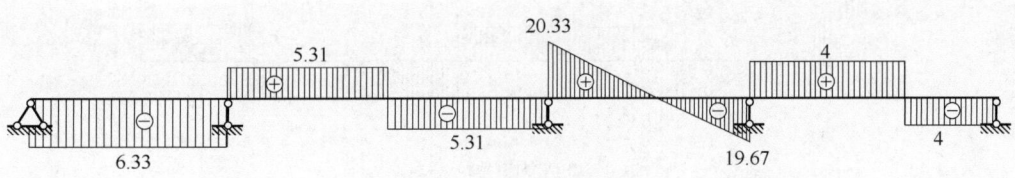

e) 剪力图(单位: kN)

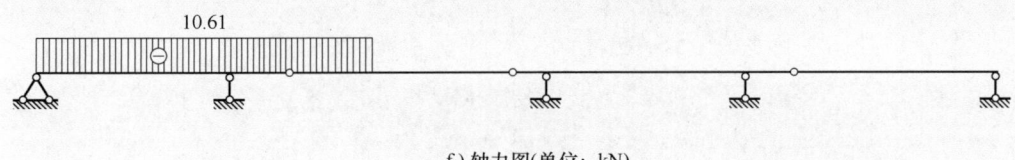

f) 轴力图(单位: kN)

图 3-14 例 3-4（续）

当所有的支座反力求出后，利用整体平衡条件予以检查。

$$\sum Y = \left(-6.33 + 11.64 + 25.64 + 23.67 + 4 - 15 \times \frac{\sqrt{2}}{2} - 10 \times 4 - 8\right) \text{kN} = 0$$

证明支座反力计算无误。

分别绘出各个单跨梁的内力图并且组合在一起，就得到了整个多跨静定梁的内力图，如图 3-14d、e、f 所示。

【例 3-5】 试作出图 3-15a 所示的多跨静定梁的内力图。

解：ABC 外伸梁为基本部分，CDE 和 EFG 为附属部分。

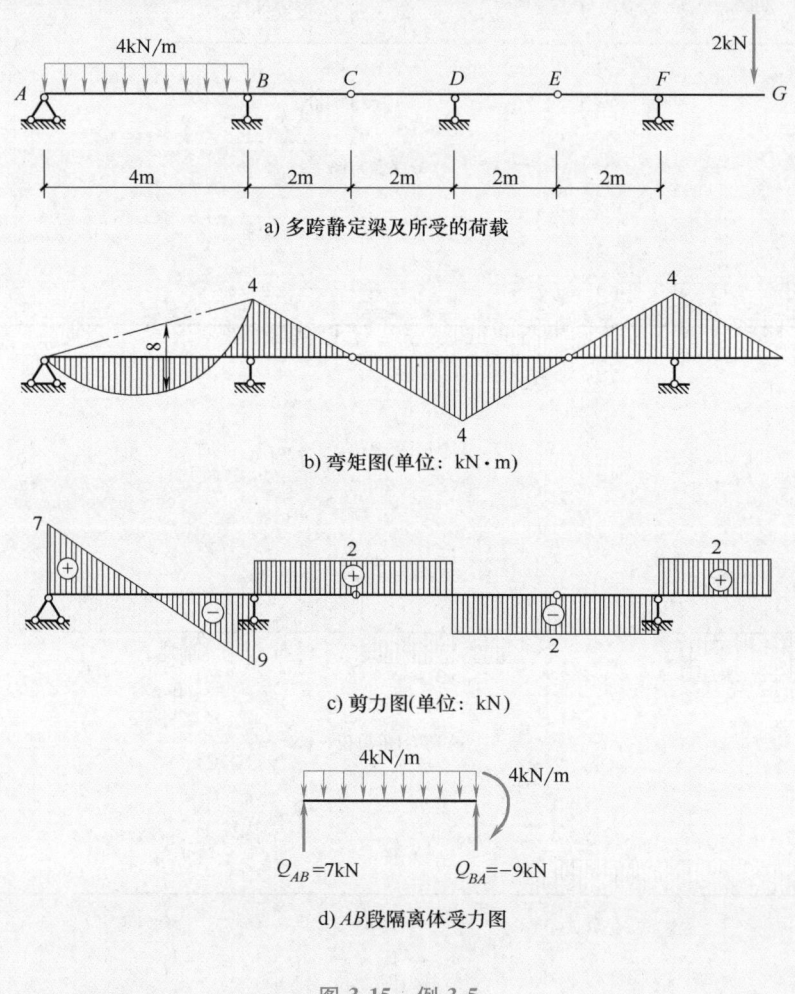

图 3-15 例 3-5

按照一般的步骤，先求各支座反力及铰结处的约束力，然后作剪力图和弯矩图。但是在某些情况下也可以不计算支座反力，而应用弯矩图的形状和特性及叠加法首先绘出弯矩图，此题就是一例。

作弯矩图时应该从附属部分开始，FG 段的弯矩图与悬臂梁相同，可以立即绘出，F、D 间并无外力作用，故弯矩图必为一直线，只需定出两个点便可以绘出此直线。现已知 $M_F = -4\text{kN} \cdot \text{m}$，而 E 处为铰，则 $M_E = 0$，故将以上两点连以直线，并将其延长至 D 点之下，即得到 DF 段梁上的弯矩图，并同时可以得出 $M_D = 4\text{kN} \cdot \text{m}$。用同样的方法可以绘制出 BD 段梁的弯矩图。而 AB 段梁有均布荷载的作用，其弯矩图可以用叠加法绘出。这样，未经过计算反力而绘出了全梁的弯矩图，如图 3-15b 所示。

有了弯矩图,剪力图即可根据微分关系或者是平衡条件求得。对于弯矩图为直线的区段,利用弯矩图的坡度(斜率)来求剪力是很方便的。如 BD 段梁的剪力为

$$Q_{BD} = \frac{4+4}{4}\text{kN} = 2\text{kN}$$

至于剪力的正负号,可以按照以下方法判定:若弯矩图是从基线顺时针方向转的(以小于90°的转角),则剪力为正;反之为负。据此可知 Q_{BD} 为正。又如 DF 段梁有

$$Q_{DF} = -\frac{4+4}{4}\text{kN} = -2\text{kN}$$

对于弯矩图为曲线的区段,如 AB 段梁,可取该段梁为隔离体,如图 3-15d 所示,由 $\sum M_B = 0$ 和 $\sum M_A = 0$ 可分别求得

$$Q_{AB} = -\frac{-4 \times 4 \times 2 - 4}{4}\text{kN} = 7\text{kN}$$

$$Q_{BA} = \frac{-4 \times 4 \times 2 - 4}{4}\text{kN} = -9\text{kN}$$

在均布荷载作用的区段,剪力图应该为斜直线,故将以上两点连以直线,即得 AB 段梁的剪力图。整个多跨静定梁剪力图如图 3-15c 所示。

3.3 静定平面刚架

刚架是由若干直杆组成的具有刚结点的结构;具有刚结点是刚架的主要特征。在刚结点处,各杆端既不能发生相对移动,也不能发生相对转动,在外部因素作用下,汇交于刚结点处各杆件之间的夹角保持不变。图 3-16 所示为一门式刚架,在荷载作用下 C、D 两结点处梁、柱夹角在刚架变形前后均为直角。

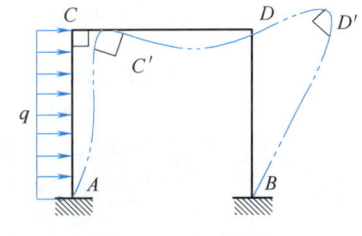

图 3-16 门式刚架

平面刚架的杆件截面上一般有弯矩、剪力和轴力三种内力分量。由于刚架结点能够承受和传递弯矩,所以可以改善结构的受力性能。工程中使用的刚架大多为超静定刚架,静定刚架只在结构比较简单及荷载较小的情况下采用。尽管如此,由于静定刚架内力分析是超静定刚架计算的基础,因此对静定刚架的内力计算必须熟练掌握。静定平面刚架按照几何组成方式可以分为以下三种形式:单体刚架、三铰刚架和具有基本—附属关系的刚架,如图 3-17 和图 3-18 所示。

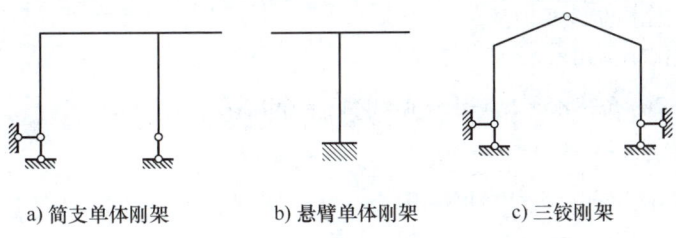

图 3-17 单体刚架和三铰刚架

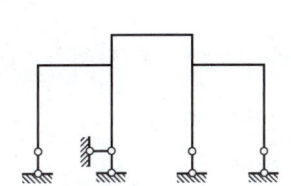

图 3-18 具有基本—附属关系的刚架

静定刚架的内力计算方法原则上与静定梁相同,通常先求出支座反力,然后逐杆按照"分段、定点、连线"的步骤绘制内力图。

在刚架的内力计算中,弯矩图通常绘在杆件的受拉侧,而不注明正负号,其剪力和轴力的正负号规定与梁相同,剪力图和轴力图可绘制在杆件的任一侧但必须注明正负号。

为了明确地表示刚架上不同截面的内力,尤其是为区分汇交于同一结点的各杆端截面的内力,使之不至于混淆,通常在内力符号后而引用两个脚标:第一个表示内力所属截面,第二个表示该截面所属杆件的另一端。例如,M_{AB} 表示 AB 杆 A 端的弯矩,Q_{AB} 表示 AB 杆 A 端截面的剪力,依此类推。

3.3.1 单体刚架

单体刚架是按照两刚片规则由上部与基础组成的无多余约束的几何不变体系。如简支刚架、悬臂刚梁等(图3-18a、b)。其特点是:以整体为隔离体,支座反力只有三个,因此只需三个平衡方程,就能将全部反力求出来。

【例3-6】 试作图 3-19a 所示刚架的内力图。

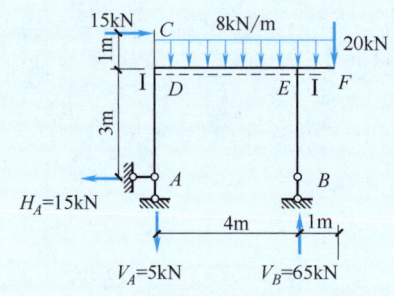

a) 简支刚架及所受的荷载

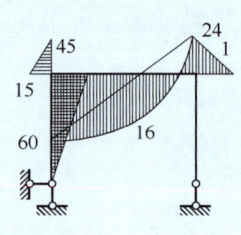

b) 弯矩图(单位:kN·m)

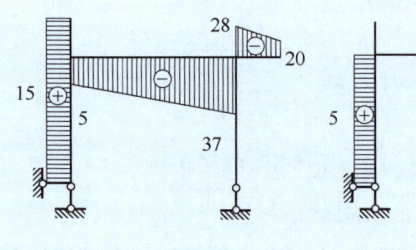

c) 剪力图(单位: kN)

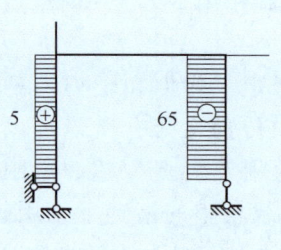

d) 轴力图(单位: kN)

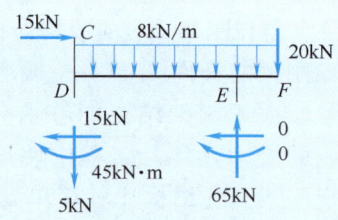

e) Ⅰ—Ⅰ截面以上隔离体

图 3-19 例 3-6

解:1) 计算支座反力。以结构整体为研究对象

$\sum X = 0 \qquad H_A = 15\text{kN}(\leftarrow)$

$\sum M_A = 0 \qquad V_B \times 4 - 20 \times 5 - 8 \times 5 \times 2.5 - 15 \times 4 = 0, V_B = 65\text{kN}(\uparrow)$

$\sum M_B = 0 \qquad V_A \times 4 + 8 \times 5 \times 1.5 - 15 \times 4 - 20 \times 1 = 0, V_A = 5\text{kN}(\downarrow)$

校核 $\qquad \sum Y = (65 - 5 - 8 \times 5 - 20)\text{kN} = 0$

证明支座反力计算无误。

2）绘制弯矩图。选择 A、D、C、E、F、B 点为控制截点，计算杆端弯矩值。控制截面的弯矩值等于该截面任意一侧（视结构受力情况而定，以受力简单便于计算为原则）所有外力对截面形心力矩的代数和。

AD 杆　　$M_{AD}=0$，$M_{DA}=15×3$kN·m$=45$kN·m（右侧受拉）

DC 杆　　$M_{DC}=15×1$kN·m$=15$kN·m（左侧受拉），$M_{CD}=0$

EF 杆　　$M_{FE}=0$，$M_{EF}=(20×1+8×1×0.5)$kN·m$=24$kN·m（上侧受拉）

BE 杆　　$M_{BE}=M_{EB}=0$

DE 杆　　$M_{DE}=M_{DA}+M_{DC}=60$kN·m（下侧受拉），$M_{ED}=M_{EF}+M_{EB}=24$kN·m（上侧受拉）

根据以上数据绘制出刚架弯矩图如图 3-19b 所示。

3）绘制剪力图。用截面法逐杆计算控制截面剪力。

AD 杆　　$Q_{AD}=Q_{AD}=15$kN

DC 杆　　$Q_{DC}=Q_{CD}=15$kN

EF 杆　　$Q_{EF}=(20+1×8)$kN$=28$kN，$Q_{FE}=20$kN

BE 杆　　$Q_{BE}=Q_{EB}=0$

DE 杆　　$Q_{DE}=-5$kN，$Q_{ED}=(20+8×1-65)$kN$=-37$kN

根据以上数据，绘出刚架剪力图，如图 3-19c 所示。剪力图也可以利用微分关系根据弯矩图绘制。

4）绘制轴力图。用截面法逐杆计算各杆轴力。

AD 杆　　$N_{AD}=N_{DA}=V_A=5$kN（拉力）

DC 杆　　$N_{DC}=N_{CD}=0$

EF 杆　　$N_{EF}=N_{FE}=0$

BE 杆　　$N_{BE}=N_{EB}=-V_B=-65$kN（压力）

DE 杆　　$N_{DE}=N_{ED}=0$

根据以上数据，给出刚架的轴力图如图 3-19d 所示。轴力图也可以根据剪力图绘制。

5）校核内力图。截取刚架任一部分为隔离体，都应该满足静力平衡条件。例如，作Ⅰ—Ⅰ截面图 3-19a，以截面上半部分结构为研究对象（图 3-19e）。由

$$\sum M_D = 45+20×5+8×5×2.5+15×1-65×4=0$$

$$\sum X = 15-15=0, \sum Y = 65-5-20-8×5=0$$

可知，隔离体的内力满足静力平衡条件。

在静定刚架中，常常也可以不求或者少求反力而迅速绘制出弯矩图。例如，悬臂刚架、结构上如果有悬臂部分及简支梁部分（含两端铰结直杆承受横向荷载），则其弯矩可先给出；充分利用弯矩图的形状特征（最常用的是直杆无荷载区段的弯矩图为直线，有均布荷载区段为抛物线和铰处弯矩为零），刚结点处的力矩平衡条件，用叠加法作弯矩图；外力与杆轴重合，或支座反力通过杆轴时不产生弯矩；外力与杆轴平行及外力偶产生的弯矩为常数；对称性的利用等。这些都给弯矩图的绘制工作带来极大的方便。至于剪力图，则可以根据弯矩图，利用平衡条件求得，然后根据剪力图又可以作出轴力图。

【例3-7】 试作图3-20a所示刚架的内力图。

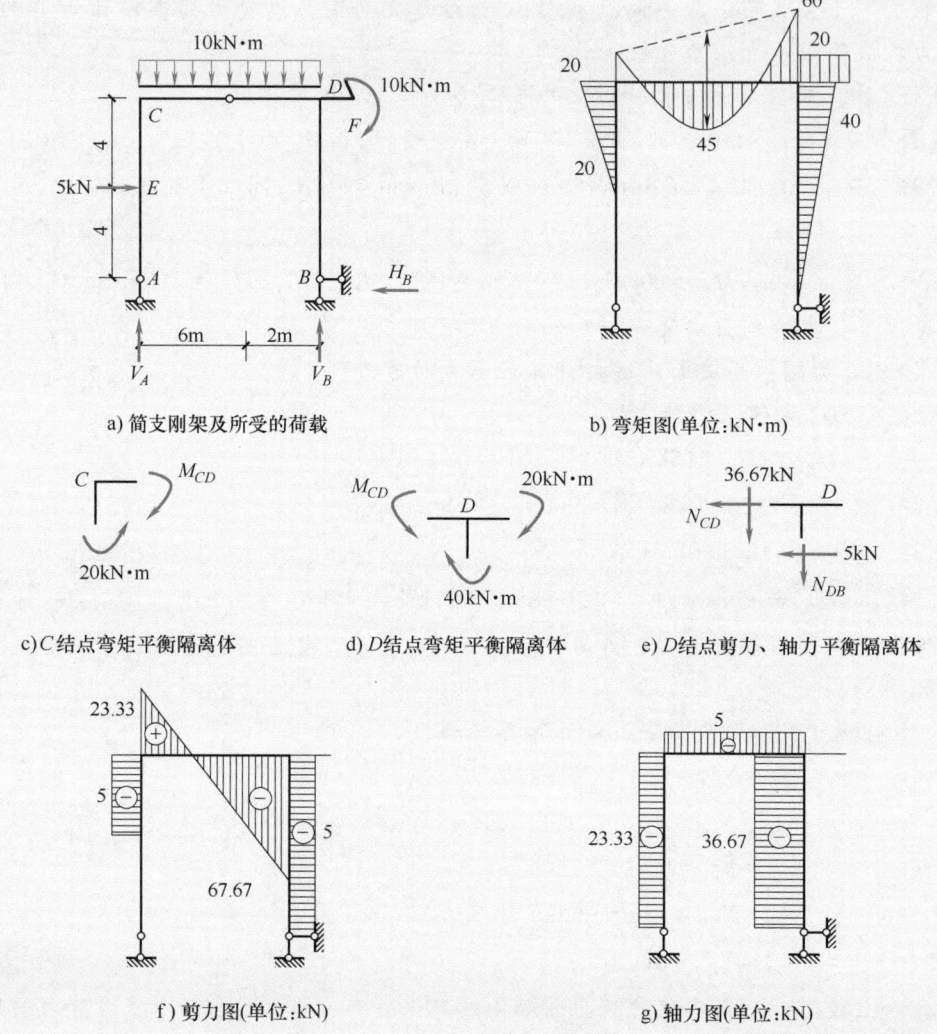

图 3-20 例 3-7

解：由刚架整体平衡条件 $\sum X = 0$，可知水平反力
$$H_B = 5\text{kN}(\leftarrow)$$

此时不需要再求出两个竖向反力即可以绘出刚架的全部弯矩图。因为反力 V_A 与竖杆 AC 重合；V_B 与竖杆 BD 重合。由截面法可以知道：V_A、V_B 无论多大都不会对 AC 杆和 BD 杆产生弯矩。因此该二竖杆的弯矩图已可作出图 3-20b。然后，根据结点 C 的力矩平衡条件图 3-20c，可得
$$M_{CD} = 20\text{kN} \cdot \text{m}(\text{上边受拉})$$

再考虑结点 D 的力矩平衡条件（图 3-20d）可得
$$M_{DC} = (20 + 40)\text{kN} \cdot \text{m} = 60\text{kN} \cdot \text{m}(\text{上边受拉})$$

至此，横梁 CD 两端的弯矩图都已经求得，CD 杆上由于作用有均布荷载，故用叠加原理可给出 CD 杆的弯矩图，即图 3-20b。

根据已作出的弯矩图，利用微分关系或杆段的平衡条件，可以作出剪力图，如图 3-20f 所示（方法同例 3-5，读者可以自行校核）。然后根据剪力图，考虑各结点的投影平衡条件即可求出各杆端的轴力。如取出 D 结点为隔离体，如图 3-20c 所示，由 $\sum X = 0$ 和 $\sum Y = 0$ 分别求出

$$N_{DC} = -5\text{kN}(压力), N_{DB} = -36.67\text{kN}(压力)$$

结点 C 处的各杆端轴力可以用同样的方法求得，从而绘出轴力图，如图 3-20g 所示。

3.3.2 三铰刚架

三铰刚架是按照三刚片规则组成的无多余约束的几何不变体系。其特点是：以整体为隔离体，支座反力有四个，而提供的平衡方程只有三个，因此需要再取一个隔离体，通常利用中间铰处的弯矩为零的条件，再补充一个平衡方程，才能将全部支座反力求出。而作内力图的方法和顺序与单体刚架类似。

【例 3-8】 试作图 3-21a 所示三铰刚架的内力图。

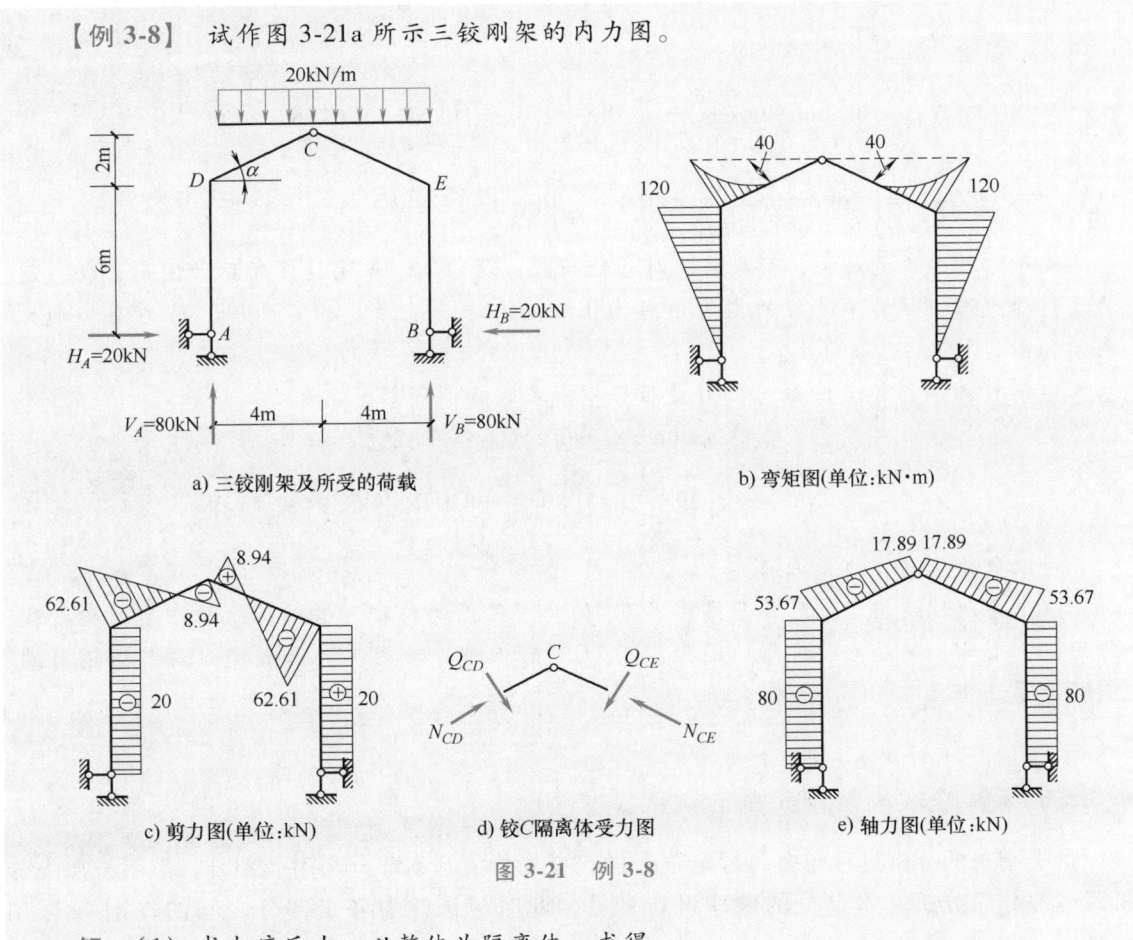

图 3-21 例 3-8

解：（1）求支座反力 以整体为隔离体，求得

$$\sum M_B = 0 \quad V_A \times 8 - 20 \times 8 \times 4 = 0, V_A = 80\text{kN}(\uparrow)$$

$$\sum M_A = 0 \quad V_B \times 8 - 20 \times 8 \times 4 = 0, V_B = 80\text{kN}(\uparrow)$$

$$\sum X = 0 \quad H_A = H_B$$

以铰 C 左半部分为隔离体，铰 C 处 $\sum M_C = 0$，即

$$H_A \times 8 + 20 \times 4 \times 2 - 80 \times 4 = 0, H_A = 20\text{kN}(\rightarrow), H_B = 20\text{kN}(\leftarrow)$$

校核 $\quad \sum Y = 80 + 80 - 20 \times 8 = 0$

（2）求各控制截面的内力

M 值 $\quad M_{AD} = M_{CD} = 0$

$$M_{DA} = M_{DC} = 20 \times 6 \text{kN} \cdot \text{m} = 120 \text{kN} \cdot \text{m} \quad（外侧受拉）$$

$$Q_{AD} = Q_{DA} = -20\text{kN}$$

Q 值 $\quad Q_{DC} = V_A \cos\alpha - H_A \sin\alpha = \left(80 \times \frac{2}{\sqrt{5}} - 20 \times \frac{1}{\sqrt{5}}\right)\text{kN} = 62.61\text{kN}$

$$Q_{CD} = \left(80 \times \frac{2}{\sqrt{5}} - 20 \times \frac{1}{\sqrt{5}} - 20 \times 4 \times \frac{2}{\sqrt{5}}\right)\text{kN} = -8.94\text{kN}$$

$$N_{AD} = N_{DA} = -80\text{kN}$$

N 值 $\quad N_{DC} = -V_A \sin\alpha - H_A \cos\alpha = \left(-80 \times \frac{1}{\sqrt{5}} - 20 \times \frac{2}{\sqrt{5}}\right)\text{kN} = 53.67\text{kN}$

$$N_{CD} = \left(-80 \times \frac{1}{\sqrt{5}} - 20 \times \frac{2}{\sqrt{5}} + 20 \times 4 \times \frac{1}{\sqrt{5}}\right)\text{kN} = -17.89\text{kN}$$

由于结构为对称结构，荷载为正对称的荷载，所以 M、N 图为正对称性图形，Q 图则为反对称图形，故右半刚架的内力值可由上述特征求出。最后的弯矩图、剪力图和轴力图，如图 3-21b、c、e 所示。

以铰 C 为隔离体，检验 $\sum Y = 0$ 是否可以满足，如图 3-21d 所示。

$$\sum Y = -N_{CD}\sin\alpha - N_{CE}\sin\alpha + Q_{CD}\cos\alpha + Q_{CE}\cos\alpha$$

$$= -17.89 \times \frac{1}{\sqrt{5}} - 17.89 \times \frac{1}{\sqrt{5}} + 8.94 \times \frac{2}{\sqrt{5}} + 8.94 \times \frac{2}{\sqrt{5}} \approx 0$$

所以剪力、轴力计算正确。

以上为对称结构在正对称荷载作用下 M、Q、N 图的特征。若对称结构在反对称荷载作用下，则 M、N 图为反对称性图形，而 Q 图为正对称性图形。读者可以自行用适当的例题计算证明。

3.3.3 具有基本—附属关系的刚架

这类刚架的分析过程与多跨静定梁一样，首先分清基本部分与附属部分，然后按照先分析附属部分后分析基本部分的顺序进行计算，此时应该注意各个部分之间的作用-反作用关系。

【例 3-9】 试作图 3-22a 所示刚架的弯矩图。

解：先进行几何构造分析。中间部分 AECDFB 为简支刚架，是基本部分；两边 GHE 和 FIJK 是附属部分，分别由铰 E 和铰 F 与基本部分相连。首先将附属部分 GHE 和 FIJK 作为隔离体，将其反力 H_G、V_K 及与基本部分相连的约束力 V_E、H_E、V_F、H_F 求出来；然后将约束力 V_E、H_E、V_F、H_F 等值反向的力作用在基本部分上，连同荷载一起，计算出基本部分的反力 V_A、V_B 和 H_A，如图 3-22b 所示。

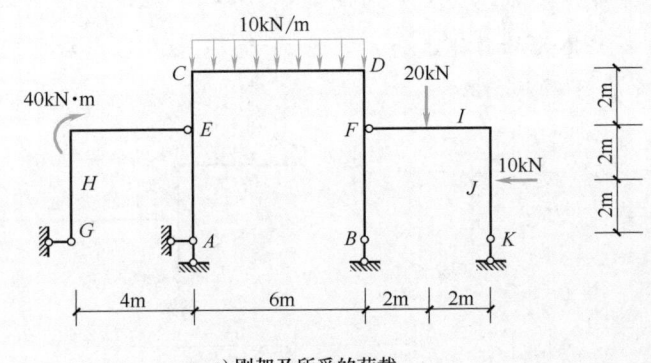

a) 刚架及所受的荷载

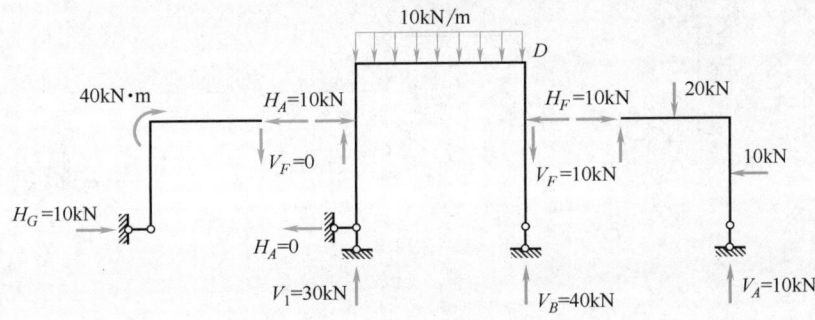

b) 基本-附属部分受力图

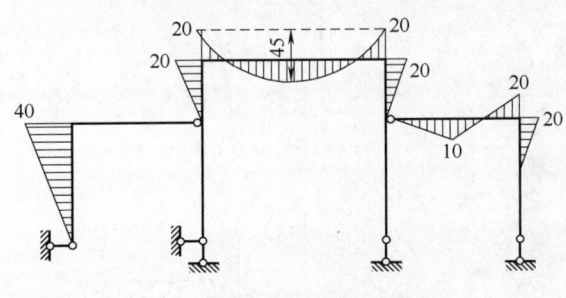

c) 最后弯矩图(单位:kN·m)

图 3-22 例 3-9

反力求出后即可给出整个结构的弯矩图，如图 3-22c 所示。

【例 3-10】 试作图 3-23a 所示刚架的弯矩图。

解：先进行几何构造分析。左边 $ABCDEF$ 为三铰刚架，是基本部分；右边的 FG 为附属部分，由铰 F 与基本部分相连。首先，将 FG 部分作为隔离体，将其反力 V_G 及与基本部分相连的约束力 V_F 和 H_F 求出来；再将 V_F 和 H_F 等值的反向力作用在基本部分上，然后以基本部分整体为隔离体，求出竖向反力 V_A 和 V_B，如图 3-23b 所示。竖向反力 V_A 和 V_B 求出后，再拆开 D 铰以 $BDEF$ 为隔离体，如图 3-23c 所示，求出水平约束力 H_D 和水平反力 H_B。再以整体为隔离体求出水平反力 H_A。反力求出后即可绘出整个结构的弯矩图，如图 3-23d 所示。

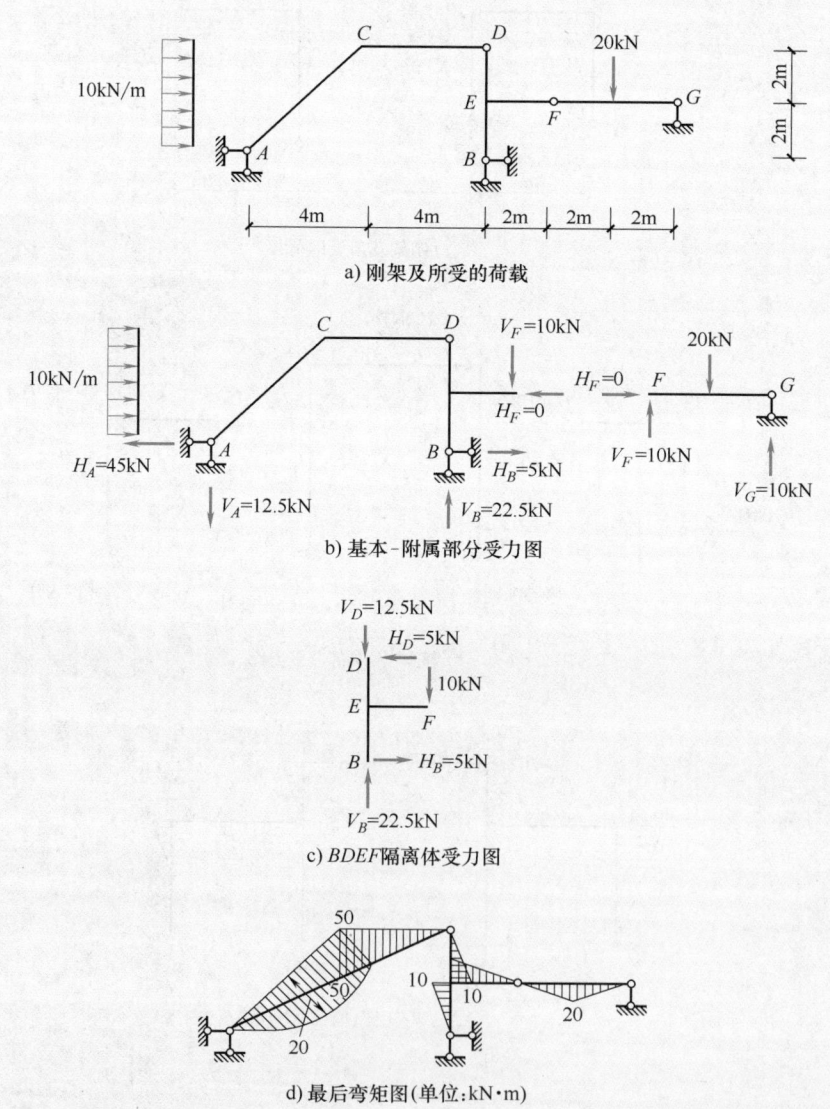

图 3-23 例 3-10

【例 3-11】 试作图 3-24a 所示刚架的弯矩图。

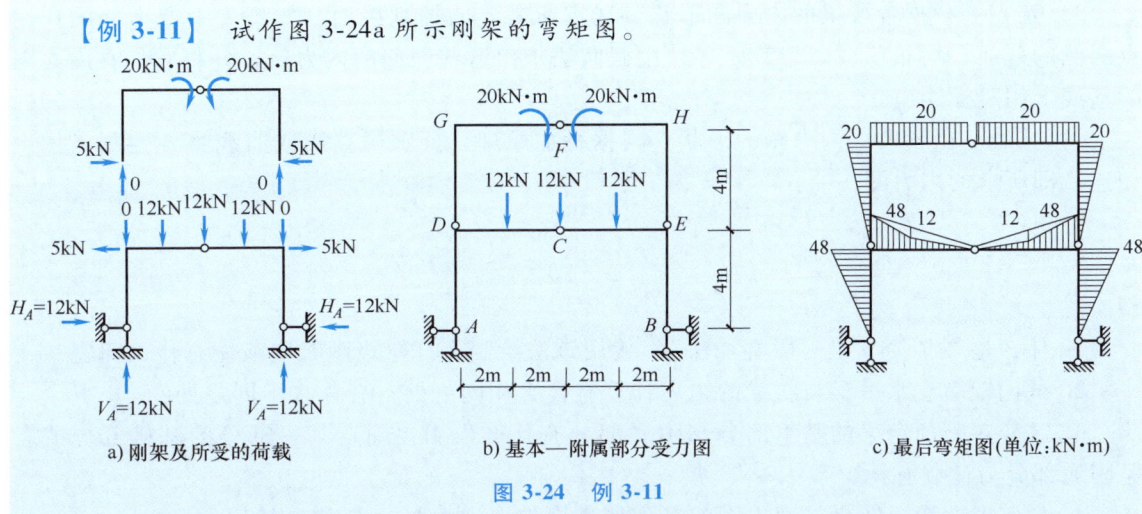

a) 刚架及所受的荷载　　b) 基本—附属部分受力图　　c) 最后弯矩图(单位:kN·m)

图 3-24　例 3-11

解：此结构是一单跨两层的静定刚架，第一层 ABCDE 为三铰刚架，是基本部分；第二层 DEFGH 为附属部分，由 D 铰和 E 铰连接。首先作出层次图，如图 3-24b 所示。附属部分的约束力求出后，反向加在基本部分上，其附属部分和基本部分按照三铰刚架求解（求解过程请读者自己完成）。最后的弯矩图如图 3-24c 所示。

本 章 小 结

一位优秀的工程技术人员、结构设计者或科研工作者，必须具备对工程结构问题进行定性分析和判断的能力，而这些都是建立在自身扎实的结构力学理论和计算基础上的。同时，静定结构的内力计算是静定结构的位移计算、超静定结构的计算甚至整个结构力学的基础。所以，静定结构的内力分析非常重要，是结构力学课程的重要学习内容之一。

1. 基本概念

（1）截面法　截面法是指截取两个以上结点作为隔离体，隔离体上所有作用的力形成一个平面一般力系，建立三个独立的平衡方程，计算杆件未知内力和反力的方法。

（2）隔离体法　隔离体法是直杆段的平衡微分关系，将结构中的一部分与其余部分（或基础）分开，合理选取一部分作为隔离体，对隔离体运用平衡条件，建立关于未知反力和内力的方程，求解未知力的方法。

（3）拟简支梁区段叠加法　叠加法是指以叠加原理为基础进行结构计算和分析的基本方法，能够将复杂受力条件分解为多个简单受力条件。

2. 知识要点

静定结构内力图绘制的一般步骤如下：

1）求反力（悬臂梁可不必求支座反力）。

2）分段。凡是外力不连续处均应作为分段点，如集中力及力偶作用处、均布荷载两端点等。这样，根据微分关系即可判断各段梁上的内力图形状。

3) 定点。根据各段梁的内力图形状，选定所需要的控制截面，如集中力及力偶的作用点两侧的截面、均布荷载两端截面等，用截面法求出这些截面的内力值，并将它们在内力图的基线上用竖标绘出。

4) 连线。由各段梁内力图的形状，根据叠加原理，分别用直线或曲线将各控制点依次相连，即所求的内力图。

思考与讨论

1. 什么是"拟简支梁区段叠加法"？使用该法绘制直杆弯矩图时应该注意什么问题？
2. 试比较简支水平梁与斜梁的内力计算有什么相同之处？有什么不同之处？
3. 区分多跨静定梁的基本部分与附属部分有什么作用？确定某一部分为基础部分或者是附属部分与荷载有无关系？
4. 如何根据弯矩图来作剪力图？又如何进而作出轴力图及求出支座反力？
5. 图 3-25 所示的多跨静定梁，欲使 CD 跨中正弯矩与 B、E 两支座负弯矩绝对值相等，试确定铰 C、铰 D 的位置？（答案：$x = l/4$）此多跨静定梁的弯矩图与多跨简支梁的弯矩图相比，哪一个更加合理？为什么？

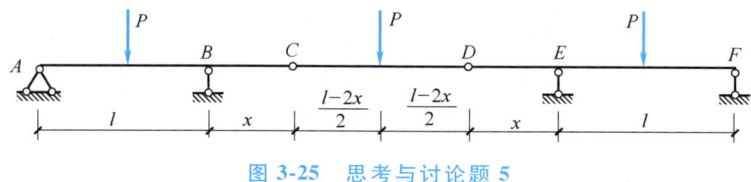

图 3-25　思考与讨论题 5

6. 如何利用几何组成分析结论计算支座（约束）的反力？
7. 作平面刚架内力图的一般步骤是什么？
8. 想不求或者是少求支座反力而迅速作出弯矩图，有哪些规律可以利用？
9. 静定结构内力图分布情况与杆件截面的几何性质和材料的物理性质是否有关系？

习　题

一、选择题

1. 图 3-26 所示结构，在荷载作用下，其 A 支座的竖向反力与 B 支座的相比为（　　）。

A. 前者大于后者　　　　　　　　B. 二者相等，方向相同
C. 前者小于后者　　　　　　　　D. 二者相等，方向相反

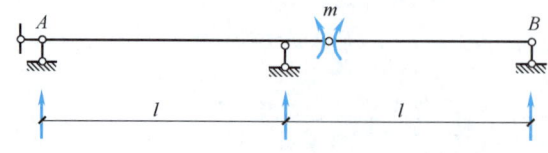

图 3-26　选择题 1

2. 图 3-27 所示结构，M_{DC}（设下侧受拉为正）为（　　）。
A. $-Fa$　　　B. Fa　　　C. $-Fa/2$　　　D. $Fa/2$

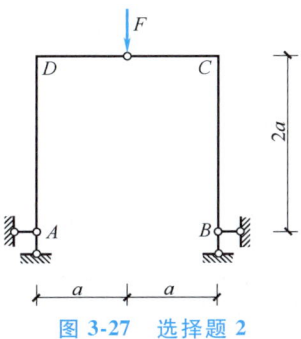

图 3-27　选择题 2

二、判断题

1. 在静定刚架中，只要已知杆件两端弯矩和该杆所受外力，则该杆内力分布就可完全确定。（　　）
2. 若某直杆段的弯矩为 0，则剪力必定为 0；反之，若剪力为 0，则弯矩必为 0。（　　）
3. 任何结构没有外力就没有内力。（　　）

三、作图题

1. 试作出图 3-28 所示单跨静定梁的内力图。

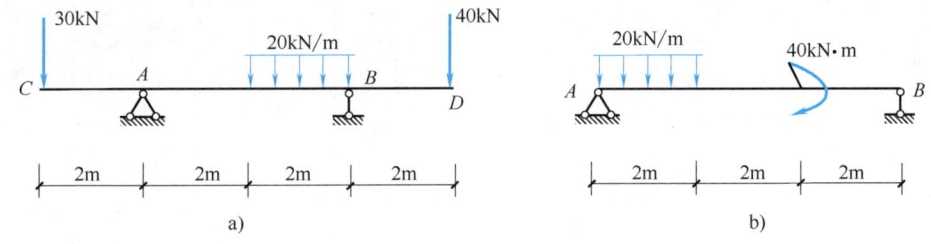

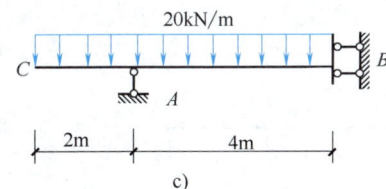

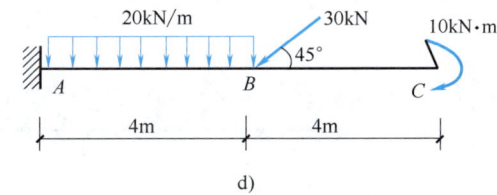

图 3-28　作图题 1

2. 试作出图 3-29 所示斜梁的内力图。

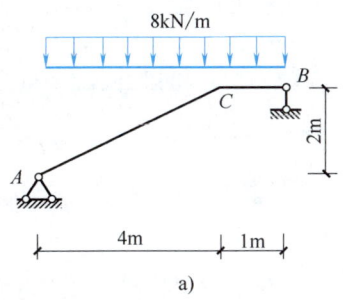

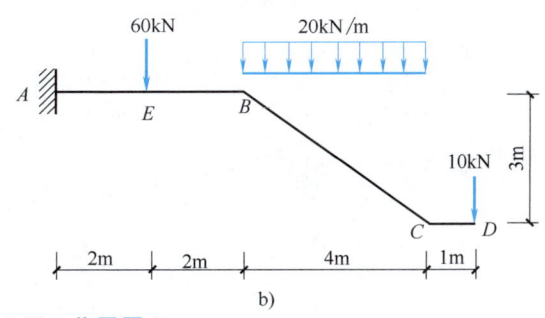

图 3-29　作图题 2

3. 试作出图 3-30 多跨静定梁的 M 图和 Q 图。

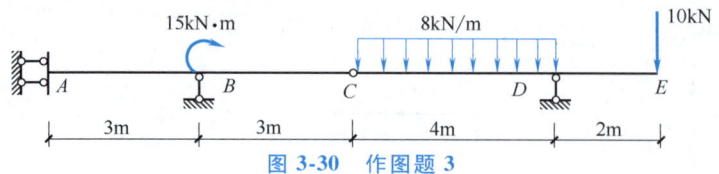

图 3-30　作图题 3

4. 试作出图 3-31 所示多跨静定梁的 M 图。

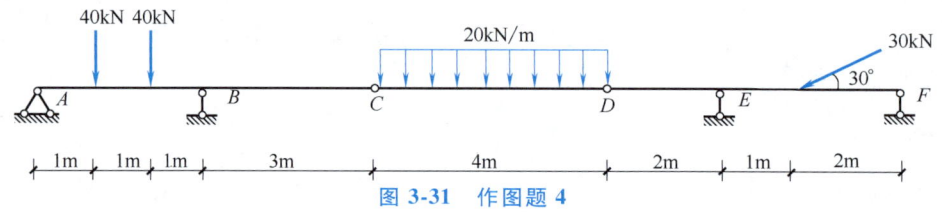

图 3-31　作图题 4

5. 图 3-32 所示多跨静定梁，全长承受均布荷载 q，各跨长度均为 L，现欲使梁的最大正负弯矩的绝对值相等，试确定铰 B、铰 E 的位置。

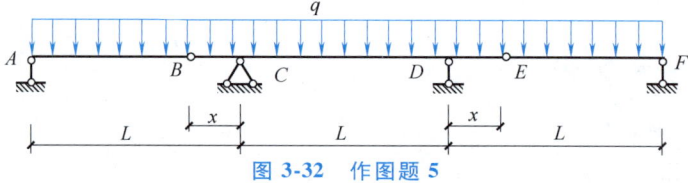

图 3-32　作图题 5

6. 试不经过计算反力绘制出图 3-33 所示多跨静定梁的 M 图。

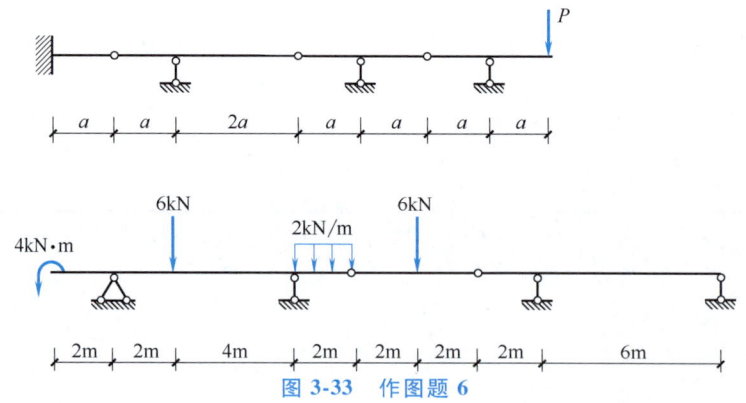

图 3-33　作图题 6

7. 试找出图 3-34 所示结构 M 图的错误。

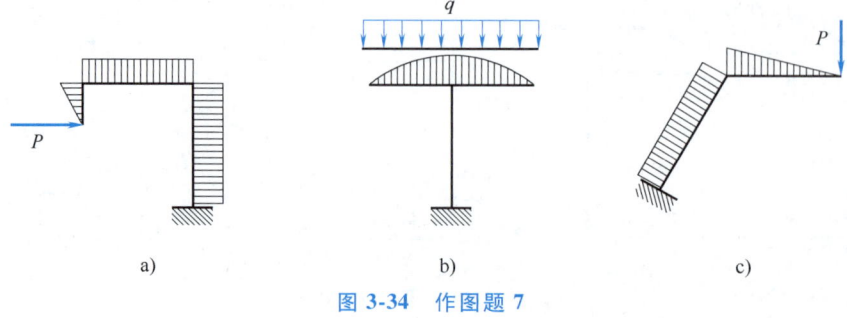

图 3-34　作图题 7

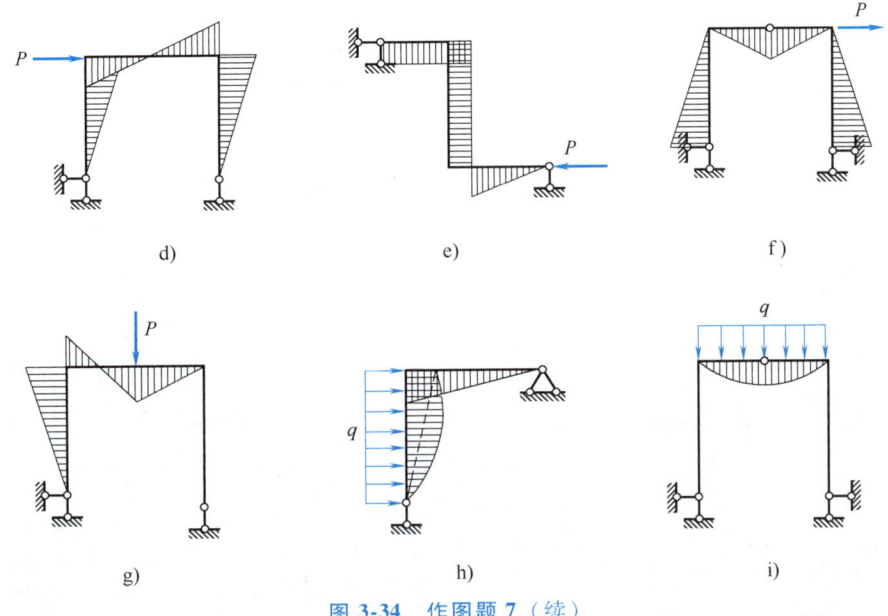

图 3-34 作图题 7（续）

8. 试作图 3-35 所示刚架的 M、Q、N 图。

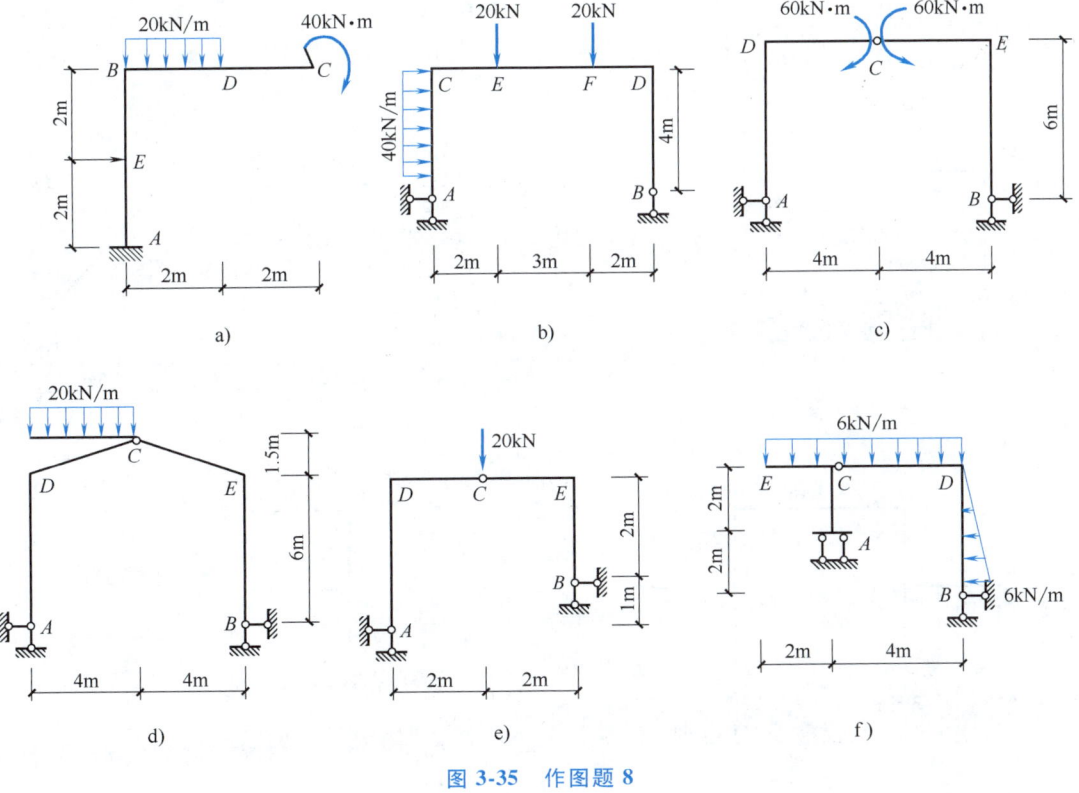

图 3-35 作图题 8

9. 试不经计算快速作出图 3-36 所示刚架的 M 图。

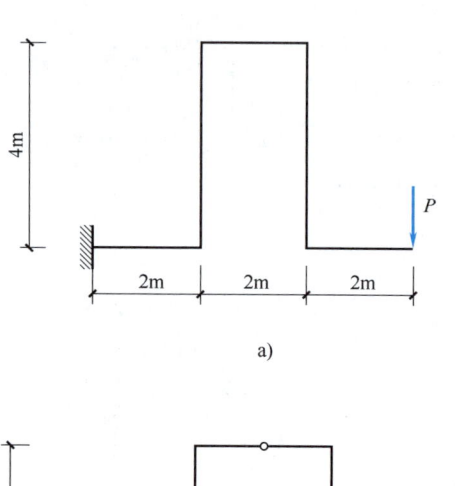
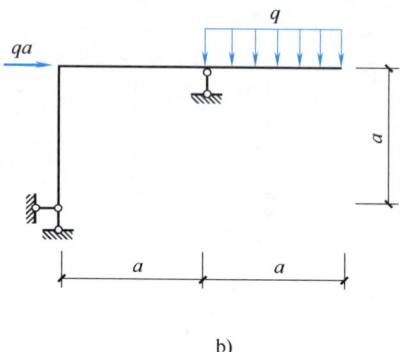
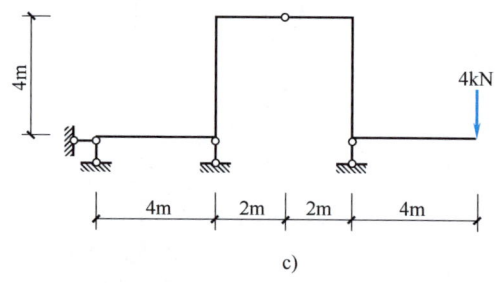
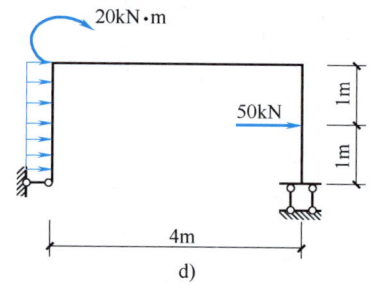

图 3-36　作图题 9

10. 试作出图 3-37 所示结构的 M 图。

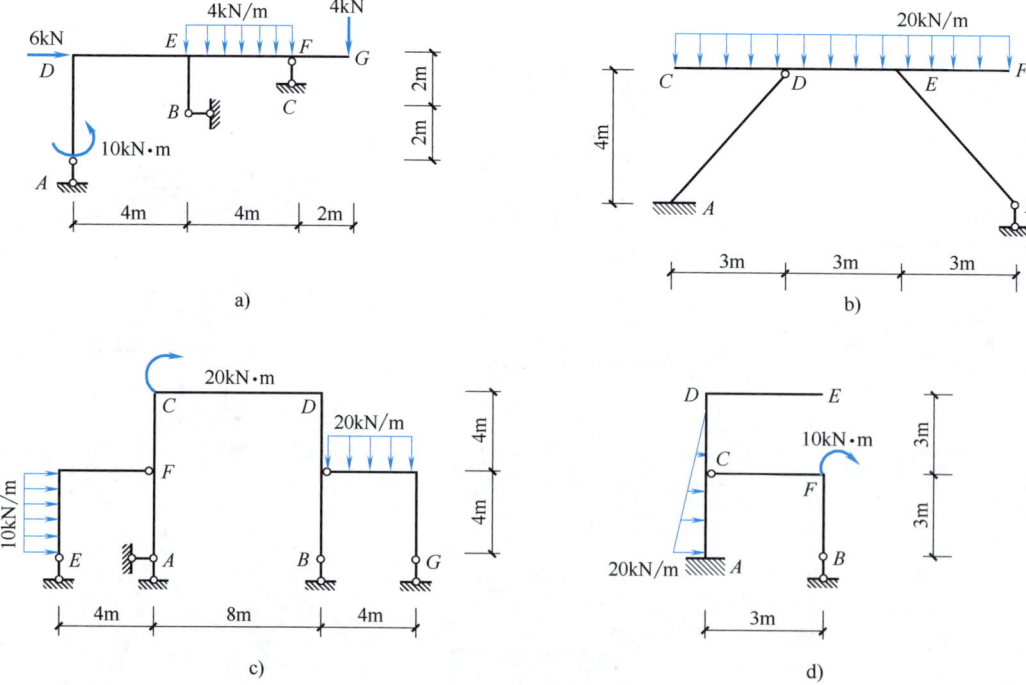

图 3-37　作图题 10

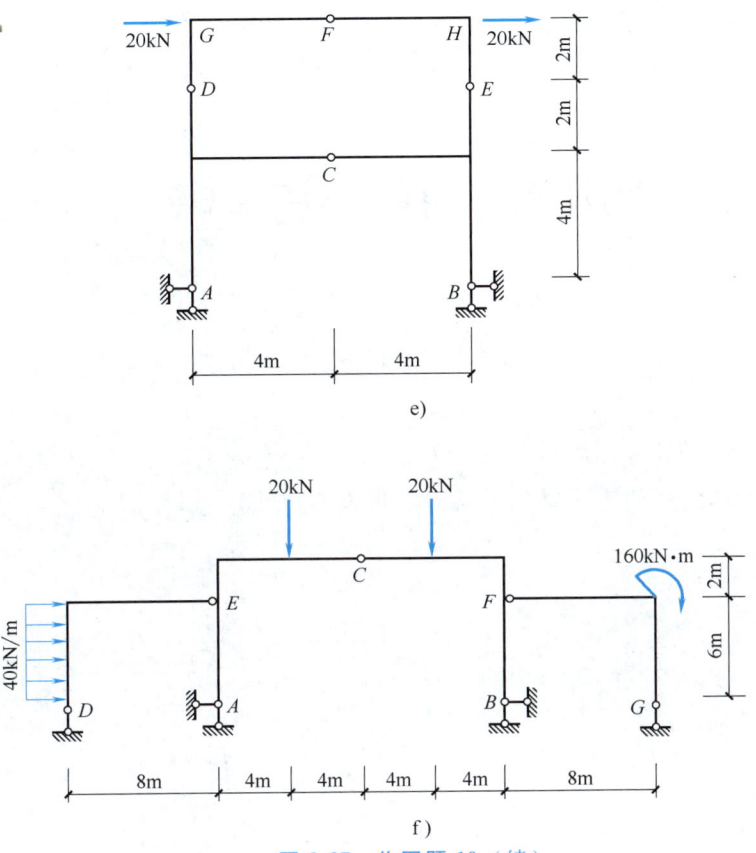

图 3-37 作图题 10（续）

第4章 静 定 拱

内容提要

本章重点讨论三铰拱的力学性能及反力、内力的计算。

基本要求

掌握拱的特征和受力特点,能够正确计算出三铰拱的反力和任意截面的内力,掌握拱的合理轴线的概念。

导入案例

永定河7号桥

水是"生命之源",古人建城大多依水而建,因此史学界一直有"先有永定河,后有北京城"的说法。说到永定河上的桥,人们总会在第一时间想到卢沟桥,殊不知在险峻的永定河谷中,还隐藏着一座曾经"亚洲第一"的钢筋混凝土拱桥,这便是丰沙铁路的永定河7号桥(图4-1)。

图4-1 永定河7号桥

第4章 静定拱

永定河7号桥位于门头沟珠窝水库的上方，是丰沙铁路下行线珠窝站和沿河城站间跨越永定河的铁路桥。桥梁始建于1960年，直到1966年才竣工完成，该桥全长217.98m，主跨为一孔150m跨度的中承装配式钢筋混凝土拱，矢高40m，两片拱肋中心距为7.5m，拱轴线采用二次抛物线，由拱肋、吊杆、横梁、纵梁及风弦等组成。大桥修建时首次采用装配式钢筋混凝土拱桥新技术，形式美观，并节省大量钢材。该项新技术是中国首创，属当时亚洲之冠。

思考：永定河7号桥的拱是属于静定结构吗？试分析其内力。

4.1 概述

拱式结构指杆的轴线为曲线，在竖向荷载作用下支座产生水平反力的结构。拱式结构形式有三铰拱、两铰拱和无铰拱三种，如图4-2所示。其中三铰拱为静定结构，两铰拱及无铰拱为超静定结构。本章只讨论三铰拱。

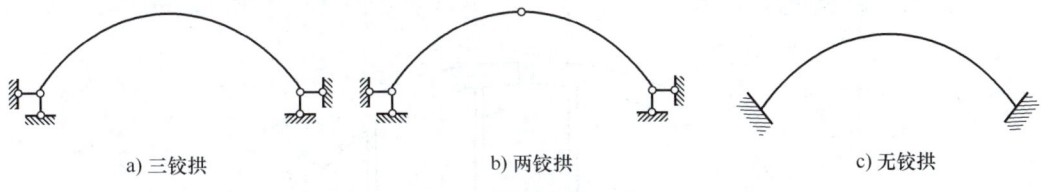

a) 三铰拱　　　　　　b) 两铰拱　　　　　　c) 无铰拱

图 4-2　拱的结构形式

拱式结构与梁式结构的区别，不仅在于外形不同，更重要的是水平反力是否存在。因此，在竖向荷载作用下水平反力的存在是拱区别于梁的一个重要标志。水平反力通常称为水平推力（简称推力），所以也把拱结构称为推力结构。如图4-3a所示的三铰拱结构，在竖向荷载作用下不仅有竖向反力 V_A、V_B，而且有水平反力 H_A、H_B。图4-3b所示为曲梁结构，在竖向荷载作用下水平反力为零，这是曲梁与拱的不同之处。由于水平反力的作用，使拱的弯矩比承受同样荷载且具有同样跨度曲梁的弯矩小。拱的优点是自重轻，用料省，故可跨越较大的空间。拱主要承受压力，因此可以采用抗拉性能弱而抗压性能强的材料，如砖、石、混凝土等。但拱的构造比较复杂，施工费用高，且由于推力的作用，需要有坚固的基础。

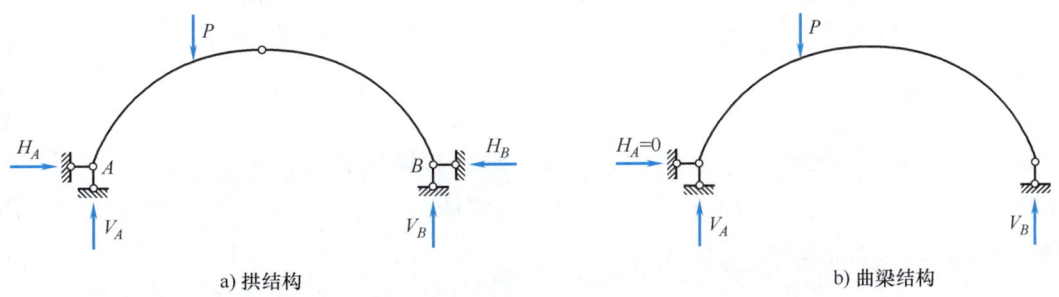

a) 拱结构　　　　　　　　　　　　　b) 曲梁结构

图 4-3　拱与曲梁的受力分析

拱式结构的各部分名称如图4-4所示。拱的外轮廓线称为外缘，内轮廓线称为内缘。拱轴中间最高点称为拱顶，三铰拱的拱顶通常是布置中间铰的地方。拱的两端与支座连接处称为拱趾，两拱趾的水平距离 l 称为跨度。由拱顶到拱趾连线的竖向距离 f 称为拱高或矢高。拱高与跨度之比 f/l 称为高跨比。拱的主要性能与拱的高跨比有关，在工程中 f/l 通常为 1~1.0。拱的轴线常用抛物线和圆弧，有时也会采用悬链线。

三铰拱是一种静定拱式结构，在桥梁和屋盖中都得到应用。为了克服水平推力对支承结构（如墙、柱）的影响，常常在三铰拱支座间连接水平拉杆，并将一固定铰支座设为可动铰支座，如图 4-5 所示。拉杆内产生的拉力代替了支座的推力，支座在竖向荷载的作用下只产生竖向反力。由于这种结构的内部受力情况与一般的拱并无区别，故称为带拉杆的三铰拱。图 4-6 所示为工程中使用的装配式钢筋混凝土三铰拱。

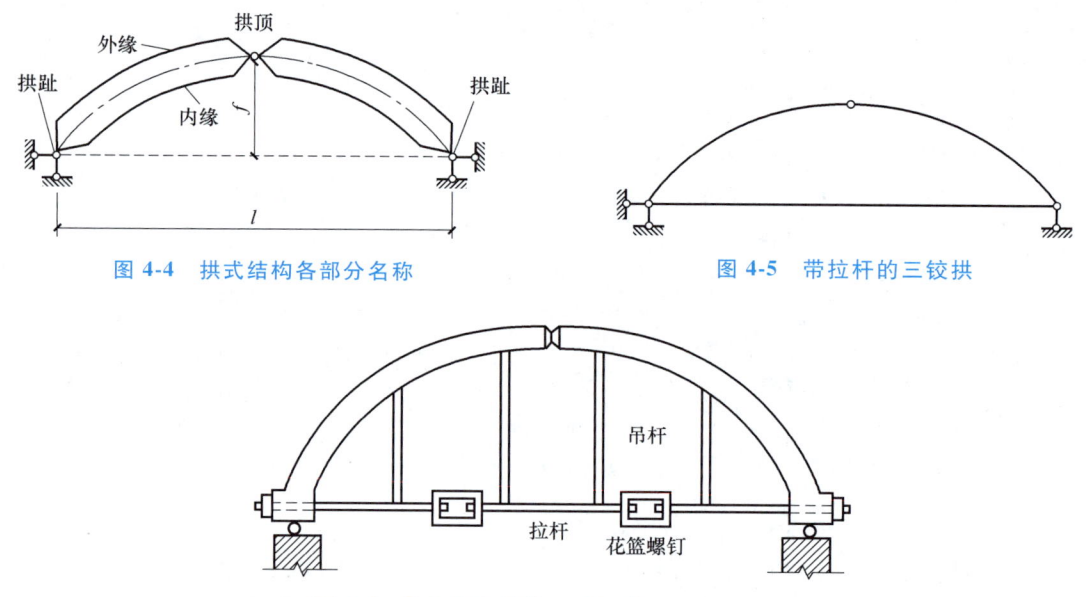

图 4-4　拱式结构各部分名称　　　　图 4-5　带拉杆的三铰拱

图 4-6　具有拉杆的装配式钢筋混凝土三铰拱

4.2　三铰拱的内力计算

下面以图 4-7a 所示的两拱趾在同一水平线上的三铰拱为例，讨论在竖向荷载作用下三铰拱的支座反力和内力的计算方法，并将拱与承受同样荷载且具有相同跨度的梁加以比较，以说明拱的受力特性。

4.2.1　支座反力计算

三铰拱有四个支座反力 V_A、H_A、V_B、H_B，如图 4-7a 所示，求解时需要四个方程。拱的整体有三个平衡方程，此外可利用铰 C 处弯矩为零的条件建立第四个静力平衡方程。四个方程解四个未知反力，所以三铰拱是静定结构。考虑拱的整体平衡，由 $\sum M_B = 0$ 和 $\sum M_A = 0$，可求出拱的竖向反力

$$V_A = \frac{1}{l}(P_1 b_1 + P_2 b_2), \quad V_B = \frac{1}{l}(P_1 a_1 + P_2 a_2)$$

为了便于比较，在图 4-7b 中画出一个简支梁，跨度和荷载都与三铰拱相同。因为荷载

是竖向的，梁没有水平反力，只有竖向反力 V_A^0 和 V_B^0。简支梁的竖向反力 V_A^0 和 V_B^0 同样可分别由平衡方程 $\Sigma M_B = 0$ 和 $\Sigma M_A = 0$ 求出，且和拱的竖向反力完全相同，即

$$V_A = V_A^0, V_B = V_B^0 \tag{4-1}$$

由拱的整体平衡方程 $\Sigma X = 0$，得

$$H_A = H_B = H$$

A、B 两点的水平反力方向相反，大小相等，且以 H 表示两个水平反力（推力）的大小。

利用铰 C 的弯矩 $M_C = 0$ 条件，可以求出推力 H。取铰 C 左半部分为隔离体，则有

$$\Sigma M_C = V_A l_1 - P_1 (l_1 - a_1) - Hf = 0$$

即

$$H = \frac{1}{f}[V_A l_1 - P_1(l_1 - a_1)]$$

而相应简支梁对应截面 C 的弯矩 $M_C^0 = V_A^0 l_1 - P_1(l_1 - a_1)$，而 $V_A^0 = V_A$，则上式可写成

$$H = \frac{M_C^0}{f} \tag{4-2}$$

由此可知，推力与拱轴的曲线形式无关，而与拱高 f 成反比，拱越低推力越大。荷载向下时，H 得正值，方向如图 4-7a 所示，推力是向内的。当 $f \to 0$，推力 $H \to \infty$，此时 A、B、C 三个铰在一条直线上，拱变成了几何瞬变体系。

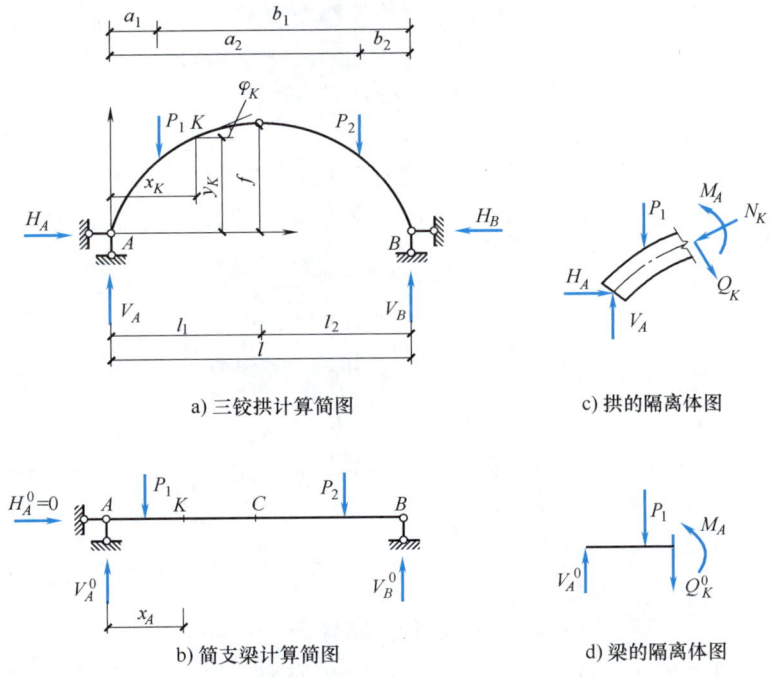

a) 三铰拱计算简图

c) 拱的隔离体图

b) 简支梁计算简图

d) 梁的隔离体图

图 4-7 三铰拱与简支梁计算简图及隔离体图

4.2.2 内力计算

取与拱轴线的切线正交的任一横截面 K（图 4-7a），且设该截面形心坐标为 (x_K, y_K)，截面处拱轴切线与 x 轴的夹角 φ_K。在图示坐标系中，规定 φ_K 在左半拱为正，右半拱为负。

取截面 K 左部分为隔离体，该截面的内力为弯矩 M_K、剪力 Q_K、轴力 N_K（图 4-7c），且规定弯矩以拱的内侧纤维受拉为正，剪力使截面两侧的隔离体有顺时针转动趋势时为正，轴力以压力为正。在计算中，利用简支梁相应截面 K 的弯矩 M_K^0 和剪力 Q_K^0（图 4-7d）进行对比。

1. 弯矩的计算

由图 4-7c 所示的拱的隔离体平衡，利用弯矩计算法则，得

$$M_K = [V_A x_K - P(x_K - a_1)] - Hy_K$$

相应的简支梁 K 截面处的弯矩为

$$M_K^0 = [V_A^0 x_K - P(x_K - a_1)]$$

代入上式得

$$M_K = M_K^0 - Hy_K \tag{4-3}$$

从式（4-3）可知，由于推力的存在，使拱的截面的弯矩小于相应简支梁截面的弯矩。

2. 剪力的计算

三铰拱任一截面 K 的剪力等于该截面一侧所有外力在该截面切线方向上的投影代数和。由图 4-7c 知

$$Q_K = V_A \cos\varphi_K - P_1 \cos\varphi_K - H\sin\varphi_K$$
$$= (V_A - P_1)\cos\varphi_K - H\sin\varphi_K$$

而相应简支梁对应截面的剪力为

$$Q_K^0 = V_A^0 - P_1 = V_A - P_1$$

代入上式得

$$Q_K = Q_K^0 \cos\varphi_K - H\sin\varphi_K \tag{4-4}$$

3. 轴力的计算

同理，三铰拱任一截面 K 的轴力等于该截面一侧所有外力在该截面法线（或轴线切线）方向上的投影代数和。由于拱主要承受压力，故规定拱的轴力以压力为正，反之为负。由图 4-7c 得

$$N_K = V_A \sin\varphi_K - P_1 \sin\varphi_K + H\cos\varphi_K$$
$$= (V_A - P_1)\sin\varphi_K + H\cos\varphi_K$$

即

$$N_K = Q_K^0 \sin\varphi_K + H\cos\varphi_K \tag{4-5}$$

利用式（4-3）、式（4-4）、式（4-5）可计算三铰拱中任一截面上的内力。对于拱的内力图可给出若干截面的位置，分别求出各截面的内力，然后在水平基线标出各截面内力值，用曲线连接各点，标出正负，即得内力图。

从以上分析可知拱的受力特点如下：

1）在竖向荷载作用下，拱存在水平反力，即推力。

2）由于推力的存在，三铰拱截面上的弯矩比相应简支梁的弯矩小。弯矩的降低，使拱能更充分地发挥材料的作用。

3）在竖向荷载作用下，拱的截面上存在着较大轴力，且一般为压力。因而拱便于利用抗压性能好而抗拉性能差的材料，如砖、石、混凝土等。由于推力的出现，三铰拱的基础比梁的基础要大。因此，用拱作屋顶时，都使用有拉杆的三铰拱，以减少对墙（或柱）的推力。

【例 4-1】 试作图 4-8a 所示三铰拱的内力图。拱轴为一抛物线，坐标原点取 A 支座，其方程为 $y = \dfrac{4f}{l^2}(l-x)x$。

解：首先计算支座反力。由式（4-1）、式（4-2）可得

$$V_A = V_A^0 = \frac{20 \times 6 \times 9 + 100 \times 3}{12}\text{kN} = 115\text{kN}$$

$$V_B = V_B^0 = \frac{20 \times 6 \times 3 + 100 \times 9}{12}\text{kN} = 105\text{kN}$$

$$H = \frac{M_C^0}{f} = \frac{105 \times 6 - 100 \times 3}{4}\text{kN} = 82.5\text{kN}$$

由于拱的内力方程比较复杂，直接按方程作图非常困难。一般做法是将拱跨等分若干等分，按式（4-3）~式（4-5）计算各等分点对应的拱轴截面上的内力，然后用描点的方法画出这些内力值，再连以曲线得所求的内力图。对于本题，将拱跨八等分，分别计算出各等分点处截面上的内力值，并根据这些数值作出内力图。

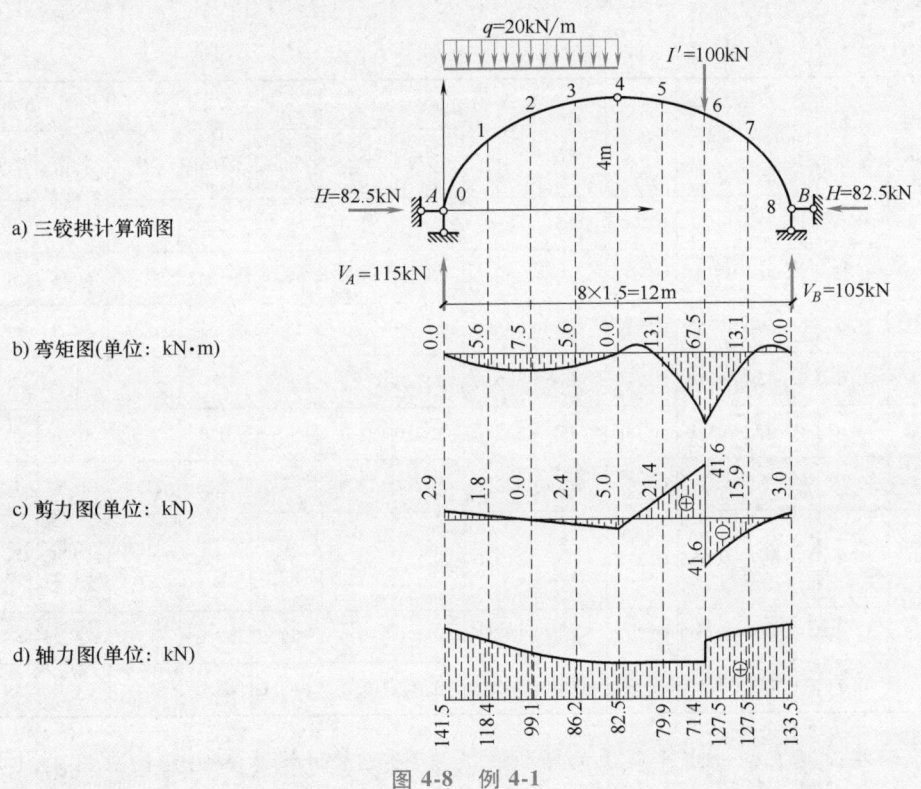

图 4-8 例 4-1

为了说明计算方法，现取距 A 支座 3m 处的截面 2 为例。此时，$x_2 = 3\text{m}$，由拱轴方程可得

$$y_2 = \frac{4f}{l^2}(l - x_2)x_2 = \frac{4 \times 4}{12^2} \times (12 - 3) \times 3\text{m} = 3\text{m}$$

$$\tan\varphi_2 = \frac{\mathrm{d}y}{\mathrm{d}x}\bigg|_{x_2} = \frac{4f}{l}\left(1-\frac{2x_2}{l}\right) = \frac{4\times 4}{12}\times\left(1-\frac{2\times 3}{12}\right) = 0.66$$

$$\varphi_2 = 33°42', \quad \sin\varphi_2 = 0.555, \quad \cos\varphi_2 = 0.832$$

根据式（4-3）~式（4-5）计算出

$$M_2 = M_2^0 - Hy_2 = \left(115\times 3 - \frac{1}{2}\times 20\times 3^2 - 82.5\times 3\right)\mathrm{kN\cdot m} = 7.5\mathrm{kN\cdot m}$$

$$Q_2 = Q_2^0\cos\varphi_2 - H\sin\varphi_2 = [(115-20\times 3)\times 0.832 - 82.5\times 0.555]\mathrm{kN} = 0$$

$$N_2 = N_2^0\sin\varphi_2 + H\cos\varphi_2 = [(115-20\times 3)\times 0.555 + 82.5\times 0.832]\mathrm{kN} = 99.1\mathrm{kN}$$

其他截面的内力计算同上。对于6截面，由于集中力作用在该处，相应简支梁在该处剪力图发生突变，其值为集中力数值。同样，拱的剪力图及轴力图在该处均发生突变。所以需要分别计算6截面以左和以右截面上的剪力和轴力，各等分点处截面上的内力计算结果列于表4-1中。根据表中的数值作出的 M、Q、N 图，如图4-7b、c、d所示。

表 4-1 三铰拱的内力计算

拱轴分点	横坐标值	纵坐标值	$\tan\varphi$	$\sin\varphi$	$\cos\varphi$	Q^0 /kN	$M/(\mathrm{kN\cdot m})$			Q/kN			N/kN		
							M^0	$-Hy$	M	$Q^0\cos\varphi$	$-H\sin\varphi$	Q	$Q^0\sin\varphi$	$H\cos\varphi$	N
0	0.0	0.0	1.333	0.80	0.60	115	0.0	0.0	0.0	68.9	-66.0	2.9	92.0	49.5	141.5
1	1.5	1.75	1.00	0.707	0.707	85	150.0	-144.0	5.6	60.1	-58.3	1.8	60.1	58.3	118.4
2	3.0	3.0	0.667	0.555	0.832	55	255.0	-247.5	7.5	45.8	-45.8	0.0	30.5	68.6	99.1
3	4.5	3.75	0.333	0.316	0.948	25	315.0	-309.4	5.6	23.4	-26.1	-2.4	7.9	78.3	86.2
4	6.0	4.0	0.0	0.00	1.00	-5	333.0	-330.0	0.0	-5	0.0	-5	0.0	82.5	82.5
5	7.5	3.75	-0.333	-0.316	0.948	-5	322.5	-309.4	13.1	-4.7	26.1	21.4	1.6	78.3	79.9
6左 6右	9.0	3.0	-0.667	-0.555	0.832	-5 -105	315.0	-247.5	67.5	-4.2 -87.4	45.8	41.6 -41.6	2.8 58.4	68.6	71.4 127.0
7	10.5	1.75	-1.00	-0.707	0.707	-105	157.5	-144.0	13.1	-74.2	58.3	-15.9	74.2	58.3	132.5
8	12.0	0.0	-1.333	-0.80	0.60	-105	0.0	0.0	0.0	-63.0	66.0	3.0	84.0	49.5	133.5

对于两拱趾不在同一水平线上的斜拱，其支座反力的计算不能直接应用式（4-1）和式（4-2），必须利用整体平衡方程及左半拱或右半拱为隔离体的平衡方程联立求解，如图4-9所示。内力的计算方法的推导与前面推导相同，这里不再叙述。

至于带拉杆的三铰拱，其支座反力只有三个，与对应的简支梁的反力完全相同，易于求得，然后截断拉杆拆开顶铰，取左半拱（或右半拱）为隔离体，由 $\sum M_C = 0$ 即可求出拉杆内力。

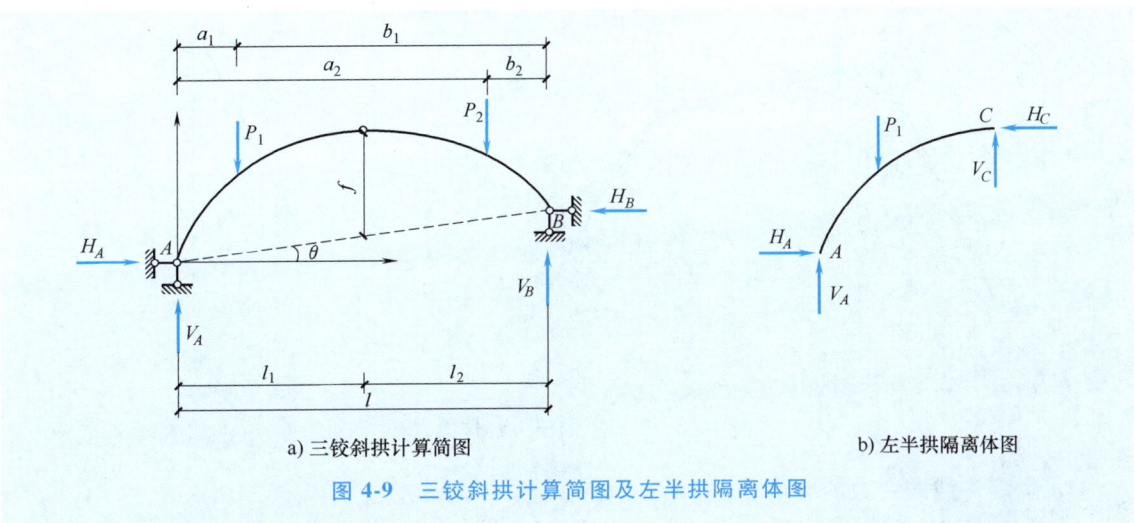

图 4-9 三铰斜拱计算简图及左半拱隔离体图

4.3 三铰拱的合理拱轴线

4.3.1 三铰拱的压力线

一般在荷载作用下,三铰拱任一截面 K 上存在 M_K、Q_K、N_K 三个内力分量,由力的合成定理,可知它们可合成一个合力 R_K,如图 4-10b 所示。如果合力的作用点 O 取在截面(或截面的延伸面)上,则 O 点到截面形心距离 $e_O = M/N$。由于拱截面上的轴力多为压力,故此合力 R 常称为截面的总压力。截面的合力可由该截面以左(或以右)的隔离体平衡来确定(等于一侧所有外力的合力)。当 R_K 已经确定,则可由此合力确定该截面的弯矩、剪力、轴力,即

$$M_K = R_K r_K, \quad Q_K = R_K \sin\alpha_K, \quad N_K = R_K \cos\alpha_K$$

式中,r_K 是由截面形心到合力 R_K 的垂直距离;α 为合力 R_K 与 K 截面拱轴切线的夹角。

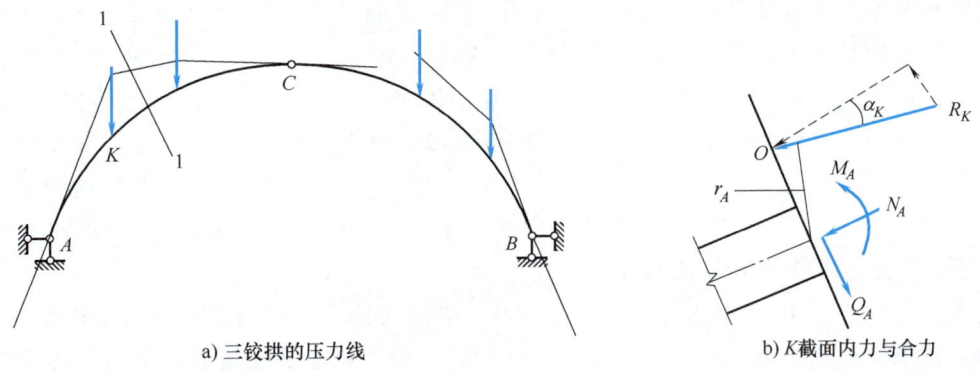

a) 三铰拱的压力线　　b) K 截面内力与合力

图 4-10 三铰拱的压力线和 K 截面内力与合力

如果已知三铰拱每一截面上总压力在该截面上的作用点,这样,由这些作用点连接而成的一条折线或曲线,称为三铰拱的压力线(图 4-10a)。下面以图 4-11 所示三铰拱为例,说明压力线的作法。

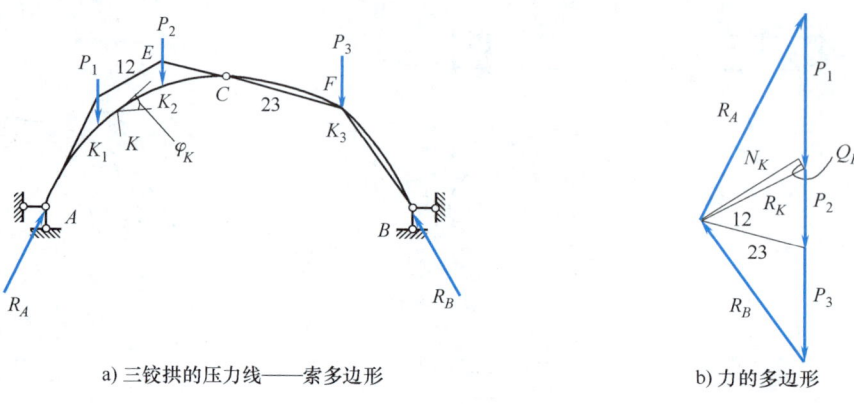

a) 三铰拱的压力线——索多边形　　　　b) 力的多边形

图 4-11　三铰拱的压力线作图方法

1. 确定各截面合力的大小和方向

首先用数解法求出支座 A、B 的水平及竖向反力 H_A、V_A 及 H_B、V_B，并求出其合力 R_A 和 R_B。考虑三铰拱的整体平衡，由图解法的静力平衡条件可知，作用在结构上的所有反力 R_A、R_B 及荷载 P_1、P_2、P_3 必组成一闭合的力的多边形。现选定适当的比例尺，按 R_A、P_1、P_2、P_3、R_B 的顺序作力多边形。以 R_A、R_B 的交点 O 为极点，画出射线 12 和 23（由极点至力多边形顶点的连线称为射线），则 R_A、R_B 及每一射线代表某一截面左边（或右边）所有外力的合力的大小和方向。例如，在拱的 AK_1 段中，任一截面左边只有一个外力 R_A，因此，射线 R_A 表示 AK_1 段中任一截面左边外力的合力（K_1、K_2、K_3 表示荷载 P_1、P_2、P_3 作用点的位置）。又如射线 12 表示 K_1、K_2 段中任一截面左边所有外力 R_A 与 P_1 的合力，也代表该截面右边所有外力 P_2、P_3、R_B 的合力。总之，四个射线 R_A、12、23、R_B 分别表示 AK_1、K_1K_2、K_2K_3、K_3B 四段中任一截面所受的合力，即截面左边（或右边）所有外力的合力。显然，射线只表示合力的大小和方向，并不表示合力的作用线。如果再确定出该合力在三铰拱位置图上的作用线，便不难计算出内力。

2. 确定各截面合力的作用线

由图 4-11b 已经知道四个合力 R_A、12、23、R_B 方向，如果再分别确定一个作用点，则每个合力的作用线就确定了。现参照图 4-11 说明作法如下。

首先，因为 R_A 通过支座 A，故由 A 点出发，作出力多边形图上 R_A 的平行线，即 R_A 的作用线；R_A 与 P_1 的作用线交于 D 点，从 D 点作 12 射线的平行线即为合力 12（R_A 与 P_1 的合力）的作用线。依此类推，合力 12 作用线与 P_2 交于 E 点，自 E 点作 23 射线的平行线即为合力 23 的作用线。最后，合力 23 的作用线与 P_3 交于 F 点，过此点作 R_B 的平行线，就是 R_B 的作用线。因铰 C 和铰支座 B 处，弯矩为零，在上述作图过程中，合力 23 的作用线应通过铰 C，R_B 的作用线应通过铰 B，这一点可以作为校核，用以检验作图是否准确。

以上各条作用线组成了一个多边形 $ADEFB$，称为索多边形，其中每个边称为索线。索多边形的每一边，代表它以左（或以右）所有外力的合力的作用线，因此，索多边形又称为合力多边形。又因以上各合力在拱的各个相应区段中所产生的轴力为压力，故也称为压力多边形或压力线。当拱上承受分布荷载时，可将分布荷载分段，每段范围内的均布荷载合成为一集中荷载。当然分段越多，越接近于实际情况。极限情形下，在分布荷载作用范围内的压力线即成为曲线。

有了压力线即可确定任一截面的内力。以截面 K 为例，截面左侧外力合力 R_K 的作用线由索多边形中 12 线表示，它的大小和方向由射线 12 确定；为求得截面 K 的剪力和轴力，可通过 K 点作拱轴的法线和切线，再将 12 射线沿 K 截面的法线和切线方向分解为两个分力，即得剪力 Q_K 和轴力 N_K（图 4-11b）。截面 K 的弯矩等于合力 R_K 对截面形心 K 的力矩，即 $M_K = R_K r_K$，r_K 为 K 点到索线 12 的垂直距离。

压力线在砖石及混凝土拱的设计中是很重要的概念。由于这些材料的抗拉强度低，通常要求截面上不出现拉应力，因此压力线不应超出截面的核心。如拱的截面为矩形，其截面核心高度为截面高度的 1/3，故压力线不应超出截面三等分后中段范围。

4.3.2 合理拱轴的概念

由上述分析可知，如果压力线与拱的轴线重合，则各截面形心到合力作用线的距离为零。因此，各截面的弯矩及剪力均为零，截面上只有轴力，拱处于均匀受压状态，这时材料的使用是最经济的。在固定荷载作用下使拱处于无弯矩状态的轴线称做合理拱轴线。

根据式（4-3），当拱轴为合理拱轴时，按定义有

$$M = M^0 - Hy = 0$$

由此得

$$y = \frac{M^0}{H} \tag{4-6}$$

式（4-6）表明，在竖向荷载作用下，三铰拱合理拱轴的竖标 y 与简支梁的弯矩成正比。当拱上所受荷载已知时，只需求出相应简支梁的弯矩方程，除以 H，即可得到三铰拱的合理拱轴的轴线方程。

【例 4-2】 试求图 4-12a 所示对称三铰拱在竖向荷载 q 作用下的合理拱轴。

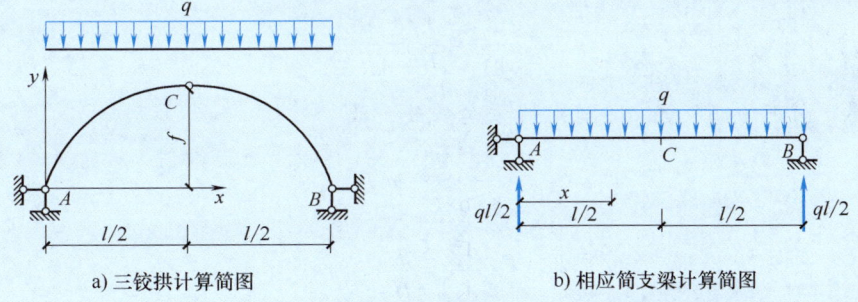

a) 三铰拱计算简图　　　　　　　　b) 相应简支梁计算简图

图 4-12　例 4-2

解：作出相应简支梁计算简图，如图 4-12b 所示，其弯矩方程为

$$M^0 = \frac{1}{2}qlx - \frac{1}{2}qx^2 = \frac{1}{2}qx(l-x)$$

由式（4-3）求出推力 H 为

$$H = \frac{M_C^0}{f} = \frac{ql^2}{8f}$$

则由式 (4-6) 得出该三铰拱的合理拱轴的轴线方程为

$$y = \frac{\frac{1}{2}qx(l-x)}{\frac{ql^2}{8f}} = \frac{4f}{l^2}(l-x)x$$

由此可知，在竖向均布荷载作用下，三铰拱合理拱轴的轴线是一抛物线。

【例 4-3】 设在三铰拱的上面填土，填土表面为一水平面，试求在填土重力作用下三铰拱的合理拱轴。设填土的容重为 γ，拱所受的竖向分布荷载为 $q = q_C + \gamma y$，如图 4-13 所示。

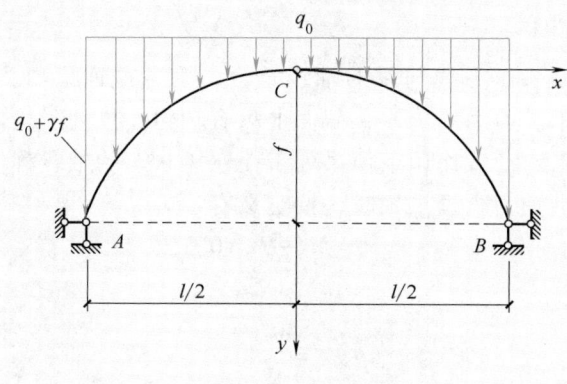

图 4-13 例 4-3

解： 本题由于荷载集度 q 随拱轴线纵坐标而变，而 y 尚属未知，故相应简支梁的弯矩方程也无法事先写出，因而不能由式 (4-6) 直接求出该三铰拱的合理拱轴的轴线方程。为此，将式 (4-6) 对 x 微分两次，得

$$-\frac{d^2y}{dx^2} = \frac{1}{H}\frac{d^2M^0}{dx^2}$$

注意到 q 向下为正，与 M^0 规定的方向一致，故

$$\frac{d^2M^0}{dx^2} = q$$

所以

$$\frac{d^2y}{dx^2} = \frac{q}{H}$$

这就是在竖向分布荷载作用下拱合理拱轴的轴线的微分方程。将 $q = q_C + \gamma y$ 代入上式，则有

$$\frac{d^2y}{dx^2} - \frac{\gamma}{H}y = \frac{q_C}{H}$$

该微分方程的解答可用双曲函数表示

$$y = A\cosh\sqrt{\frac{\gamma}{H}}x + B\sinh\sqrt{\frac{\gamma}{H}}x - \frac{q_C}{\gamma}$$

式中两个常数 A 和 B 可由如下边界条件确定：在 $x=0$ 处，$y=0$，得 $A=\dfrac{q_C}{\gamma}$，在 $x=0$ 处，$\dfrac{\mathrm{d}y}{\mathrm{d}x}=0$，得 $B=0$。将 A、B 代入后有

$$y=\frac{q_C}{\gamma}\left(\cosh\sqrt{\frac{\gamma}{H}}x-1\right)$$

上式表明：在填土重力作用下，三铰拱合理拱轴的轴线为一悬链线。

在实际工程中，同一结构往往要受到各种不同荷载的作用，而对应不同的荷载就有不同的合理轴线。因此，根据某一固定荷载所确定的合理轴线，并不能保证拱在各种荷载作用下都处于无弯矩状态。在设计中应当尽可能地使拱的受力状态接近无弯矩状态。通常是以主要荷载作用下的合理轴线作为拱的轴线。这样，在一般荷载作用下拱产生的弯矩不会太大。

本 章 小 结

1. 基本概念

（1）拱式结构　拱式结构指杆的轴线为曲线，在竖向荷载作用下支座产生水平反力的结构。拱式结构形式有三铰拱、两铰拱和无铰拱三种。

（2）合理拱轴线　在固定荷载作用下使拱处于无弯矩状态的轴线称为合理拱轴线。

2. 知识要点

拱的受力特点：在竖向荷载作用下，拱存在水平反力，即推力；由于推力的存在，三铰拱截面上的弯矩比相应简支梁的弯矩小，弯矩的降低，使拱能更充分地发挥材料的作用；在竖向荷载作用下，拱的截面上存在着较大轴力，且一般为压力，因而拱便于利用抗压性能好而抗拉性能差的材料，如砖、石、混凝土等。

思 考 与 讨 论

1. 拱的受力情况和内力计算与梁和刚架有何异同？
2. 在非竖向荷载作用下，如何计算三铰拱的反力和内力？能否使用式（4-1）和式（4-2）？
3. 能否根据三铰拱内力方程直接作出内力图？工程上采用什么方法？
4. 什么是合理拱轴线？

习 题

一、选择题

1. 图 4-14 所示三铰拱，链杆 AB 的轴力为（　　）。

A. $-P/2$　　　　B. $-P/4$　　　　C. $P/4$　　　　D. $P/2$

2. 图 4-15 所示对称三铰拱截面 C 的轴力 $F_{NC}=48\mathrm{kN}$（压），则矢高 f 等于（　　）。

A. 4m　　　　B. 4.5m　　　　C. 4.8m　　　　D. 5m

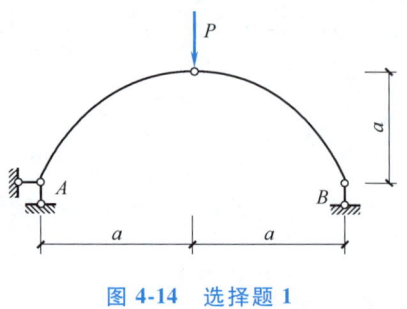

图 4-14 选择题 1

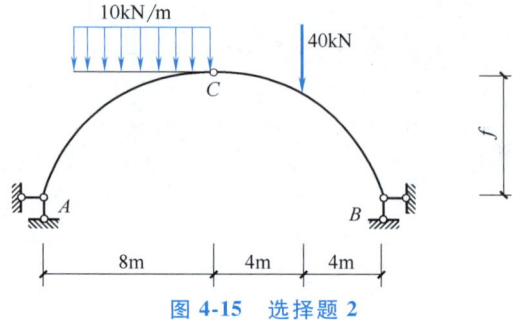

图 4-15 选择题 2

二、判断题

1. 三铰拱只用整体平衡条件就可以求得水平反力。 ( )
2. 图 4-16 所示拱在荷载作用下，$N_{DC}=30\text{kN}$。 ( )

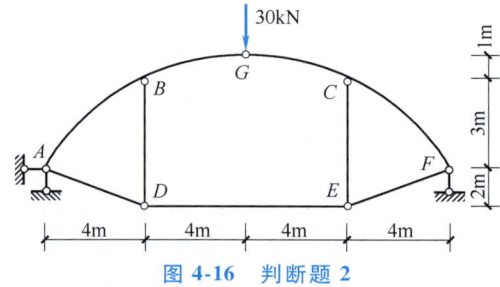

图 4-16 判断题 2

三、计算题

1. 求图 4-17 所示拱结构的反力。

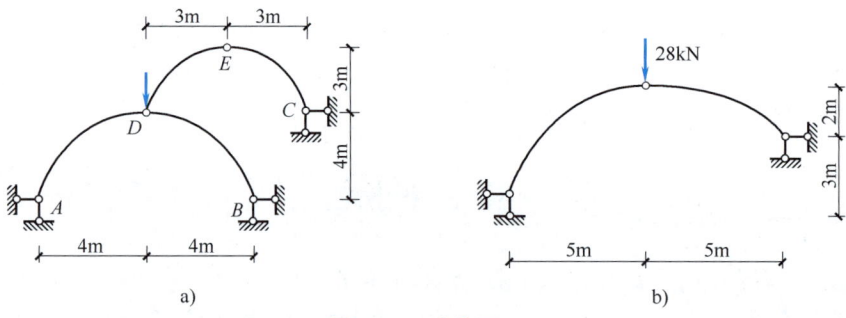

图 4-17 计算题 1

2. 图 4-18 所示半圆弧三铰拱，求 K 截面的弯矩。

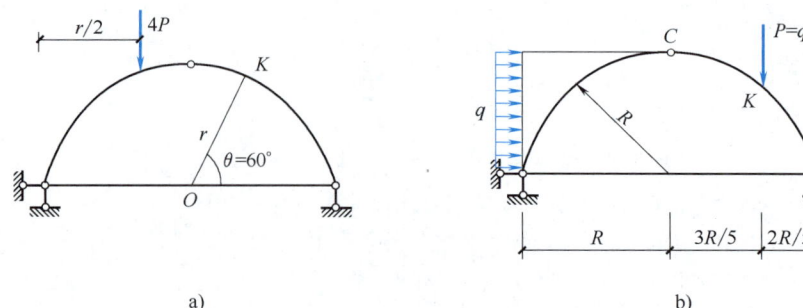

图 4-18 计算题 2

3. 求图 4-19 所示三铰拱中拉杆的轴力。

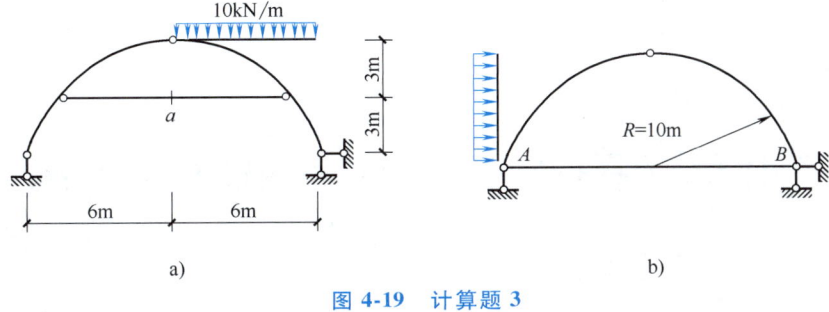

图 4-19　计算题 3

4. 求图 4-20 所示抛物线三铰拱支反力，并作内力图。已知拱轴线方程为 $y=\dfrac{4f}{l^2}\times x(l-x)$。

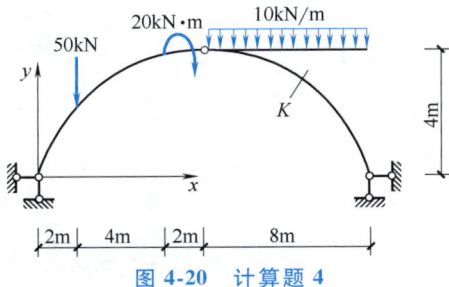

图 4-20　计算题 4

5. 求图 4-21 所示承受三角形分布荷载的拱的合理轴线方程。

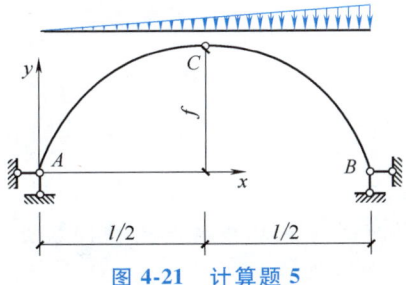

图 4-21　计算题 5

第5章　静定平面桁架和组合结构

内容提要

本章重点讨论静定平面桁架杆件轴力的计算，基本方法是结点法和截面法。同时介绍了组合结构的计算方法。

基本要求

了解静定组合结构的基本概念和内力特征；熟悉静定组合结构的内力计算方法，桁架结构的组成特点和内力特征；掌握桁架结构的内力计算。

导入案例

大胜关长江大桥

南京大胜关长江大桥（图5-1）是一座跨长江的高速铁路桥梁工程，是京沪高速铁路的控制性工程之一，建成时是世界首座六线铁路大桥，是世界上跨度最大的高速铁路桥，也是世界上设计荷载最大的高速铁路桥。

图 5-1　大胜关长江大桥

大胜关长江大桥的建成,不仅见证了中国桥梁事业的高速发展,也代表着世界建桥先进水平,引领着世界桥梁科技飞速发展的步伐和方向。

大桥先后荣获中国建筑工程鲁班奖、乔治·里查德森奖、国际桥协杰出结构工程奖,并随全线获得国家科技进步特等奖等荣誉。

思考:如何分析大胜关长江大桥的桁架结构受力?

5.1 概述

桁架是由直杆组成,并且所有结点都为铰接的结构。桁架是一种重要的结构形式(厂房屋架、桥梁等)。实际工程中的桁架一般都是空间桁架,但是为了简化计算,往往将空间桁架分解为平面桁架进行分析,选取既能反映结构的主要受力性能,又便于计算的计算简图。计算桁架的时候,常采用如下的假定:

1)各杆两端用理想铰连接。
2)各杆轴线绝对平直,在同一平面内且通过铰的中心。
3)荷载和支座反力都作用在结点上并位于桁架平面内。

满足上述要求的桁架,称为理想平面桁架。图 5-2 所示为实际工程中常见的桁架结构——轻型钢组合屋架。

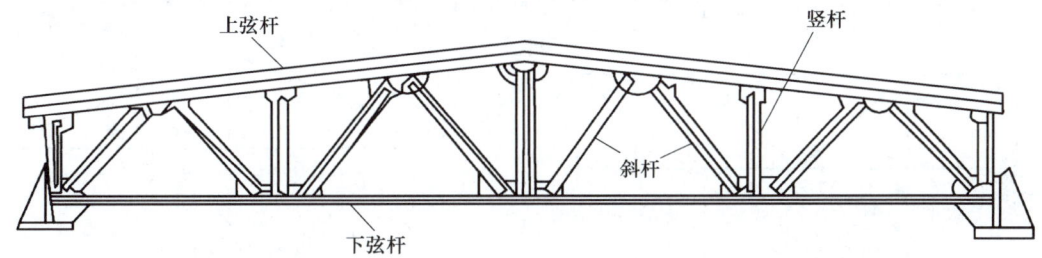

图 5-2 轻型钢组合屋架

在结点荷载作用下,桁架各杆以承受轴力为主。与同跨度的梁相比,桁架具有节省材料、自重轻等优点,因此,桁架是大跨度结构常用的一种结构形式。

实际工程中的桁架并不完全符合理想假定。例如,钢桁架的结点是铆接或者焊接在一起,钢筋混凝土构件的结点是浇筑的,这些结点都不是完全光滑的理想铰;各杆轴线不可能绝对平直,在结点处各杆也不一定完全汇交于一点;杆件的自重、外荷载等也常常不是作用在结点上的。但通过试验和实际工程研究发现,在普通的工程中,这些因素对桁架的影响并不是主要的,一般可以忽略不计。

桁架中的杆件,按照它们所在位置的不同,一般可以分为弦杆和腹杆。弦杆可以分为上弦杆和下弦杆,腹杆可以分为斜杆和竖杆。弦杆两个相邻结点之间的间距称为节间长度 d。两个支座之间的水平距离称为跨度 L。两个支座之间的连线到桁架最高点的垂直距离称为桁高 H。桁架各部分名称如图 5-3 所示。

静定平面桁架的分类方法,常见的有以下三种:

(1)按照桁架外形分类 根据外形不同,桁架分为平行弦桁架(图 5-4a)、三角形桁架

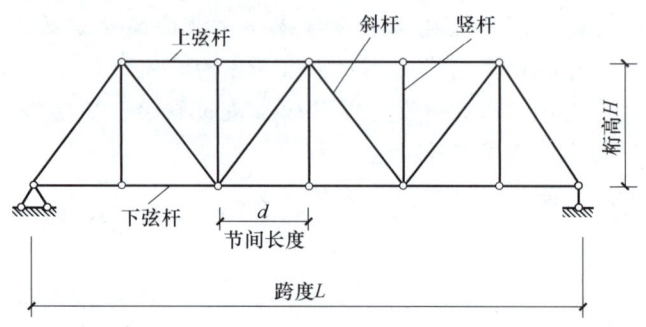

图 5-3 桁架各部分名称

(图 5-4b)、折弦桁架（图 5-4c）和梯形桁架（图 5-3）。

（2）按照承受竖向荷载作用时是否有支座反力（推力）分类　根据承受竖向荷载作用时是否有支座推力，桁架可分为梁式桁架［无推力桁架（图 5-3，图 5-4a、b、c）］和拱式桁架［有推力桁架（图 5-4d）］。

（3）按照几何组成分类　根据几何组成不同，桁架可分为：

1）简单桁架：由一个基本铰结三角形开始，依次增加二元体组成的桁架（图 5-3，图 5-4a、b、c）。

2）联合桁架：由若干简单桁架按照几何不变体系的组成规则连接而成的桁架（图 5-4d、e）。

3）复杂桁架：不属于以上两类的静定桁架（图 5-4f）。

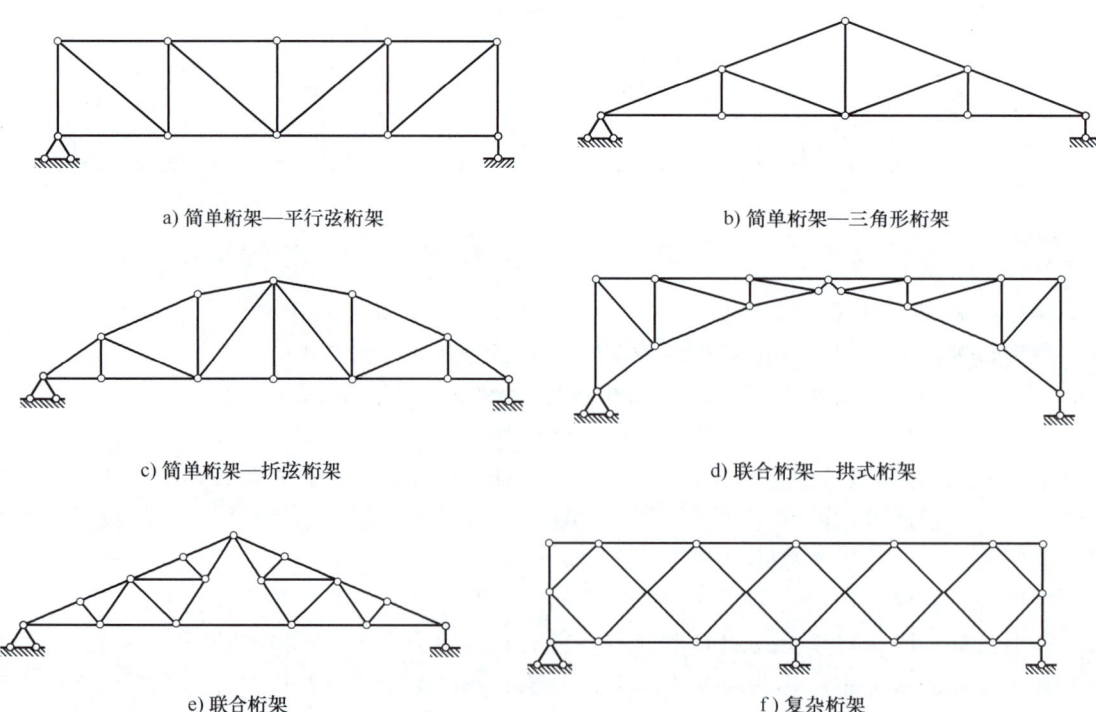

图 5-4 静定平面桁架分类

5.2 结点法求解静定平面桁架

静定平面桁架的求解，一般有结点法、截面法及结点法与截面法的联合（联合法）三种。

结点法是利用各结点的平衡条件求解桁架内力的一种方法。它的实质是作用在结点上的各力组成一个平面汇交力系。

结点法截取桁架的结点为隔离体，隔离体上的外力与内力构成一平面汇交力系，利用平面汇交力系的两个平衡条件 $\sum X = 0$ 和 $\sum Y = 0$ 来计算未知力的方法。一般来说，任何形式的静定平面桁架都可以用结点法进行求解，但在实际计算中，为了避免求解联立方程，每次所截取的结点上，未知力的个数不宜超过两个。

桁架的内力中，常需要把斜杆的内力 N_{ij} 分解为水平方向的分量 H_{ij} 和竖直方向的分量 V_{ij}（图5-5）。同时，可将斜杆的长度 l 分解为水平方向的投影长度 l_x 和竖直方向的投影长度 l_y（图5-5）。由三角形的比例关系，得

$$\frac{N_{ij}}{l} = \frac{H_{ij}}{l_x} = \frac{V_{ij}}{l_y}$$

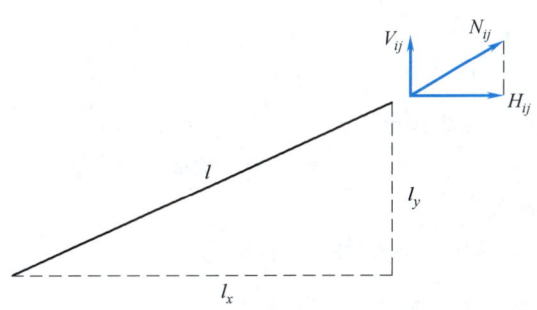

图 5-5 内力与杆长分解示意图

可知，在 N_{ij}、H_{ij} 和 V_{ij} 中，任意知道三者之一，就可以推算出其余两者，而不需要使用三角函数进行计算。

静定平面桁架的求解过程中，为便于计算，一般先假设杆件的未知轴力为拉力。如果计算结果为正，说明轴力的确是拉力；如果计算结果为负，说明杆件的轴力是压力。

例 5-1 求图 5-6a 所示简单桁架在荷载作用下各杆的轴力。

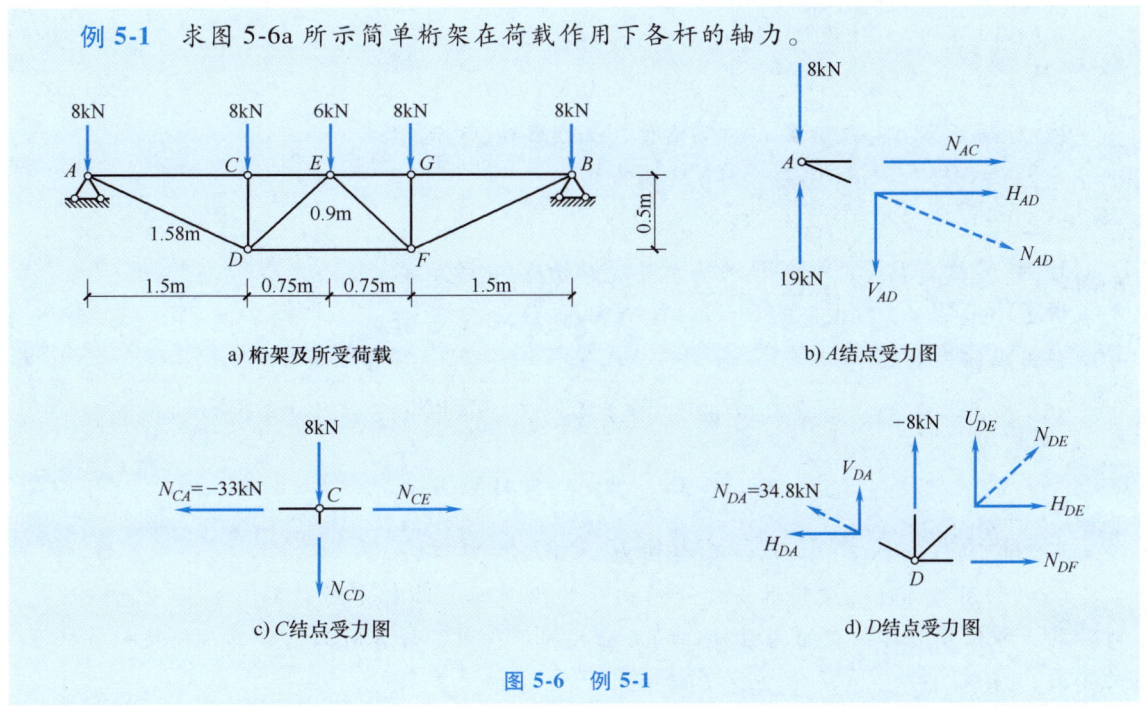

图 5-6 例 5-1

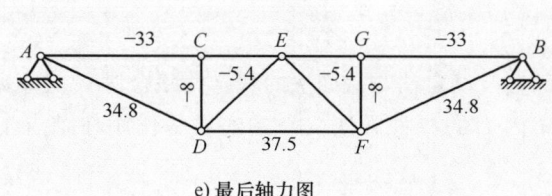

e)最后轴力图　　　　　　　　f)E结点校核图

图 5-6　例 5-1（续）

解：(1) 计算支座反力
$$H_A = 0, V_A = V_B = 19\text{kN}(\uparrow)$$

(2) 分别以各结点为研究对象，求各杆的轴力　先对该简单桁架进行几何组成分析，在刚片 BGF 上依次增加二元体得到 E、D、C、A 结点。为保证每个结点隔离体上的未知力不超过两个，可采用顺序 A、C、D、E、F、G 依次对结点进行求解。当然，简单桁架往往可以按照不同的结点顺序组成，在使用结点法求解时，也可以采用不同的顺序来截取结点。

1) 计算结点 A：取结点 A 为隔离体，如图 5-6b 所示，由 $\sum Y = 0$ 得 $19\text{kN} - 8\text{kN} - V_{AD} = 0$，$V_{AD} = 11\text{kN}$。利用比例关系

$$H_{AD} = 11 \times \frac{1.5}{0.5}\text{kN} = 33\text{kN}$$

$$N_{AD} = 11 \times \frac{1.58}{0.5}\text{kN} = 34.8\text{kN}（拉力）$$

由 $\sum X = 0$ 得

$$N_{AC} + H_{AD} = 0$$
$$N_{AC} = -33\text{kN}（压力）$$

2) 计算结点 C：取结点 C 为隔离体，如图 5-6c 所示。

由 $\sum X = 0$ 得　　$N_{CE} = -33\text{kN}$（压力）

由 $\sum Y = 0$ 得　　$N_{CD} = -8\text{kN}$（压力）

3) 计算结点 D：取结点 D 为隔离体，如图 5-6d 所示。

由 $\sum Y = 0$ 得　　$V_{DE} = (8-11)\text{kN} = -3\text{kN}$

利用比例关系得

$$H_{DE} = -3 \times \frac{0.75}{0.5}\text{kN} = -4.5\text{kN}$$

$$N_{DE} = -3 \times \frac{0.9}{0.5}\text{kN} = -5.4\text{kN}（压力）$$

由 $\sum X = 0$ 得　　$N_{DF} = 33\text{kN} - H_{DE} = 37.5\text{kN}$（拉力）

(3) 利用对称性　该简单桁架的结构和其承受的荷载都是对称的，其轴力也应该是对称的，即位于对称位置的两根杆件轴力应相同。所以，计算时只需计算该桁架一半杆件的轴力。

（4）校核　可取结点 E 为隔离体进行校核，如图 5-6f 所示。

由 $\sum X = 0$ 得　　　　33+4.5-33-4.5=0

由 $\sum Y = 0$ 得　　　　3+3-6=0（计算正确）

（5）绘制轴力图　将所有杆件的轴力标注在桁架的各杆件旁边，如图 5-6e 所示。

在桁架中，有时会出现轴力为零的杆件，它们被称为零杆。在计算之前先判断哪些杆件为零杆，哪些杆件内力相等，可以使后续的计算大大简化。

在判别时，可以依照下列规律进行：

1）L 形结点：对于没有外力作用的两杆结点，则两杆均为零杆，如图 5-7a 所示。

2）T 形结点：对于无外力作用的三杆结点，若其中两杆共线，则第三杆为零杆，其余两杆内力相等，且内力性质相同（均为拉力或压力），如图 5-7b 所示。

3）X 形结点：对于四杆结点，当杆件两两共线，且无外力作用时，则共线的各杆内力相等，且性质相同，如图 5-7c 所示。

4）K 形结点：这是四杆结点。四杆中两杆共线，而另外两杆在此直线同侧且交角相等（图 5-6d）。结点上如无荷载，则非共线两杆内力大小相等而符号相反（一为拉力，则另一为压力）。

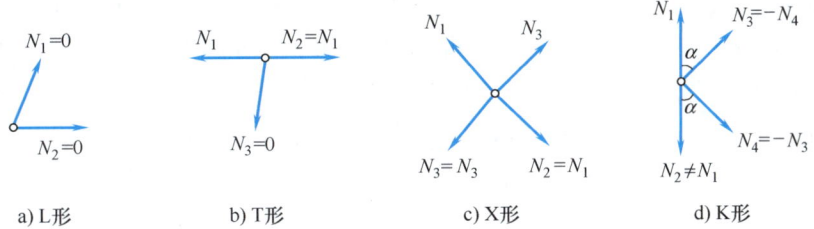

a) L 形　　　b) T 形　　　c) X 形　　　d) K 形

图 5-7　几种特殊形状的结点

例 5-2　计算图 5-8a 所示桁架 a、b、c、d 杆的内力。

解：（1）首先判断零杆　依次分析结点 F、G、D、I、B，使用结点的上述规律可以判别，FE、FG、GD、GH、IB、BK、b 都是零杆。

（2）计算其他非零杆的轴力　采用 I—I 截面截开，取右侧为隔离体，如图 5-8b 所示，由 $\sum M_K = 0$ 可求得 $N_D = P$，$\sum M_C = 0$ 可求得 $N_A = -\dfrac{P}{2}$，$\sum Y = 0$ 可求得 $N_C = -\dfrac{\sqrt{5}}{4}P$。

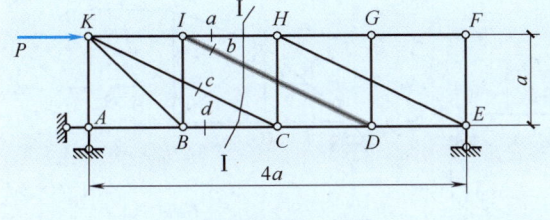
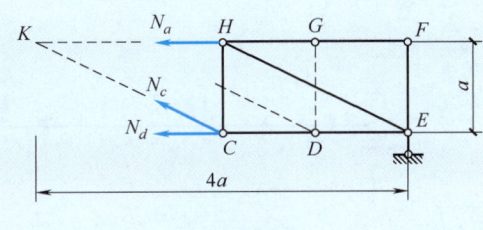

a) 桁架及所受荷载　　　　　　　　b) 零杆及隔离体

图 5-8　例 5-2

5.3 截面法求解静定平面桁架

截面法是截取桁架的一部分（至少两个结点），利用静力平衡条件求解桁架内力的一种方法。它的实质是作用在隔离体上的各力组成一个平面任意力系。

一般来说，使用结点法可以求解任意静定桁架的内力，但在实际工程中，如果简单桁架只需要确定少数杆件的内力或者是求解联合桁架时，一般不使用结点法，而采用截面法确定某些指定杆件的轴力。

由于截面法是截取桁架两个结点以上的部分作为隔离体，利用平面一般力系的静力平衡方程来计算未知力的方法。而平面一般力系的静力平衡方程有三个，所以在选取截面时，应该尽量使隔离体中包含的未知力数目不超过三个，以便直接解出这些未知力。根据选用的平衡方程不同，截面法可以分为力矩方程法和投影方程法。

5.3.1 力矩方程法

力矩方程法是根据作用在隔离体上的力系建立力矩平衡方程以计算轴力的方法。要达到计算简便的目的，关键是选取合理的力矩中心。

以图 5-9a 所示的桁架为例，设支座反力已经求出，现要求 DE、DF 和 CF 三杆的内力。为此，用截面 Ⅰ—Ⅰ 截取隔离体，如图 5-9c 所示，建立平衡方程时，应尽量使每一个方程只包含一个未知力。例如，求上弦杆 DE 的内力 N_{DE} 时，欲达到这一要求，可取另外两杆件 DF 和 CF 的交点 F 为矩心，为了避免计算 DE 杆的力臂 r_1，可将 N_{DE} 在结点 E 处分解为两个分力：H_{DE} 和 V_{DE}。

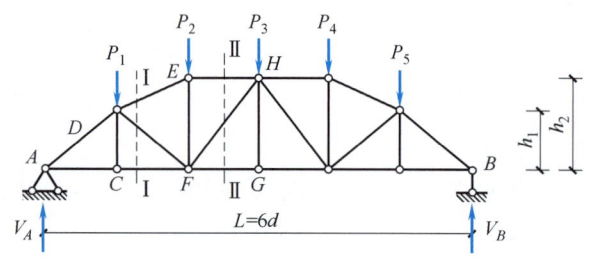
a) 桁架及所受荷载

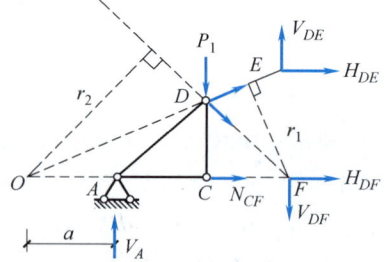
b) 相应同跨度简支梁

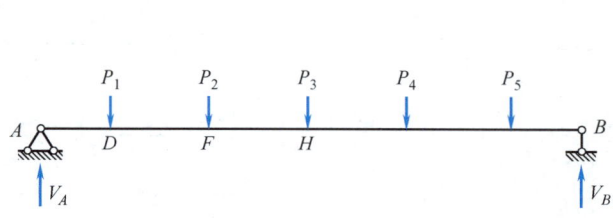
c) Ⅰ—Ⅰ截面左边隔离体

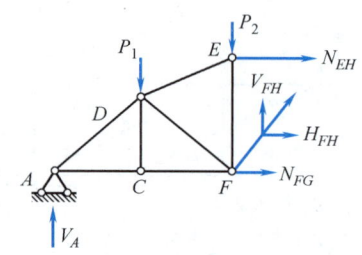
d) Ⅱ—Ⅱ截面左边隔离体

图 5-9 截面法求解指定杆件内力图

由 $\sum M_F = 0$ 得
$$H_{DE} \times h_2 + V_A \times 2d - P_1 \times d = 0$$

$$H_{DE} = -\frac{V_A \times 2d - P_1 \times d}{h_2} = -\frac{M_F^0}{h_2} \tag{5-1}$$

式中，M_F^0 是位于 Ⅰ—Ⅰ 截面以左桁架的荷载和支座反力对结点 F 的力矩代数和，即是与此桁架同跨度、同荷载的简支梁 F 截面（图 5-9b）相应的弯矩。已知 H_{DE} 后，利用比例关系即可求出 N_{DE}。因为 M_F^0 为正，所以式（5-1）等号右侧的负号表示 N_{DE} 为压力。

同理，求下弦杆 CF 的内力 N_{CF} 时，应取 DE 杆和 DF 杆的交点 D 为矩心。

由 $\sum M_D = 0$ 得
$$N_{CF} \times h_1 - V_A \times d = 0$$

$$N_{CE} = \frac{V_A \times d}{h_1} = \frac{M_D^0}{h_1} \tag{5-2}$$

式中，M_D^0 为相应简支梁 D 截面的弯矩。因 M_D^0 为正，故 N_{CF} 为拉力。

求斜杆 DF 的内力 N_{DF} 时，可取 DE 杆和 CF 杆的轴线的延长线的交点 O 为矩心。同样为避免求力臂 r_2，将 N_{DF} 在结点 F 分解为 V_{DF} 和 H_{DF}。

由 $\sum M_D = 0$ 得
$$V_{DF} \times (a + 2d) - V_A \times a + P_1 \times (a + d) = 0$$

$$V_{DF} = \frac{V_A \times a - P_1 \times (a + d)}{a + 2d} \tag{5-3}$$

式（5-3）右侧部分的正负号，即斜杆 DF 的拉压性质，取决于荷载的分布情况。

5.3.2 投影方程法

仍以图 5-9a 所示的桁架为例。欲求斜杆 FH 的内力 N_{FH} 时，可作 Ⅱ—Ⅱ 截面，并取其左侧部分为隔离体（图 5-9d），因上下弦杆都在水平方向，若选取垂直于弦杆的竖轴作为投影轴。在其投影方程中便只含有未知力 N_{FH}，将 N_{FH} 分解后，由 $\sum Y = 0$ 有

$$V_{FH} + V_A - P_1 - P_2 = 0$$

$$V_{FH} = -(V_A - P_1 - P_2) = -Q_{F-H}^0$$

式中，Q_{F-H}^0 为相应简支梁 F-H 区间的剪力。此剪力的正负号与荷载的分布情况有关，故斜杆 FH 的拉、压性质就要视荷载而定。已知 V_{FH} 后，利用比例关系就不难计算出 N_{FH} 了。

平面一般力系的三个独立平衡方程可求解三个未知量，所以截面法一般情况下所截断的未知杆件数不应多于三根，且三根杆件不全平行也不全相交。特例：所截断的未知的杆件数多于三根，但是除了要求的一个未知杆件外，其他所有的未知杆件都交于一点，或都同时平行，该杆称为单杆。单杆仍可应用力矩方程法或投影方程法求出其轴力。

如图 5-10a 所示桁架，要求杆 1 的轴力，用截面截开后，取右侧为隔离体，由力矩方程 $\sum M_O = 0$，可求得 N_1。又如图 5-10b 所示桁架，要求杆 1 的轴力，用截面截开后，取上部为隔离体，由投影方程 $\sum X = 0$ 可求得 N_1。

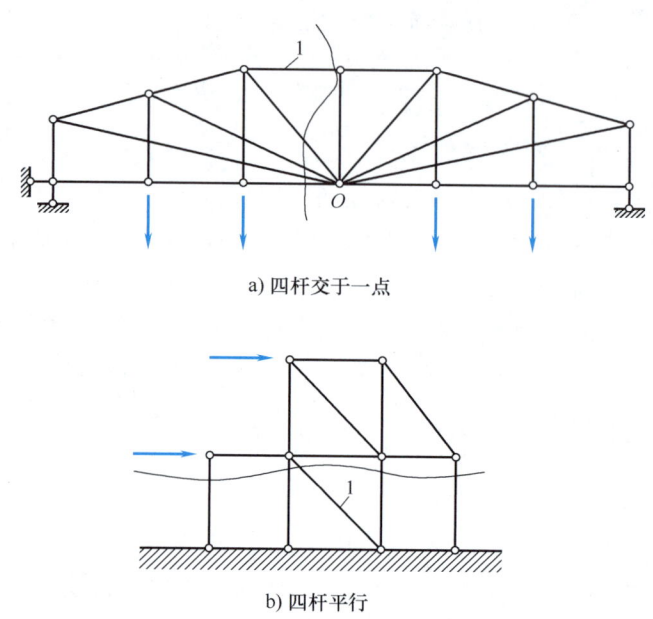

a) 四杆交于一点

b) 四杆平行

图 5-10　单杆示例

5.4　联合法求解静定平面桁架

结点法和截面法是计算桁架内力的两种基本方法。在实际进行计算时，这两种方法往往是联合应用的，即联合法。在计算简单桁架时，这两种方法均很简单；而结算联合桁架时，一般需要采用联合法。使用联合法时，一般先采用截面法求出桁架中相关杆件的内力，再用结点法计算其余杆件的内力。

如图 5-11 所示的联合桁架，不管从哪一个结点开始计算内力，结点上都有三个未知力，所以无法直接用结点法求解。此时考虑采用联合法进行求解，先用截面法求出桁架中相关杆件的内力，作 $K—K$ 截面，取左侧（或右侧）为隔离体，由 $\sum M_8 = 0$，求出相关杆件 5-13 杆的内力 $N_{5\text{-}13}$，而后用结点法依次求出所有杆件的内力。

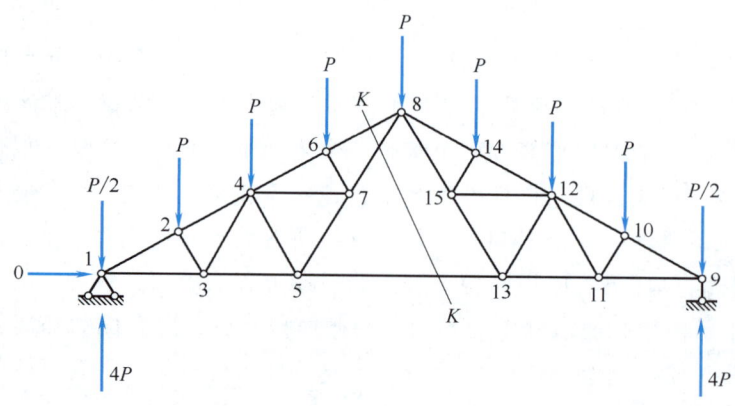

图 5-11　联合桁架的内力求解示意图

联合法求桁架中相关杆件的内力，与单独使用截面法类似，所使用的截面可竖直、可倾斜，也可水平，可挺直也可弯曲，甚至可以做成闭合截面。图 5-12a 所示为一联合桁架，三角形 ABC 为基本部分，中间三角形为附属部分。可作图 5-12a 所示的闭合截面 I，取中间部分为隔离体，如图 5-12b 所示，通过对任意两杆交点取矩的三个力矩方程，可以求出相关杆件 a、b、c 的内力，而后再计算所有杆件的内力。

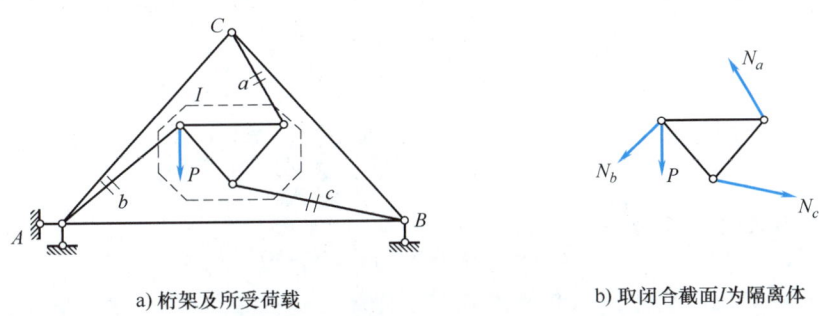

a) 桁架及所受荷载　　　　　　　　b) 取闭合截面I为隔离体

图 5-12　联合桁架的内力求解示意图

图 5-13a 所示为一联合桁架，它由两个简单桁架 ADE 和 BCF 用 a、b、c 三根链杆连接而成。如能求出三根相关杆件的轴力 N_a、N_b、N_c，则可利用结点法求得全部各杆轴力。为此截断 a、b、c 三根链杆，取出 BCF 简单桁架作为研究对象，如图 5-13b 所示，由 $\sum X = 0$ 求得 N_c，由 $\sum M_B = 0$ 求得 N_a，再由 $\sum M_C = 0$ 求得 N_b。

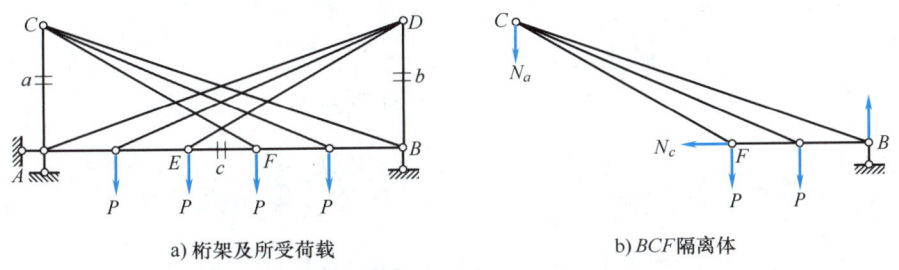

a) 桁架及所受荷载　　　　　　　　b) BCF隔离体

图 5-13　联合桁架的内力求解示意图

例 5-3　求图 5-14a 所示桁架中杆 a、b、c、d 的内力。

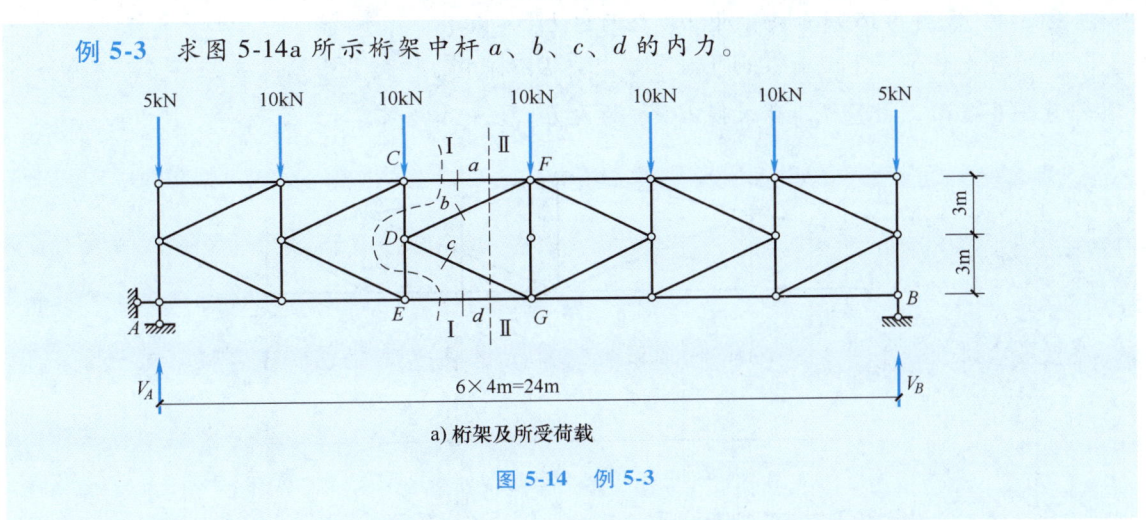

a) 桁架及所受荷载

图 5-14　例 5-3

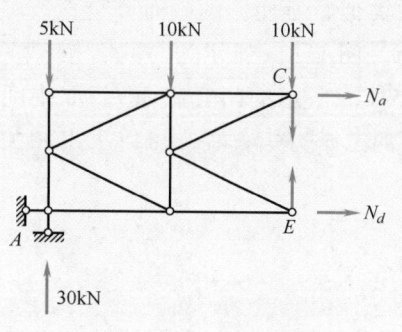 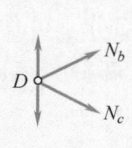 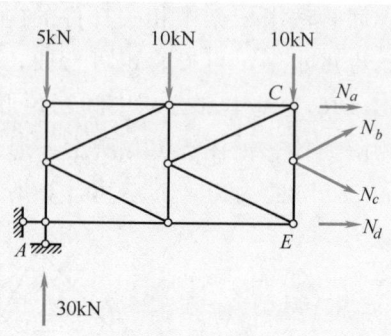

b) Ⅰ—Ⅰ截面左边隔离体　　　c) D结点隔离体　　　d) Ⅱ—Ⅱ截面左边隔离体

图 5-14　例 5-3（续）

解：（1）计算支座反力

$$V_A = V_B = 30\text{kN}(\uparrow), H_A = 0$$

（2）用Ⅰ—Ⅰ截面截开，取截面左侧部分为隔离体（图 5-14b）

由 $\sum M_E = 0$ 得

$$N_a \times 6 + 30 \times 8 - 5 \times 8 - 10 \times 4 = 0$$

$$N_a = -26.67\text{kN}（压力）$$

由 $\sum M_C = 0$ 得

$$N_d \times 6 - 30 \times 8 + 5 \times 8 + 10 \times 4 = 0$$

$$N_d = 26.67\text{kN}（拉力）$$

（3）以结点 D 为隔离体（图 5-14c）

由 $\sum X = 0$ 得

$$N_b = -N_c \tag{5-4}$$

可知 b、c 杆的内力等值性质相反。

（4）用Ⅱ—Ⅱ截面截开，取截面左侧的部分为隔离体（图 5-14d）

由 $\sum Y = 0$ 得

$$N_b \times \frac{3}{5} - N_c \times \frac{3}{5} + 30 - 5 - 10 - 10 = 0 \tag{5-5}$$

将式（5-4）代入式（5-5）得

$$N_b = -4.17\text{kN}（压力），N_c = 4.17\text{kN}（拉力）$$

例 5-4　求图 5-15 所示桁架中 HC 杆的内力。

解：可先作Ⅰ—Ⅰ截面，由 $\sum M_F = 0$ 求得 DE 杆内力；接着由结点 E 求得 EC 杆内力；再作Ⅱ—Ⅱ截面，由 $\sum M_G = 0$ 求得 HC 杆的内力。现计算如下：

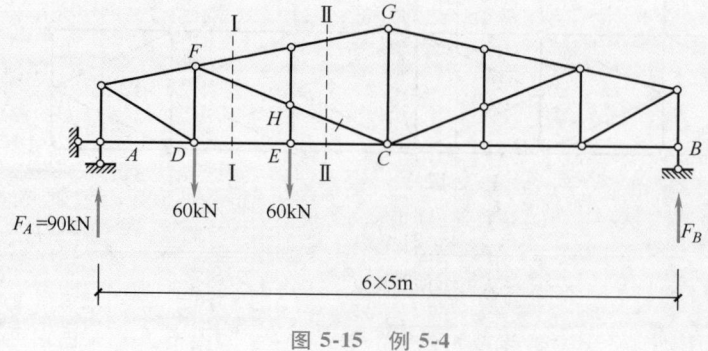

图 5-15　例 5-4

解：（1）计算支座反力

$$V_A = 90\text{kN}(\uparrow), \quad V_B = 30\text{kN}(\uparrow)$$

（2）用Ⅰ—Ⅰ截面截开，取截面左侧部分为隔离体

由 $\sum M_F = 0$ 得
$$N_{DE} \times 4 - 90 \times 5 = 0$$
$$N_{DE} = 112.5\text{kN}(拉力)$$

由结点 E 的平衡条件可知 $N_{DE} = N_{DC} = 112.5\text{kN}(拉力)$

（3）用Ⅱ—Ⅱ截面截开，取截面右侧的部分为隔离体

由 $\sum M_G = 0$ 得
$$H_{HC} \times 6 + 112.5 \times 6 - 30 \times 15 = 0$$
$$H_{HC} = -37.5\text{kN}（压力）$$

$$N_{HC} = -37.5 \times \frac{\sqrt{5^2 + 2^2}}{5}\text{kN} = -40.4\text{kN} \quad（压力）$$

5.5 组合结构的计算

组合结构是由只承受轴力的二力杆和同时承受弯矩、剪力、轴力的梁式杆所组成，图 5-16a 所示为下撑式五角形屋架，其计算简图如图 5-16b 所示。图 5-17 所示为施工时采用的临门架，它们都是组合结构。

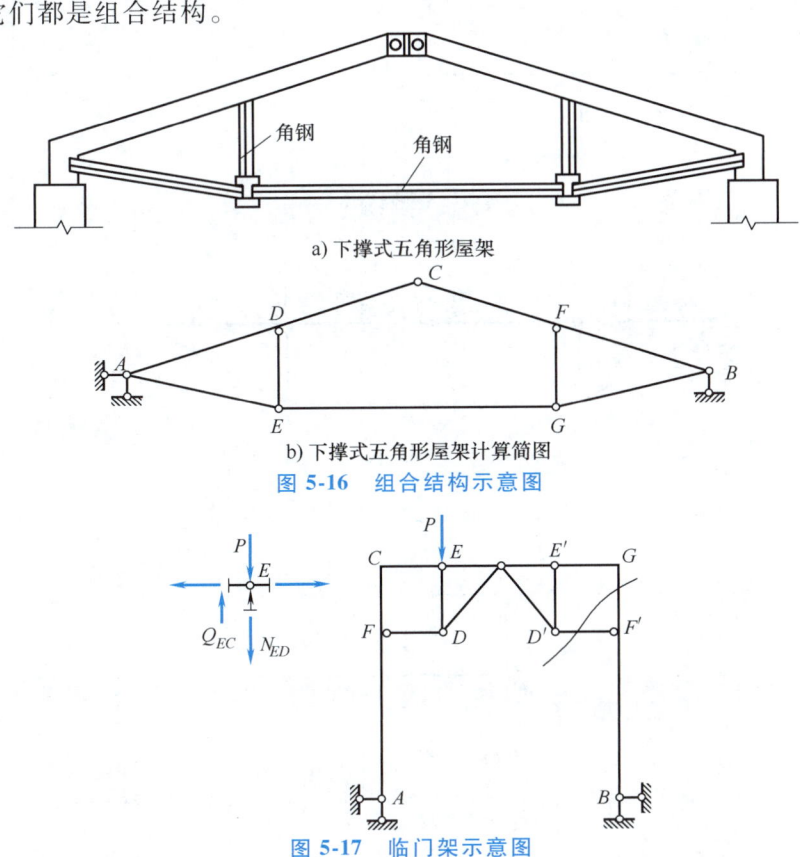

a) 下撑式五角形屋架

b) 下撑式五角形屋架计算简图

图 5-16 组合结构示意图

图 5-17 临门架示意图

组合结构的计算方法：先求出二力杆的轴力，然后将二力杆的轴力作用于梁式杆上，最后求梁式杆的内力。为了使隔离体上的未知力不至于过多，求二力杆的轴力时，应尽量避免截断梁式杆。计算二力杆轴力的方法与计算桁架杆件轴力的方法相同，可以采用结点法、截面法和联合法。需要注意，如果二力杆的一端与梁式杆连接，则不能不加分辨地引用 5.2 节中所述的结点组成规律判断二力杆的轴力。如图 5-17 所示组合结构的 E 结点，由于 CE 不是二力杆，因此不能认为 ED 杆的内力就是 P。

组合结构由于在梁式杆上装置了若干个二力杆，故可使梁式杆的弯矩减小，从而达到了节约材料及增强刚度的目的。梁式杆及二力杆还可采用不同材料，如梁式杆用钢筋混凝土，二力杆用钢材。

例 5-5 计算图 5-18a 所示静定组合结构中二力杆的轴力并绘出梁式杆的弯矩图。

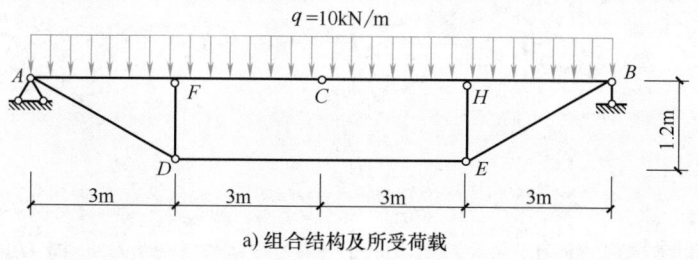

a) 组合结构及所受荷载

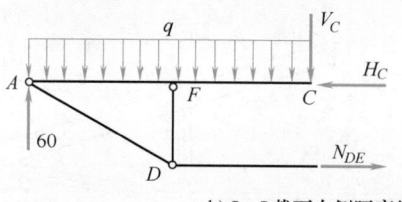

b) I—I 截面左侧隔离体

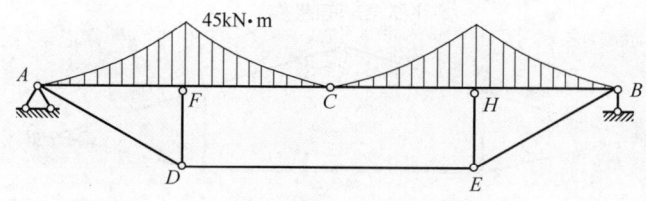

c) 梁式杆的弯矩图 (单位: kN·m)

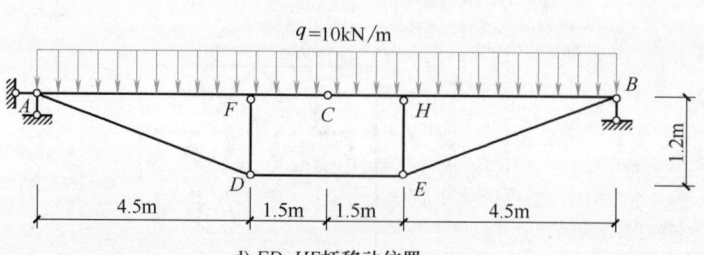

d) FD、HE 杆移动位置

图 5-18　例 5-5

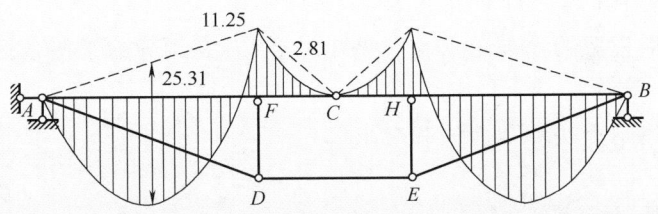

e) FD、HE杆移动位置后梁式杆的弯矩图(单位: kN·m)

图 5-18 例 5-5（续）

解：（1）计算支座反力

$$H_A = 0, V_A = V_B = 60\text{kN}(\uparrow)$$

（2）求二力杆的轴力 由于结构和荷载的对称性，可只计算半边结构的内力。用 Ⅰ—Ⅰ 截面截断 DE 杆及 C 铰，取左侧为隔离体，如图 5-18b 所示。

由 $\sum M_C = 0$ 有 $\quad N_{DE} \times 1.2 - 60 \times 6 + 10 \times 6 \times 3 = 0$

$$N_{DE} = 150\text{kN}（拉力）$$

以结点 D 为隔离体，由 $\sum X = 0$ 得，$H_{DA} = 150\text{kN}$，根据比例关系

$$V_{DA} = \frac{1.2}{3} H_{DA} = 60\text{kN}$$

$$N_{DA} = \frac{\sqrt{3^2 + 1.2^2}}{3} H_{DA} = 161.55\text{kN} \quad （拉力）$$

由 $\sum Y = 0$ 得 $\quad N_{DF} = -V_{DA} = -60\text{kN}$ （压力）

利用结构的对称性可知

$$N_{EG} = N_{DF} = -60\text{kN}（压力），N_{EB} = N_{DA} = 161.55\text{kN} \quad （拉力）$$

（3）求梁式杆的内力并绘制梁式杆的弯矩图 将 N_{DA}、N_{DF}、N_{EG}、N_{EB} 杆的轴力作用于梁式杆上绘出 M 图，如图 5-18c 所示。从弯矩图看到本例梁式杆只承受负弯矩且沿杆长分布不均匀。若将二力杆 FD、GE 的位置移动到图 5-18d 所示的位置，弯矩图即变为图 5-18e 中的形状，这样，梁式杆上的弯矩分布便比较均匀。

本章小结

1. 基本概念

（1）桁架的特点 各杆两端用理想铰连接；各杆轴线绝对平直，在同一平面内且通过铰的中心；荷载和支座反力都作用在结点上并位于桁架平面内。

（2）静定桁架分类 按照桁架外形分为平行弦桁架、三角形桁架、折弦桁架、梯形桁架；按照承受竖向荷载作用时是否有支座反力（推力）分为梁式桁架、拱式桁架；按照几何组成分为简单桁架、联合桁架、复杂桁架。

（3）结点法 截取桁架的结点为隔离体，隔离体上的外力与内力构成一平面汇交力系，

利用平面汇交力系的两个平衡条件来计算未知力的方法。

（4）截面法　截取桁架的一部分（至少两个结点），利用静力平衡条件求解桁架内力的一种方法。

（5）联合法　使用结点法和截面法联合求解。

2. 知识要点

（1）结点法中的特殊节点

L形结点：对于没有外力作用的两杆结点，则两杆均为零杆。

T形结点：对于无外力作用的三杆结点，若其中两杆共线，则第三杆为零杆，其余两杆内力相等，且内力性质相同（均为拉力或压力）。

X形结点：对于四杆结点，当杆件两两共线，且无外力作用时，则共线的各杆内力相等，且性质相同。

K形结点：这是四杆结点。四杆中两杆共线，而另外两杆在此直线同侧且交角相等。结点上如无荷载，则非共线两杆内力大小相等而符号相反（一杆为拉力，则另一杆为压力）。

（2）组合结构的计算　先求出二力杆的轴力，然后将二力杆的轴力作用于梁式杆上，最后求梁式杆的内力。为了使隔离体上的未知力不致过多，求二力杆的轴力时，应尽量避免截断梁式杆。计算二力杆轴力的方法与计算桁架杆件轴力的方法相同，可以采用结点法、截面法和联合法。

思考与讨论

1. 桁架的计算简图做了哪些假设？
2. 如何根据桁架的几何构造特点来选择计算顺序？
3. 在结点法和截面法中，如何避免求解联立方程？
4. 零杆不受力，在实际结构中可否把它去掉，为什么？
5. 如何判断组合结构中的二力杆和梁式杆？组合结构的计算与桁架有什么不同之处？

习　题

一、选择题

1. 图 5-19 所示结构杆 BC 的轴力 N_{BC} 是（　　）。

A. $P/2$ 　　B. $-P$ 　　C. $2P$ 　　D. P

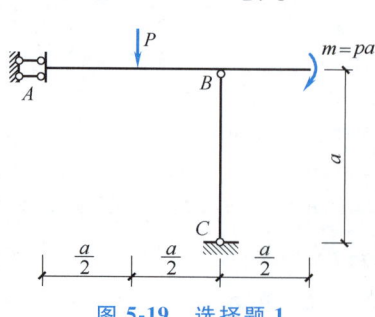

图 5-19　选择题 1

2. 图 5-20 所示结构的零杆数目（不包括支座链杆）为（　　）。
A. 3 根　　　　B. 4 根　　　　C. 5 根　　　　D. 6 根

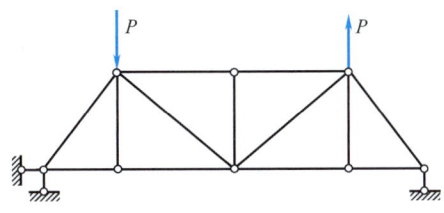

图 5-20　选择题 2

二、判断题

1. 在荷载作用下，桁架各杆只产生轴力。　　　　　　　　　　　　　　　　　　（　　）
2. 由于零杆不受力，因此可以将它们从结构中去掉。　　　　　　　　　　　　　（　　）
3. 图 5-21 所示桁架结构杆 I 的轴力为零。　　　　　　　　　　　　　　　　　（　　）
4. 图 5-22 所示桁架中，上弦杆的轴力为 $N=-P$。　　　　　　　　　　　　　　（　　）

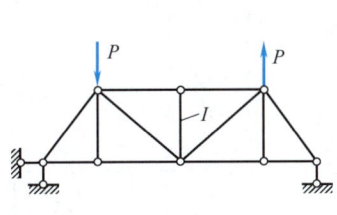

图 5-21　判断题 3

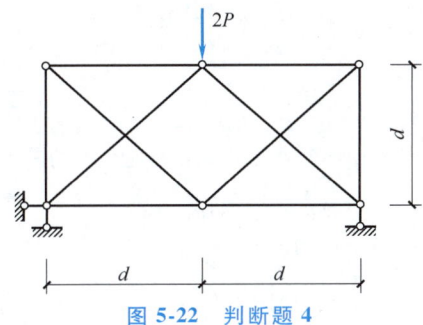

图 5-22　判断题 4

三、计算题

1. 指出图 5-23 所示桁架中内力为零的杆件。

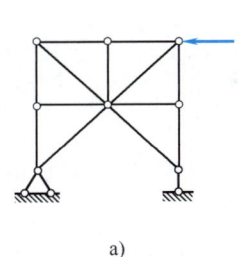

a)

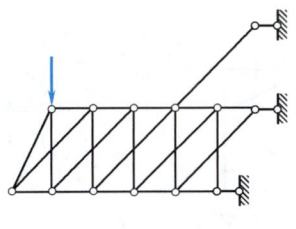

b)

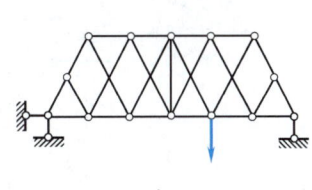

c)

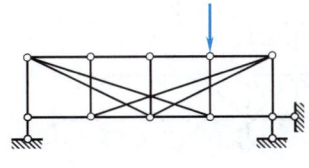

d)

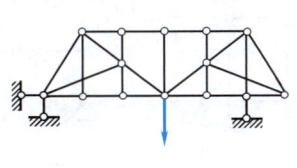

e)

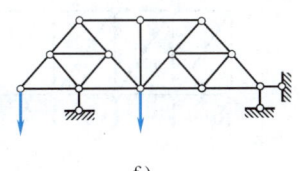

f)

图 5-23　计算题 1

2. 计算图 5-24 所示桁架各杆件的轴力。

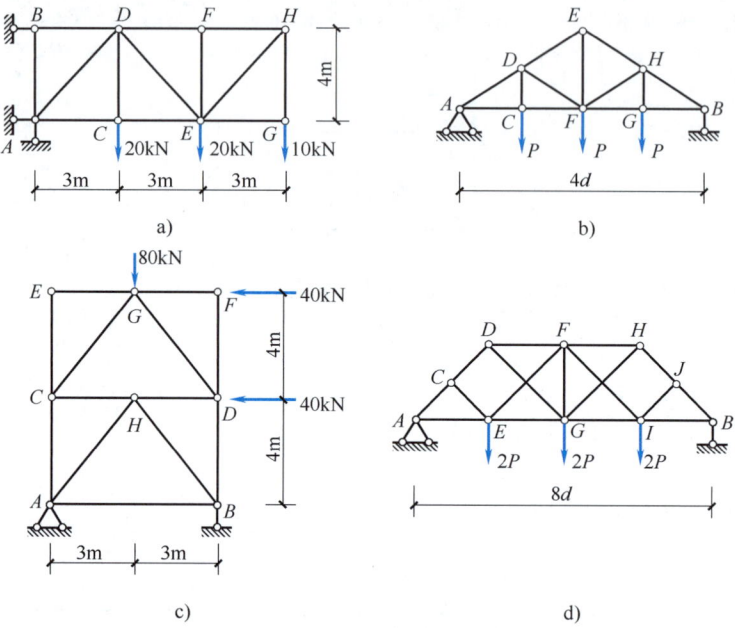

图 5-24　计算题 2

3. 计算图 5-25 所示桁架中指定杆件的轴力。

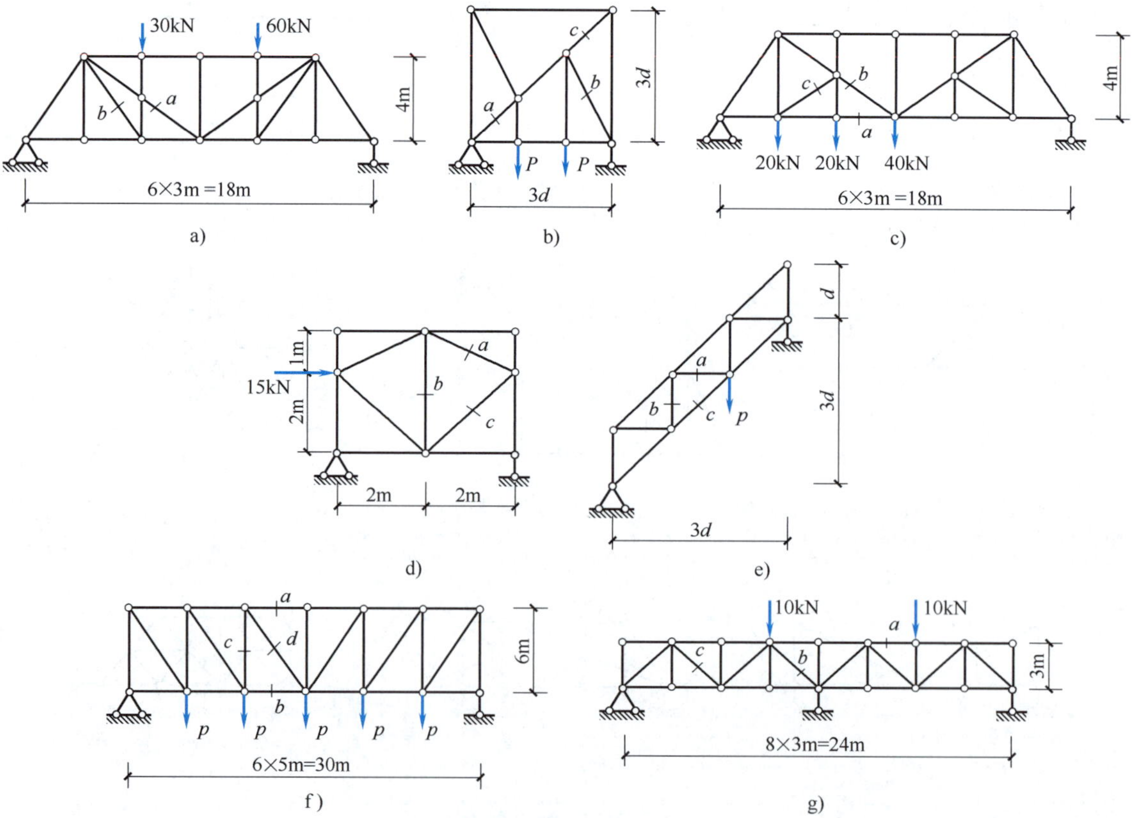

图 5-25　计算题 3

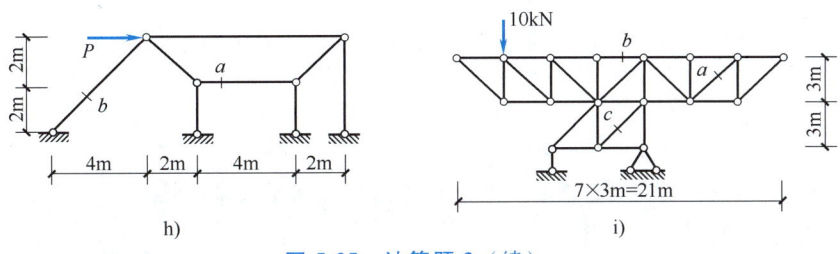

h)　　　　　　　　　　　　i)

图 5-25　计算题 3（续）

4. 计算图 5-26 所示组合结构中各二力杆的轴力，并绘制梁式杆的弯矩图。

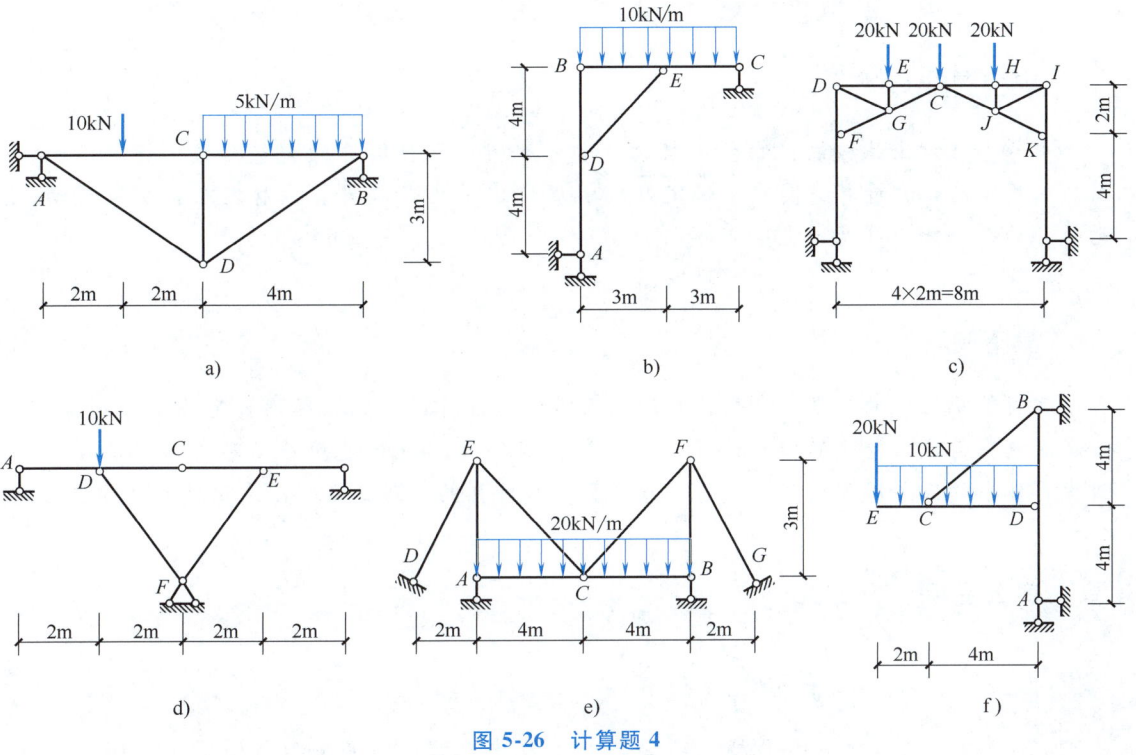

图 5-26　计算题 4

第6章 结构位移计算

内容提要

本章重点讨论结构位移的基本概念,虚功原理,位移计算的一般公式,静定结构在荷载作用下的位移计算,图乘法静定结构温度变化时的位移计算,静定结构支座移动时的位移计算,线弹性互等定理。

基本要求

了解结构位移的种类,产生位移的原因,位移计算的目的;熟悉变形体系虚功原理、静定结构在荷载作用下的位移计算、静定结构因温度改变和支座移动时的位移计算、线性变形体系的互等定理;掌握单位荷载法和位移计算的一般公式、图乘法计算结构位移。

导入案例

单层工业厂房结构位移研究

近年来,基于绿色环保理念,我国建设了大量的钢结构单层工业厂房(图6-1),单层工业厂房具跨度大和净空高,承受的荷载大,结构构件的内力大,截面尺寸大,材料用量多等特点。在力学性能上,单层工业厂房经受了许多考验。

图 6-1 单层工业厂房

工况一：将单层工业厂房加建变成多层工业厂房。

工况二：某单层工业厂房由于管理不当发生了火灾，导致结构产生了位移变形。

工况三：某单层工业厂房的地基发生不均匀沉降。

思考：在上述几种工况下单层工业厂房的结构会发生哪些变化呢？结构位移受的影响因素有哪些？

6.1 概述

1. 结构的位移及其分类

结构在荷载作用下，会产生应力和应变，以致结构的原有形状发生变化，这种变化称为变形。结构变形时，结构上某个点发生的移动或某个截面发生的转动，称为结构的位移。除了荷载作用将引起位移，温度改变、支座移动与制造误差等因素，虽然不一定使结构都产生应力和应变，但都将使结构产生位移。

结构的位移一般分为线位移和角位移两大类。线位移是指结构上点的移动，包括绝对线位移（水平、竖向）和相对线位移；角位移是指杆件横截面的转动，包括绝对角位移和相对角位移。

为了说明位移法的基本概念，先来分析图 6-2a 所示刚架的位移。该刚架在荷载作用下发生如双点画线所示的变形，A 点移到了 A' 点，线段 AA' 称为 A 点的线位移，记为 Δ_A，它也可以用水平线位移 Δ_{Ax} 和竖向线位移 Δ_{Ay} 两个分量来表示。同时，截面 A 还转动了一个角度，称为截面 A 的角位移，用 φ_A 表示。上述位移都是绝对位移。

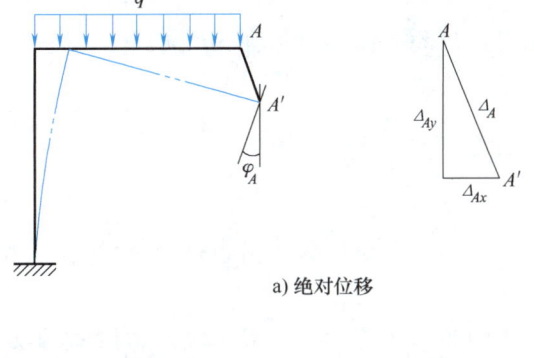

a) 绝对位移

又如图 6-2b 所示简支梁，在荷载作用下发生双点画线所示变形，截面 A 的角位移为 φ_A（顺时针方向），截面 B 的角位移为 φ_B（逆时针方向），这两个截面的方向相反的角位移之和，就构成截面 A、B 的相对角位移，即 $\varphi_{AB} = \varphi_A + \varphi_B$。同样，$C$、$D$ 两点的水平线位移分别为 Δ_C（向右）和 Δ_D（向左），这两个指向相反的水平位移之和就称为 C、D 两点的水平相对线位移，即 $\Delta_{CD} = \Delta_C + \Delta_D$。

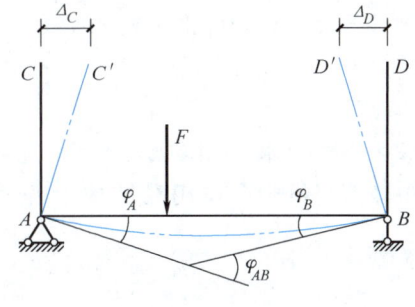

b) 相对位移

图 6-2 绝对位移与相对位移

2. 结构位移计算目的

结构位移计算在工程上具有重要意义，其目的主要有以下三方面。

1) 校核结构的刚度。结构在荷载作用下如果变形太大，也就是没有足够的刚度，即使未破坏也是不能正常使用的。当列车通过桥梁时，若桥梁的挠度（竖向线位移）太大，则导致路面不平顺,以致引起过大的冲击、振动,影响行车安全。因此,《铁路桥涵设计规范》(TB 10002—2017) 规定,在竖向静荷载作用下桥梁的最大挠度,简支钢板梁不得超过跨度的 1/800,简支钢桁梁不得超过跨度的 1/900。又如钢筋混凝土高层建筑的水平位移如果过大,将可能导致混凝土开裂或次要结构及装饰的破坏,也会令人们感觉不舒服。因此,有关规范规定,在风力或地震作用下,相邻两层间的相对水平线位移(简称层间位移)的最大值与层高之比,不宜大于 1/500~1/1000(随结构类型及楼房总高而异)。

在结构的施工过程中,也常常需要知道结构的位移。如多跨钢桁梁桥常采用悬臂拼装的方式施工,为确保桥段的顺利合拢就位和桥面的顺直,需要对结构在施工过程中的位移进行计算,以便在施工过程中采取相应的措施。同时在施工过程中,由于结构自重、操作机械等临时荷载的作用,悬臂部分将会产生挠度,若该挠度过大,就会影响操作机械的正常工作,也会给拼装就位带来困难。

2) 为分析超静定结构打下基础。因为超静定结构的内力单凭静力平衡条件不能全部确定,还必须考虑变形条件,而建立变形条件就必须计算结构的位移。

3) 在结构的动力计算和稳定计算中,也需要计算结构的位移。

结构力学中计算位移的一般方法是以虚功原理为基础的。本章将先介绍变形体系的虚功原理,然后讨论静定结构的位移计算。至于超静定结构的位移计算,在学习了超静定结构的内力分析后,仍可用这一章的方法。

6.2 变形体系的虚功原理

6.2.1 实功与虚功

1. 实功

设一物体受外力 F 作用产生位移,力由于其自身所引起的位移而做功,这种功称为实功。

(1) 常力作用 一般来说,力所做的功与其作用点的移动路线的形状、路程的长短有关,但对于大小和方向都不变的常力,它所做的功只与其作用点的起始位置有关。若体系上作用常力 F,力作用点沿力 F 方向的位移为 Δ,则力 F 所做的实功为

$$W = F\Delta \tag{6-1}$$

(2) 静力加载 图 6-3a 所示简支梁,在荷载 F_{P1} 的作用下,荷载作用点的位移为 Δ_{11}。在结构静力分析中,作用在结构上的外力 F_{P1} 是静力荷载,即该力是从零逐渐增大到 F_{P1}

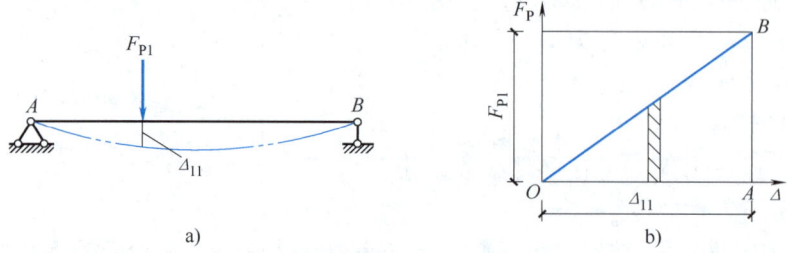

图 6-3 承受荷载 F_{P1} 的简支梁

值。对于线弹性体系，位移与荷载呈线性关系，如图 6-3b 所示。通过对图示三角形积分，可得加载过程中荷载所做的实功 $W_{11} = \frac{1}{2}F_{P1}\Delta_{11}$。式中出现这个 $\frac{1}{2}$ 系数是由于荷载与位移成比例地由零开始逐渐增加到其最后值。

现假设 F_{P1} 加载完成，简支梁达到图 6-4a 所示双点画线Ⅰ的平衡位置，然后加载 F_{P2}，简支梁继续变形到双点画线Ⅱ的平衡位置。在 F_{P2} 的作用点产生位移 Δ_{22}，同理，力 F_{P2} 所做的功为实功，$W_{22} = \frac{1}{2}F_{P2}\Delta_{22}$。

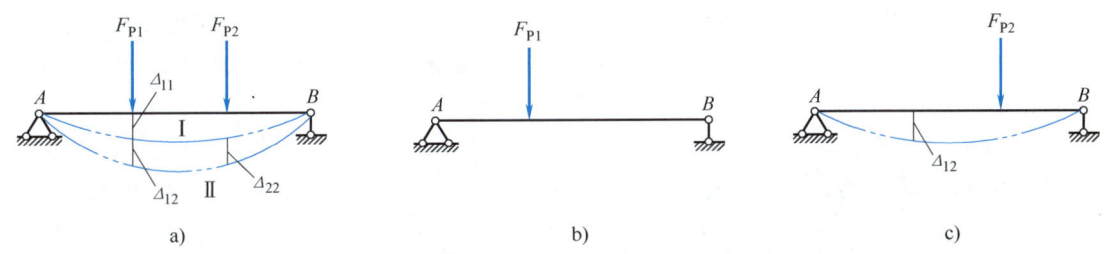

图 6-4 承受荷载 F_{P1}、F_{P2} 的简支架

2. 虚功

力由于位移而做功，此时若位移与做功的力无关，这种功称为虚功。在虚功中，力与位移分别属于同一体系的两种彼此无关的状态，其中力所属的状态称为力状态，而位移所属的状态称为位移状态。

如图 6-4 所示，在加载 F_{P2} 的过程中，F_{P1} 作用点沿 F_{P1} 的方向又产生了新的位移 Δ_{12}（Δ_{ij} 的第一个脚标表示位移发生的位置和方向，即此位移是 F_{Pi} 作用点沿 F_{Pi} 的方向的位移；第二个脚标表示产生位移的原因，即此位移是由 F_{Pj} 引起的）。在此过程中，F_{P1} 的值保持不变，故 F_{P1} 在位移上 Δ_{12} 上所做的功 $W_{12} = \frac{1}{2}F_{P1}\Delta_{12}$。同时，引起位移 Δ_{12} 的原因却不是 F_{P1}，而是 F_{P2}。故 W_{12} 是 F_{P1} 在其他原因引起的位移上所做的功，为虚功。所谓"虚"就是表示位移与做功的力无关。

为清楚起见，在研究 F_{P1} 在 F_{P2} 引起的位移 Δ_{12} 上所做的虚功时，可以把做虚功的力 F_{P1} 和虚位移 Δ_{12}（F_{P2} 引起的）分别绘在两个图上，并称为同一结构的两个状态。其中，图 6-4b 代表力状态，称为状态 1；图 6-4c 代表位移状态，称为状态 2。将 F_{P1} 在虚位移 Δ_{12} 上所做的虚功称为"状态 1 的力在状态 2 的位移上所做的虚功"，$W_{12} = \frac{1}{2}F_{P1}\Delta_{12}$。

状态 1 上的力也可以不是一个力，而是一组力；状态 2 上的虚位移也可以不是一个力或一组力引起的，而是其他因素（如温度改变、支座移动等）引起的。虚位移可以理解为结构可能发生的连续的、微小的、约束所允许的位移。

6.2.2 刚体体系虚功原理

对于具有理想约束的刚体体系，虚功原理可表述为：刚体体系在任意平衡力系作用下，体系上所有主动力在任一与约束条件相符合的无限小刚体位移上所做的虚功总和恒等于零。即

$$W = 0 \tag{6-2}$$

式（6-2）称为刚体体系的虚功方程。

所谓理想约束，是指其约束力在虚位移上所做的功恒等于零的约束，如光滑铰结与刚性链杆均属于理想约束。在刚体中，任何两点间的距离保持不变，可以认为任何两点间有刚性链杆相连。因此，刚体是具有理想约束的质点系，刚体内力在刚体的可能位移上所做的功恒等于零。

虚功原理中，有两个彼此无关的状态：力状态（任意平衡力系）和位移状态（与约束条件相符合的无限小刚体位移），即位移状态中的位移不是力状态中的力产生的。

由于虚功原理中存在两种彼此独立的状态，故在应用虚功原理时，不仅可以将力状态看作是虚设的，也可以将位移状态看作是虚设的。根据虚设对象的不同，虚功原理主要有以下两种应用形式。

1. 虚设位移状态，求未知力

图 6-5a 所示简支梁，现求支座 A 处的支座约束力 F_A。

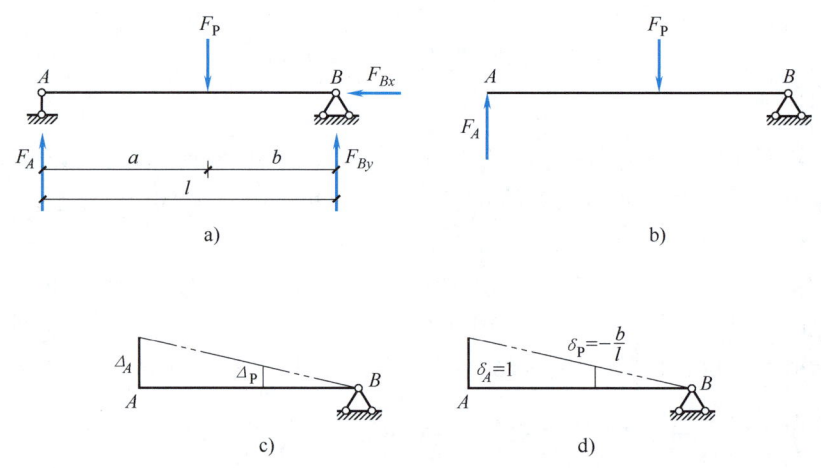

图 6-5 虚设位移状态求未知力示例

由于静定结构在符合约束条件下，不可能发生刚体位移，所以可以应用虚功原理求未知力，求解过程中可将与所求未知力相对应的约束去掉，并以未知力 F_A 代替其作用，如图 6-5b 所示。于是，原结构变成了自由度等于 1 的机构，该机构在外力和支座的作用下维持平衡。机构可绕 B 点自由转动，如图 6-5c 所示，把这个刚体位移取作虚位移，可建立虚功方程如下

$$W = F_A \Delta_A + F_P \Delta_P = 0 \tag{a}$$

可得

$$F_A = -\frac{\Delta_P}{\Delta_A} F_P \tag{b}$$

式中，Δ_A 与 Δ_P 是分别沿 F_P 与 F_A 方向的虚位移。

根据图 6-5c 所示几何关系，可知

$$\frac{\Delta_P}{\Delta_A} = -\frac{b}{l} \tag{c}$$

式中的负号是由于 Δ_P 的方向与 F_P 方向相反，将式（c）代入式（b）可求得

$$F_A = \frac{b}{l} F_P \qquad (d)$$

由于 $\dfrac{\Delta_P}{\Delta_A}$ 的比值不随 Δ_A 的大小而改变，为计算的方便，可令 $\Delta_A = \delta_A = 1$，此时式（b）简化为

$$F_A = -F_P \delta_P \qquad (e)$$

根据图 6-5d 所示几何关系，可知 $\delta_P = -\dfrac{b}{l}$，将其代入式（e）可得

$$F_A = \frac{b}{l} F_P \qquad (f)$$

上述计算是在给定力系和虚设位移之间应用虚功方程，这种形式的应用称为虚位移原理。

应用虚位移原理求解静定结构的某一约束力时，一般应遵循如下步骤：

1）解除所求约束力的约束，用相应的约束力来代替，这时原来的静定结构变成具有一个自由度的机构，约束力变成了主动力。

2）把机构可能发生的刚体位移当作虚位移，写出虚功方程。

3）求出虚位移之间的几何关系，利用虚功方程即可求解约束反力。

根据虚位移原理建立的虚功方程，实质上是静力平衡方程（本例中，虚功方程与 $\sum M_B = 0$ 的方程是相同的）。这个方法的特点是采用几何方法来解静力平衡问题，关键在于虚设位移及确定虚设位移之间的几何关系。由于虚设位移一般是单位位移，因此这个方法称为单位支座位移法，简称单位位移法。

例 6-1 求图 6-6a 所示多跨静定梁的支座约束力 F_D 和截面 C 处的弯矩 M_C。

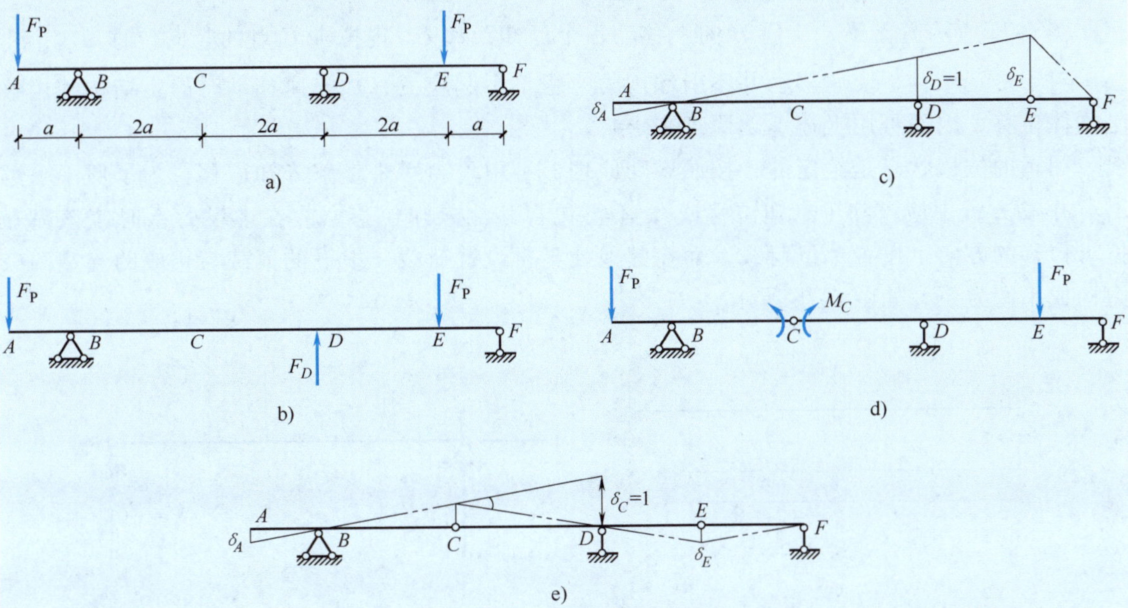

图 6-6 例 6-1

解：(1) 求支座约束力 F_D

1) 解除支座 D 处的约束代以相应的未知力 F_D，得到图 6-6b 所示的机构。

2) 令机构沿 F_D 的正方向发生虚位移 $\delta_D = 1$，可得 6-6c 所示的虚位移图，由几何关系可求得

$$\delta_A = 0.25, \delta_E = -1.5$$

注意，δ_E 的方向与 F_P 的方向相反，故为负。

3) 虚功方程为

$$F_P\delta_A + F_D\delta_D + F_P\delta_E = 0$$

可求得

$$F_D = 1.25 F_P$$

(2) 求弯矩 M_C

1) 解除与弯矩 M_C 相应的约束，即截面 C 由刚结改为铰结。同时，弯矩 M_C 由约束力变成主动力，由一对大小相等、方向相反的力偶所组成，如图 6-6d 所示。

2) 取虚位移如图 6-6e 所示，δ_C 为一对力偶在截面 C 的相对位移，由几何关系可得

$$\delta_A = 0.5a, \delta_E = a$$

3) 虚功方程为

$$F_P\delta_A + M_C\delta_C + F_P\delta_E = 0$$

可求得

$$M_C = -1.5 F_P a$$

负号表示弯矩 M_C 的实际方向与图中假设方向相反。

2. 虚设力状态，求未知位移

图 6-7a 所示简支梁，支座 B 向上移动一个已知距离 c，现拟求 C 点的竖向位移 Δ_C。

对于静定结构，支座移动并不引起内力，也不引起应变，故支座移动时静定结构的位移是刚体位移，因而可用上述虚功原理来求解。

图示的位移状态是给定的，按照虚功原理，可虚设力系来求解未知位移。为了便于求解 Δ_C，虚功方程中应该除了未知位移 Δ_C，不再包含其他未知位移。故在虚设力系时应该只在拟求位移的方向上设置单位荷载，而在其他处不再设置荷载。虚设的荷载与相应的支座约束力构成平衡力系，如图 6-7b 所示。

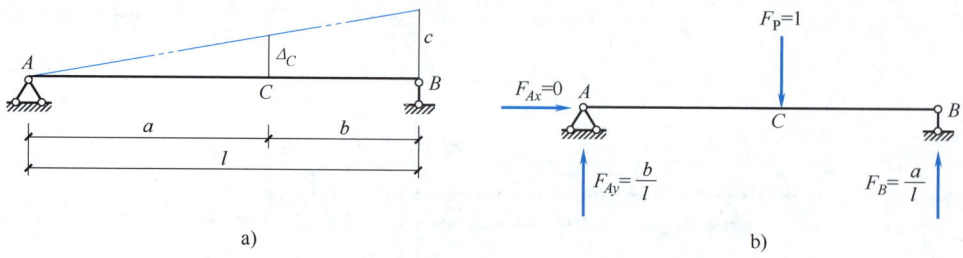

图 6-7 虚设力状态求未知位移示例

建立虚功方程如下

$$F_P \Delta_C + F_B c = 0$$

可得

$$\Delta_C = -\frac{F_B}{F_P} c = -\frac{ac}{l}$$

式中，支座约束力 F_B 可根据力系平衡条件求解。

上述计算是在给定位移和虚设力系之间应用虚功方程，这种形式的应用称为虚力原理。

当支座有给定的位移时，静定结构的位移可用虚力原理求解。设支座 n 有给定位移 c_n（$n=1$，2，3，…），计算步骤如下：

1) 沿拟求位移 Δ 方向虚设相应的单位荷载，并求出单位荷载作用下的支座约束力 $\overline{F}_{Rn}$。

2) 令虚设位移在实际位移上做虚功，写出虚功方程：$1 \times \Delta + \sum \overline{F}_{Rn} c_n = 0$，式中，$\overline{F}_{Rn} c_n$ 是支座约束力 $\overline{F}_{Rn}$ 在相应位移 c_n 上做的虚功，当两者的方向一致时，乘积为正。

3) 由虚功方程，解出拟求位移为

$$\Delta = -\sum \overline{F}_{Rn} c_n \tag{6-3}$$

这就是静定结构在支座移动时的位移计算公式。若求得的位移 Δ 为正值，说明位移的实际方向和虚设的单位荷载的方向一致。

根据虚力原理建立的虚功方程，实质上是未知位移与已知位移之间的几何方程。这个方法的特点是把一个求解未知位移的几何问题，转化为静力平衡问题，关键在于虚设力系及利用平衡条件求解与已知位移对应的约束力。为了求解的方便，虚设荷载一般是单位荷载，故这个方法称为单位荷载法。

例 6-2 图 6-8 所示多跨静定梁，支座 A 有给定的向上的竖向位移 c，试求 C 点的竖向位移 Δ_C。

解： 1) 求 C 点的竖向位移 Δ_C 时，应在 C 点加一个单位竖向荷载，如图 6-8b 所示。

2) 求解图 6-8b 所示结构的支座约束力，计算结果如图 6-8c 所示。

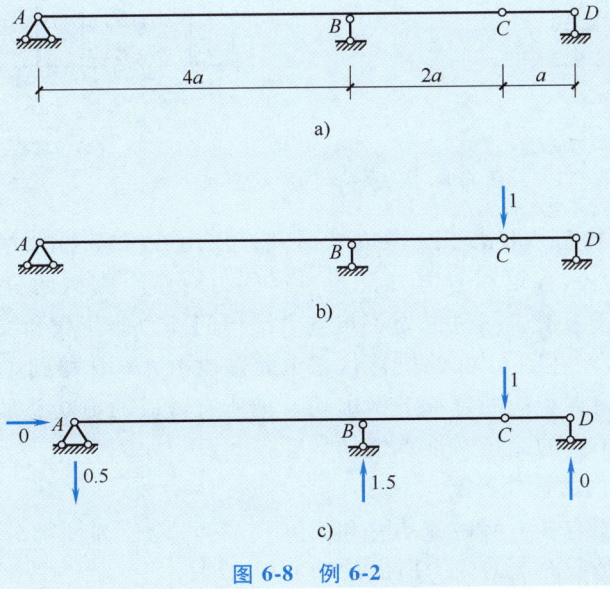

图 6-8 例 6-2

3）根据式（6-3）可得

$$\Delta_C = -\sum \overline{F}_{Rn} c_n = -(-0.5 \times c) = 0.5c$$

求得的位移为正，表示位移的实际方向与所设单位荷载的方向一致。

6.2.3 变形体系虚功原理

对于杆系结构，变形体系的虚功原理可表述为：变形体系处于平衡的必要和充分条件是，对于任何虚位移，外力所做虚功总和等于各微段上的内力在其变形上所做的虚功总和，或者简单地说，外力虚功等于变形虚功。

下面来说明上述原理的正确性，为了简明，这里只着重从物理概念上来论证其必要条件。关于更详细的数学推导及充分性的证明，读者可参阅其他书籍。

图 6-9a 表示一平面杆系结构在力系作用下处于平衡状态，图 6-9b 表示该结构由于别的原因（图中未示出）而产生的虚位移状态，下面分别称这两个状态为结构的力状态和位移状态。这里，虚位移可以是与力状态无关的其他任何原因（如另一组力系、温度变化、支座移动等）引起的，甚至是假想的。但虚位移必须是微小的，并为约束条件和变形连续条件所允许，即应是协调的位移。

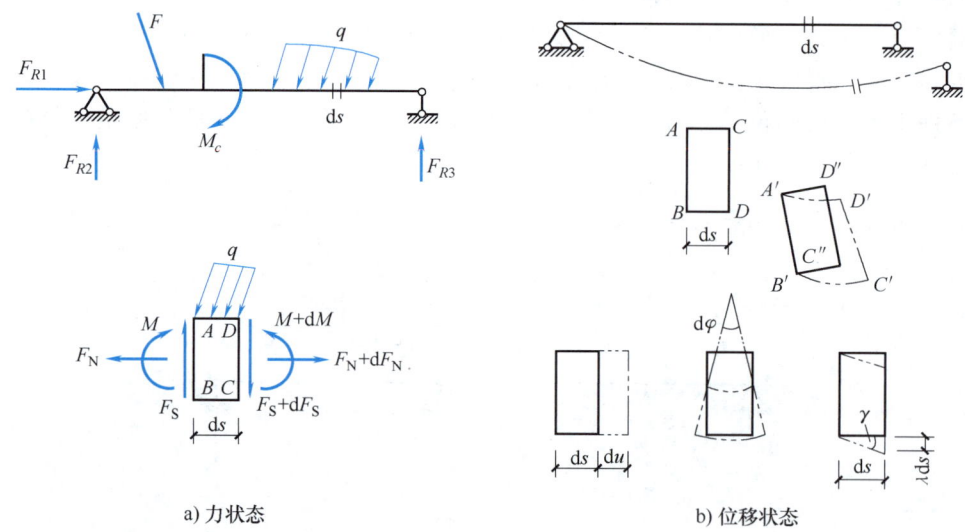

a) 力状态 b) 位移状态

图 6-9　平面杆件的力状态和位移状态

现从图 6-9a 的力状态中取出一个微段来研究，作用在微段上的力除外力 q 外，还有两侧截面上的内力即轴力、弯矩和剪力（注意，这些力对整个结构而言是内力，对于所取微段而言则是外力，由于习惯，同时也为了与整个结构的外力即荷载和支座约束力相区别，这里仍称这些力为内力）。在图 6-9b 的位移状态中此微段由 $ABCD$ 移到了 $A'B'C'D'$，于是上述作用在微段上的各力将在相应的位移上做虚功。把所有微段的虚功总加起来，便是整个结构的虚功。下面按两种不同的途径来计算虚功。

1. 按外力虚功与内力虚功计算

设作用于微段上所有各力所做虚功总和为 dW，它可以分为两部分：一部分是外力所做的功 dW_e，另一部分是截面上的内力所做的功 dW_i，即

$$dW = dW_e + dW_i$$

将其沿杆段积分并将各杆段积分总和起来,得整个结构的虚功为

$$\sum \int dW = \sum \int dW_e + \sum \int dW_i$$

或简写为

$$W = W_e + W_i$$

这里,W_e 为整个结构的所有外力(含荷载和支座反力)在其虚位移上所做虚功总和,即前面定义中的外力虚功;W_i 则是所有微段截面上内力所做虚功的总和。由于相邻两微段其相邻截面上的内力互为作用力和反作用力,它们大小相等方向相反;又由于虚位移是协调的,满足变形连续条件,即两微段相邻的截面总是密贴在一起而具有相同的位移,因此每一对相邻截面上的内力所做的功总是大小相等正负符号相反而相互抵消的。由此可见,所有微段截面上内力所做功的总和必然为 0,即

$$W_i = 0$$

所以整体结构的虚功等于外力虚功,即

$$W = W_e \tag{a}$$

2. 按刚体虚功和变形虚功计算

现在可以把微段的虚位移分解为两步,第一步只发生刚体位移(由 $ABCD$ 移到了 $A'B'C'D'$),第二步只发生变形位移(截面 $A'B'$ 不动,$C''D''$ 再移动到 $C'D'$),作用在微段上所有力在刚体位移上所做虚功记为 dW_s,在变形位移上所做虚功记为 dW_v,于是微段总的虚功又可写为

$$dW = dW_s + dW_v$$

由于微段处于平衡状态,故由刚体的虚功原理可知

$$dW_s = 0$$

于是

$$dW = dW_v$$

对于全结构有

$$\sum \int dW = \sum \int dW_v$$

即

$$W = W_v \tag{b}$$

现在来讨论 W_v 的计算。对于平面杆系结构,微段的变形可以分为轴向变形 du、弯曲变形 $d\varphi$ 和剪切变形 γds。不难看出,微段上轴力、弯矩和剪力的增量 dF_N、dM 和 dF_S 及分布荷载 q 在这些变形上所做虚功为高阶微量而可略去不计,因此微段上各力在其变形上所做的虚功可写为

$$dW_v = F_N du + M d\varphi + F_S \gamma ds$$

此外,假若此微段上还有集中荷载或力偶荷载作用时,可以认为它们作用在截面 AB 上,因而当微段变形时它们并不做功。总之,仅考虑微段的变形而不考虑其刚体位移时,外力不做功,只有截面上的内力做功。对于整个结构有

$$W_v = \sum \int dW_v = \sum \int F_N du + \sum \int M d\varphi + \sum \int F_S \gamma ds \tag{c}$$

可见,W_v 是所有微段两侧截面上的内力(对微段而言是外力)在微段的变形上所做虚

功的总和，称为变形虚功。

比较式（a）、式（b）可得

$$W_e = W_v \tag{d}$$

这就是我们要证明的结论。

为了书写简明，现根据式（a）将外力虚功 W_e 改用 W 表示，于是式（d）可写为

$$W = W_v \tag{6-4}$$

上式又称为变形体系的虚功方程。对于平面杆系结构，有

$$W_v = \sum \int F_N \mathrm{d}u + \sum \int M \mathrm{d}\varphi + \sum \int F_S \gamma \mathrm{d}s \tag{6-5}$$

故虚功方程为

$$W = \sum \int F_N \mathrm{d}u + \sum \int M \mathrm{d}\varphi + \sum \int F_S \gamma \mathrm{d}s \tag{6-6}$$

注意上面的讨论过程中，并没有涉及材料的物理性质，因此无论对于弹性、非弹性、线性、非线性的变形体系，虚功原理都适用。

由于刚体体系发生虚位移时，各微段并不产生变形，故内虚功 $W_i = 0$，则 $W_e = 0$，即外虚功为零。这表明刚体体系的虚功原理是变形体体系虚功原理的一个特例。

6.3 位移计算的一般公式——单位荷载法

6.3.1 计算位移的一般公式

下面通过实例建立平面杆件结构位移的一般计算公式。如图 6-10a 所示，某平面刚架由于荷载作用、支座位移和温度变化等因素，发生图中双点画线所示的变形，这是结构的实际位移状态。现在要求任一指定点 K 沿任一指定方向 k—k 上的位移 Δ_K。

下面来讨论如何利用虚功原理来求解这一问题。要应用虚功原理，就需要有两个状态：力状态和位移状态。图 6-10a 所示的状态即位移状态，它是由给定的荷载、温度变化及支座移动等因素引起的，是实际存在的，称为实际状态。此外，还需要建立一个力状态。由于力

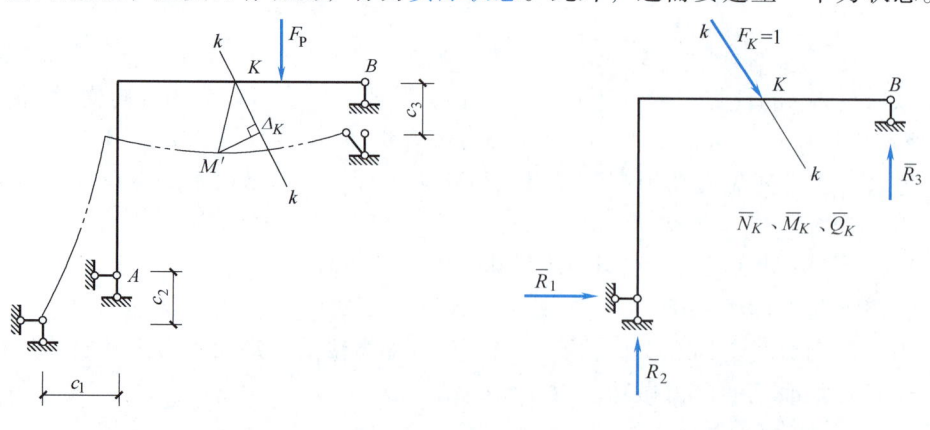

a) 实位移状态　　　　　　　　　　b) 虚力状态

图 6-10　单位荷载计算位移的两种状态

状态与位移状态是彼此独立无关的,因此力状态完全可以根据计算的需要来假设。为了使力状态中的外力能在位移状态中的所求位移 Δ_K 上做虚功,在 K 点沿 k—k 方向加一个集中荷载 F_K,其箭头指向则可任意假设,为了计算方便,令 $F_K = 1$,称为单位荷载,或单位力,如图 6-10b 所示,以此作为力状态,该力是虚设的,称为<u>虚力状态</u>。

现在来计算虚力状态的外力和内力在实际状态相应的位移和变形上所做的虚功。外力虚功包括荷载和支座约束力所做的虚功。设在虚拟状态中由单位荷载 $F_K = 1$ 引起的支座约束力为 $\overline{F}_{R1}$、$\overline{F}_{R2}$、$\overline{F}_{R3}$,而在实际状态中相应的支座位移为 c_1、c_2、c_3,则外力虚功为

$$W = F_K \Delta_K + \overline{F}_{R1} c_1 + \overline{F}_{R2} c_2 + \overline{F}_{R3} c_3 = 1 \cdot \Delta_K + \sum \overline{F}_R c$$

计算虚力状态的内力在实际位移上所做的功,即变形虚功。单位荷载作用下引起的微段内力分别记为 $\overline{F}_N$、$\overline{M}$、$\overline{F}_S$,实际状态中微段的相应变形分别记为 du、$d\varphi$、γds,则变形虚功为

$$W_v = \sum \int \overline{F}_N du + \sum \int \overline{M} d\varphi + \sum \int \overline{F}_S \gamma ds$$

由虚功原理 $W = W_v$ 有

$$1 \cdot \Delta_K + \sum \overline{F}_R c = \sum \int \overline{F}_N du + \sum \int \overline{M} d\varphi + \sum \int \overline{F}_S \gamma ds$$

可得

$$\Delta_K = -\sum \overline{F}_R c + \sum \int \overline{F}_N du + \sum \int \overline{M} d\varphi + \sum \int \overline{F}_S \gamma ds \tag{6-7}$$

这就是平面杆系结构位移计算的一般公式。需要注意的是,这里的位移状态是实际给定的,是几何可能的位移和变形状态;力状态则是虚设的平衡力系。求解的关键在于在拟求位移方向上虚设单位荷载。式(6-7)等号右侧的 4 个乘积,当虚力状态的力的作用与实际位移状态的位移或变形方向一致时,乘积取正。

6.3.2 位移计算的一般步骤

已知平面杆件结构各微段的应变 du、$d\varphi$、γds 和支座位移 c_n,拟求结构某点沿某方向的位移 Δ_K,计算步骤如下:

1) 沿拟求位移 Δ_K 的方向虚设相应的单位荷载。
2) 在单位荷载作用下,根据平衡条件,求出结构内力为 $\overline{F}_N$、$\overline{M}$、$\overline{F}_S$ 和支座约束力 $\overline{F}_R$。
3) 利用式(6-7)计算位移 Δ_K。如果求得的位移 Δ_K 为正值,说明位移的实际反向和虚设的单位荷载的方向一致;否则方向相反。

综上,利用虚功原理计算结构的位移,关键在于虚设恰当的力状态,此法的巧妙之处在于虚拟状态中只在所求位移点沿所求位移方向加一个单位荷载,使单位荷载所做虚功恰好等于所求位移,这种位移计算方法称为单位荷载法。

6.3.3 广义位移计算

在实际问题中,除了需要计算线位移,还常需要计算角位移、相对线位移、相对角位移等广义位移。在用单位荷载法建立虚力状态时,需要注意单位荷载应是与所求广义位移相应的广义力。这里的相应,是指力与位移在做功关系上的对应,如与线位移相应的是集中力、与角位移相应的是集中力偶等。还需要注意的是,应使单位荷载仅在所求的广义位移上做

功，而且是所做的功就等于所求的位移。

以图6-11a所示的刚架为例，若需要求 K 点的竖向或水平方向的位移分量，虚拟状态中的单位荷载应分别如图6-11b 或 c 所示，即在 K 点施加竖向或水平方向的单位力；若需求 K 截面的角位移，则虚力状态中应在 K 点施加一个单位集中力偶，如图6-11d 所示；图6-11e 和 f 所示的虚力状态，则是分别用于计算 J、K 两点在其连方向的相对线位移和 J、K 两截面之间的相对角位移。

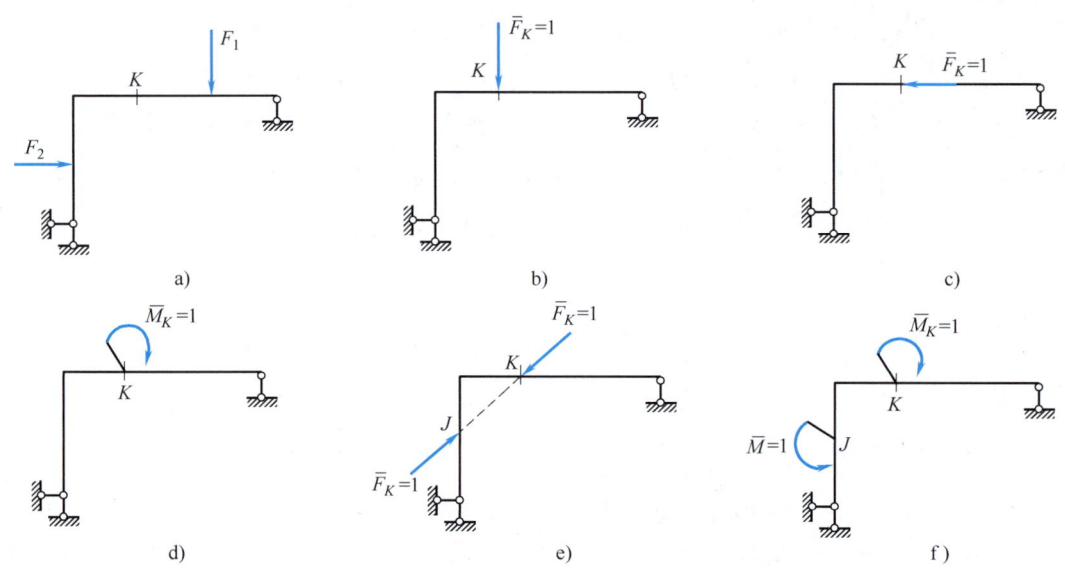

图 6-11　刚架广义位移的虚力状态

求桁架结构的结点线位移时，同样按照上述方法建立虚力状态。以图6-12a 所示桁架为例，若求 A 结点的竖向位移或 C、D 结点之间距离的变化，应建立图6-12b 和 c 所示的虚力状态。在求桁架某杆件的角位移时，由于桁架只承受结点集中力作用，杆件只受轴力作用，建立虚力状态时应在该杆的两端施加一对作用线与杆件垂直、大小等于杆长倒数且指向相反的集中力以构成单位力矩，如图6-12d 所示。如果计算桁架 AB 杆与 AC 杆之间的相对角位移，则要建立图6-12e 所示的虚拟状态，注意两杆上承受的单位力矩应该方向相反。

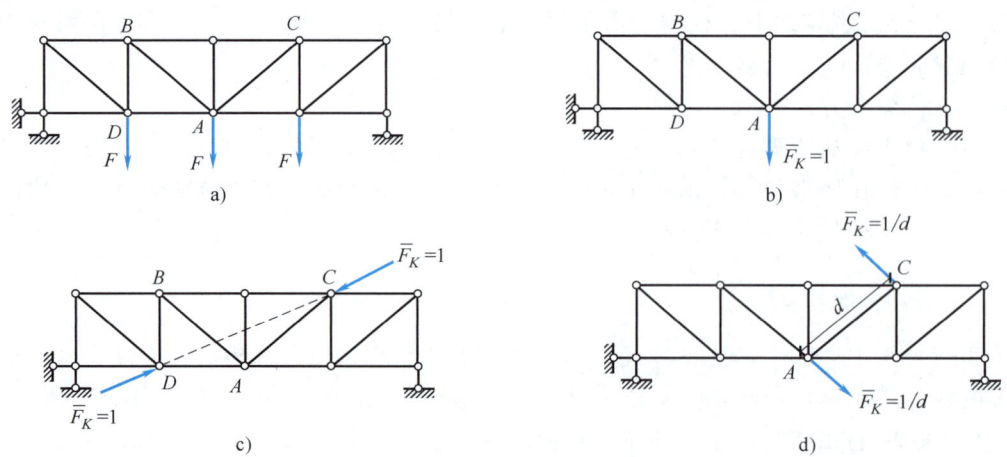

图 6-12　桁架结构广义位移的虚力状态

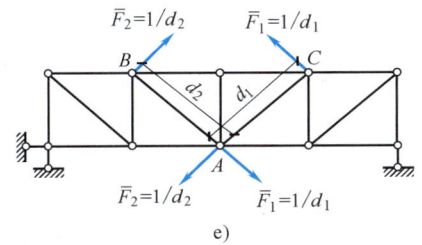

图 6-12 桁架结构广义位移的虚力状态（续）

6.4 荷载作用下静定结构的位移计算

本节讨论结构只有荷载作用时的位移计算，且仅限于研究线弹性结构，即结构的位移与荷载是成正比的，而且当荷载全部撤出后位移完全消失，因而计算位移时荷载的影响可以叠加。对于这样的结构，位移是微小的，应力与应变的关系须符合胡克定律。

设图 6-13a 所示结构只受到广义荷载 F_P（包括 F、M、q 等）作用，现要求 K 点沿指定方向（如竖向）的位移 Δ_{KP}，这里，位移 Δ_{KP} 用了两个下标：第一个下标 K 表示该位移的地点和方向，即 K 点沿指定方向；第二个下标 P 表示引起该位移的原因，即是由于广义荷载引起的。此时，由于没有支座移动，故式（6-7）中的 $-\sum \overline{F}_R c$ 一项为零，因而位移计算公式为

$$\Delta_K = \sum \int \overline{F}_N \mathrm{d}u_P + \sum \int \overline{M} \mathrm{d}\varphi_P + \sum \int \overline{F}_S \gamma_P \mathrm{d}s \tag{a}$$

式中，$\overline{F}_N$、$\overline{M}$、$\overline{F}_S$ 为虚力状态下由单位荷载引起的微段的内力（图 6-13b），$\mathrm{d}u_P$、$\mathrm{d}\varphi_P$、$\gamma_P \mathrm{d}s$ 为实际状态下由荷载引起的微段变形，对于线弹性直杆结构，根据材料力学的公式，微段变形可以分别表示为

$$\mathrm{d}u_P = \frac{F_{NP} \mathrm{d}s}{EA} \tag{b}$$

$$\mathrm{d}\varphi_P = \frac{M_P \mathrm{d}s}{EI} \tag{c}$$

$$\gamma_P \mathrm{d}s = \frac{k F_{SP} \mathrm{d}s}{GA} \tag{d}$$

式中，F_{NP}、M_P、F_{SP} 为实际状态中微段上的内力；E 和 G 分别为材料的弹性模量和切变模量；I 和 A 分别为杆件横截面的惯性矩和面积；k 为切应力沿横截面分布不均匀而引用的改正系数，其值与横截面形状有关，对于矩形截面 $k = \frac{6}{5}$，圆形截面 $k = \frac{10}{9}$，薄壁圆环截面 $k = 2$，工字形截面 $k \approx \frac{A}{A'}$，A' 为腹板截面积。

应该指出，上述微段的变形计算只是对于直杆才是正确的，对于曲杆还需考虑曲率对变形的影响，不过在常用的曲杆结构中，其横截面高度与曲率半径相比很小（小曲率杆），曲率的影响不大，可以忽略。

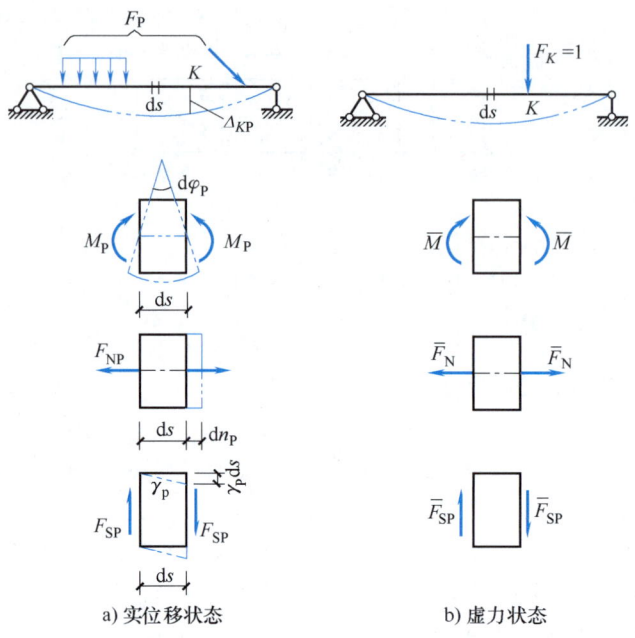

图 6-13 简支梁的位移计算

将式（b）~（d）代入式（a）得

$$\Delta_{KP} = \sum \int \frac{\overline{F}_N F_{NP} ds}{EA} + \sum \int \frac{\overline{M} M_P ds}{EI} + \sum \int \frac{k \overline{F}_S F_{SP} ds}{GA} \tag{6-8}$$

这就是平面杆系结构在<u>荷载作用下的位移计算公式</u>。式（6-8）中右边三项分别代表结构的弯曲变形、轴向变形和剪切变形对所求位移的影响。在实际计算中，根据结构杆件的受力性质及上述三种变形对结构位移影响的大小，常只需考虑其中的一项或两项。

1. 梁和刚架

在梁和刚架结构中，位移主要是由弯矩产生的，轴力和剪力的影响均较小，实际计算时常常忽略，按照如下公式进行计算

$$\Delta_{KP} = \sum \int \frac{\overline{M} M_P ds}{EI} \tag{6-9}$$

2. 桁架结构

在桁架结构中，各杆件只受轴力作用，同一杆件的轴力 $\overline{F}_N$、F_{NP} 及 EA 沿杆长 l 均为常数，因此位移公式可以简化为

$$\Delta_{KP} = \sum \int \frac{\overline{F}_N F_{NP} ds}{EA} = \sum \int \frac{\overline{F}_N F_{NP} l}{EA} \tag{6-10}$$

3. 组合结构

在桁梁组合结构中，一些杆件主要受弯矩作用，一些杆件主要受轴力作用，故位移公式可以简化为

$$\Delta_{KP} = \sum \int \frac{\overline{F}_N F_{NP} l}{EA} + \sum \int \frac{\overline{M} M_P \mathrm{d}s}{EI} \qquad (6\text{-}11)$$

4. 拱

在拱结构中，如果压力线与拱的轴线接近，即两者的距离与杆件的截面高度为同量级时，应考虑弯曲变形和拉伸变形对位移的影响，位移公式为

$$\Delta_{KP} = \sum \int \frac{\overline{F}_N F_{NP} \mathrm{d}s}{EA} + \sum \int \frac{\overline{M} M_P \mathrm{d}s}{EI} \qquad (6\text{-}12)$$

例 6-3 求图 6-14a 所示刚架在 A 点的竖向位移 Δ_{Ay}。已知各杆材料相同，截面的 I、A 均为常数。

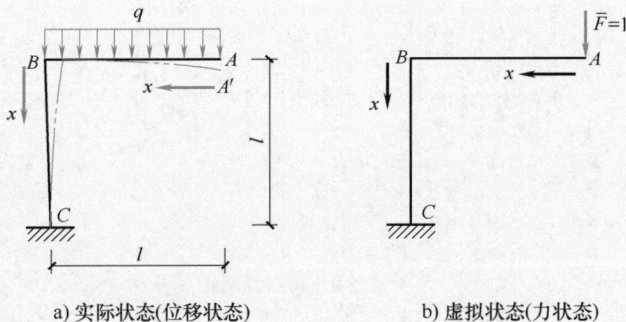

a) 实际状态(位移状态)   b) 虚拟状态(力状态)

图 6-14 例 6-3

解：此结构为刚架，位移计算公式采用式 (6-9)，需要写出实际状态和虚拟状态中各杆的弯矩方程。在写内力方程时注意，实际状态和虚拟状态必须采用相同的坐标系，弯矩的受拉侧也要一致。

1) 实际状态（图 6-14a）中，设各杆的 x 坐标如图所示，则各杆弯矩方程为

AB 段：$M_P = -qx^2/2$

BC 段：$M_P = -ql^2/2$

2) 在 A 点加一个竖向的单位集中力作为虚拟状态（图 6-14b），各杆的 x 坐标同实际状态中的坐标，各杆的弯矩方程为

AB 段：$\overline{M} = -x$

BC 段：$\overline{M} = -l$

3) 将各杆的弯矩方程代入式 (6-9) 得

$$\Delta_{Ay} = \sum \int \frac{\overline{M} M_P \mathrm{d}s}{EI} = \int_0^l (-x)\left(-\frac{qx^2}{2}\right)\frac{\mathrm{d}x}{EI} + \int_0^l (-l)\left(-\frac{ql^2}{2}\right)\frac{\mathrm{d}x}{EI} = \frac{5}{8}\frac{ql^4}{EI}(\downarrow)$$

注意：计算完成后，要在结果后面用箭头表示所求位移的实际方向，或者最后用文字说明所求位移的实际方向。

例 6-4 求图 6-15a 所示等截面圆弧曲梁 B 点的水平位移 Δ_{Bx}。设梁的截面厚度远较其半径 R 为小。

解：此曲梁系小曲率杆，故可近似采用直杆的位移计算公式，并可略去轴力和剪力对位移的影响而只考虑弯矩一项。在实际状态中（图6-15a），任一截面的弯矩为

$$M_P = -FR\sin\theta$$

在虚拟状态中（图6-15b），任一截面的弯矩为

$$\overline{M} = 1 \cdot (R - R\cos\theta) = R(1 - \cos\theta)$$

代入式（6-9）有

$$\Delta_{Bx} = \sum \int \frac{\overline{M} M_P \mathrm{d}s}{EI} = \frac{1}{EI}\int_0^\alpha R(1-\cos\theta)(-FR\sin\theta)R\mathrm{d}\theta$$

$$= -\frac{FR^3}{EI}\left[\int_0^\alpha \sin\theta \mathrm{d}\theta - \int_0^\alpha \sin\theta\cos\theta \mathrm{d}\theta\right]$$

$$= -\frac{FR^3}{EI}\left[-\cos\alpha + 1 + \frac{\cos^2\alpha}{2} - \frac{1}{2}\right]$$

$$= -\frac{(1-\cos\alpha)^2 FR^3}{2EI}$$

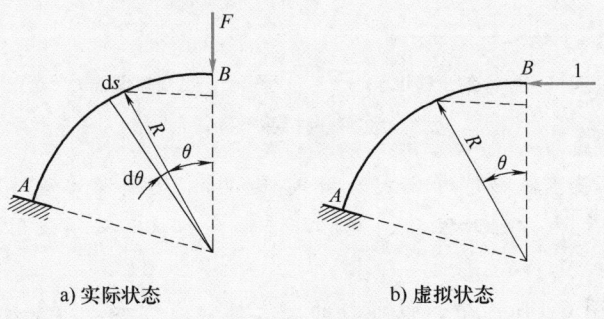

a) 实际状态   b) 虚拟状态

图6-15 例6-4

负号表示Δ_{Bx}的方向与假设单位力的指向相反，即B点的实际水平位移是向右的。

例6-5 求图6-16a所示桁架C点的竖向位移Δ_{Cy}。已知各杆横截面积均为$A = 2\times 10^{-3}\mathrm{m}^2$，$E = 210\mathrm{GPa}$，$F = 40\mathrm{kN}$，$d = 2\mathrm{m}$。

解：实际状态（图6-16a）各杆轴力及虚拟状态（图6-16b）各杆轴力均可由结点法计算出。根据式（6-10）

$$\Delta_{Cy} = \sum \int \frac{\overline{F}_N F_{NP} l}{EA}$$

$$= \frac{1}{EA}\left\{2\times\left[2F\times\frac{1}{2}\times 2d + (-2\sqrt{2}F)\times\left(-\frac{\sqrt{2}}{2}\right)\times\sqrt{2}d + \sqrt{2}F\times\frac{\sqrt{2}}{2}\times\sqrt{2}d\right] + (-3F)\times(-1)\times 2d\right\}$$

$$= 3.62\mathrm{mm}(\downarrow)$$

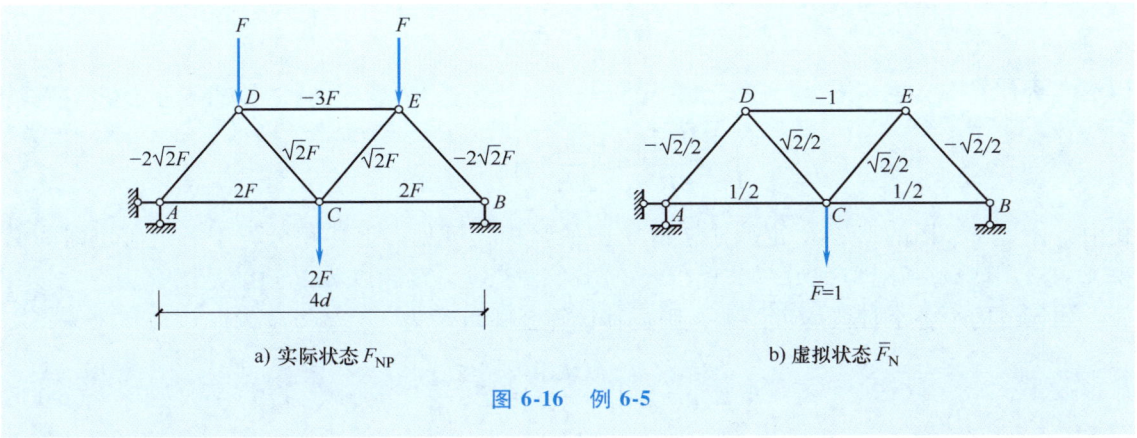

a) 实际状态 F_{NP} b) 虚拟状态 $\overline{F}_N$

图 6-16 例 6-5

6.5 图乘法

由上节可知，计算梁和刚架的位移时，需要做如下积分运算

$$\Delta_{KP} = \sum \int \frac{\overline{M} M_P \, ds}{EI}$$

积分运算是比较麻烦的，尤其是当荷载较复杂时，运算量非常大。但是在一定条件下，这种积分运算可以得到简化。当满足如下条件时，上述积分运算可以用图乘法来代替：

1）杆件轴线为直线。
2）沿杆长度方向 EI 为常数。
3）$\overline{M}$ 和 M_P 图中至少有一个为直线图形。

下面详细讲解图乘法的概念。

如图 6-17 所示，等截面直杆 AB 段上的两个弯矩图中，$\overline{M}$ 图为一直线，M_P 图为任意形状，以杆轴为 x 轴，以 $\overline{M}$ 图的延长线与 x 轴的交点 O 为原点，并设置 y 轴，则积分式为 $\int \frac{\overline{M} M_P \, ds}{EI}$。式中的 ds 可用 dx 代替，EI 可提到积分号外面，且因 $\overline{M}$ 为直线变化，故有 $\overline{M} = x \tan\alpha$ 且 $\tan\alpha$ 为常数，因此，上述积分公式变为

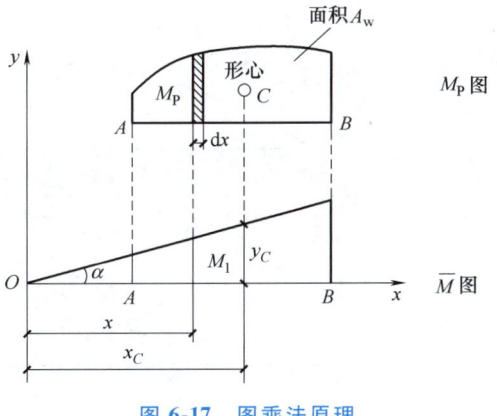

图 6-17 图乘法原理

$$\int \frac{\overline{M} M_P \, ds}{EI} = \frac{\tan\alpha}{EI} \int x M_P \, dx = \frac{\tan\alpha}{EI} \int x \, dA_w$$

式中，$dA_w = M_P dx$ 为 M_P 图中有阴影线的微分面积，故 $x dA_w$ 为微分面积对 y 轴的静矩。$\int x dA_w$ 为整个 M_P 图的面积对 y 轴的静矩。根据合力矩定理，它应等于 M_P 图的面积 A_w 乘以其形心 C 到 y 轴的距离 x_C，即

$$\int x \mathrm{d}A_\mathrm{w} = A_\mathrm{w} x_C$$

代入上式有

$$\int \frac{\overline{M} M_\mathrm{P} \mathrm{d}s}{EI} = \frac{\tan\alpha}{EI} A_\mathrm{w} x_C = \frac{A_\mathrm{w} y_C}{EI}$$

式中，y_C 是 M_P 图的形心 C 处所对应的 $\overline{M}$ 图的竖标，可见，上述积分等于一个弯矩图的面积 A_w 乘以其形心所对应的另一个直线弯矩图的竖标 y_C，再除以 EI，这就是图乘法。

如果结构中各个杆段均可图乘，则位移计算公式可写为

$$\Delta_{KP} = \sum \int \frac{\overline{M} M_\mathrm{P} \mathrm{d}s}{EI} = \sum \frac{A_\mathrm{w} y_C}{EI} \qquad (6\text{-}13)$$

根据上面推导过程，在应用图乘法时应注意以下两点：

1）杆件为等截面直杆，两个弯矩图中至少有一个为直线图形，竖标 y_C 必须取自直线图形，如果两个图形都是直线图形，则竖标 y_C 可取自任一图形。

2）两个弯矩图若在杆件的同侧则乘积取正号，异侧则取负号。

简单图形的面积和形心如图 6-18 所示，在各抛物线图线中，顶点是指其切线平行于底边的点，而顶点在中点或端点可称为"标准抛物图形"。

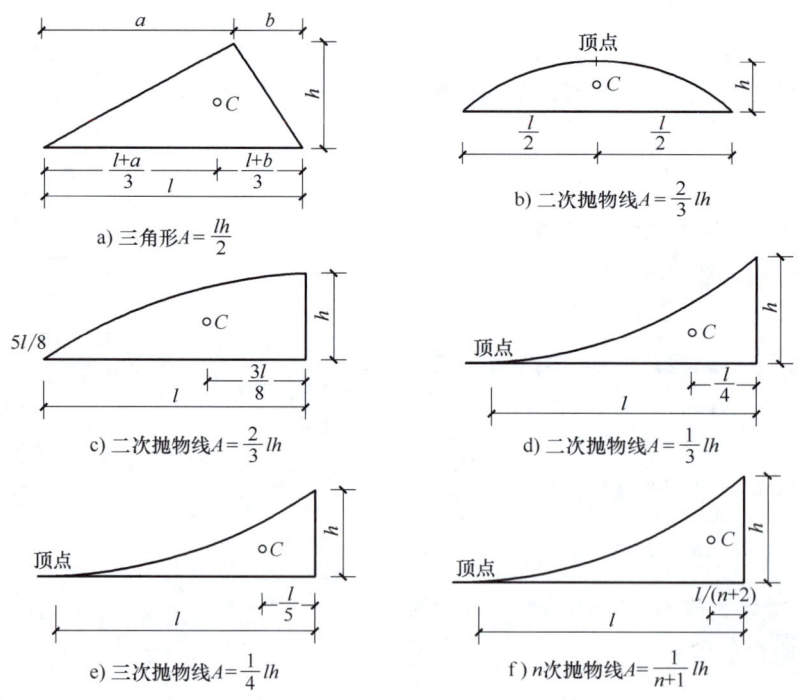

图 6-18 图形的面积及形心

当图形的面积或形心位置不便确定时，可以将它分解为几个简单的图形，将它们分别与另一图形相乘，然后把所得结果叠加。

具体计算时要注意如下问题：

1）两个梯形相乘时，如图 6-19 所示，可以不必定出 M_P 图的形心，而把其中一个图形

分解为两个三角形（或者分为一个矩形和一个三角形），如图 6-19b、c 所示。此时，$M_P = M_{Pa} + M_{Pb}$，故有

$$\frac{1}{EI}\int \overline{M} M_P \mathrm{d}x = \frac{1}{EI}\int \overline{M}(M_{Pa} + M_{Pb})\mathrm{d}x$$

$$= \frac{1}{EI}\left(\int \overline{M} M_{Pa} \mathrm{d}x + \int \overline{M} M_{Pb} \mathrm{d}x\right) = \frac{1}{EI}\left(\frac{al}{2}y_a + \frac{bl}{2}y_b\right)$$

由图 6-19c 可知，上式中竖标 y_a、y_b 可按如下公式计算

$$y_a = \frac{2}{3}c + \frac{1}{3}d, \quad y_b = \frac{1}{3}c + \frac{2}{3}d$$

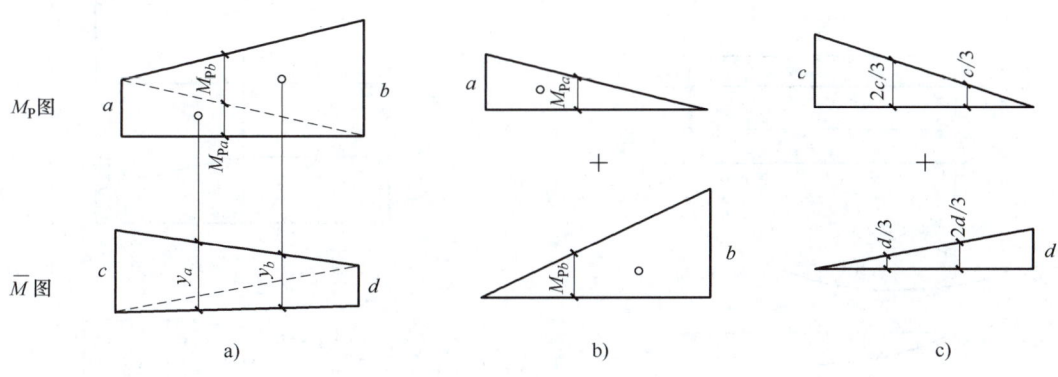

图 6-19 梯形的分解图录

当 M_P 图或 $\overline{M}$ 图的竖标 a、b 或者 c、d 不在基线的同一侧时，处理方法同上，如图 6-20 所示。

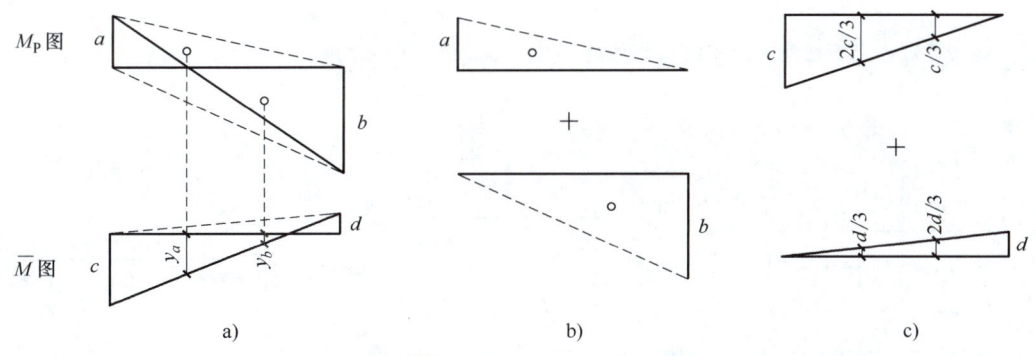

图 6-20 M_P 图或 $\overline{M}$ 图竖标不在基线同一侧时的分解图录

2）对于在均布荷载作用下的任何一段直杆，如图 6-21a 所示，其弯矩图均可看成一个梯形与一个标准抛物线图形的叠加。因为这段直杆的弯矩图，与图 6-21b 所示相应简支梁在两端弯矩 M_A、M_B 和均布荷载 q 作用下的弯矩图是相同的。

这里还需注意，弯矩图的叠加是指其竖标的叠加，而不是原图形状的剪贴拼合。因此，叠加后的抛物线图形的所有竖标仍应为竖向的，而不是垂直于 M_A、M_B 连线的。这样，叠加后的抛物线图形与原标准抛物线在形状上并不相同，但二者任一处对应的竖标 y 和微段长度 $\mathrm{d}x$ 仍相等，因而对应的每一窄条微分面积仍相等。由此可知，两个图形总的面积大小和

形心位置仍然是相同的。

此外，在应用图乘法时，当 y_C 所属图形不是一段直线而是由若干段直线组成时，或当各杆段的截面不等时，均应分段图乘，再进行叠加。例如，对于图 6-22 应为

$$\Delta = \frac{1}{EI}(A_{w1}y_1 + A_{w2}y_2 + A_{w3}y_3)$$

对于图 6-23 应为

$$\Delta = \frac{A_{w1}y_1}{EI_1} + \frac{A_{w2}y_2}{EI_2} + \frac{A_{w3}y_3}{EI_3}$$

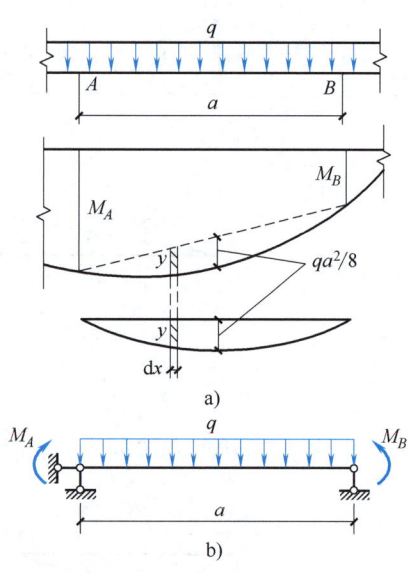

图 6-21 均布荷载作用下任何一段直杆弯矩图的等效

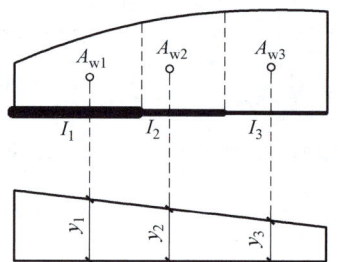

图 6-22 分段图乘一

图 6-23 分段图乘二

例 6-6 求图 6-24a 所示简支梁 A 截面的角位移 θ_A。

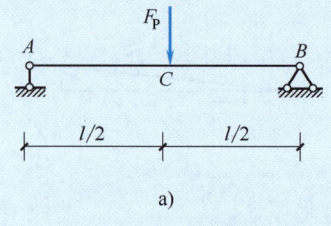
a)

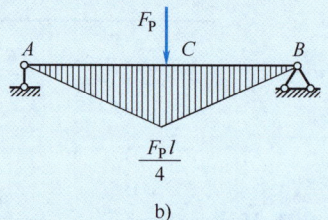
b)

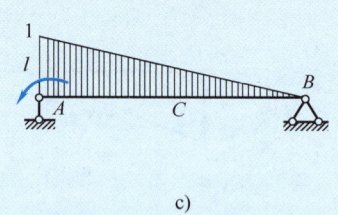
c)

图 6-24 例 6-6

解：1）作荷载作用下的 M_P 图和单位荷载作用下的 $\overline{M}$ 图，分别如图 6-24b、c 所示。

2）利用图乘法计算角位移 θ_A

$$\theta_A = \frac{1}{EI}Ay_0 = -\frac{1}{EI} \times \left(\frac{1}{2} \times \frac{F_P l}{4} \times l\right) \times \left(\frac{1}{2} \times 1\right) = -\frac{F_P l^2}{16EI}$$

负号方向表示位移实际方向与虚设荷载方向相反。

例 6-7 用图乘法计算图 6-25a 所示的悬臂梁在均布荷载作用下自由端截面 C 点的竖向位移 Δ_{Cy},设 $EI=$ 常数。

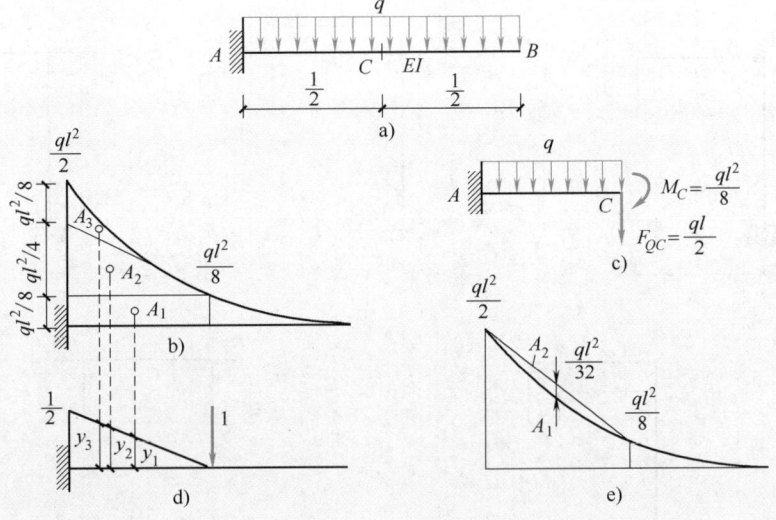

图 6-25 例 6-7

解：作出悬臂梁在均布荷载作用下的 M_P 图和单位荷载作用下的 $\overline{M}$ 图，分别如图 6-24b、d 所示。

方法 1：由于 $\overline{M}$ 图是折线，一般需分段图乘。因 CB 段 $\overline{M}=0$，所以只需将 M_P 图在 AC 段的图形分解为一个矩形、一个三角形和一个标准抛物线形（图 6-24b），其面积及重心位置对应的 $\overline{M}$ 图竖标分别为

$$A_1 = \frac{l}{2} \times \frac{ql^2}{8} = \frac{ql^3}{16},\ A_2 = \frac{1}{2} \times \frac{l}{2} \times \frac{ql^2}{4} = \frac{ql^3}{16},\ A_3 = \frac{1}{3} \times \frac{l}{2} \times \frac{ql^2}{8} = \frac{ql^3}{48}$$

$$y_1 = \frac{1}{2} \times \frac{l}{2} = \frac{l}{4},\ y_2 = \frac{2}{3} \times \frac{l}{2} = \frac{l}{3},\ y_3 = \frac{3}{4} \times \frac{l}{2} = \frac{3l}{8}$$

以上的竖标与相应面积同位于基线上方，图乘结果均应取正号。于是，C 点的竖向位移为

$$\Delta_{Cy} = \sum \frac{A_w y_C}{EI} = \frac{1}{EI}\left[\frac{ql^3}{16} \times \frac{l}{4} + \frac{ql^3}{16} \times \frac{l}{3} + \frac{ql^3}{48} \times \frac{3l}{8}\right] = \frac{17ql^4}{384EI}\ (\downarrow)$$

实际上，M_P 图在 AC 段的上述三个弯矩图形，是由图 6-24c 所示隔离体中作用 C 点的弯矩、剪力及 AC 段上的均布荷载分别引起的。

方法 2：AC 段上的 M_P 图也可以如图 6-25e 所示，看作是从一个梯形上减去一个标准抛物线图形，计算时注意标准抛物线图形与其重心位置对应的 $\overline{M}$ 图竖标位于基线的异侧

$$\Delta_{Cy} = \sum \frac{A_w y_C}{EI} = \frac{l}{12EI}\left(2 \times \frac{ql^2}{2} \times \frac{l}{2} + 0 + 0 + \frac{ql^2}{8} \times \frac{l}{2}\right) - \frac{1}{EI} \times \frac{2}{3} \times \frac{l}{2} \times \frac{ql^2}{32} \times \frac{1}{2} \times \frac{l}{2} = \frac{17ql^4}{384EI}\ (\downarrow)$$

以上结果与方法 1 结果相同。

例6-8 求6-26所示刚架A点的竖向位移Δ_{Ay}、角位移φ_A，以及A、E两点距离的改变量Δ_{AE}。

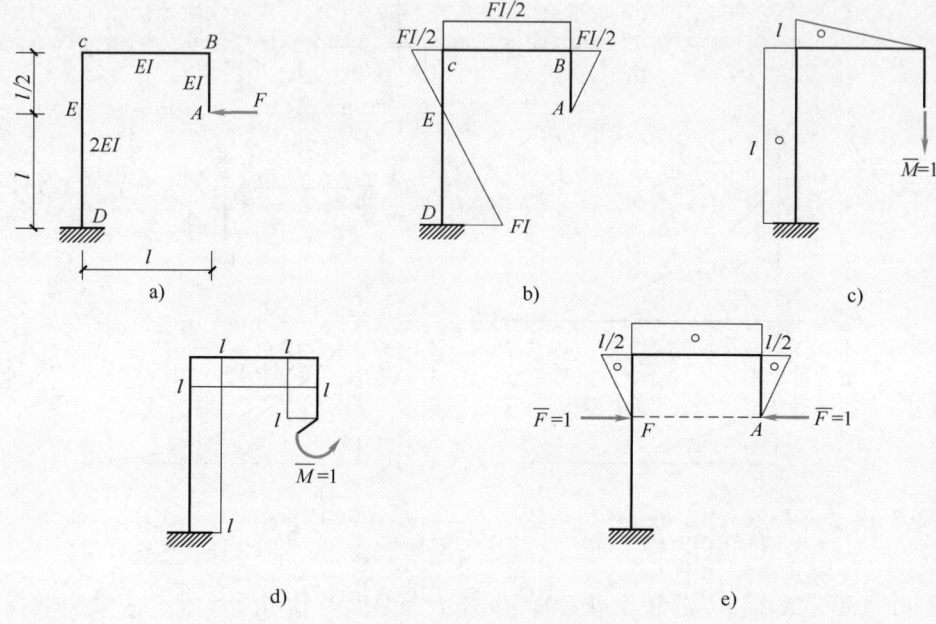

图6-26 例6-8

解：(1) 计算A点的竖向位移Δ_{Ay} 作荷载作用下的M_P图和单位荷载作用下的$\overline{M}_1$图，分别如图6-26b、c所示，虚拟单位荷载直接画在$\overline{M}_1$图即可，满足图乘法的前提条件。由于各杆的M_P图和$\overline{M}_1$图都是直线，可以任取一个弯矩图计算面积。现以$\overline{M}_1$图作面积A_w，而在M_P图上取竖标y_C，则有

$$\Delta_{Ay}=\sum\frac{A_w y_C}{EI}=\frac{1}{EI}\left(\frac{l}{2}\times\frac{l}{2}\right)\frac{Fl}{2}-\frac{1}{2EI}\left(l\times\frac{3l}{2}\right)\frac{l}{4}=\frac{Fl^3}{16EI}\;(\downarrow)$$

(2) 计算A点的角位移φ_A M_P图和$\overline{M}_2$图分别如图6-26b、d所示。由于各杆的$\overline{M}_2$图都是常数l，取M_P图计算面积，$\overline{M}_2$图上取竖标$y_C=1$，注意正负号即可。

$$\varphi_A=\sum\frac{A_w y_C}{EI}=-\frac{1}{EI}\left(\frac{1}{2}\times\frac{l}{2}\times\frac{Fl}{2}\times1+l\times\frac{Fl}{2}\times1\right)+\frac{1}{2EI}\left(-\frac{1}{2}\times\frac{l}{2}\times\frac{Fl}{2}\times1+l\times\frac{Fl}{2}\times1\right)$$

$$=-\frac{3Fl^2}{16EI}\;(顺时针)$$

(3) 计算A、E两点距离的改变量Δ_{AE} M_P图和$\overline{M}_3$图分别如图6-26b、e所示。由于各杆的M_P图和$\overline{M}_3$图都是直线，可以任取一个弯矩图计算面积。现以M_P图作面积A_w，而在$\overline{M}_3$图上取竖标y_C，则有

$$\Delta_{Ay} = \sum \frac{A_w y_C}{EI} = \frac{1}{EI}\left(\frac{1}{2} \times \frac{l}{2} \times \frac{Fl}{2} \times \frac{2}{3} \times \frac{l}{2} + \frac{Fl}{2} \times \frac{l}{2}\right) + \frac{1}{2EI}\left(\frac{1}{2} \times \frac{l}{2} \times \frac{Fl}{2} \times \frac{2}{3} \times \frac{l}{2}\right)$$

$$= \frac{5Fl^3}{16EI} \quad (\rightarrow\!\leftarrow)$$

例 6-9 求图 6-27 所示伸臂梁 C 点的竖向位移 Δ_{Cy} 和 A 端的转角 φ_A。

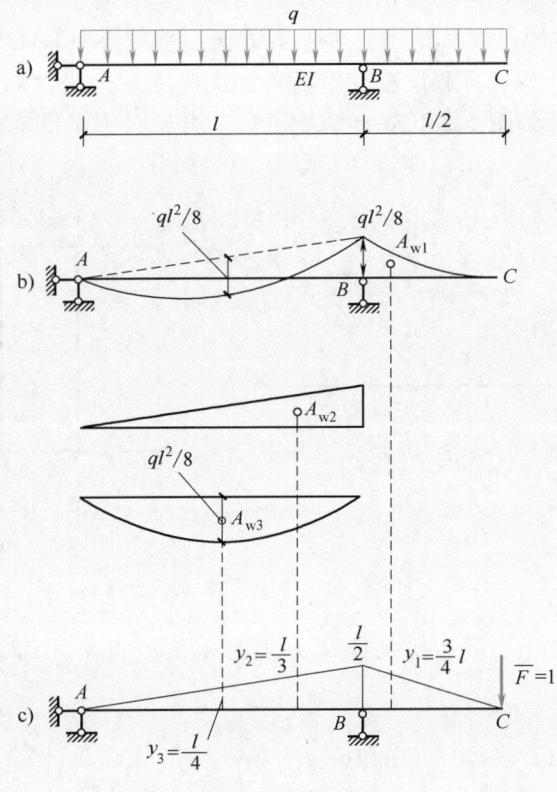

图 6-27 例 6-9

解:M_P 图和 $\overline{M}$ 图分别如图 6-27b、c 所示。BC 段的 M_P 图是标准二次抛物线;AB 段的 M_P 图较复杂,但可将其分解为一个三角形和一个标准二次抛物线图形。由图乘法可得

$$\Delta_{Cy} = \sum \frac{A_w y_C}{EI} = \frac{1}{EI}\left(\frac{1}{3} \times \frac{l}{2} \times \frac{ql^2}{8} \times \frac{3l}{8} + \frac{1}{2} \times l \times \frac{ql^2}{8} \times \frac{l}{3} - \frac{2}{3} \times l \times \frac{ql^2}{8} \times \frac{l}{4}\right)$$

$$= \frac{ql^4}{128EI} \quad (\downarrow)$$

6.6 温度变化时静定结构的位移计算

在静定结构特性中已指出,对于静定结构,除了荷载以外,其他任何外因如温度变化、支座位移等均不引起内力。但是,当静定结构的温度发生变化时,由于材料的热胀冷缩,会使结构产生变形和位移。

此时位移计算的一般公式（6-7）变为

$$\Delta_{Kt} = \sum \int \overline{F}_N du_t + \sum \int \overline{M} d\varphi_t + \sum \int \overline{F}_S \gamma_t ds \qquad (6\text{-}14)$$

式中，du_t、$d\varphi_t$、$\gamma_t ds$ 分别为某一微段由于温度变化引起的相应于轴力、弯矩、剪力的变形。

静定结构，由于材料热胀冷缩的性质，在温度变化的作用下，各杆件均能产生变形而不会产生内力。利用式（6-14）可推导出温度变化时的位移计算公式。

图 6-28a 为悬臂梁结构，现从结构杆件上截取任一微段 ds（图 6-28b），设微段上边缘温度升高 t_1，下边缘温度升高 t_2。假设温度沿杆件截面厚度 h 为线性规律变化。此时，微段变形后截面仍保持为平面，如图 6-28b 双点画线所示。可见，由温度变化引起的杆件变形可以分解为沿杆件轴线方向的伸缩和截面绕中性轴转动两部分，此时杆件不存在剪切变形。

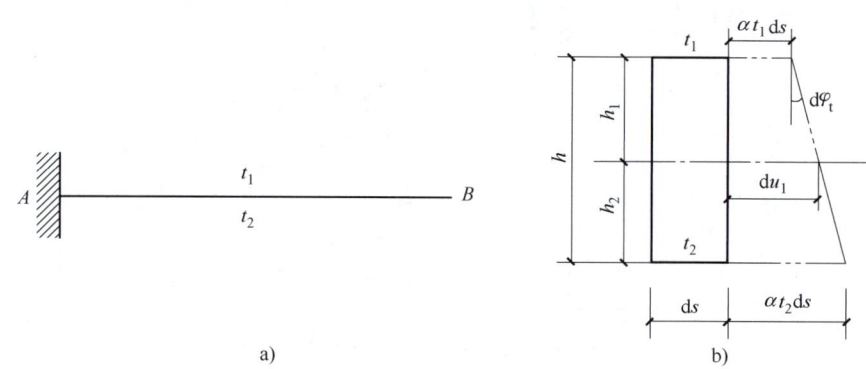

图 6-28 悬臂梁因温度变化引起的变形

设截面中性轴到微段上、下边缘的距离分别为 h_1、h_2，由几何关系，中性轴处微段的伸长为

$$du_t = \alpha t_1 ds + (\alpha t_2 ds - \alpha t_1 ds)\frac{h_1}{h} = \alpha\left(\frac{h_2}{h}t_1 + \frac{h_1}{h}t_1\right)ds \qquad (a)$$

式中，$t_0 = \alpha\left(\dfrac{h_2}{h}t_1 + \dfrac{h_1}{h}t_2\right)ds$ 为杆轴线处的温度变化；若杆件的截面对称于形心轴，即 $h_1 = h_2 = \dfrac{h}{2}$，则 $t_0 = \dfrac{t_1 + t_2}{2}$；$\alpha$ 为材料的线膨胀系数。

微段两端截面的相对转角为

$$d\varphi_t = \frac{\alpha t_2 ds - \alpha t_1 ds}{h} = \frac{\alpha(t_2 - t_1)ds}{h} = \frac{\alpha \Delta t ds}{h} \qquad (b)$$

式中，$\Delta t = t_2 - t_1$ 为微段上、下两边缘的温度变化之差。

由于此时杆件不存在剪切变形，故

$$\gamma_t = 0 \qquad (c)$$

将式（a）~（c）代入式（6-14）得

$$\Delta_{Kt} = \sum \int \overline{F}_N \alpha t_0 ds + \sum \int \overline{M}\frac{\alpha \Delta t}{h}ds = \sum \alpha t_0 \int \overline{F}_N ds + \sum \alpha \Delta t \int \frac{\overline{M}}{h}ds \qquad (6\text{-}15)$$

如果各杆均为等截面杆件时,则

$$\Delta_{Kt} = \sum \alpha t_0 \int \overline{F}_N \mathrm{d}s + \sum \alpha \Delta t \int \frac{\overline{M}}{h} \mathrm{d}s = \sum \alpha t_0 A_{w\overline{F}_N} + \sum \frac{\alpha \Delta t}{h} A_{w\overline{M}} \qquad (6\text{-}16)$$

式中,$A_{w\overline{M}} = \int \overline{M} \mathrm{d}s$,为 $\overline{M}$ 图的面积;$A_{w\overline{F}_N} = \int \overline{F}_N \mathrm{d}s$,为 $\overline{F}_N$ 图的面积。

由于它们都是内力所做的变形虚功,故当实际温度变形与虚拟内力方向一致时其虚功为正,相反时为负。因此,对于温度变化,若规定以升温为正,降温为负,则轴力以拉力为正,压力为负;弯矩 $\overline{M}$ 应该以 t_2 边受拉者为正,反之为负。

对于梁和刚架,在计算温度变化所引起的位移时,一般不能略去轴向变形的影响。对于桁架,因为只受轴力作用,在温度变化时,其位移计算公式如下

$$\Delta_{Kt} = \sum \overline{F}_N \alpha t_0 l \qquad (6\text{-}17)$$

当桁架的杆件长度因制造误差而与设计长度不符时,由此引起的位移计算与温度变化相类似,设各杆长度的误差为 Δl,则位移计算公式为

$$\Delta_{Kt} = \sum \overline{F}_N \Delta l \qquad (6\text{-}18)$$

例 6-10 图 6-29a 所示的刚架,杆件内部温度升高 10℃,外部降低 20℃,求由于温度变化在 C 点产生的竖向位移 Δ_C。已知 $l = 4\mathrm{m}$,$\alpha = 0.00001℃^{-1}$,各杆截面均为矩形,截面高度 $h = 40\mathrm{cm}$。

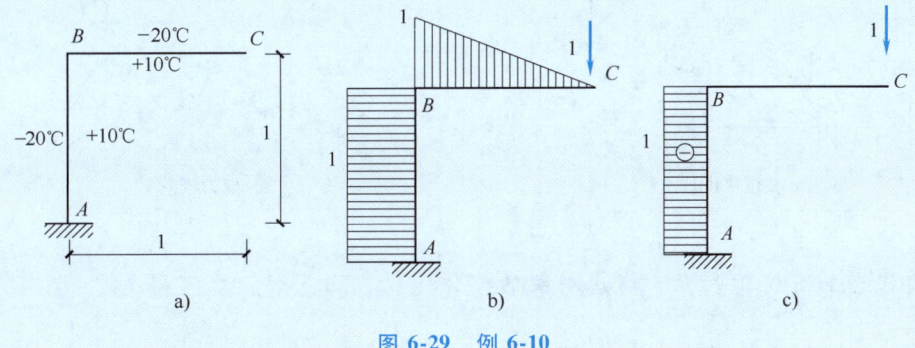

图 6-29 例 6-10

解: 由题可知

$$t_1 = 20℃, \quad t_2 = 10℃, \quad t_0 = \frac{10+(-20)}{2}℃ = -5℃, \quad \Delta t = 30℃$$

在 C 点虚设单位荷载,分别作荷载作用下的 $\overline{M}$ 图和 $\overline{F}_N$ 图,如图 6-29b、c 所示。代入式(6-16)可得

$$\Delta_{Kt} = \sum \alpha t_0 \int \overline{F}_N \mathrm{d}s + \sum \alpha \Delta t \int \frac{\overline{M}}{h} \mathrm{d}s$$

$$= -5\alpha \times (-1 \times l) + \frac{30\alpha}{h} \times \left(-l \times l - \frac{l}{2} \times l \times l\right) = -1.78\mathrm{cm}$$

负号表示 C 点的实际位移方向向上。

6.7 支座移动时静定结构的位移计算

对于静定结构，支座位移不会引起结构产生内力和变形，但是会使结构产生位移，此时结构的位移纯属于刚体位移，可以由几何关系求得，但是结构复杂时，采用几何关系计算比较烦琐。这里仍用虚功原理来计算，位移计算的一般公式（6-7）可写为

$$\Delta_{Kc} = -\sum \overline{F}_R c \tag{6-19}$$

式中，c 为实际位移（位移状态）的支座位移，$\overline{F}_R$ 为虚力状态下由单位荷载引起的支座约束力，当 $\overline{F}_R$ 与 c 方向一致时乘积为正，反之为负。此外，式（6-19）右边有一负号，为推导公式时从等号左侧移向右侧时所得，不可漏掉。

例 6-11 图 6-30a 所示三铰刚架，右边支座的水平位移为 $\Delta_{By} = 0.04\mathrm{m}$（向右），竖向位移为 $\Delta_{By} = 0.06\mathrm{m}$（向下），已知 $l = 12\mathrm{m}$，$h = 8\mathrm{m}$。试求由此引起的铰 C 左、右截面的相对转角 φ。

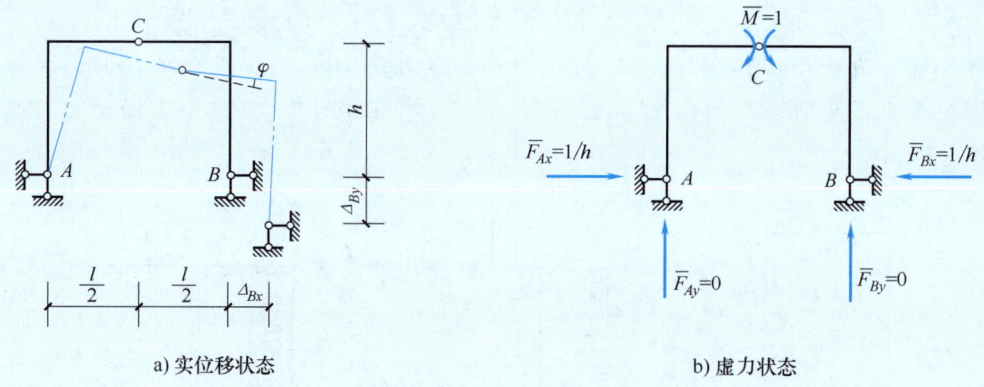

a) 实位移状态　　　　　　　　b) 虚力状态

图 6-30　例 6-11

虚力状态如图 6-30 所示，考虑刚架的整体平衡，由 $\sum M_A = 0$ 可得 $\overline{F}_{By} = 0$；再考虑右半刚架的平衡，由 $\sum M_C = 0$ 可得 $\overline{F}_{Bx} = \dfrac{1}{h}$（←）。由公式（6-19）得

$$\varphi = -\sum \overline{F}_R c = -\left(\dfrac{1}{h}\Delta_{Bx}\right) = -\left(-\dfrac{1}{8} \times 0.04\right)\mathrm{rad} = 0.005\mathrm{rad}$$

6.8 线弹性结构的互等定理

本节讨论线弹性结构的四个互等定理，其中最基本的是功的互等定理，其他三个定理都可根据功的互等定理推导出来。这些定理对结构的计算是很有用的，在后续章节会经常使用。

互等定理只适用于线弹性变形体系，其应用条件为：材料处于弹性阶段，应力与应变成正比；结构变形很小，不影响力的作用。

1. 功的互等定理

图 6-31 所示为同一线弹性体系的两种状态，设有两组外力分别作用在同一结构上，分别记为第一状态和第二状态。在第一状态中，位置 1 处作用有荷载 F_1，引起位置 2 处的位移记为 Δ_{21}，在第二状态中，位置 2 处作用有荷载 F_2，引起的位置 1 处的位移记为 Δ_{12}。注意：位移 Δ_{ij} 中下标 i 表示位移的地点和方向，下标 j 表示产生位移的原因。

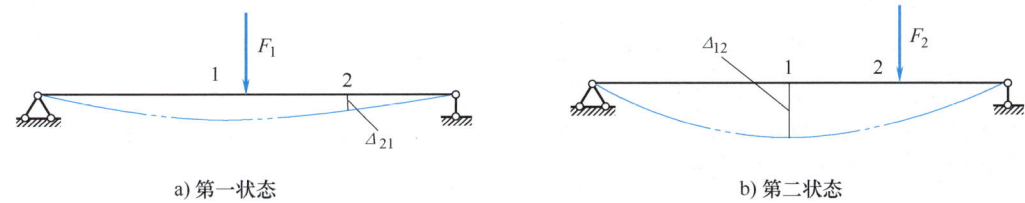

a) 第一状态　　　　　　　　　　　　　b) 第二状态

图 6-31　线弹性体系的两种受力状态

第一状态的外力在第二状态上的位移所做的虚功记为 W_{12}，第二状态的外力在第一状态的位移所做的虚功记为 W_{21}。根据虚功原理，外力虚功等于内力虚功，因此有

$$W_{12} = F_1 \Delta_{12} = \sum \int F_{N1} du_2 + \sum \int M_1 d\varphi_2 + \sum \int F_{S1} \gamma_2 ds \tag{a}$$

$$W_{21} = F_2 \Delta_{21} = \sum \int F_{N2} du_1 + \sum \int M_2 d\varphi_1 + \sum \int F_{S2} \gamma_1 ds \tag{b}$$

式中，M_1、F_{N1}、F_{S1} 分别为第一状态下截面上的弯矩、轴力和剪力，du_1、$d\varphi_1$、$\gamma_1 ds$ 分别为第一状态下外荷载作用所引起的轴向变形、弯矩变形和剪切变形；，M_2、F_{N2}、F_{S2} 分别为第二状态下截面上的弯矩、轴力和剪力，du_2、$d\varphi_2$、$\gamma_2 ds$ 分别为第二状态下外荷载作用所引起的轴向变形、弯矩变形和剪切变形；当结构发生线弹性变形时

$$du_1 = \frac{F_{N1}}{EA}ds, \quad d\varphi_1 = \frac{M_1}{EI}ds, \quad \gamma_1 ds = \frac{F_{S1}}{GA}ds \tag{c}$$

$$du_2 = \frac{F_{N2}}{EA}ds, \quad d\varphi_2 = \frac{M_2}{EI}ds, \quad \gamma_2 ds = \frac{F_{S2}}{GA}ds \tag{d}$$

将式（c）代入式（b），式（d）代入式（a），发现公式右边的结果是一样的，因此有

$$W_{12} = W_{21} \tag{6-20}$$

这就是功的互等定理，具体表述为：第一状态的外力在第二状态的位移上所做的虚功等于第二状态的外力在第一状态的位移上所做的虚功。

2. 位移互等定理

现运用功的互等定理研究一种特殊情况。如图 6-32 所示，假设两个状态中的荷载都是单位力，即 $F_1 = F_2 = 1$，则由功的互等定理得

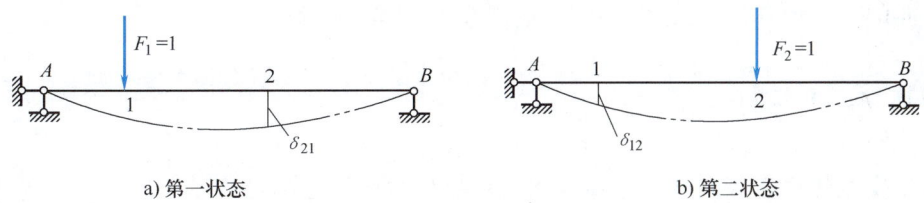

a) 第一状态　　　　　　　　　　　　　b) 第二状态

图 6-32　位移互等

$$1 \times \Delta_{12} = 1 \times \Delta_{21}$$

即

$$\Delta_{12} = \Delta_{21}$$

这里，Δ_{12} 和 Δ_{21} 是由单位力引起的位移，为了区别起见，改用小写字母 δ_{12} 和 δ_{21} 表示，因此上式改写为

$$\delta_{12} = \delta_{21} \tag{6-21}$$

这就是位移互等定理，它表明：第二个单位力引起的第一个单位力作用点处沿其方向的位移，等于第一个单位力引起的第二个单位力作用点处沿其方向的位移。

注意：这里的单位力也可以是单位力偶，即广义单位力；位移也可以包括角位移，即相应的广义位移。

3. 反力互等定理

这个定理也是功的互等定理的一个特殊情况。它用来说明在超静定结构中假设两个支座分别产生单位位移时，两个状态中反力的互等关系。图 6-33a 表示支座 1 发生单位位移 $\Delta_1 = 1$，引起支座 2 的反力为 r_{21}，图 6-30b 表示支座 2 发生单位位移 $\Delta_2 = 1$，引起支座 1 的反力为 r_{12}，根据功的互等定理得

$$r_{21} \times \Delta_{12} = \Delta_{21} \times r_{12}$$

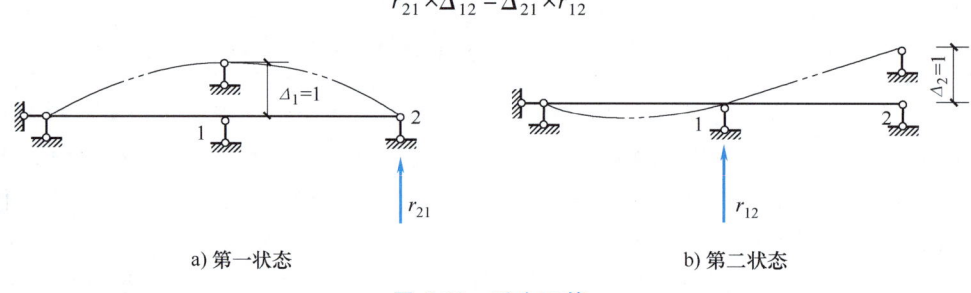

a) 第一状态　　　　　　　　　　b) 第二状态

图 6-33　反力互等

由于 $\Delta_{12} = \Delta_{21} = 1$，则有

$$r_{21} = r_{12} \tag{6-22}$$

这就是反力互等定理，具体表述为：支座 1 发生单位位移所引起的支座 2 的反力，等于支座 2 发生单位位移所引起的支座 1 的反力。这一定理适用于体系中任何两个支座上的反力，但应注意反力与位移在做功的关系上应相应，即力对应于线位移，力偶对应于角位移。

4. 反力位移互等定理

这个定理也是由功的互等定理推导出来，它说明一个状态中的反力与另一状态中的位移具有互等关系。如图 6-34a 所示，在单位荷载 $F_2 = 1$ 作用下，支座 1 的反力偶为 r_{12}，方向如图所示。图 6-34b 所示为同一体系，当支座 1 沿 r_{12} 的方向发生单位转角 $\varphi_1 = 1$ 时，F_2 作用点沿其方向的位移为 δ_{21}。对这两种状态应用互等定理，得到

$$r_{12}\varphi_1 + F_2\delta_{21} = 0$$

由于 $\varphi_1 = 1$，$F_2 = 1$，则有

$$r_{12} = -\delta_{21}$$

这就是反力位移互等定理，具体表述为：单位力所引起的结构某支座反力，等于该支座发生单位位移时所引起的单位力作用点沿其方向的位移，且符号相反，量纲相同。

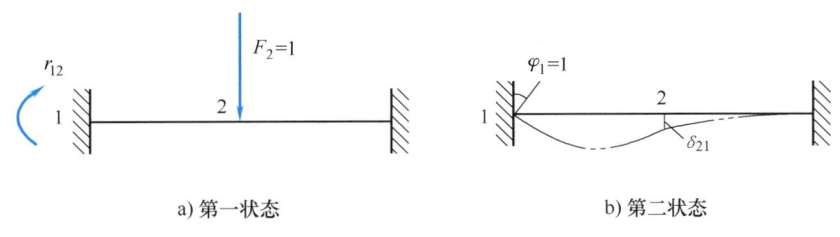

a) 第一状态　　　　　　　b) 第二状态

图 6-34　反力位移互等

本 章 小 结

1. 基本概念

（1）刚体体系虚功原理　对于具有理想约束的刚体体系，虚功原理可表述为：刚体体系在任意平衡力系作用下，体系上所有主动力在任一与约束条件相符合的无限小刚体位移上所做的虚功总和恒等于零，即 $W=0$。在虚功原理中，有两个彼此无关的状态：力状态和位移状态。所谓"虚"只是强调力与位移无关，力可以是广义力，位移可以是广义位移。

（2）变形体体系虚功原理　对于杆系结构，变形体的虚功原理可表述为：变形体系处于平衡的必要和充分条件是，对于任何虚位移，外力所做虚功总和等于各微段上的内力在其变形上所做的虚功总和，或者简单地说，外力虚功等于变形虚功。

（3）虚功原理的两种应用形式

虚位移原理：虚设约束允许的可能位移，求结构中实际发生的力（支反力、内力）。虚位移方程等价于静力平衡方程，其特点是采用几何方法求解静力平衡问题，关键在于虚设位移及确定虚设位移之间的几何关系。由于虚设位移一般是单位位移，该方法也称为单位支座位移法，简称单位位移法。

虚力原理：虚设外力，求结构实际发生的位移。虚力原理等价于变形协调方程，其特点是把一个求解未知位移的几何问题，转化为静力平衡问题，关键在于虚设力系及利用平衡条件求解与已知位移对应的约束力。虚设荷载一般是单位荷载，该方法也称为单位荷载法。

（4）互等定理　弹性结构的四个互等定理，其中最基本的是功的互等定理，其他三个定理都可根据功的互等定理推导出来。互等定理只适用于线弹性变形体系，其应用条件为：材料处于弹性阶段，应力与应变成正比；结构变形很小，不影响力的作用。

功的互等定理：第一状态的外力在第二状态的位移上所做的虚功等于第二状态的外力在第一状态的位移上所做的虚功。

位移互等定理：第二个单位力引起的第一个单位力作用点处沿其方向的位移，等于第一个单位力引起的第二个单位力作用点处沿其方向的位移。

反力互等定理：支座 1 发生单位位移所引起的支座 2 的反力，等于支座 2 发生单位位移所引起的支座 1 的反力。这一定理适用于体系中任何两个支座上的反力，但应注意反力与位移在做功的关系上应相应，即力对应于线位移，力偶对应于角位移。

反力位移互等定理：单位力所引起的结构某支座反力，等于该支座发生单位位移时所引起的单位力作用点沿其方向的位移，且符号相反，量纲相同。

2. 计算公式

1）变形体系虚功方程 $W = \sum \int F_N du + \sum \int M d\varphi + \sum \int F_S \gamma ds$

2）静定结构位移计算一般公式 $\Delta_K = -\sum \overline{F}_R c + \sum \int \overline{F}_N du + \sum \int \overline{M} d\varphi + \sum \int \overline{F}_S \gamma ds$

3）荷载作用下的位移计算公式 $\Delta_{KP} = \sum \int \dfrac{\overline{F}_N F_{NP} ds}{EA} + \sum \int \dfrac{\overline{M} M_P ds}{EI} + \sum \int \dfrac{k\overline{F}_S F_{SP} ds}{GA}$

梁和刚架位移计算简化公式 $\Delta_{KP} = \sum \int \dfrac{\overline{M} M_P ds}{EI}$

桁架结构位移计算简化公式 $\Delta_{KP} = \sum \int \dfrac{\overline{F}_N F_{NP} ds}{EA} = \sum \int \dfrac{\overline{F}_N F_{NP} l}{EA}$

组合结构位移计算简化公式 $\Delta_{KP} = \sum \int \dfrac{\overline{F}_N F_{NP} l}{EA} + \sum \int \dfrac{\overline{M} M_P ds}{EI}$

拱位移计算简化公式 $\Delta_{KP} = \sum \int \dfrac{\overline{F}_N F_{NP} ds}{EA} + \sum \int \dfrac{\overline{M} M_P ds}{EI}$

4）温度变化时位移计算公式 $\Delta_{Kt} = \sum \alpha t_0 \int \overline{F}_N ds + \sum \alpha \Delta t \int \dfrac{\overline{M}}{h} ds$

5）支座移动时位移计算公式 $\Delta_{Kc} = -\sum \overline{F}_R c$

3. 图乘法

在计算由弯曲变形引起的位移时，可采用图乘法进行计算。

1）计算公式 $\Delta_{KP} = \sum \int \dfrac{\overline{M} M_P ds}{EI}$

在应用图乘法时应注意以下两点：①杆件为等截面直杆，两个弯矩图中至少有一个为直线图形，竖标 y_C 必须取自直线图形，如果两个图形都是直线图形，则竖标 y_C 可取自任一图形；②两个弯矩图若在杆件的同侧则乘积取正号，异侧则取负号。

2）图乘法的适用条件：①杆件轴线为直线；②沿杆长度方向 EI 为常数；③$\overline{M}$ 和 M_P 图中至少有一个为直线图形。

3）复杂弯矩图图乘的处理方法。对于复杂弯矩图之间的图乘，应按照对弯矩图分段或分块后使其满足图乘条件后再相乘的方式来处理。

思考与讨论

1. 没有变形就没有位移，这个结论是否正确？
2. 虚功原理的适用条件是什么？非弹性体是否适用？刚体是否适用？
3. 结构本身没有虚拟单位荷载作用，但在求位移时，却施加了虚拟单位荷载，这样求出的位移会等于原来的实际位移吗？它是否包含虚拟单位荷载引起的位移？
4. 说明虚位移原理和虚力原理的区别。
5. 图乘法的适用条件是什么？
6. 图乘法能在拱结构或连续变截面梁上应用吗？
7. 静定结构在温度变化、支座位移等因素作用下，是否会产生内力？是否会产生变形？

8. 线弹性体系互等定理中的互等指的是什么？

习　　题

一、选择题

1. 图 6-35 所示为刚架结构在荷载作用下的 M_P 图，曲线为二次抛物线，横梁的抗弯刚度为 $2EI$，竖柱为 EI，则横梁中点 K 的竖向位移为（　　）。
A. $87.75/(EI)$（↓）　　B. $43.875/(EI)$（↓）　　C. $94.5/(EI)$（↓）　　D. $47.25/(EI)$（↓）

2. 图 6-36 所示结构 EI=常数，若要使 B 点水平位移为零，则 P_1/P_2 应为（　　）。
A. 10/3　　　　　　B. 9/2　　　　　　C. 20/3　　　　　　D. 17/2

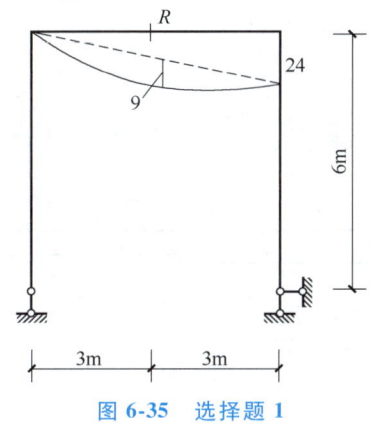

图 6-35　选择题 1

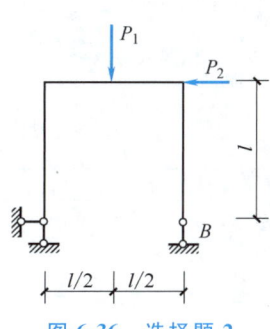

图 6-36　选择题 2

3. 图 6-37 所示刚架，EI=常数，忽略轴向变形。当 D 支座发生沉降 a 时，B 点转角为（　　）。
A. a/L　　　　　　B. $2a/L$　　　　　　C. $a/(2L)$　　　　　　D. $a/3L$

4. 图 6-38 所示结构忽略轴向变形和剪切变形，若减小弹簧刚度 k，则 A 节点水平位移 Δ_{Ax} 为（　　）。
A. 增大　　　　　　B. 减小　　　　　　C. 不变　　　　　　D. 可能增大，也可能减小

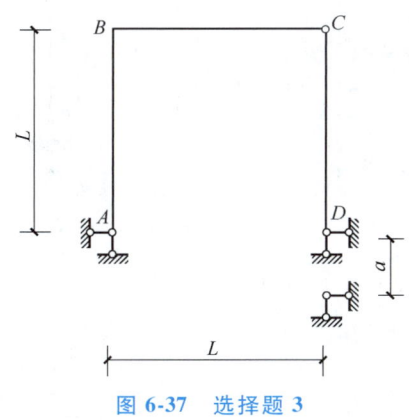

图 6-37　选择题 3

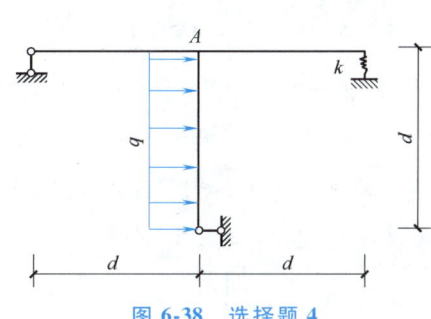

图 6-38　选择题 4

二、判断题

1. 变形体系虚功原理仅适用于弹性体系，不适用于非弹性体系。　　　　　　　　　　　　（　　）
2. 虚功原理中的力状态和位移状态都是虚设的。　　　　　　　　　　　　　　　　　　　（　　）
3. 功的互等定理仅适用于线弹性体系，不适用于非线弹性体系。　　　　　　　　　　　　（　　）

4. 反力互等定理仅适用于超静定结构，不适用于静定结构。（   ）
5. 对于静定结构，有变形就一定有内力。（   ）
6. 对于静定结构，有位移就一定有变形。（   ）

三、计算题

1. 图 6-39 所示桁架截面 EA 相同，均为 $A = 2 \times 10^{-3} \mathrm{m}^2$，$G = 210\mathrm{GPa}$，$d = 2\mathrm{m}$，求 C 点的竖向位移 Δ_{Cy}。
2. 试用图乘法求指定位移（图 6-40~图 6-45），$EI = $ 常数。

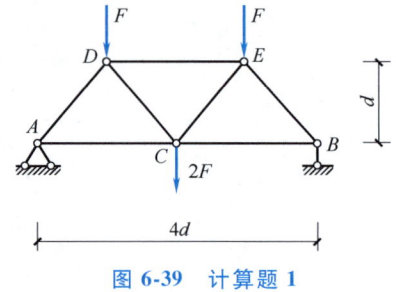

图 6-39　计算题 1

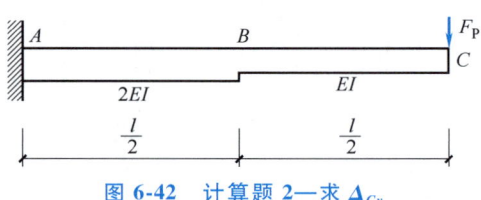

图 6-40　计算题 2——求最大挠度

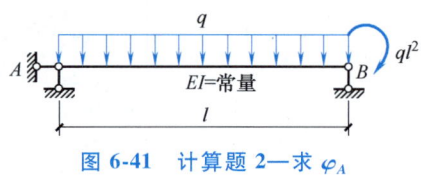

图 6-41　计算题 2——求 φ_A

图 6-42　计算题 2——求 Δ_{Cy}

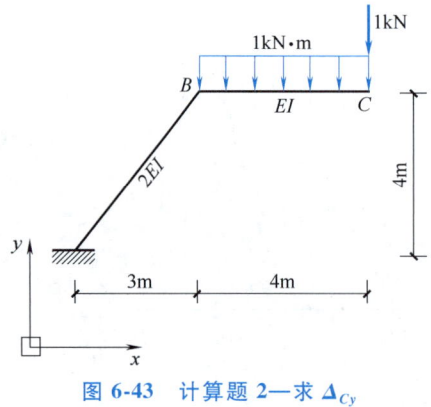

图 6-43　计算题 2——求 Δ_{Cy}

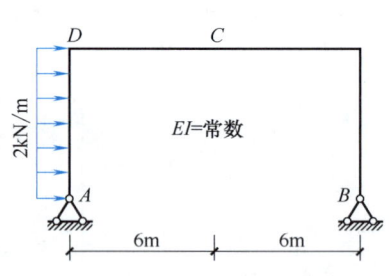

图 6-44　计算题 2——求 Δ_{Cx}、Δ_{Cy}、φ_D

3. 图 6-46 所示梁 $EI = $ 常数，在荷载 F 作用下，已测得截面 A 的角位移 0.001rad（逆时针）。试求 C 点的竖向位移。

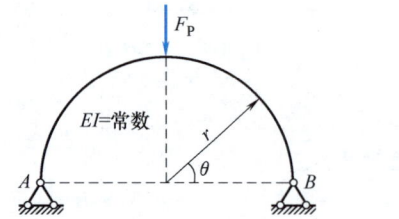

图 6-45　计算题 2——求 Δ_{Bx}（不考虑曲率的影响）

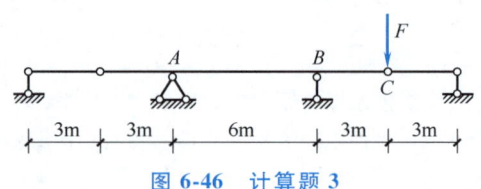

图 6-46　计算题 3

4. 图 6-47 所示结构，用图乘法求解 C、D 两点距离的改变。

5. 图 6-48 所示结构中，杆 AB、BE 截面抗弯刚度 EI，杆 DC 的抗拉刚度为 EA，试求 D 点的水平位移。

6. 图 6-49 所示结构，已知弹簧刚度 $k = 3EI/a^3$，求弹簧支座的反力（向上为正）和 A 点的竖向位移（向上为正）。

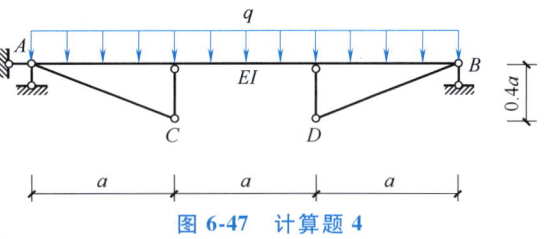

图 6-47　计算题 4

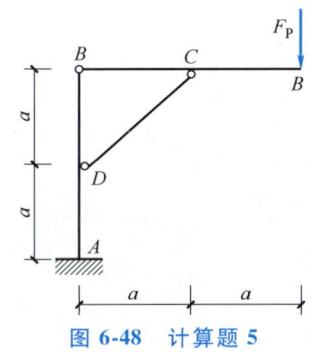

图 6-48　计算题 5

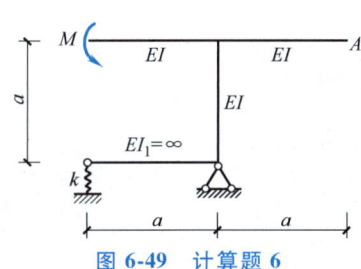

图 6-49　计算题 6

7. 结构的温度改变如图 6-50 所示，所求 C 点的竖向位移。各杆截面相同且对称于形心轴，其厚度为 $h = l/10$，材料的线膨胀数为 α。

8. 在图 6-51 示桁架中，由于制造误差，杆 AB 比原来设计长度短 4cm。试求由此引起的结点 C 的竖向位移 Δ_{Cy}。

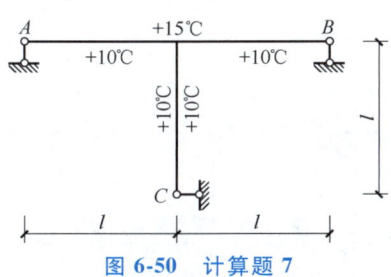

图 6-50　计算题 7

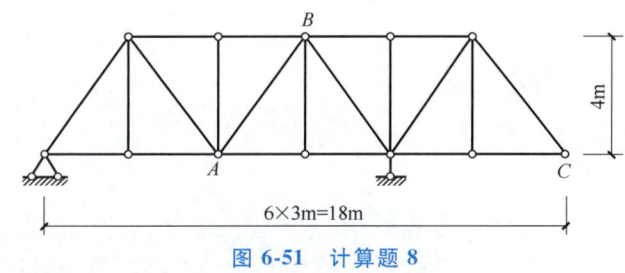

图 6-51　计算题 8

9. 图 6-52 所示结构，$q = 12\text{kN/m}$，试求 D 点的竖向位移 Δ_{Dy}。

10. 图 6-53 所示结构各杆 EI 为常数，计算并绘制结构的弯矩图，并求 B 点的水平位移。

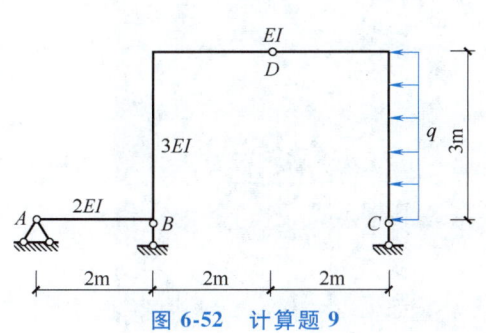

图 6-52　计算题 9

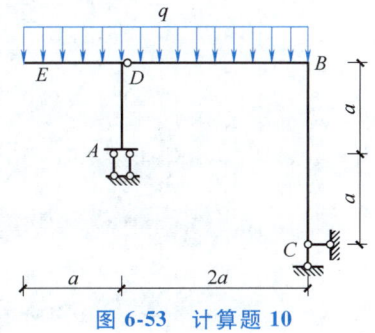

图 6-53　计算题 10

第7章 力 法

内容提要

本节重点讨论超静定结构的基本概念、力法的基本原理、荷载与非荷载因素下超静定结构的内力计算,以及超静定结构的位移计算问题。

基本要求

充分理解和掌握力法的基本原理,能够熟练用力法计算超静定结构(梁、刚架、桁架、排架、组合结构和两铰拱)在荷载作用、温度改变和支座移动影响下的内力;会计算超静定结构的位移;了解超静定结构内力图的校核方法和力学特征。

导入案例

北京故宫

北京故宫(图7-1)是中国明清两代的皇家宫殿,旧称为紫禁城,位于北京市中轴线

图 7-1 北京故宫

的中心，是中国古代宫廷建筑之精华，是世界上现存规模最大、保存最为完整的木质古建筑结构之一。

故宫位于北京城中心。布局依据《周礼·考工记》中所载："左祖、右社、面朝、后市"的原则，建筑在北京城南北长八公里的中轴线上，南北取直，左右对称。

思考：对称性的应用不仅体现在建筑布局上，还体现在结构上，它的受力特点是什么呢？

7.1 超静定结构概念和超静定次数的确定

杨浦大桥是上海市连接杨浦区与浦东区的过江通道，位于黄浦江水道之上，为上海内环高速架路组成部分之一。在杨浦大桥的设计过程中，桥梁专家林元培所遇到的最大难题就是桥梁的内力计算。相比已经建成的南浦大桥，杨浦大桥的主跨长出了 179m，古典桥梁内力计算理论因误差过大已不再适用。林元培凭借丰富的实践经验和深厚的理论功底，创造性地提出了全新理论——"空间结构稳定理论"，攻克了大桥内力计算的难关，大大超越了外国专家对杨浦大桥的内力计算准确度，得到了国际桥梁界的高度赞扬与肯定。内力计算问题是结构力学的重要知识板块，对于复杂的超静定梁结构，可以采用"力法"计算其内力。

以上各章讨论了静定结构的内力和位移计算问题，从本章起，讨论超静定结构的计算问题。

7.1.1 超静定结构的概念

前面已经指出，全部反力和内力完全可以由静力平衡条件确定的结构是静定结构。超静定结构的全部反力和内力仅凭静力平衡条件是不能确定或不能完全确定的；从几何组成角度讲，超静定结构虽然也是几何不变体系，但存在多余约束。如图 7-2a 所示的连续梁，可以将支座 A、支座 B 或支座 C 处的竖向链杆视为多余约束；显然，其支座约束力仅凭静力平衡条件无法确定，因而也就不能求出其内力。又如图 7-2c 所示的超静定桁架，虽然其支座反力和部分内力可以由静力平衡条件确定，但不能确定全部内力。这种内部有多余约束的结构也是超静定结构。

由于静定结构是无多余约束的几何不变体系，所以若去掉其任何一个约束，都将变为几何可变体系。而对超静定结构而言，当去掉其多余约束后，还能保持为几何不变体系。如图 7-2a 所示的连续梁，若去掉 B 支座处的竖向链杆，就得到图 7-2b 所示的静定梁，是几何不变体系。为了便于与原超静定结构进行比较，在解除多余约束所得到的静定结构中，还标明了相应的多余约束力。本节在以下类似图中，也是这样处理的。对图 7-2c 所示的桁架，若去掉跨中靠右支座处的两根下弦杆，可得到图 7-2d 所示的静定桁架，它也是几何不变体系。所以，从保持结构几何不变性的角度而言，超静定结构是具有多余约束的结构。由上述两例可以看出，多余约束可以是外部的，也可以是内部的。多余约束中产生的力称为多余约束力，简称多余力。在图 7-2b 中，如果认为支座 B 是多余约束，则反力 R_B 就是多余力。在图 7-2d 中，如果认为跨中靠右支座处的两根下弦杆是多余约束，则内力 N_1、N_2 就是多余力。综上所述，超静定结构的几何组成特征就在于有多余约束，而在静力方面的反映，则为具有多余力。

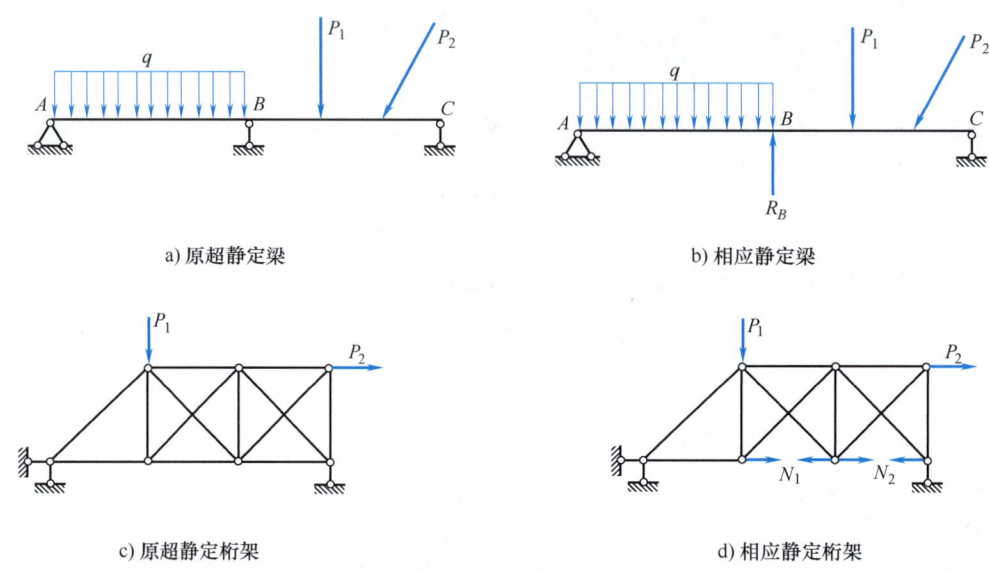

图 7-2 超静定梁、桁架及相应静定结构

工程中常见的超静定结构的类型有超静定梁（图 7-2a）、超静定桁架（图 7-2c）、超静定拱、超静定刚架及超静定组合结构（图 7-3）等。

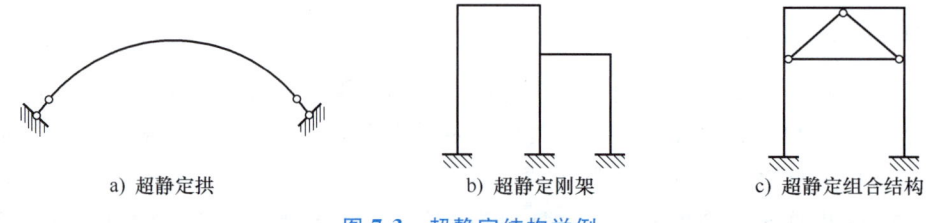

图 7-3 超静定结构举例

7.1.2 超静定次数的确定

当采用力法解超静定结构时，常将结构的多余约束或多余未知力的数目称为结构的超静定次数。判断超静定次数可以用去掉多余约束，使原结构变为静定结构的方法进行。简单概括为：解除原超静定结构的多余约束，使其变为静定结构，则去掉多余约束的数目即原结构的超静定次数。

解除超静定结构多余约束的方式通常有以下四种。

1）切断一根链杆或去掉一根链杆支承相当于去掉一个约束（图 7-4）。

图 7-4 切断或去掉链杆

c) 超静定刚架　　　　　　　　d) 去掉一根链杆支承

图 7-4　切断或去掉链杆（续）

2）去掉一个简单铰或去掉一个铰支座相当于去掉两个约束（图 7-5）。

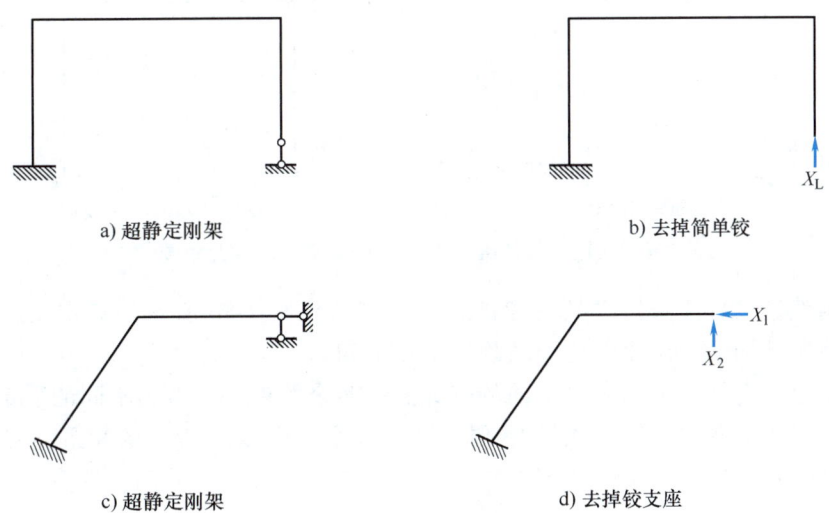

图 7-5　去掉简单铰或铰支座

3）切断刚性连接或去掉一个固定端支座相当于去掉三个约束（图 7-6）。

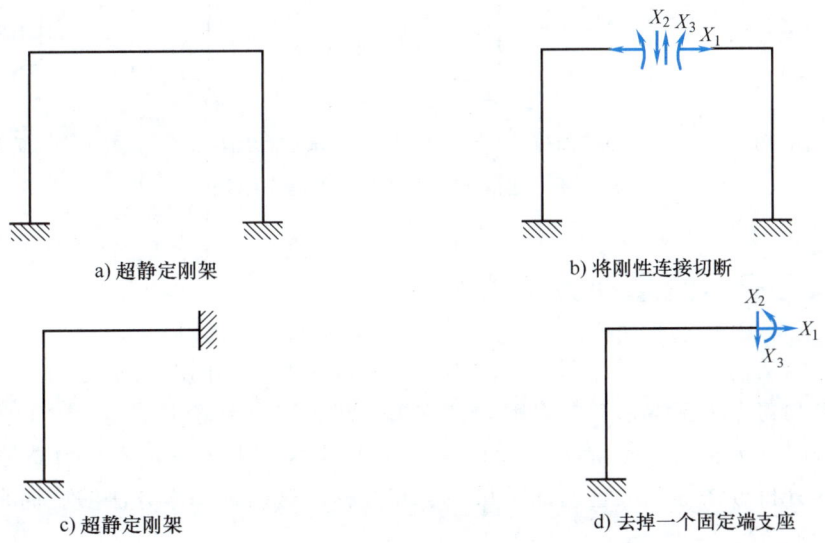

图 7-6　切断刚性连接或去掉固定端支座

4）将刚性连接改为铰连接或将固定端支座改为铰支座，相当于去掉一个约束（图 7-7）。应用上述方式可以方便地确定任何超静定结构的超静定次数。如图 7-8a 所示的结构，

131

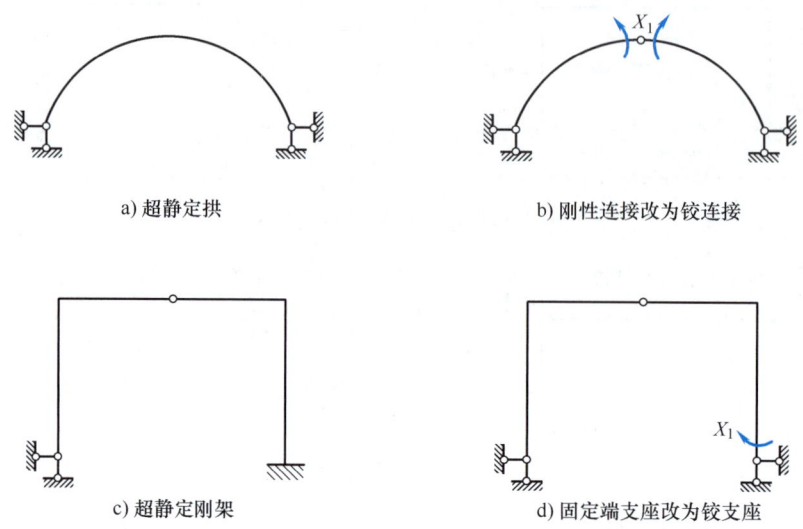

图 7-7 刚性连接改为铰连接或固定端支座改为铰支座

在切断一个刚性连接,并去掉一根支撑链杆后,可得到图 7-8b 所示的静定结构,所以原结构为四次超静定结构或者说原结构的超静定次数为四。

对于一个超静定结构可以采用不同的方式去掉多余约束,而得到不同的静定结构,但无论采取哪种方式,结构的超静定次数是唯一的。如对于图 7-8a 所示的超静定结构,还可以按图 7-8c 或图 7-8d 的方式去掉多余约束。

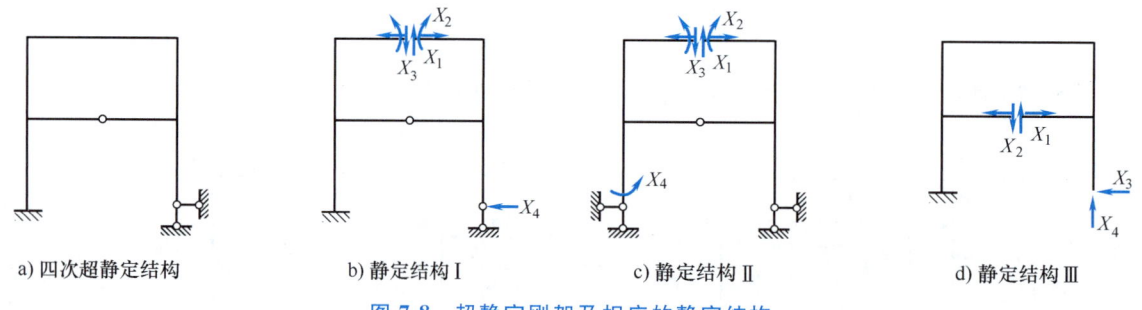

图 7-8 超静定刚架及相应的静定结构

7.2 力法的基本概念和力法方程

计算超静定结构时,根据计算途径的不同,可以有两种不同的基本方法。当以超静定结构中的多余未知力作为基本未知数求解时,称为力法;当以超静定结构中的某些位移作为基本未知数求解时称为位移法。除力法和位移法两种基本方法之外,还有力矩分配法、混合法、结构矩阵分析方法等,但它们都是从力法和位移法这两种基本方法演变而来的。

7.2.1 力法原理

1. 基本概念

图 7-9a 所示的梁为一次超静定结构,称其为原结构。当梁上作用有荷载时同原结构一

起称为原体系（图7-9b）。如果把原结构的 B 支座作为多余约束去掉，则得到图7-9c所示的相对于原结构而言的基本结构。当基本结构上作用有原荷载和代替原体系中多余约束的多余未知力 X_1 时，可得到与原体系等价的基本体系（图7-9d）。

原结构、原体系、基本结构和基本体系这四者之间彼此联系，又互不相同。它们是建立方程过程中涉及的基本概念。

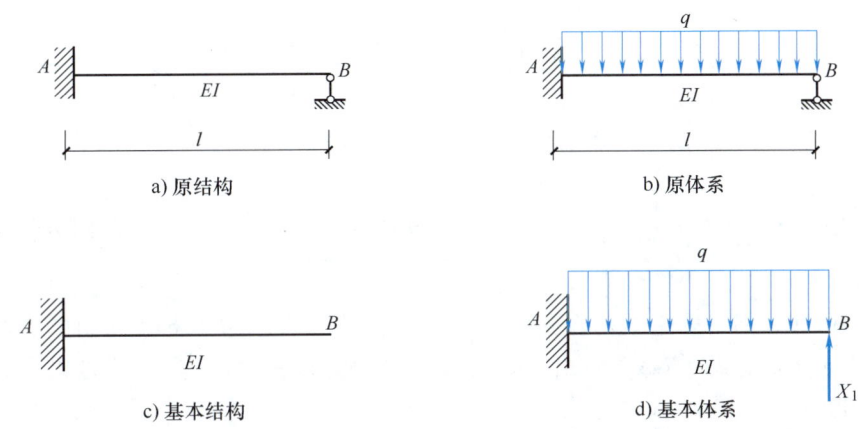

图7-9 力法涉及的结构与体系

2. 解题思路

求解原体系中的内力，可从分析基本体系入手。只要设法求出基本体系中的多余未知力 X_1，则可以将原超静定结构的计算问题转化为静定结构在已知荷载和已知多余未知力作用下的计算问题。基本体系是计算超静定结构的桥梁。

3. 建立力法方程的位移条件

略去轴向变形，分析基本体系。以包含 X_1 在内的任意隔离体为研究对象，由于隔离体上平衡方程的总数少于未知力总数，所以仅凭借静力平衡条件无法求出 X_1，即无法求出原体系的确定解答。因此必须考虑变形条件，以建立补充方程。

基本结构上作用两种外部因素：已知荷载和多余未知力。现将多余未知力 X_1 视为作用在基本结构上的荷载对基本体系进行分析。在已知荷载保持不变的情况下，如果 X_1 过大，则梁的 B 端上翘；过小，则 B 端下垂。只有当 X_1 与原体系中 B 支座的约束力相等时，B 端的位移才能与原体系中的 B 点的竖向位移相等。换言之，为了使基本体系与原体系等价，必须保证在 X_1 与原荷载的共同作用下，基本体系中 B 点的竖向位移与原体系中 B 点的竖向位移相同。原体系中 B 支座无竖向位移，故基本体系中 B 点的竖向位移（用 Δ_1 表示）应该等于零，即

$$\Delta_1 = 0 \tag{7-1}$$

这就是用来确定 X_1 的位移条件。

Δ_1 是基本结构在荷载与多余未知力 X_1 共同作用下，沿 X_1 方向的总位移，即图7-10a中的 B 点的竖向位移。设以 Δ_{11} 和 Δ_{1P} 分别表示多余力 X_1 和荷载 q 单独作用在基本结构上时，B 点沿 X_1 方向上的位移（图7-10b、c），其符号都以沿假定的 X_1 方向为正，下标的意义与第6章所规定的相同，即第一个下标表示位移的地点和方向，第二个下标表示产生位移

的原因。根据线弹性变形条件下的叠加原理，式（7-1）可写为

$$\Delta_1 = \Delta_{11} + \Delta_{1P} = 0 \tag{7-2}$$

为了求出多余未知力 X_1，可先求处单位力 $\overline{X} = 1$ 作用下 B 点沿 X_1 方向的位移 δ_{11}，进而 $\Delta_{11} = \delta_{11} X_1$，于是，式（7-2）可写为

$$\delta_{11} X_1 + \Delta_{1P} = 0 \tag{7-3}$$

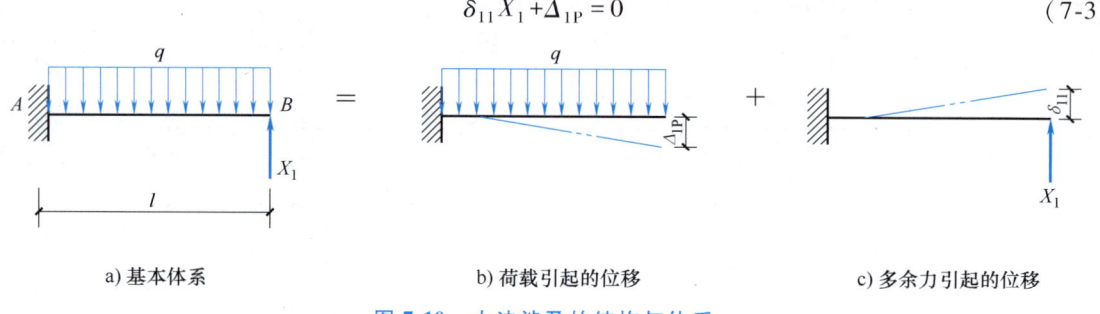

a) 基本体系　　　　　　b) 荷载引起的位移　　　　　　c) 多余力引起的位移

图 7-10　力法涉及的结构与体系

由于 δ_{11} 和 Δ_{1P} 都是静定结构在已知作用下的位移，可以用第 6 章介绍的方法求得。因此多余力 X_1 便可以由式（7-3）解出。式（7-3）称为力法方程，其实质是以多余未知力表示的位移条件。

为计算 δ_{11} 和 Δ_{1P}，可分别绘出基本结构在 $\overline{X}_1 = 1$ 和外荷载作用下的弯矩图 $\overline{M}_1$ 图和 M_P 图（图 7-11a、b），然后用图乘法计算这些位移。计算 δ_{11} 可用 $\overline{M}_1$ 图乘 $\overline{M}_1$ 图，或称 $\overline{M}_1$ 图自乘，即

$$\delta_{11} = \sum \int \frac{\overline{M}_1^2}{EI} ds = \frac{1}{EI} \times \frac{l \times l}{2} \times \frac{2l}{3} = \frac{l^3}{3EI}$$

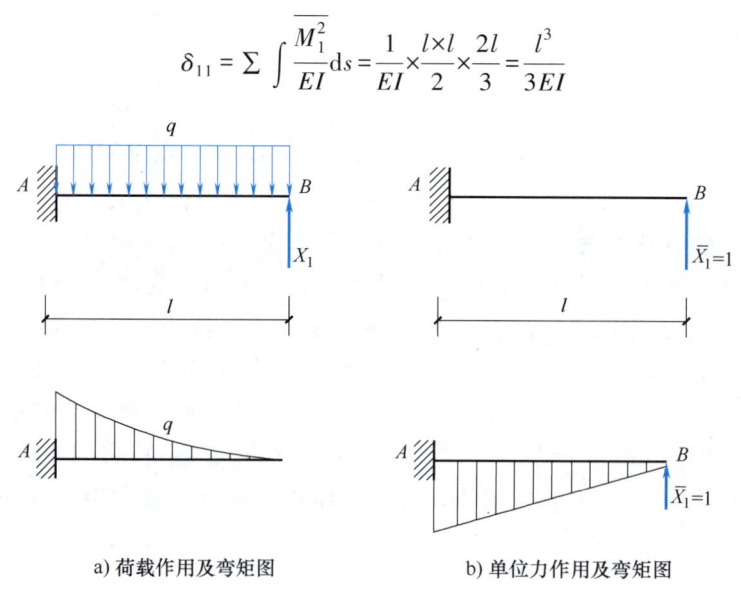

a) 荷载作用及弯矩图　　　　　　b) 单位力作用及弯矩图

图 7-11　荷载及单位力作用情况

计算 Δ_{11} 可用 $\overline{M}_1$ 图与 M_P 图相乘

$$\Delta_{1P} = \sum \int \frac{\overline{M}_1 M_P}{EI} ds = -\frac{1}{EI} \left(\frac{1}{3} \times \frac{ql^2}{2} \times l \right) \times \frac{3l}{4} = -\frac{ql^4}{8EI}$$

将 δ_{11} 和 Δ_{1P} 代入式（7-3），可求得

$$X_1 = -\frac{\Delta_{1P}}{\delta_{11}} = \frac{ql^4}{8EI} \times \frac{3EI}{l^3} = -\frac{3}{8}ql$$

求得多余未知力 X_1 为正号，说明 X_1 的实际方向与假设方向相同，即同上。求得多余未知力后，即可以利用基本体系的平衡条件，求得原结构的内力和支座反力。原结构的支座反力、弯矩图、剪力图如图 7-12 所示。也可以利用已绘出的 $\overline{M}_1$ 图与 M_P 图按叠加法绘出 M 图，即将 $\overline{M}_1$ 图的竖标乘以 X_1，在与 M_P 图的竖标相加

$$M = \overline{M}X_1 + M_P \tag{7-4}$$

以上计算过程都是在基本结构和基本体系上进行的，实质上是把未知的超静定结构的计算问题转化为熟悉的静定结构的计算问题。这种由已知领域逐步过渡到未知领域的方法，在后续各章的学习中还将不断运用。

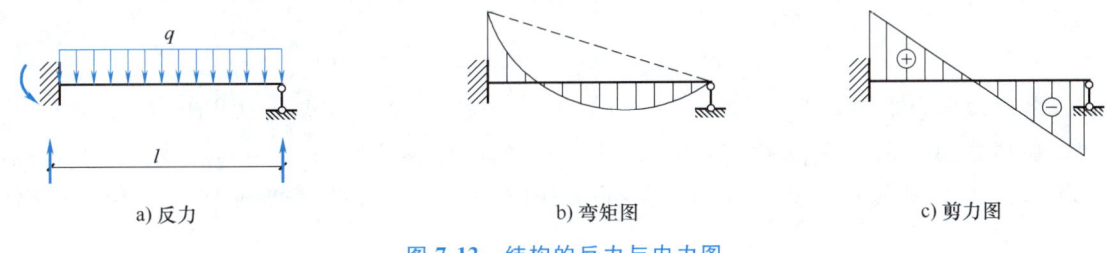

a) 反力　　　　　　　　b) 弯矩图　　　　　　　　c) 剪力图

图 7-12　结构的反力与内力图

7.2.2　力法的典型方程

以上以一个简单的例子介绍了力法的基本概念。可以看出，用力法计算超静定结构的关键，在于根据去掉多余约束处的位移条件，建立求解多余未知力的补充方程。对于多次超静定结构，其计算原理也基本相同。

图 7-13a 所示为三次超静定刚架。用力法计算时，需去掉三个多于约束。设去掉 B 支座处的水平约束、竖直约束和扭转约束，并以相应的多余未知力 X_1、X_2 和 X_3 代替，则得到图 7-13b 所示的基本体系。由于原体系在固定支座 B 处不可能有任何位移，因此基本结构在荷载和多余力共同作用下，B 点沿 X_1、X_2 和 X_3 方向相应的位移 Δ_1、Δ_2 和 Δ_3 也都应该等于零，建立力法方程的位移条件为

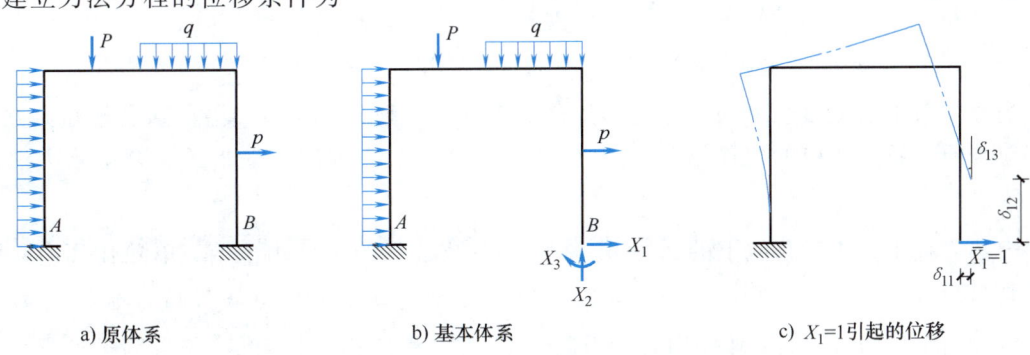

a) 原体系　　　　　　　　b) 基本体系　　　　　　　　c) $X_1=1$ 引起的位移

图 7-13　建立力法方程的位移条件示意图

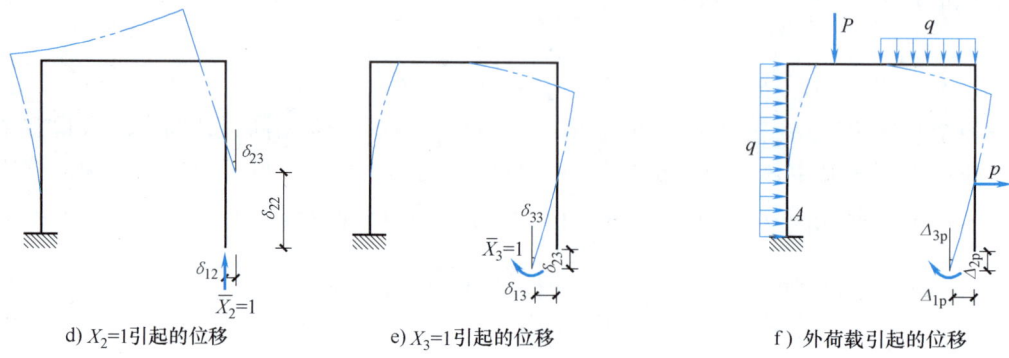

d) $X_2=1$ 引起的位移　　e) $X_3=1$ 引起的位移　　f) 外荷载引起的位移

图 7-13　建立力法方程的位移条件示意图（续）

$$\left.\begin{array}{l}\Delta_1 = 0\\ \Delta_2 = 0\\ \Delta_3 = 0\end{array}\right\}$$

设各单位多余未知力 $\overline{X}_1=1$，$\overline{X}_2=1$，$\overline{X}_3=1$ 和荷载分别作用于基本结构上时，B 点沿 X_1 方向的位移分别是 δ_{11}、δ_{12}、δ_{13} 和 Δ_{1P}，沿 X_2 方向的位移分别为 δ_{21}、δ_{22}、δ_{23} 和 Δ_{2P}，沿 X_3 方向的位移分别为 δ_{31}、δ_{32}、δ_{33} 和 Δ_{3P}，参阅图 7-13c～f，根据叠加原理，上述位移条件可写为

$$\left.\begin{array}{l}\Delta_1 = \delta_{11}X_1 + \delta_{12}X_2 + \delta_{13}X_3 + \Delta_{1P} = 0\\ \Delta_2 = \delta_{21}X_1 + \delta_{22}X_2 + \delta_{23}X_3 + \Delta_{1P} = 0\\ \Delta_3 = \delta_{31}X_1 + \delta_{32}X_2 + \delta_{33}X_3 + \Delta_{3P} = 0\end{array}\right\} \tag{7-5}$$

解方程组（7-5），便可求出 X_1、X_2 和 X_3。

对于 n 次超静定结构，则有 n 个多余未知力，而每一个多余未知力都对应着一个多余约束，相应地也就有一个位移条件，故可建立 n 个方程，从而解出 n 个多余未知力。当原体系上各个多余未知力作用处的位移均为零时，可写出 n 元一次方程组

$$\left.\begin{array}{l}\delta_{11}X_1 + \delta_{12}X_2 + \cdots + \delta_{1i}X_i + \cdots + \delta_{1n}X_n + \Delta_{1P} = 0\\ \delta_{21}X_1 + \delta_{22}X_2 + \cdots + \delta_{2i}X_i + \cdots + \delta_{2n}X_n + \Delta_{2P} = 0\\ \delta_{i1}X_1 + \delta_{i2}X_2 + \cdots + \delta_{ii}X_i + \cdots + \delta_{in}X_n + \Delta_{iP} = 0\\ \delta_{n1}X_1 + \delta_{n2}X_2 + \cdots + \delta_{ni}X_i + \cdots + \delta_{nn}X_n + \Delta_{nP} = 0\end{array}\right\} \tag{7-6}$$

当原体系中沿某多余未知力方向的位移不为零时，则基本体系中沿该多余未知力方向的位移应与原体系中相应的位移相等。式（7-6）就是力法方程的一般形式，常称为力法的典型方程。

力法方程中，主对角线上的系数 δ_{ii} 称为主系数，它的单位力 $\overline{X}_j=1$ 单独作用时，引起的沿其自身方向的位移，其恒指为正，且不会等于零。位于主对角线两侧的系数 δ_{ij} 称为副系数，它的单位力 $\overline{X}_j=1$ 单独作用时，引起的 X_i 方向的位移。δ_{ii} 和 δ_{ij} 统称为柔度系数。各式左侧最后一项 Δ_{iP} 称为自由项，它是外荷载单独作用时，引起的 X_i 方向的位移。副系数

和自由项的值可正、可负，或者为零，根据位移互等定理，有

$$\delta_{ij}=\delta_{ji}$$

它表明力法方程中位于主对角线两侧对称位置的两个副系数是相等的。

典型方程中的柔度系数和自由项，都是基本结构在已知力作用下的位移，可用第6章所介绍的力法求得，解方程求得多余力 X_i（$i=1$，2，…，n）后，可按叠加公式求出弯矩，即

$$M=\overline{M}_1 X_1+\overline{M}_2 X_2+\cdots+\overline{H}_n X_n+M_P \tag{7-7}$$

进一步根据平衡条件求得剪力和轴力。

7.3 用力法计算超静定梁和刚架

7.3.1 超静定梁的计算

1. 用力法计算超静定结构的步骤

根据上节分析，用力法计算超静定结构的步骤归纳如下：
1）去掉原体系的多余约束，选取力法基本体系。
2）根据基本体系去掉多余约束处的位移条件建立力法方程。
3）求力法方程的柔度系数和自由项（计算超静定梁和刚架时，应绘出基本结构在单位力作用下的弯矩图和荷载作用下弯矩图，或写出弯矩表达式）。
4）解力法方程，求多余未知力。
5）求出多余力后，由基本体系按静定结构的分析方法绘出原体系的内力图。

2. 超静定梁的计算

在第3章介绍了单跨及多跨静定梁的计算，现在讨论超静定梁的计算问题。对于刚性支承上的连续梁，用第9章所述的力矩分配法最为简便。单跨超静定梁的计算是位移法的基础，也是本章讨论的重点之一。

> **例 7-1** 试作图 7-14a 所示的梁的弯矩图。设 B 端弹簧支座的弹簧刚度系数为 k，梁抗弯刚度 EI 为常数。
>
> **解：** 此梁是一次超静定结构。用力法计算时，可取不同的基本体系。由于基本体系不同，力法方程也应做相应变化。对应于图 7-14b、c 和 d 所示的三种基本体系力法方程分别为
>
> $$\delta_{11}X_1+\Delta_{1P}+\Delta_{1c}=0 \tag{7-8}$$
>
> $$\delta_{11}X_1+\Delta_{1P}=-\frac{X_1}{K} \tag{7-9}$$
>
> $$\delta_{11}X_1+\Delta_{1P}=0 \tag{7-10}$$
>
> 在式（7-8）中，Δ_{1c} 表示由于弹簧支座 B 移动而引起的沿 X_1 方向的位移，计算 δ_{11} 和 Δ_{1P} 时，仅考虑梁弯曲变形对 A 截面转角的影响，在式（7-10）中，计算 δ_{11} 时，应同时考虑弯曲变形和弹簧变形对弹簧断口处相对位移的影响。比较以上三种解法，显然取基本体系二计算起来较为方便。

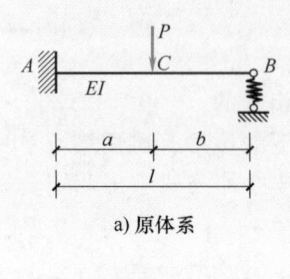
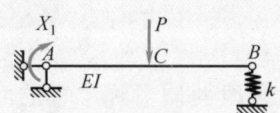
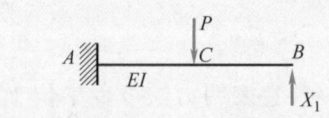

a) 原体系　　　　　　　b) 基本体系一　　　　　　c) 基本体系二

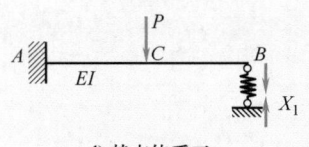
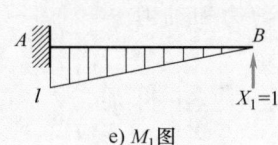
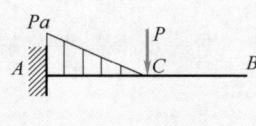

d) 基本体系三　　　　　　e) $\overline{M}_1$ 图　　　　　　f) M_P 图

图 7-14　例 7-1 图

作基本结构的单位弯矩图（$\overline{M}_1$ 图）和荷载弯矩图（$\overline{M}_P$ 图），如图 7-14e、f 所示，利用图乘法求得

$$\delta_{11}=\frac{l^3}{3EI},\quad \Delta_{1P}=-\frac{Pa^2(3l-a)}{6EI}$$

将以上各值代入相应的力法方程，解得

$$X_1=\frac{Pa^3\left(1+\dfrac{3b}{2a}\right)}{l^3\left(1+\dfrac{3EI}{kl^3}\right)}$$

分析上式，多余力 X_1 的值与抗弯刚度 EI 对弹簧刚度 k 的比值 $\dfrac{EI}{k}$ 有关。当 $k\to\infty$ 时

$$X_1'=\frac{Pa^3\left(1+\dfrac{3b}{2a}\right)}{l^3}=\frac{Pa^2(2l+b)}{2l^3}$$

此时，B 端相当于刚性支撑的情形（第 8 章表 8-2，编号 8）。当 $k=0$ 时，B 端多余力 $X_1''=0$。此时，B 端相当于自由端，即完全柔性支承情形。一般情况下，B 端多余力在 X_1' 和 $X_1''=0$ 之间变化。

求得 X_1 后，根据 $M=X_1\overline{M}_1+M_P$ 作出弯矩图，如图 7-15 所示，图中

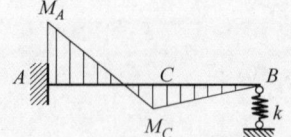

图 7-15　例 7-1 最后弯矩图

$$M_A=\frac{Pa}{l^2}\left[\frac{\dfrac{3EI}{kl}+\dfrac{ab}{2}+b^2}{1+\dfrac{3EI}{kl^3}}\right],\quad M_C=\frac{Pa^3 b\left(1+\dfrac{3b}{2a}\right)}{l^3\left(1+\dfrac{3EI}{kl^3}\right)}$$

例 7-2 试分析图 7-16a 所示超静定梁。设 EI 为常数。

解：此梁为三次超静定结构。取基本体系如图 7-16b 所示。根据支座 B 处位移为零的条件，建立力法方程

$$\left.\begin{array}{l}\delta_{11}X_1+\delta_{12}X_2+\delta_{13}X_3+\Delta_{1P}=0\\ \delta_{21}X_1+\delta_{22}X_2+\delta_{23}X_3+\Delta_{2P}=0\\ \delta_{31}X_1+\delta_{32}X_2+\delta_{33}X_3+\Delta_{3P}=0\end{array}\right\}$$

由于力法方程中的柔度系数和自由项都是基本结构的位移，即静定结构的位移，因此，用力法计算超静定梁和刚架时，通常忽略剪力和轴力对位移的影响，而只考虑弯矩的影响。作基本结构的单位弯矩图和荷载弯矩图，如图 7-16c~f 所示。

利用图乘法求得

$$\delta_{11}=\frac{1}{EI}\left(\frac{1}{2}l\times l\times\frac{2}{3}l\right)=\frac{l^3}{3EI}$$

$$\delta_{12}=\delta_{21}=-\frac{1}{EI}\left(\frac{1}{2}\times l\times 1\right)=-\frac{l^2}{2EI}$$

$$\delta_{22}=\frac{1}{EI}(l\times 1\times 1)=\frac{l}{3EI}$$

$$\delta_{13}=\delta_{31}=\delta_{23}=\delta_{32}=0$$

$$\Delta_{1P}=-\frac{1}{EI}\left(\frac{1}{3}l\times\frac{ql^2}{2}\times\frac{3l}{4}\right)=-\frac{ql^4}{8EI}$$

$$\Delta_{2P}=\frac{1}{EI}\left(\frac{1}{3}l\times\frac{ql^3}{2}\times 1\right)=\frac{ql^3}{6EI}$$

$$\Delta_{3P}=0$$

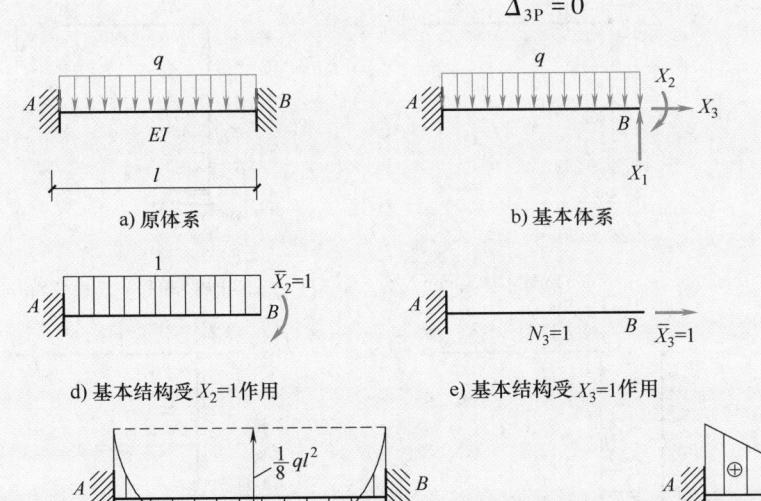

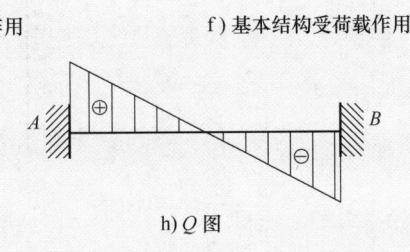

图 7-16 例 7-2

计算 δ_{33} 时因为弯矩图 $\overline{M}_3=0$，这时要考虑轴力对位移的影响，即

$$\delta_{33}=\int\frac{\overline{M}_3^2}{EI}\mathrm{d}s+\int\frac{\overline{N}_3^2}{EA}\mathrm{d}x=0+\frac{l}{EA}=\frac{l}{EA}$$

将以上柔度系数和自由项代入力法方程，得

$$\left.\begin{aligned}\frac{l^3}{3EI}X_1-\frac{l^3}{2EI}X_2-\frac{ql^4}{3EI}X&=0\\-\frac{l^2}{2EI}X_1+\frac{l}{EI}X_2+\frac{ql^3}{6EI}&=0\\\frac{l}{EA}X_3+0&=0\end{aligned}\right\}$$

解方程，求得

$$X_1=\frac{1}{2}ql,\ X_2=\frac{1}{12}ql^2,\ X_3=0$$

X_3 等于零表明两端固定梁在垂直于梁轴线的荷载作用下，支座不产生水平反力。因此本题可简化为只求两个多余未知力的问题，力法方程可直接写为

$$\left.\begin{aligned}\delta_{11}X_1+\delta_{12}X_2+\Delta_{1P}&=0\\\delta_{21}X_1+\delta_{22}X_2+\Delta_{2P}&=0\end{aligned}\right\}$$

最后弯矩图和剪力图如图 7-16g、h 所示。

7.3.2 超静定刚架的计算

例 7-3 分析图 7-17a 所示的超静定刚架，绘制其内力图。

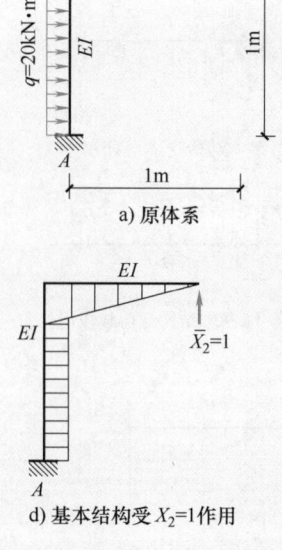
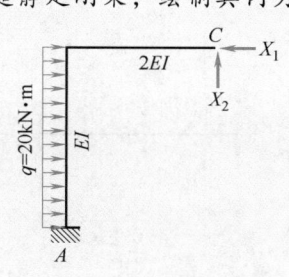
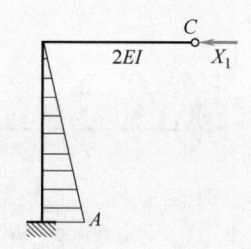
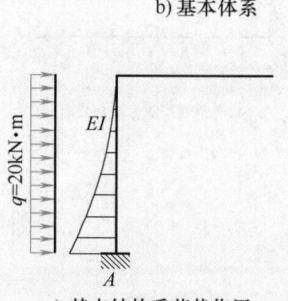
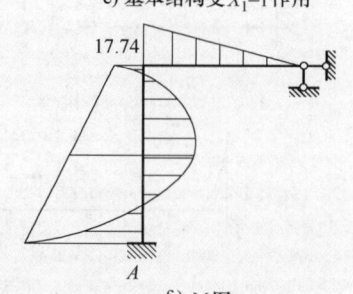

图 7-17 例 7-3

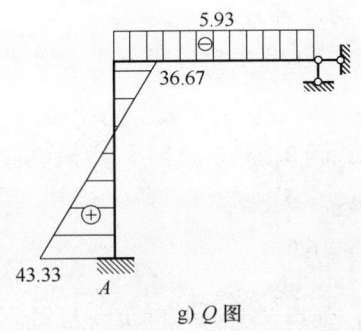
g) Q 图

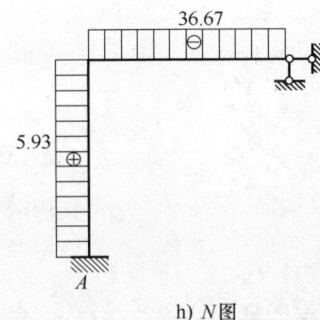
h) N 图

图 7-17 例 7-3（续）

解：此结构为二次超静定结构。取基本体系如图 7-17b 所示。根据支座 C 处水平及竖直方向位移均为零的条件下，建立力法方程组

$$\left.\begin{array}{l}\delta_{11}X_1+\delta_{12}X_2+\Delta_{1P}=0\\ \delta_{21}X_1+\delta_{22}X_2\Delta_{2P}=0\end{array}\right\}$$

分别作出基本结构的单位弯矩图和荷载弯矩图，如图 7-17c～e 所示。利用图乘法求得柔度系数和自由项为

$$\delta_{11}=\frac{1}{EI}\left(\frac{1}{2}\times 4\times 4\right)\times\left(\frac{2}{3}\times 4\right)=\frac{64}{3EI}$$

$$\delta_{22}=\frac{1}{2EI}\left[\left(\frac{1}{2}\times 3\times 3\right)\times\left(\frac{3}{4}\times 3\right)\right]+\frac{1}{EI}[(3\times 4)\times 3]=\frac{81}{2EI}$$

$$\delta_{12}=\delta_{21}=\frac{1}{EI}\left(\frac{1}{2}\times 4\times 4\right)\times 3=\frac{24}{EI}$$

$$\Delta_{1P}=-\frac{1}{EI}\left(\frac{1}{3}\times 4\times 160\right)\times\left(\frac{3}{4}\times 4\right)=-\frac{640}{EI}$$

$$\Delta_{2P}=-\frac{1}{EI}\left(\frac{1}{3}\times 4\times 160\right)\times 3=-\frac{640}{EI}$$

将以上柔度系数和自由项代入力法方程组

$$\left.\begin{array}{l}\dfrac{64}{3EI}X_1+\dfrac{24}{EI}X_2-\dfrac{640}{EI}=0\\ \dfrac{24}{EI}X_1+\dfrac{81}{EI}X_2-\dfrac{640}{EI}=0\end{array}\right\}$$

解力法方程组，得

$$X_1=36.37\text{kN}(\leftarrow),\ X_2=-5.93\text{kN}(\downarrow)$$

括号内的箭头表示多余未知力的真实方向。根据所求结果，绘出原体系的内力图，如图 7-17f～h 所示。

例 7-4 试分析图 7-18a 所示的超静定刚架，绘制其内力图。

解：此结构为三次超静定结构，取基本体系如图 7-18b 所示，根据支座 B 处不能产生位移的条件，建立力法方程组。

$$\left.\begin{array}{l}\delta_{11}X_1+\delta_{12}X_2+\delta_{13}X_3+\Delta_{1P}=0\\ \delta_{21}X_1+\delta_{22}X_2+\delta_{23}X_3+\Delta_{2P}=0\\ \delta_{31}X_1+\delta_{32}X_2+\delta_{33}X_3+\Delta_{3P}=0\end{array}\right\}$$

分别作出基本结构的单位弯矩图和荷载弯矩图，如图 7-18c~f 所示，用图乘法求得柔度系数和自由项为

$$\delta_{11}=\frac{2}{2EI}\left(\frac{1}{2}\times 6m\times 6m\times\frac{2}{3}\times 6m\right)+\frac{1}{3EI}(6m\times 6m\times 6m)=\frac{144m^3}{EI}$$

$$\delta_{22}=\frac{1}{2EI}(6m\times 6m\times 6m)+\frac{1}{3EI}\left(\frac{1}{2}\times 6m\times 6m\times\frac{2}{3}\times 6m\right)=\frac{132m^2}{EI}$$

$$\delta_{33}=\frac{1}{2EI}(1\times 6m\times 1)+\frac{1}{3EI}(1\times 6m\times 1)=\frac{8m}{EI}$$

$$\delta_{12}=\delta_{21}=-\frac{1}{2EI}\left(\frac{1}{2}\times 6m\times 6m\times 6m\right)-\frac{1}{3EI}\left(\frac{1}{2}\times 6m\times 6m\times 6m\right)=-\frac{90m^3}{EI}$$

$$\delta_{13}=\delta_{31}=-\frac{2}{2EI}\left(\frac{1}{2}\times 6m\times 6m\times 1\right)-\frac{1}{3EI}(6m\times 6m\times 1)=-\frac{30m^2}{EI}$$

$$\delta_{23}=\delta_{32}=\frac{1}{2EI}(6m\times 6m\times 1)+\frac{1}{3EI}\left(\frac{1}{2}\times 6m\times 6m\times 1\right)=\frac{24m^2}{EI}$$

$$\Delta_{1P}=\frac{1}{2EI}\left(\frac{1}{3}\times 126kN\cdot m\times 6m\times\frac{1}{4}\times 6m\right)=\frac{189kN\cdot m^3}{EI}$$

$$\Delta_{2P}=-\frac{1}{2EI}\left(\frac{1}{3}\times 126kN\cdot m\times 6m\times 6m\right)=-\frac{756kN\cdot m^3}{EI}$$

$$\Delta_{3P}=-\frac{1}{2EI}\left(\frac{1}{3}\times 126kN\cdot m\times 6m\times 1\right)=-\frac{126kN\cdot m^2}{EI}$$

将以上各系数和自由项代入力法方程组，简化后得

$$\left.\begin{array}{l}24X_1-15X_2-5X_3+31.5=0\\ -15X_1+22X_2+4X_3-126=0\\ -5X_1+4X_2+\dfrac{4}{3}X_3-21=0\end{array}\right\}$$

解力法方程组得

$$X_1=9.0kN,\ X_2=6.3kN,\ X_3=30.6kN\cdot m$$

刚架的最后内力图如图 7-18g~i 所示。

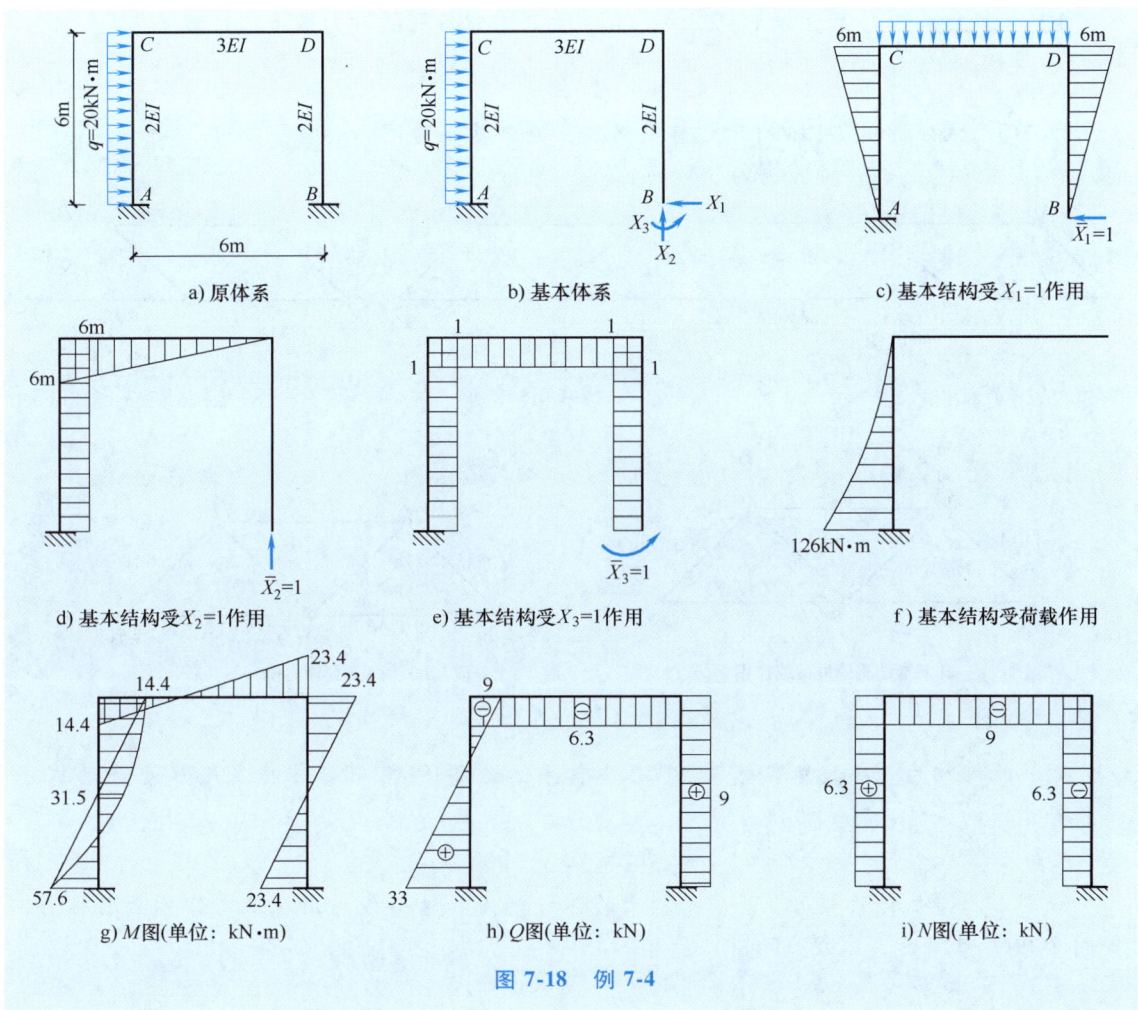

图 7-18 例 7-4

7.4 用力法计算超静定桁架和组合结构

7.4.1 超静定桁架的计算

用力法计算超静定桁架的原理和步骤与计算超静定梁和超静定刚架基本相同。由于桁架一般只承受节点荷载所以桁架中的各杆只产生轴力。力法方程中的柔度系数和自由项按下式计算

$$\left.\begin{array}{l}\delta_{ii} = \sum \dfrac{\overline{N_i}^2}{EA} l \\ \delta_{ij} = \sum \dfrac{\overline{N_i}\,\overline{N_j}}{EA} l \\ \delta_{iP} = \sum \dfrac{\overline{N_i}\,\overline{N_P}}{EA} l \end{array}\right\} \qquad (7\text{-}11)$$

当求出多余未知力 X_i（$i=1, 2, \cdots, n$）后，桁架各杆的轴力按下式计算

$$N = \overline{N}_1 x_1 + \overline{N}_2 x_2 + \cdots + \overline{N}_n x_n + N_P$$

例 7-5 试分析图 7-19a 所示超静定桁架，绘制其轴力图。

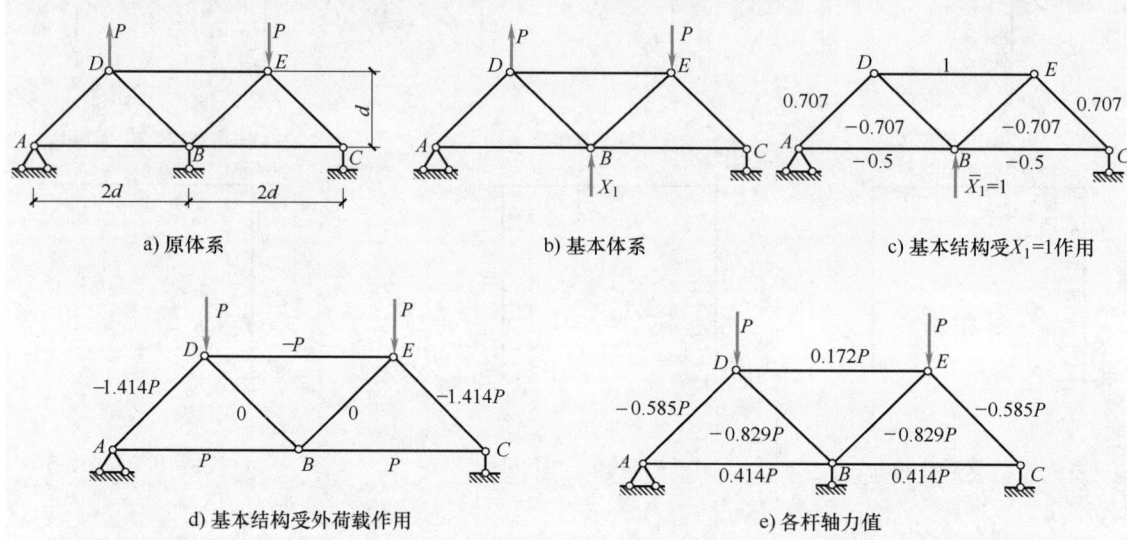

图 7-19 例 7-5

解：此结构为一次超静定桁架，取基本体系如图 7-19b 所示。根据支座 B 处竖直方向位移等于零的条件，建立力法方程

$$\delta_{11} x_1 + \Delta_{1P} = 0$$

分别求出单位荷载作用在基本结构上的各杆轴力和外荷载作用在基本结构上的轴力，如图 7-19c、d 所示，依式（7-11）计算

$$\delta_{11} = \sum \frac{\overline{N}_1^2}{EA} l$$

$$= \frac{1}{EA}[(0.707)^2 \times 1.414d \times 2 + (-0.707)^2 \times 1.414d \times 2 + (-0.5)^2 \times 2d \times 2 + 1^2 \times 2d]$$

$$= \frac{5.827d}{EA}$$

$$\Delta_{1P} = \sum \frac{\overline{N}_1 N_P}{EA} = \frac{1}{EA}[0.707 \times (-1.414P) \times 2 + 1 \times (-P) \times 2d + (-0.5 \times P \times 2d \times 2)]$$

$$= \frac{-6.827Pd}{EA}$$

将 δ_{11}、Δ_{1P} 的计算结果代入力法方程，可求得 X_1

$$X_1 = -\frac{\Delta_{1P}}{\delta_{11}} = \frac{6.827Pd}{5.827d} = 1.172P$$

按式（7-12）计算各杆轴力并将计算结果标在桁架计算简图上，如图 7-19e 所示。

7.4.2 超静定组合结构的计算

组合结构是由梁式杆和链杆组成的结构。梁式杆既承受弯矩，也承受剪力和轴力；链杆只承受轴力。在计算位移时，对梁式杆通常可以略去剪力和轴力的影响，对链杆只考虑轴力的影响。

例 7-6 试分析图 7-20a 所示的组合结构。

解：此结构为一次超静定，切断 CD 杆，取基本体系如图 7-20b 所示。根据切口两侧沿杆轴方向相对位移等于零的条件，建立力法方程

$$\delta_{11}X_1 + \Delta_{1P} = 0$$

分别绘出单位荷载和外荷载作用在基本结构上的弯矩图，并求出各链杆中的轴力，如图 7-20c、d 所示。计算柔度系数和自由项

$$\delta_{11} = \int \frac{\overline{M_1}^2}{E_1 I_1} ds + \sum \frac{\overline{N_1}^2 l}{EA}$$

$$= \frac{2}{E_1 I_1}\left(\frac{1}{2} \times \frac{l}{4} \times \frac{l}{2} \times \frac{2}{3} \times \frac{l}{4}\right) + \frac{(-1)^2 h}{E_2 A_2} + \frac{2\left(\dfrac{s}{2h}\right)^2 s}{E_3 A_3}$$

$$= \frac{l^3}{48 E_1 I_1} + \frac{h}{E_2 A_2} + \frac{s^3}{2h^2 E_3 A_3}$$

$$\Delta_{1P} = \int \frac{\overline{M_1} M_P}{E_1 I_1} ds + \sum \frac{\overline{N_1} N_P l}{EA}$$

$$= -\frac{2}{E_1 A_1}\left(\frac{2}{3} \times \frac{ql^2}{8} \times \frac{l}{2} \times \frac{5}{8} \times \frac{l}{4}\right) + 0 = -\frac{5ql^4}{384 E_1 I_1}$$

代入力法方程解得

$$X_1 = -\frac{\Delta_{1P}}{\delta_{11}} = \frac{\dfrac{5ql^4}{384 E_1 I_1}}{\dfrac{l^3}{48 E_1 I_1} + \dfrac{h}{E_2 A_2} + \dfrac{s^3}{2h^2 E_3 A_3}}$$

原结构 AB 梁的最后弯矩图和各链杆的轴力分别按下式计算

$$M = X_1 \overline{M_1} + M_P, \quad N = X_1 \overline{N_1} + N_P$$

分析以上结果：因为 $X_1 \overline{M_1} + M_P$ 与 M_P 的符号相反，故叠加后 M 的数值将比 M_P 小。这表明横梁由于下部链杆的支承，弯矩大为减小。如果链杆的截面很大，如 $E_2 A_2$ 和 $E_3 A_3$ 都趋于无穷大时，则 X_1 趋于 $5ql/8$，即横梁的 M 图接近于两跨连续梁的 M 图。如果链杆的截面很小，如 $E_2 A_2$ 和 $E_3 A_3$ 都趋于零时，则 X_1 趋于零，即横梁的 M 图接近于简支梁的 M 图。

单层厂房往往采用排架结构。排架也属于组合结构。它由屋架（或屋面大梁）、柱和基础组成。柱与基础为刚性连接，屋架与柱顶为铰连接。工程中常采用如下的近似计算方法。

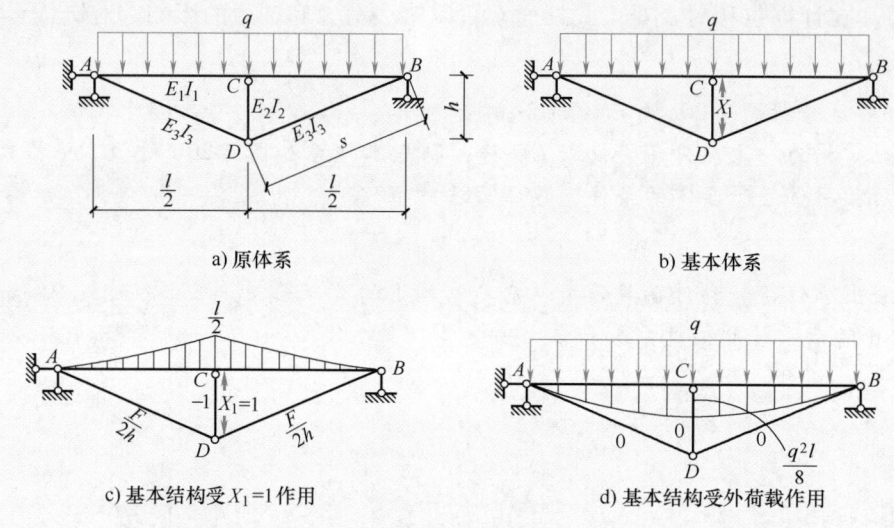

图 7-20　例 7-6

1）在屋面荷载作用下，屋架按桁架计算。有关桁架计算简图的选取及计算在前面的章节已做介绍。

2）当柱承受水平荷载时，屋架对柱顶只起联系作用，由于屋架在其平面内的刚度很大，所以在计算排架柱的内力时，可以不考虑桁架变形的影响，而用一根 $EA \to \infty$ 的链杆代替。如某不等高排架的计算简图如图 7-21a 所示。用力法分析时，一般以链杆为多余约束，选用如图 7-21b 所示的基本体系。

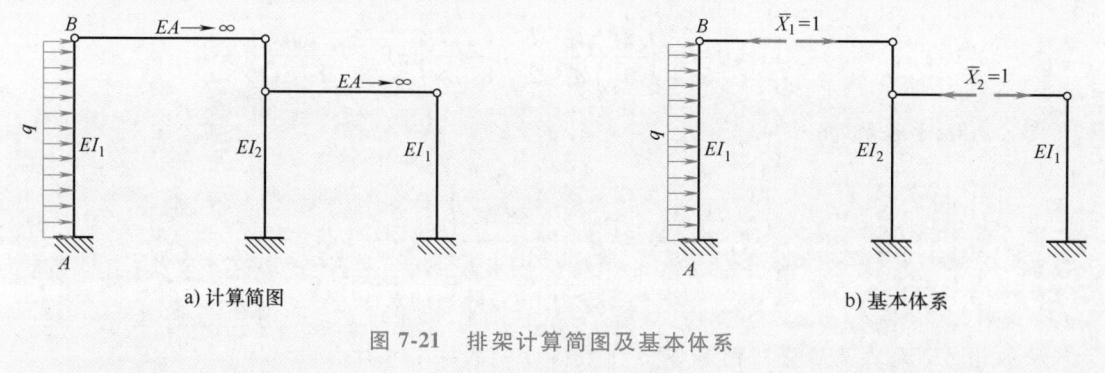

图 7-21　排架计算简图及基本体系

7.5　两铰拱及系杆拱

7.5.1　两铰拱的计算

超静定拱在工程中得到广泛应用。在建筑工程中，除了采用落地式拱顶结构，还采用带拉杆的拱式结构，如历史上著名的赵州石拱桥（图 7-22a）。近年来，双曲拱桥也被广泛采用（图7-22b）。两铰拱是一次超静定结构。在竖向荷载作用下，当其支座发生竖向位移时并不引起内力，因此在地基可能发生较大不均匀沉降地区宜采用。两铰拱的弯矩在支座处等于零，向拱顶逐渐增大；因此在设计拱顶时，拱截面宜由支座向拱顶逐渐增加。当跨度不大时，两铰拱也常设计成等截面的。

a) 赵州石拱桥

b) 沿河乌江大桥双曲拱桥

图 7-22　拱桥

用力法计算超静定拱的原理和步骤仍如前所述。若拱轴曲率较大，则应考虑它对变形的影响。但通常拱的曲率都较小，计算结果表明，曲率的影响可以忽略不计，仍可采用直杆的位移计算公式，下面讨论两铰拱的计算方法。

计算两铰拱时，通常去掉一个支座的水平约束，并以多余力 X_1 代替。图 7-23a、b 所示为一两铰拱和相应的基本体系。由原体系在支座 B 处的水平位移等于零的条件，可以建立力法方程

$$\delta_{11}X_1 + \Delta_{1P} = 0$$

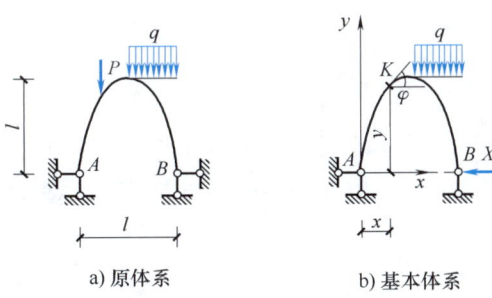

a) 原体系　　　b) 基本体系

图 7-23　两铰拱及其基本体系

计算柔度系数和自由项时，一般可以略去剪力的影响，而轴力影响通常仅当拱高 f 小于跨度 l 的 1/3，拱的截面厚度 t 与跨度 l 之比小于 1/10 时，才在 δ_{11} 中予以考虑，因此有

$$\left. \begin{array}{l} \delta_{11} = \int \dfrac{\overline{M_1}^2}{EI} \mathrm{d}s + \int \dfrac{\overline{N_1}^2}{EA} \mathrm{d}s \\[2mm] \Delta_{1P} = \int \dfrac{\overline{M_1} M_P}{EI} \mathrm{d}s \end{array} \right\} \tag{7-12}$$

设规定弯矩以使拱的内侧纤维受拉为正，轴力以使截面受压为正，取图 7-23b 所示坐标

系，则基本结构在多余力 $\overline{X}_1 = 1$ 作用下，任意截面的内力为

$$\overline{M_1} = -y , \quad \overline{N_1} = \cos\varphi \tag{7-13}$$

式中，y 为拱任意截面 K 处的纵坐标；φ 为 K 点处拱轴线的切线与 x 轴所成的夹角。

将式（7-13）代入式（7-12）得

$$\delta_{11} = \int \frac{y^2}{EI}\mathrm{d}s + \int \frac{\cos^2\varphi}{EA}\mathrm{d}s$$

$$\Delta_{1P} = -\int \frac{yM_P}{EI}\mathrm{d}s$$

进而由力法方程可解得

$$X_1 = -\frac{\Delta_{1P}}{\delta_{11}} = \frac{\int \dfrac{yM_P}{EI}\mathrm{d}s}{\int \dfrac{y^2}{EI}\mathrm{d}s + \int \dfrac{\cos^2\varphi}{EA}\mathrm{d}s} \tag{7-14}$$

按式（7-14）计算 X_1 时，因拱轴为曲线，所以必须采用积分法计算。当拱轴线形状、截面变化规律较复杂时，直接积分会遇到困难，此时可应用近似的数值积分法，如应用高等数学的梯形公式或抛物线公式做数值求和。

对于只承受竖向荷载且两拱趾同高的两铰拱，当求得水平推力 X_1 后，拱上任意截面处的弯矩、剪力和轴力均可以用叠加法求得，即

$$\begin{aligned}M &= M^0 - Hy \\ Q &= Q^0\cos\varphi - H\sin\varphi \\ N &= Q^0\sin\varphi + H\cos\varphi\end{aligned} \tag{7-15}$$

式中，M^0、Q^0 分别表示相应简支梁的弯矩和剪力。

7.5.2 系杆拱的计算

当拱的基础比较弱时，如支承在砖墙或独立柱上的两铰拱式屋盖结构，通常可以在两铰拱的底部设置拉杆以承担水平推力。图 7-24a 所示为拱式屋架的示意图，其计算简图如图 7-24b 所示。

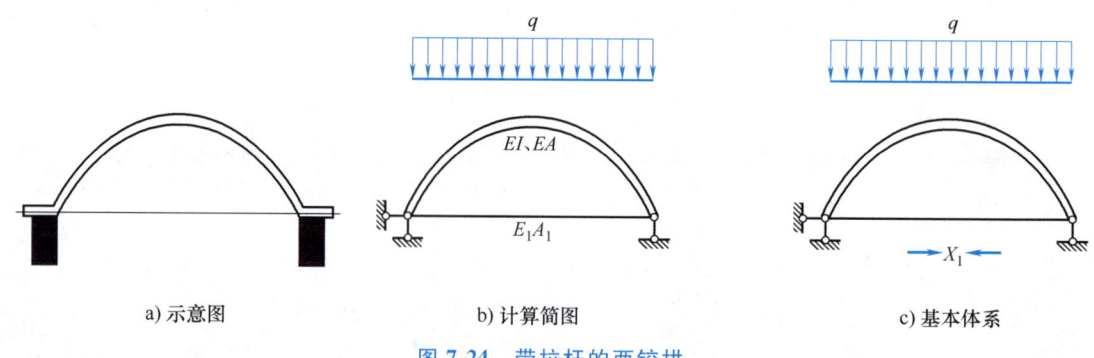

a) 示意图　　　　b) 计算简图　　　　c) 基本体系

图 7-24　带拉杆的两铰拱

带拉杆的两铰拱也称系杆拱。带拉杆的两铰拱的计算方法与无拉杆情况相似。以拉杆的拉力 X_1 为多余未知力，其基本体系如图 7-24c 所示。根据拉杆断口两侧相对水平线位移等

于零的条件建立力法方程

$$\delta_{11}X_1 + \Delta_{1P} = 0$$

式中，自由项 Δ_{1P} 的计算与无拉杆两铰拱的情况完全相同。系数 δ_{11} 的计算则除拱本身的变形外，还须考虑拉杆轴向变形的影响。在单位力 $\overline{X}_1 = 1$ 作用下，拉杆由于轴向变形引起的相对位移为 $\dfrac{l}{E_1 A_1}$，其中 E_1、A_1 分别为拉杆的弹性模量和横截面面积。于是，多余力 X_1 的计算公式为

$$X_1 = -\frac{\Delta_{1P}}{\delta_{11}} = \frac{\int \dfrac{yM_P}{EI}\mathrm{d}s}{\int \dfrac{y^2}{EI}\mathrm{d}s + \int \dfrac{\cos^2\varphi}{EA}\mathrm{d}s + \dfrac{l}{E_1 A_1}} \tag{7-16}$$

求出 X_1 后，可按式（7-15）计算拱的内力。

分析式（7-16）：当拉杆的刚度 $E_1 A_1 \to \infty$ 时，式（7-16）与无拉杆的计算式（7-14）完全一样；当拉杆的刚度 $E_1 A_1 \to 0$ 时，则拱的推力将趋于零，此时该结构将变为曲梁，不再具备拱的特征。因此在设计带拉杆的拱时，为了减小拱本身的弯矩，改善拱的受力状态，应适当加大拉杆的刚度。

此外，工程中有些系拱杆，其系杆颇为粗大，它不仅能承受轴力，而且能承受弯矩和剪力。因此在确定这一类系杆拱的计算简图时，应该按照拱圈与系杆二者抗弯刚度的相对大小来考虑。考察图 7-25a 所示系杆拱，设拱圈与系杆材料相同，且拱圈的截面惯性矩为 I_a，系杆的截面惯性矩为 I_b，则可以有以下三种情况。

1. 柔性系杆刚性拱

此时系杆刚度甚小，如 $\dfrac{I_b}{I_a} = \dfrac{1}{100} \sim \dfrac{1}{80}$，故可以认为系杆只承受轴力。其计算简图如图 7-25b 所示，为一带拉杆的两铰拱，是一次超静定梁。

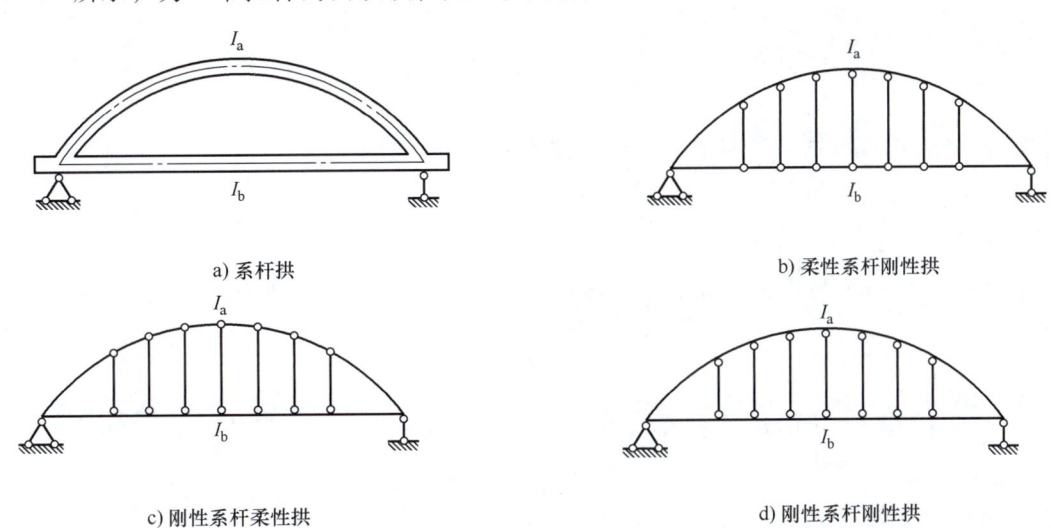

图 7-25　系拱及其计算简图

2. 刚性系杆柔性拱

此时拱圈刚度甚小，如 $\dfrac{I_b}{I_a} = 80 \sim 100$，故可以认为拱仅承受轴力，系杆则可以承受弯矩和剪力。其计算简图如图 7-25c 所示，为一带链杆拱杆的加劲梁，也是一次超静定结构。

3. 刚性系杆刚性拱

此时拱圈与系杆二者刚度相差不大，均能承受弯矩和剪力。吊杆通常刚度较小，可视为链杆。其计算简图如图 7-25d 所示，为多次超静定结构。

例 7-7 试分析图 7-26b 所示带拉杆的等截面两铰拱，拱轴线为抛物线 $y = \dfrac{4f}{l^2}x(1-x)$。试求集中荷载 P 作用下拉杆的内力。

解： 取基本结构如图 7-26b 所示。为了便于计算，采用如下简化假设：忽略拱身内轴力对变形的影响，即只考虑弯曲变形；由于拱身较平，近似地取 $ds = dx$。因此，式（7-16）简化为

$$X_1 = -\dfrac{\Delta_{1P}}{\delta_{11}} = \dfrac{\int \dfrac{yM_P}{EI}dx}{\int \dfrac{y^2}{EI}dx + \dfrac{l}{E_1 A_1}} \tag{7-17}$$

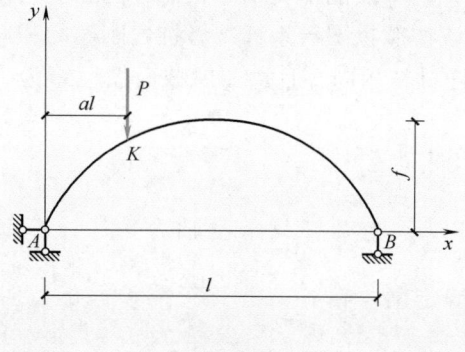

a) 原体系 b) 基本体系

图 7-26 例 7-7

在集中力 P 作用点 K 的两侧 M_P 的表达方式不同，即

当 $0 \leqslant x \leqslant al$ 时，$M_P = P(1-a)x$

当 $al < x \leqslant l$ 时，$M_P = Pa(l-x)$

故式（7-17）中的有关积分需要分段计算

$$\Delta_{1P} = -\int \dfrac{yM_P}{EI}dx$$

$$= -\dfrac{1}{EI}\left[\int_0^{al} P(1-a)x \cdot \dfrac{4f}{l^2}x(1-x)dx + \int_{al}^l Pa(1-x)\dfrac{4f}{l^2}x(l-x)dx\right]$$

$$= -\dfrac{1}{EI}\dfrac{Pfl^2}{3}(a - 2a^3 + a^4)$$

$$\delta_{11} = \int \frac{y^2}{EI}dx + \frac{l}{E_1A_1} = \frac{1}{EI}\int_0^l \left[\frac{4f}{l^2}x(l-x)\right]^2 dx + \frac{l}{E_1A_1} = \frac{8}{15}\cdot\frac{f^2 l}{EI} + \frac{l}{E_1A_1}$$

将上式代入式（7-17），可以求得

$$X_1 = -\frac{\Delta_{1P}}{\delta_{11}} = \frac{5}{8}\cdot\frac{Pl}{f}(a-2a^3+a^4)\eta$$

式中

$$\eta = \frac{1}{1+\frac{15}{8f^2}\cdot\frac{EI}{E_1A_1}}$$

从计算结果可以看出，拉杆中的拉力与荷载 P 成正比，而与拱的高跨比 $\frac{f}{l}$ 成反比，即拱越扁平，拉杆承受的拉力也越大。

7.6　最后内力图的校核

内力图是结构设计的依据，因此，绘出内力图后必须进行校核。校核工作可从两方面进行：首先，可根据弯矩、剪力与荷载集度之间的微分关系，对内力图的形状、走势进行定性分析，具体方法已在静定结构内力图校核部分做过介绍；其次，依据"正确的内力图必须同时满足平衡条件和位移条件"的要求，对内力图竖标数值进行定量校核。现以图 7-27a 所示刚架及其最后内力图（图 7-27b~d）为例，说明平衡条件和位移条件的校核方法。

1. 平衡条件的校核

平衡条件的校核，主要是校核节点处的弯矩、杆件的剪力和轴力，验算它们是否满足相应的平衡条件。因此，可以截取结构的任一部分，以它们为研究对象，并根据待检验的内力图绘出该隔离体的受力图，进而检验它们是否满足平衡条件。例如，为了校核 M 图，可截取结点 C（图 7-27e）为研究对象，有

$$\sum X = 4.85 - 4.85 = 0$$
$$\sum Y = 31.90 - 31.90 = 0$$
$$\sum M_C = 10 + 2.93 - 12.93 = 0$$

可见满足平衡条件。如截取结点 D（图 7-27f）为研究对象，有

$$\sum X = 4.85 - 4.05 - 0.80 = 0$$
$$\sum Y = 76.40 - 48.10 - 28.30 = 0$$
$$\sum M_D = 33.20 + 2.13 - 35.34 \approx 0$$

可见也满足平衡条件。再如截取杆件 CDE（图 7-27g），有

$$\sum X = 4.85 - 0.80 - 4.05 = 0$$
$$\sum Y = 31.90 + 76.40 + 11.70 - 20\times 4 - 40 = 0$$
$$\sum M_C = 10 + 2.13 - 12.93 + 20\times 4\times 2 + 40\times 6 - 11.70\times 8 - 76.40\times 4 = 0$$

仍然满足平衡条件。

2. 位移条件的校核

只有平衡条件的校核，还不能保证超静定结构的内力图一定是正确的。这是因为最后内力图是求出多余力后，将多余力连同原结构上的各种外部因素同时加在基本结构上，而后依据基本结构的平衡条件绘出的。在这种情况下，即使多余力计算有误，也不会由平衡条件反映出来，因此还必须进行位移条件的校核。

由于多余力是根据结构的位移条件求出的（力法方程就是以多余未知力表示的位移条件），所以如果多余力是正确的，则依据正确的多余力作出的内力图必定能使结构满足已知的位移条件。基于以上分析，超静定结构的最后内力图才是唯一正确的。

按位移条件进行校核时，对梁和刚架只承受外荷载的情况，通常是根据结构的最后弯矩图（M图），验算沿任一多余力 X_i ($i=1,2,3,\cdots,n$) 方向的位移，看它是否与原结构的实际位移 (Δ_{i_c}) 相符。具体校核方法为：去掉已知位移相应的约束并以单位力 $\overline{X}_1 = 1$ 代替，进而写出 $\overline{M}_i$ 弯矩表达式或作出 $\overline{M}_i$ 图，代入下式进行验算

$$\Delta_i = \sum \int \frac{\overline{M}_i M}{EI} \mathrm{d}s = \Delta_{i_c} (i=1,2,\cdots,n)$$

例如，为了校核图 7-27b 所示的 M 图，可选取图 7-27h 所示的基本结构，并校核切口 F 处两侧截面的相对转角是否等于零。为此，切口 F 处加一对单位力偶，相应的单位弯矩图 $\overline{M}$ 图与 M 图相乘得

$$\varphi F = \frac{1}{EI}\left[(1\times 4)\left(\frac{6.47-12.93}{2}\right)\right] +$$
$$\frac{1}{2EI}\left[-(1\times 4)\times\left(\frac{2.93+34.34}{2}\right)+\left(\frac{2}{3}\times 4\times 40\right)\times 1\right] +$$
$$\frac{1}{EI}\left[(1\times 4)\times\left(\frac{1.07-2.13}{2}\right)\right] \approx 0$$

可见满足切口 F 处两侧截面的相对转角等于零的位移条件，说明 $ACDB$ 部分弯矩图是正确的。

为验算 DE 部分的弯矩图是否正确，可选取图 7-27i 所示的基本结构，并校核 E 支座的竖向位移；为此在 E 处加一竖向单位力，相应的单位弯矩图 $\overline{M}$ 如图 7-27i 所示，用 $\overline{M}$ 图与 M 图相乘得

$$\Delta_{Ev} = \frac{1}{EA}\left[(4\times 4)\times\left(\frac{1.07-2.13}{2}\right)\right] +$$
$$\frac{1}{2EA}\left[\left(\frac{1}{2}\times 4\times 4\right)\times\left(\frac{2}{3}\times 33.20\right)-\left(\frac{1}{2}\times 4\times 40\right)\times\left(\frac{1}{2}\times 4\right)\right] \approx 0$$

可见满足 E 支座竖向位移等于零的位移条件。由以上分析可以看出，如果单位弯矩图 $\overline{M}_i$ 中，各杆都有弯矩，则位移条件的校核工作可一次完成；如果单位弯矩图 $\overline{M}_i$ 中只部分杆件有弯矩，则必须另外选取单位弯矩图进行校核。总之，必须使所有杆件的弯矩图都参与运算，这时变形条件的校核才是正确和全面的。

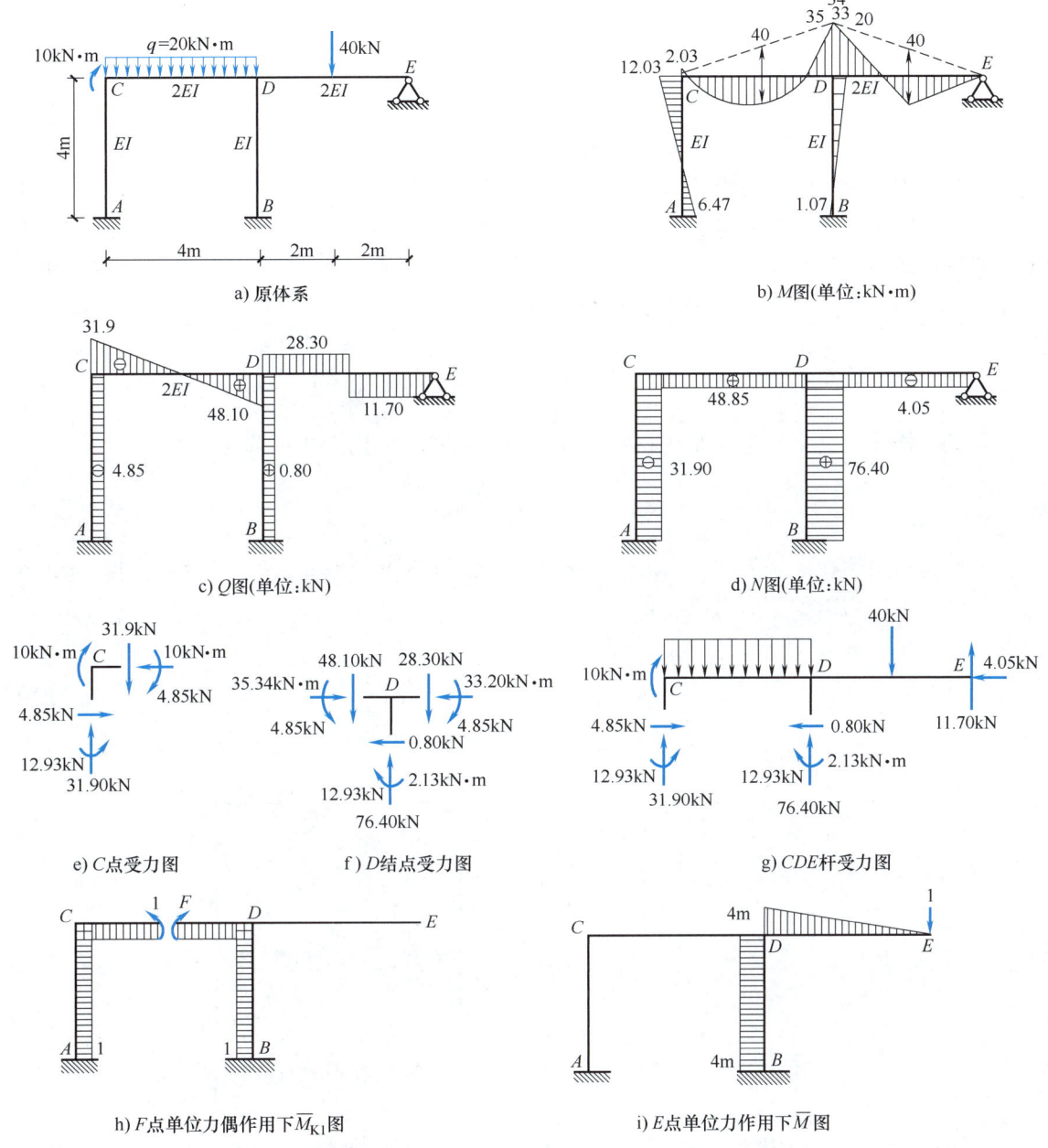

图 7-27 超静定结构最后内力图的校核

7.7 温度变化时和支座移动时超静定结构的计算

由于超静定结构具有多余约束，因此除了荷载，温度变化、支座移动、制造误差等能使结构产生变形的因素，都会使结构产生内力，这是超静定结构的特征之一。

如前所述，用力法计算超静定结构时，要根据位移条件建立求解多余力的力法方程，即根据基本结构在外部因素和多余力共同作用下，在去掉多余约束处的位移应与原体系的实际位移相符的条件建立力法方程。这里外部因素不仅仅指荷载,还应包括温度变化、支座移动、制造误差等广义荷载。

7.7.1 温度变化时超静定结构的计算

考察图 7-28 所示的超静定刚架,设刚架外侧的表面温度上升 t_1,内侧的表面温度上升了 t_2,现在用力法计算其内力。

去掉支座 B 处的三个多余约束,以相应的多余未知力 X_1、X_2、X_3 代替,得到图 7-28b 所示的基本体系。设基本结构的 B 点由于温度改变,沿 X_1、X_2、X_3 方向产生位移分别为 Δ_{1t}、Δ_{2t} 和 Δ_{3t},它们可按第 6 章介绍的方法计算。

$$\Delta_{it} = \sum (\pm) \int \overline{N}_i \alpha t_0 \mathrm{d}s + \sum (\pm) \int \frac{\overline{M}_i \alpha \Delta t}{h} \mathrm{d}s \quad (i=1,2,3) \tag{7-18}$$

若每一杆件沿其全长温度改变相同,且截面尺寸不变,则上式可改写为

$$\Delta_{it} = \sum (\pm) \alpha t_0 \omega_{\overline{N}_i} + \sum (\pm) \alpha \frac{\Delta t}{h} \omega_{\overline{M}_i} \quad (i=1,2,3) \tag{7-19}$$

根据基本结构在多余力 X_1、X_2、X_3 及温度改变的共同作用下,B 点位移应与原体系相同的条件,可以列出如下的力法方程

$$\left. \begin{array}{l} \delta_{11}X_1+\delta_{12}X_2+\delta_{13}X_3+\Delta_{1t}=0 \\ \delta_{21}X_1+\delta_{22}X_2+\delta_{23}X_3+\Delta_{2t}=0 \\ \delta_{31}X_1+\delta_{32}X_2+\delta_{33}X_3+\Delta_{3t}=0 \end{array} \right\} \tag{7-20}$$

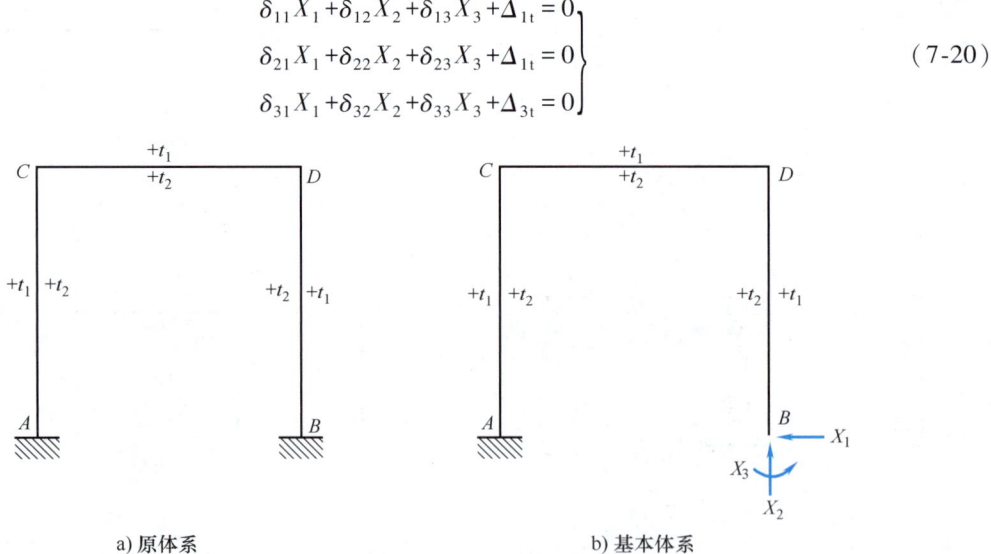

图 7-28 温度变化时超静定刚架的计算

上式中柔度系数的计算仍与前述相同,自由项则按式(7-18)或式(7-19)计算。由于基本结构是静定的,温度改变并不使其产生内力。因此由式(7-20)解出多余力 X_1、X_2 和 X_3 后,原体系的弯矩按下式计算

$$M = \overline{M}_1 X_1 + \overline{M}_2 X_2 + \overline{M}_3 X_3 \tag{7-21}$$

求出弯矩图后,剪力和轴力通过取相应隔离体,利用平衡条件解出,且最后内力只与多余力有关。计算 n 次超静定结构由于温度引起的内力,方法与此相同。

例 7-8 图 7-28a 所示刚架外侧温度升高了 25℃，内侧温度升高 15℃，试绘制其弯矩图并计算横梁中点的竖向位移。刚架 EI 等于常数，截面为矩形，其高度 $h=0.6$m，材料线膨胀系数为 α。

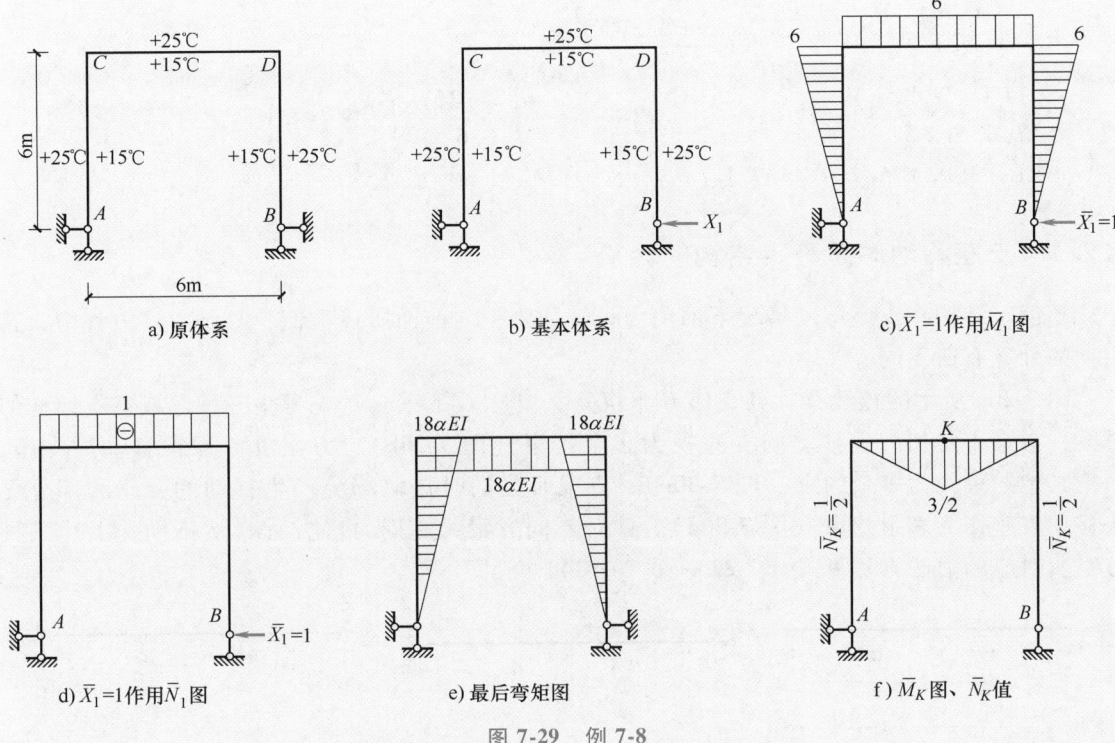

图 7-29 例 7-8

解： 这是一次超静定刚架，取图 7-29b 所示基本体系，相应力法方程为

$$\delta_{11}X_1 + \Delta_{1t} = 0$$

绘出单位力作用下的 $\overline{M}_1$ 图和 $\overline{N}_1$ 图（图 7-29c、d），求得柔度系数和自由项为

$$\delta_{11} = \sum \int \frac{\overline{M}_1^2 ds}{EI} = \frac{1}{EI}\left(2 \times \frac{6 \times 6}{2} \times \frac{2 \times 6}{3} + 6 \times 6 \times 6\right) = \frac{360}{EI}$$

$$\Delta_{1t} = \sum(\pm)\alpha t_0 w_{\overline{N}_1} + \sum(\pm)\frac{\alpha \Delta t}{h}w_{\overline{M}_1}$$

$$= -\alpha \times \frac{25+15}{2} \times (1 \times 6) + \frac{\alpha}{0.6} \times (25-15) \times \left(2 \times \frac{6 \times 6}{2} + 6 \times 6\right)$$

$$= -120\alpha + 1200\alpha = 1080\alpha$$

将柔度系数和自由项代入力法方程

$$X_1 = -\frac{\Delta_{1t}}{\delta_{11}} = -\frac{1080\alpha}{\frac{360}{EI}} = -3.00\alpha EI$$

最后弯矩图如图 7-29e 所示。由计算结果可知，在温度变化影响下，超静定结构的内力与各杆刚度的绝对值有关，这与荷载作用下的情况是不同的。

为求横梁中点 K 的竖向位移，应在基本结构 K 点竖直方向加一虚拟单位力，作出 $\overline{M}_K$ 图并计算各杆轴力 $\overline{N}_K$（图 7-29f），然后由位移计算公式求得

$$\begin{aligned}
\Delta_{Kv} &= \sum\int\frac{\overline{M}_K M_P}{EI}\mathrm{d}s + \sum(\pm)\alpha t_0 w_{\overline{N}_K} + \sum(\pm)\frac{\alpha\Delta t}{h}w_{\overline{M}_K}\\
&= \frac{1}{EI}\left(\frac{1}{2}\times 6\times\frac{3}{2}\times 18\alpha EI\right)-\alpha\times\frac{25+15}{2}\times 2\times\frac{1}{2}\times 6 - \frac{\alpha(25-15)}{0.6}\times\left(\frac{1}{2}\times\frac{3}{2}\times 6\right)\\
&= 81\alpha-120\alpha-75\alpha = -144\alpha\,(\uparrow)
\end{aligned}$$

7.7.2　支座移动时超静定结构的计算

超静定结构在支座移动情况下的内力计算原则上与前面所述类似，只是力法方程中，自由项的计算有所不同。

图 7-30a 所示的连续梁，其支座 B 下沉 c_1，支座 C 下沉 c_2。先考察三种选取基本结构的方案：方案 Ⅰ 是把产生移动的支座视为多余约束（图 7-30b）；方案 Ⅱ 是保留移动的支座，而把其他约束视为多余约束（图 7-30c）；方案 Ⅲ 是同时选取部分产生移动的支座和部分无法移动支座作为多余约束（图 7-30d）。针对不同方案，所列力法方程自然不同。上述三种方案所对应的力法方程见式（7-22）～式（7-24）。

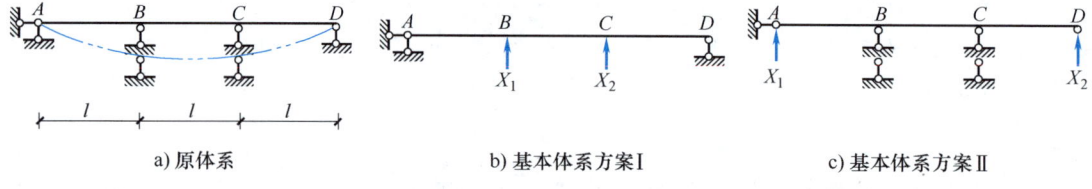

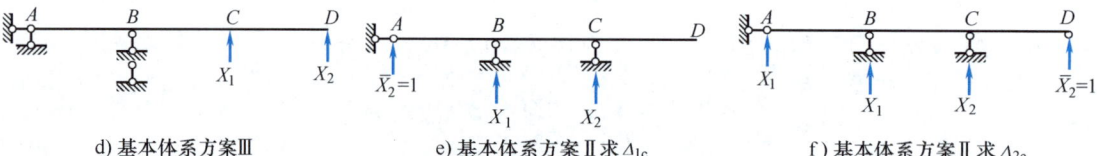

图 7-30　支座移动时连续梁的计算

$$\left.\begin{aligned}\delta_{11}X_1+\delta_{12}X_2 &= -c_1\\ \delta_{21}X_1+\delta_{21}X_2 &= -c_2\end{aligned}\right\} \quad (7\text{-}22)$$

$$\left.\begin{aligned}\delta_{11}X_1+\delta_{12}X_2+\Delta_{1c} &= 0\\ \delta_{21}X_1+\delta_{22}X_2+\Delta_{2c} &= 0\end{aligned}\right\} \quad (7\text{-}23)$$

$$\left.\begin{aligned}\delta_{11}X_1+\delta_{12}X_2+\Delta_{1c} &= -c_2\\ \delta_{21}X_1+\delta_{22}X_2+\Delta_{2c} &= 0\end{aligned}\right\} \quad (7\text{-}24)$$

上述力法方程中的自由项 Δ_{ic}（$i=1,2$）表示基本结构由于支座移动所引起的、沿多余力 X_i 方向相应的位移，该位移可按下式计算

$$\Delta_{ic}=-\sum\overline{R}_i c_i$$

以基本体系方案Ⅱ为例（图 7-30c），其相应力法方程（式 7-23）中的自由项，可参照图 7-30e、f 计算如下

$$\Delta_{1c} = -(2 \times c_1 - 1 \times c_2) = c_2 - 2c_1$$
$$\Delta_{2c} = -(-1 \times c_1 + 2 \times c_2) = c_1 - 2c_2$$

柔度系数的计算和最后弯矩图的绘制与前面所述相同。因静定基本结构在支座移动下并不产生内力，故原体系的弯矩计算式为

$$M = \overline{M}_1 X_1 + \overline{M}_2 X_2$$

例 7-9 图 7-31a 所示为一单跨超静定梁，设固定支座 A 处发生转角，试求梁的内力和支座反力。

解： 选取基本体系，如图 7-31b 所示。根据原体系支座 B 处竖向位移等于零的位移条件，建立力法方程

$$\delta_{11} X_1 + \Delta_{1c} = 0$$

绘出 $\overline{M}_1$ 图，如图 7-31c 所示，相应的支座反力 $\overline{R}$ 也标在图中，由此求得

$$\delta_{11} = \frac{1}{EI}\left(\frac{1}{2} \times l \times l \times \frac{2}{3} \times l\right) = \frac{l^3}{3EI}$$
$$\Delta_{1c} = -\sum \overline{R}_1 \cdot C_a = -(l \times \varphi_A) = -l\varphi_A$$

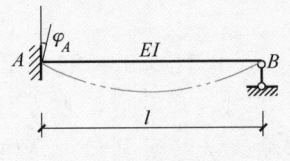

a) 原体系

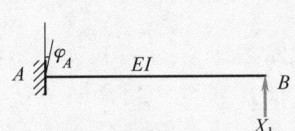

b) 基本体系方案Ⅰ

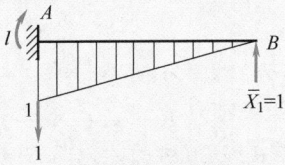

c) $\overline{X}_1=1$ 单独作用

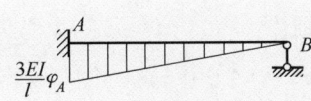

d) 最后弯矩图

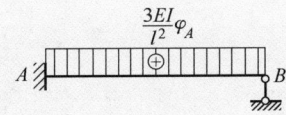

e) 最后剪力图

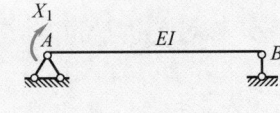

f) 基本体系方案Ⅱ

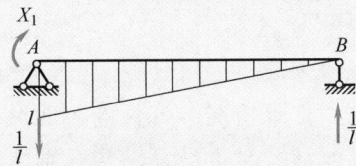

g) 方案Ⅱ，$\overline{X}_1=1$ 单独作用

图 7-31 例 7-9

代入力法方程，可求得

$$X_1 = -\frac{\Delta_{1c}}{\delta_{11}} = \frac{3EI}{l^2}\varphi_A$$

所得结果为正,说明多余力的作用方向与图 7-31b 中所设的方向相同。

根据 $M = \overline{M}_1 X_1$ 作出最后弯矩图,如图 7-31d 所示,根据 M 图,由 AB 杆的平衡条件,可求的 Q_{AB} 和 Q_{BA},进而绘出该超静定结构的剪力图(图 7-31e),梁的支座反力为

$$R_B = X_1 = \frac{3EI}{l^2}\varphi_A \quad (\uparrow)$$

$$R_A = -R_B = -\frac{3EI}{l^2}\varphi_A \quad (\downarrow)$$

$$M_A = \frac{3EI}{l}\varphi_A \quad (\curvearrowleft)$$

如果选取基本结构 II,如图 7-31f 所示,则相应的力法方程为

$$\delta_{11} X_1 = \varphi_A$$

绘出 $\overline{M'}_1$ 图并求出柔度系数

$$\delta_{11} = \frac{1}{EI}\left(\frac{1}{2} \times l \times 1 \times \frac{2}{3}\right) = \frac{l}{3EI}$$

代入力法方程组,解得

$$X_1 = \frac{3EI}{l}\varphi_A$$

根据计算结果绘出的最后弯矩图和剪力图仍如图 7-31d、e 所示。比较以上两种计算方法可以看出,虽然选取的基本体系不同,相应的力法方程形式也不同,但最后的内力图是完全相同的。这表明超静定结构的计算结果与基本体系的选取形式无关,计算结果是唯一的。

7.8 对称性的利用

在工程中,很多结构是对称的。利用对称性可以使对称结构的计算得到简化。

7.8.1 结构和荷载的对称性

1. 结构的对称性

对称结构是指结构的几何形状、支承情况、杆件的截面尺寸和弹性模量均对称于某一几何轴线的结构。也就是说,结构绕该轴线对折后,结构在轴线两边的部分将完全重合。该轴线称为结构的对称轴。图 7-32a 所示的刚架即为对称结构。它有一根竖向对称轴 y-y。图 7-32b 所示的封闭框格有两根对称轴 x-x、y-y。

2. 对称荷载

为了简化计算,作用在对称结构上的荷载(图 7-33a)一般可分解为对称荷载和反对称荷载。对称荷载是指荷载绕对称轴对折后,左右两部分的荷载彼此重合,具有相同的作用点、相同的数值和相同的方向,如图 7-33b 所示。

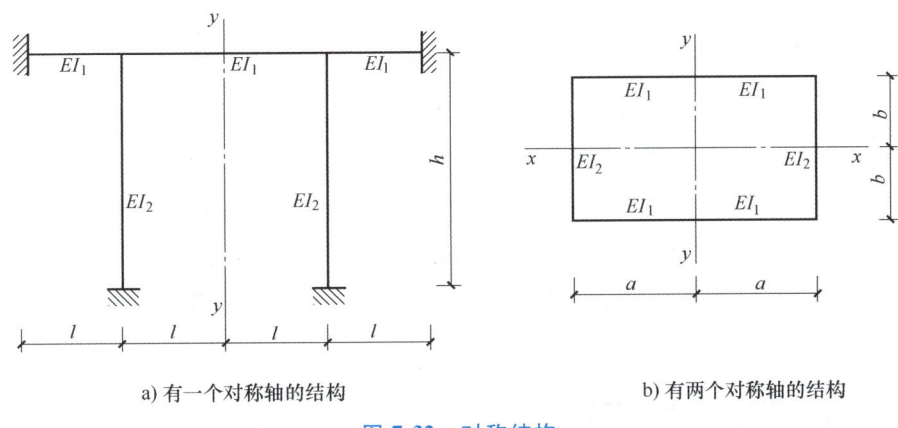

a) 有一个对称轴的结构　　　　　　　　　　b) 有两个对称轴的结构

图 7-32　对称结构

3. 反对称结构

荷载绕对称轴对折后，左右两部分的荷载彼此重合，具有相同的作用点、相同的数值和相反的方向，如图 7-33c 所示。

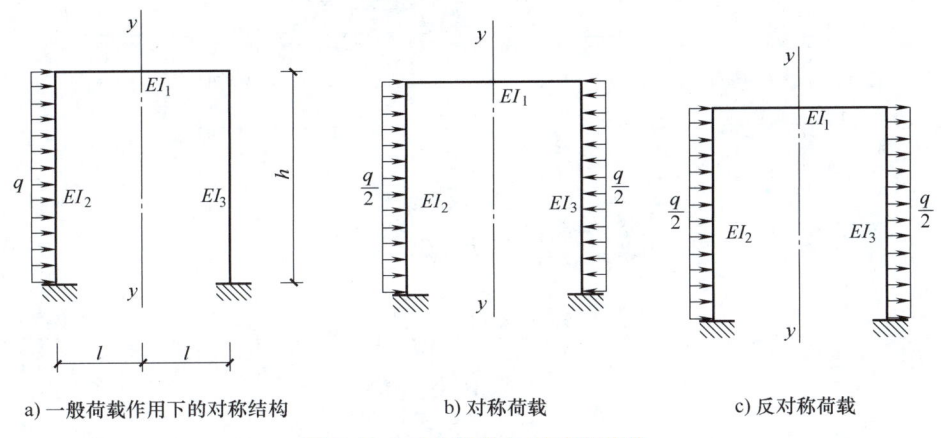

a) 一般荷载作用下的对称结构　　　　b) 对称荷载　　　　c) 反对称荷载

图 7-33　对称荷载与反对称荷载

7.8.2　对称结构承受对称荷载

考察图 7-33b 所示对称结构承受对称荷载的情况。选择对称的基本体系，并取对称力 X_1 和 X_2、反对称力 X_3 作为多余力（图 7-34a）。相应的力法方程为

$$\left.\begin{array}{l}\delta_{11}X_1+\delta_{12}X_2+\delta_{13}X_3+\Delta_{1P}=0\\ \delta_{21}X_1+\delta_{22}X_2+\delta_{23}X_3+\Delta_{2P}=0\\ \delta_{31}X_1+\delta_{32}X_2+\delta_{33}X_3+\Delta_{3P}=0\end{array}\right\} \quad (7\text{-}25)$$

作出单位弯矩图和荷载弯矩图，如图 7-34b～e 所示。由于对称多余力 X_1 和 X_2 的单位弯矩图及对称荷载作用下的弯矩图是对称的，相应的变形（图中双点画线所示）也是对称的；而反对称多余力 X_3 的单位弯矩图是反对称的，相应的变形也是反对称的。因此，在计算力法方程的柔度系数和自由项时，对称的 $\overline{M}_1$ 图、$\overline{M}_2$ 图和 $\overline{M}_P$ 图与反对称的 $\overline{M}_3$ 图相乘时，其结果为零。即

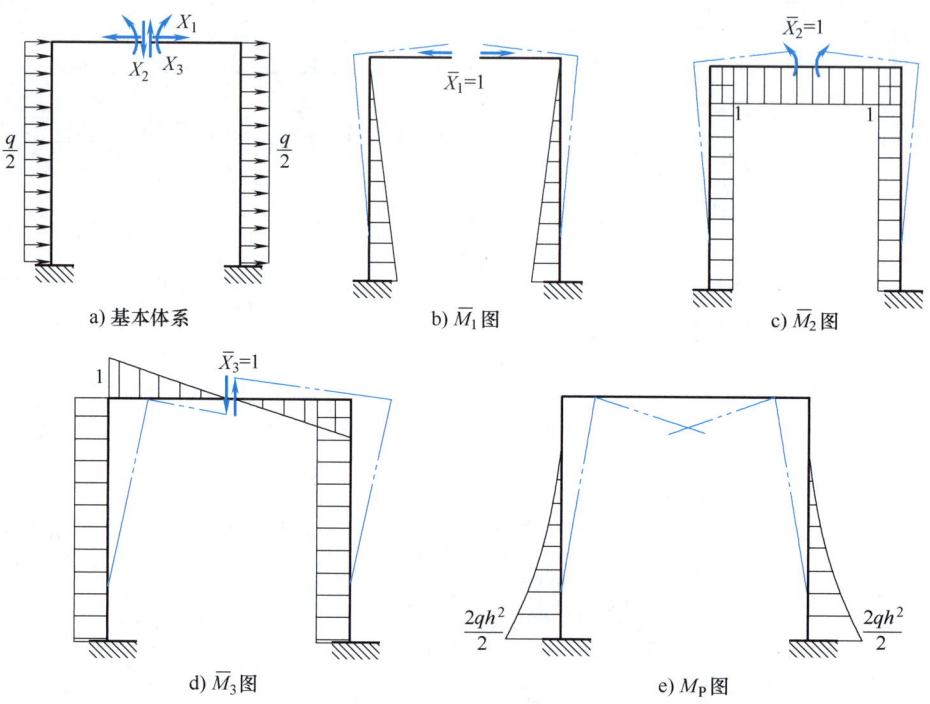

图 7-34 对称荷载作用下的基本体系及相应内力、变形图

$$\delta_{13} = \delta_{31} = \sum \int \frac{\overline{M}_1 \overline{M}_3}{EI} ds = 0$$

$$\delta_{23} = \delta_{32} = \sum \int \frac{\overline{M}_2 \overline{M}_3}{EI} ds = 0$$

$$\Delta_{3P} = \sum \int \frac{\overline{M}_3 M_P}{EI} ds = 0$$

这样力法方程[式（7-25）]简化为

$$\left.\begin{array}{l}\delta_{11}X_1 + \delta_{12}X_2 + \Delta_{1P} = 0 \\ \delta_{21}X_1 + \delta_{22}X_2 + \Delta_{1P} = 0 \\ \delta_{33}X_3 = 0\end{array}\right\} \quad (7\text{-}26)$$

由式（7-26）的第三式可知，反对称多余力 $X_3 = 0$，只需要式（7-26）的前两式计算对称多余力 X_1 和 X_2 即可。

结论：对称结构在对称荷载作用下，只存在对称多余力，反对称多余力等于零；其变形是对称的。

7.8.3 对称结构承受反对荷载

考察图 7-33c 所示对称结构承受反对称荷载的情况。选择对称基本体系，并取对称力 X_1 和 X_2、反对称力 X_3 作为多余力（图 7-35a），相应的力法方程仍为式（7-25）。

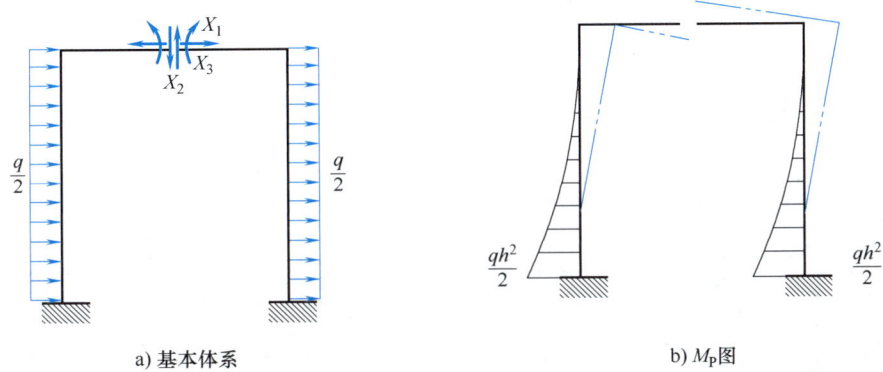

图 7-35 反对称载作用下的基本体系及荷载作用下的弯矩图

由于单位弯矩图没有变化,仍如图 7-34b~d 所示,故柔度系数也没有变化;但由于此时的荷载是反对荷载,故其弯矩图 M'_P 为反对称的,相应的变形也是反对称的,如图 7-35b 所示。此时对称单位力弯矩图与反对称荷载弯矩图相乘,其结果为零;而反对称单位力弯矩图与反对称荷载弯矩图相乘,其结果不为零,即

$$\Delta_{1P} = \sum \int \frac{\overline{M}_1 M_P}{EI} \mathrm{d}s = 0$$

$$\Delta_{2P} = \sum \int \frac{\overline{M}_2 M_P}{EI} \mathrm{d}s = 0$$

$$\Delta_{3P} = \sum \int \frac{\overline{M}_3 M_P}{EI} \mathrm{d}s \neq 0$$

这样力法方程 [式 (7-25)] 简化为

$$\left. \begin{array}{l} \delta_{11}X_1 + \delta_{12}X_2 = 0 \\ \delta_{21}X_1 + \delta_{22}X_2 = 0 \\ \delta_{33} + \Delta_{3P} = 0 \end{array} \right\} \tag{7-27}$$

由式 (7-27) 的前两式,并根据二元一次齐次方程组的性质,可知对称多余力 $X_1 = X_2 = 0$,由第三式可求出反对称多余力 X_3。

结论:对称结构在反对称荷载作用下,只存在反对称多余力,对称多余力等于零;其变形是反对称的。

以上介绍了利用对称的基本体系计算对称结构的方法。当对称结构承受一般荷载时,如图 7-33a 所示情况,可以将荷载分解成对称和反对称两组,如图 7-33b、c 所示。分别计算上述两组荷载下的内力,而后将它们叠加,即可求得原结构的内力。这样做会使计算工作简化。

现在讨论对称结构的中柱恰好位于对称轴上的情况(图 7-36a)。计算这类结构时,同样可以将荷载分为对称和反对称两组(图 7-36b、c)。根据支座反力的对称性,分别计算上述两组荷载下的内力,而后将它们叠加,即可求得原结构的内力。相应于上述对称和反对称两组情况的基本体系分别如图 7-36d、e 所示,图中 X_1、X_2 为广义多余未知力;相应的力法方程为

$$\left.\begin{array}{l}\delta_{11}X_1+\Delta_{1P}=0\\ \delta_{22}X_2+\Delta_{2P}=0\end{array}\right\}$$

式中，系数 δ_{ii}（$i=1$，2）应理解为基本结构由于广义力 $\overline{X}_i=1$ 作用所引起的广义力 $\overline{X}_i=1$ 相应的位移。

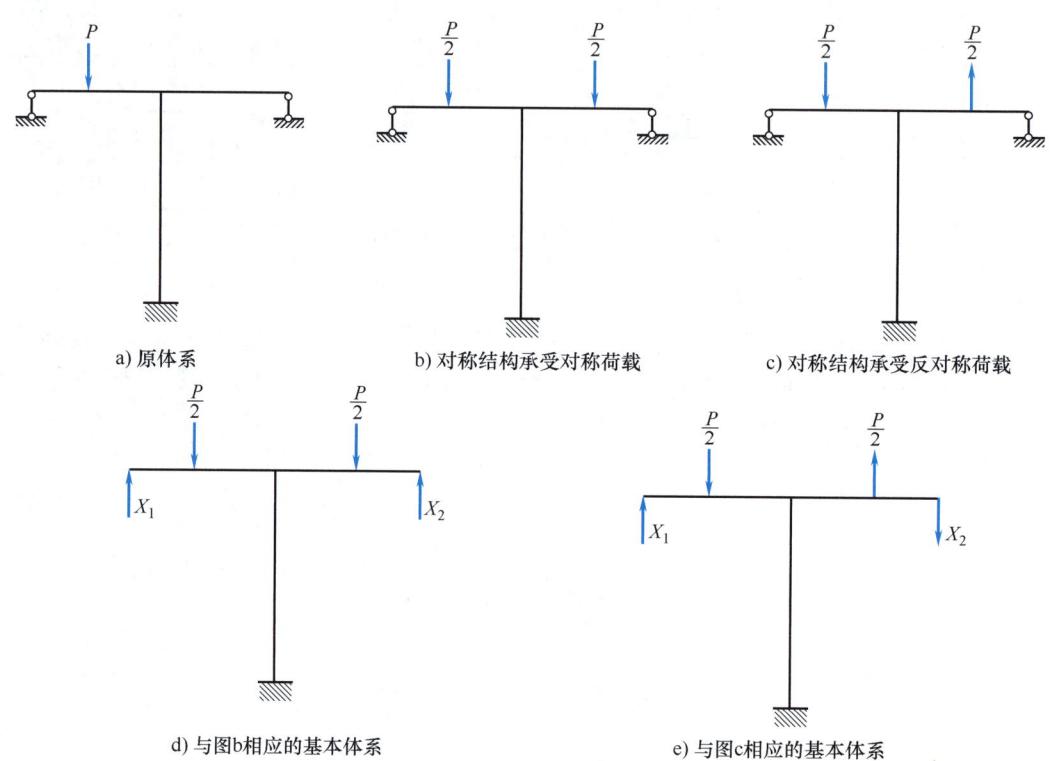

图 7-36 对称抽上有竖柱时对称性利用的例子

例 7-10 试分析图 7-37a 所示刚架，绘出刚架内力图。已知各杆 EI 为常数。

解： 此刚架为四次超静定对称架，承受反对称荷载作用。取对称形式的基本体系如图 7-37b 所示。因为对称结构在反对称荷载作用下，正对称多余力等于零，所以图中只绘出反对称多余力 X_1，力法方程为

$$\delta_{11}X_1+\Delta_{1P}=0$$

分别绘出 $\overline{M}_1$ 图和 M_P 图，如图 7-37c、d 所示。柔度系数和自由项计算如下

$$\delta_{11}=\frac{1}{EI}\left[\left(\frac{1}{2}\times a\times a\right)\times\left(\frac{2}{3}\times a\right)\times 4+(a\times a)\times a\times 2\right]=\frac{10a^3}{3EI}$$

$$\Delta_{1P}=\frac{1}{EI}\left[\left(\frac{1}{2}\times a\times a\right)\times\left(\frac{2}{3}\times 2aP\right)+(a\times a)\times\left(\frac{2Pa+Pa}{2}\right)\right]\times 2=\frac{13Pa^3}{3EI}$$

将 δ_{11}、Δ_{1P} 代入力法方程，解得

$$X_1=-\frac{\Delta_{1P}}{\delta_{11}}=-\frac{13Pa^3}{3EI}\cdot\frac{3EI}{10a^3}=-1.3P$$

依 $M = \overline{M}_1 X_1 + M_P$ 绘出刚架的弯矩图,进而根据杆件和结点的平衡条件,绘出刚架的剪力图和轴力图,如图 7-37e~g 所示。

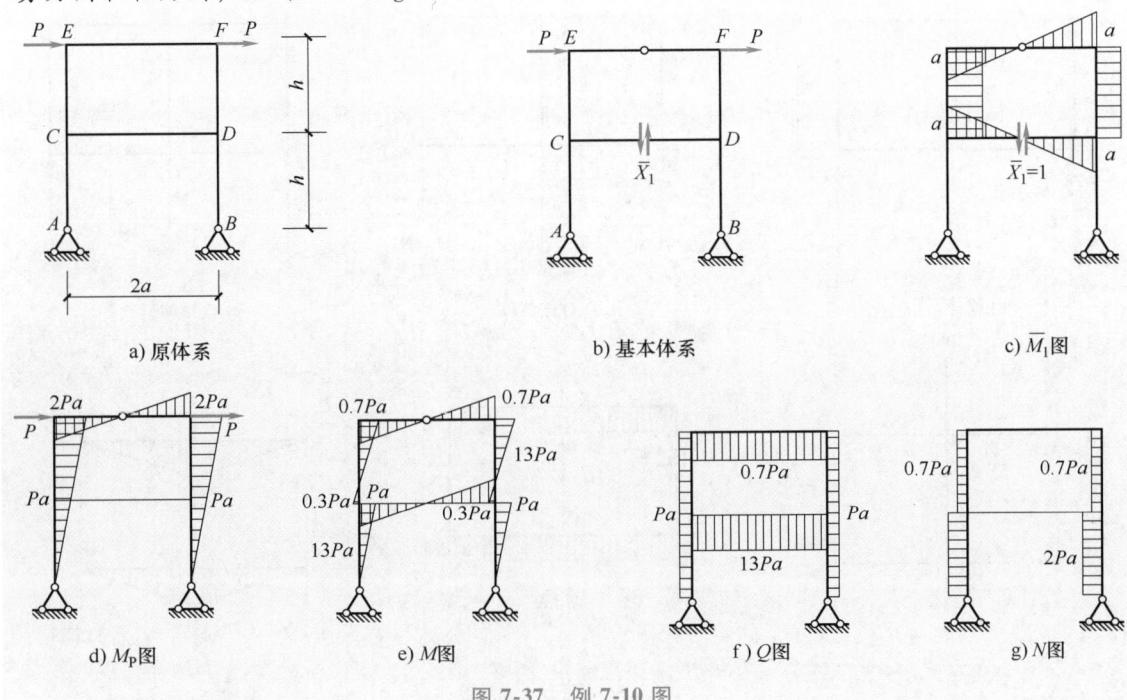

图 7-37 例 7-10 图

例 7-11 试分析图 7-38a 所示刚架,绘出刚架内力图。计算时略去剪力和轴力对变形的影响。

解:此刚架的支座反力是静定的,可由平衡条件求得,如图 7-38a 所示。将荷载及支座反力分为对称和反对称两组,如图 7-38b、c 所示。图 7-38b 属于对称结构承受对称荷载情况,由于三根竖柱只承受沿杆轴方向局部自相平衡的作用力,且计算时略去剪力和轴力对变形的影响,所以除了三根竖柱存在轴力,其他杆件不存在内力。在图 7-38c 中,以通过各竖柱中点的轴为对称轴,根据对称结构承受反对称荷载的特性,可取图 7-38d 所示的基本体系计算,此时只有一个反对称多余力 X_1。力法方程为

$$\delta_{11} X_1 + \Delta_{1P} = 0$$

分别绘出 $\overline{M}_1$ 图和 M_P 图,如图 7-38e、f 所示,柔度系数和自由项计算如下

$$\delta_{11} = \frac{4}{EI} \left[\left(\frac{1}{2} \times 1.5 \times 1.5 \right) \times \left(\frac{2}{3} \times 1.5 \right) + (1.5 \times 1.5) \right] = \frac{63}{2EI}$$

$$\Delta_{1P} = \frac{4}{EI} \left(\frac{1}{2} \times 3 \times 45 \times 1.5 \right) = \frac{405}{EI}$$

将 δ_{11}、Δ_{1P} 代入力法方程,解得

$$X_1 = -\frac{\Delta_{1P}}{\delta_{11}} = -\frac{405}{EI} \cdot \frac{2EI}{63} = -12.86 \text{kN}$$

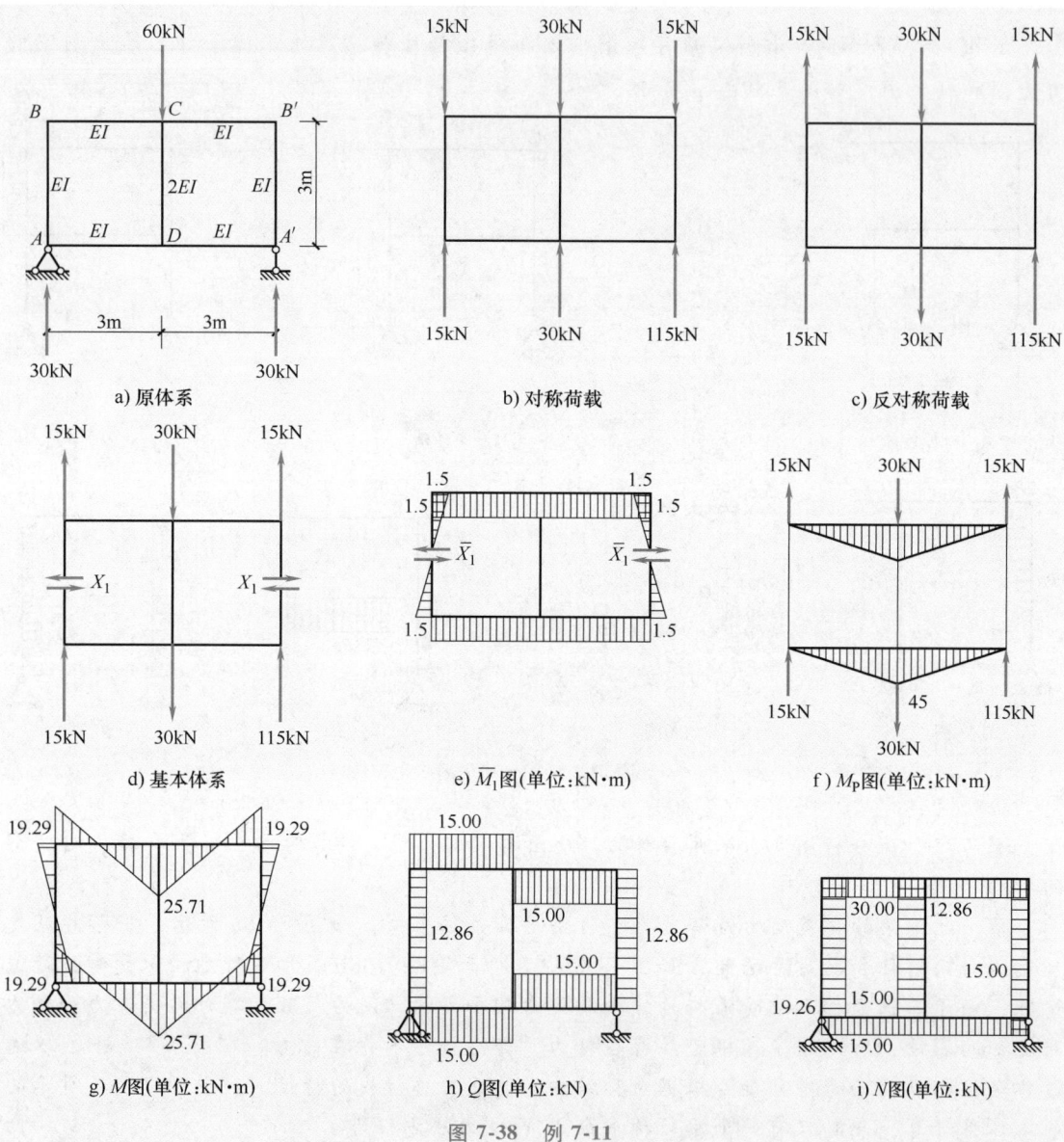

图 7-38 例 7-11

依 $M = \overline{M}_1 X_1 + M_P$ 绘出刚架的弯矩图,进而根据杆件和结点的平衡条件,绘出刚架的剪力图和轴力图。原体系的弯矩图、剪力图和轴力图分别如图 7-38g~i 所示;注意在绘制轴力图时,应同时叠加图 7-38b、c 两种情况。

例 7-12 试分析图 7-39a 所示刚架,绘出刚架弯矩图。已知各杆 EI 为常数。

解:结构有两个对称轴,外荷载对于此二轴也是对称的,利用这个特点可使此三次超静定体系的计算大为简化。取基本体系如图 7-39b 所示,切口处反对称多余力应为零。又考虑到结构受力的对称性和水平对称轴以上部分的平衡条件可知 $X_1 = \frac{1}{2} \times 20 \times 4 \text{kN} = 40 \text{kN}$。于是,只有多余力 X_2 是待定的,力法方程为 $\delta_{11} X_2 + \Delta_{2P} = 0$。

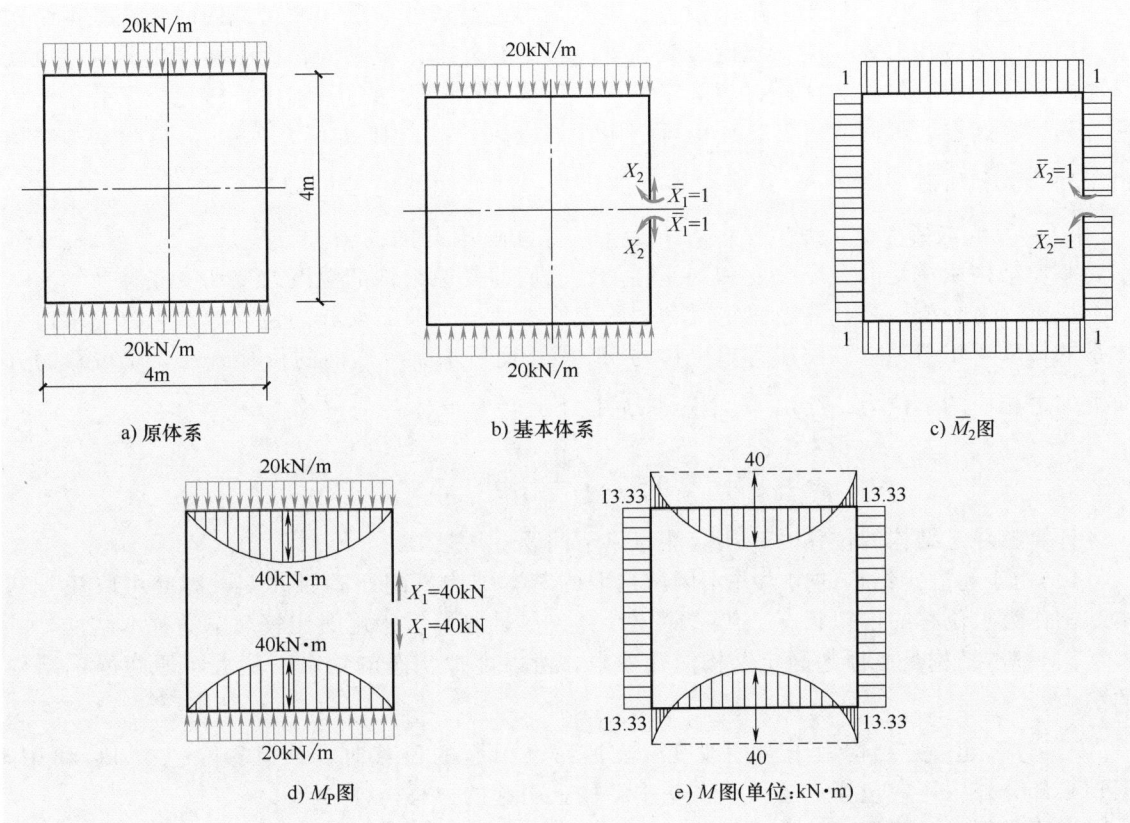

图 7-39 例 7-12

分别绘出 $\overline{M}_2$ 图和 M_P 图，如图 7-39c、d 所示。用图乘法求得柔度系数和自由项为

$$\delta_{22} = \frac{4}{EI}(1 \times 4 \times 1) = \frac{16}{EI}$$

$$\Delta_{2P} = -\frac{2}{EI}\left(\frac{2}{3} \times 4 \times 20 \times 1\right) = -\frac{640}{3EI}$$

将 δ_{22}、Δ_{2P} 代入力法方程，解得

$$X_2 = -\frac{\Delta_{2P}}{\delta_{22}} = \frac{640}{3EI} \cdot \frac{EI}{16} = 13.33 \text{kN} \cdot \text{m}$$

依 $M = \overline{M}_2 X_2 + M_P$ 绘出刚架的弯矩图，如图 7-39e 所示。

7.9 超静定结构的位移计算

在第 6 章我们讨论了静定结构的位移计算，并给出了位移计算的一般公式

$$\Delta_{KP} = \sum \int \frac{\overline{F}_N F_{NP} ds}{EA} + \sum \int \frac{\overline{M} M_P ds}{EI} + \sum \int \frac{\overline{k F}_S F_{SP} ds}{GA} +$$

$$\sum (\pm) \overline{F}_N \alpha t_0 ds + \sum (\pm) \int \alpha \overline{M} \frac{\Delta t}{h} ds - \sum \overline{F}_R c \qquad (7-28)$$

对于超静定结构，只要求出多余力，将多余力也当作外荷载与原荷载同时加在基本结构上，则静定结构在上述荷载、温度改变、支座移动等外部因素共同作用下所产生的位移也就是原超静定结构的位移。这样，超静定结构的位移计算问题通过基本体系转化成了静定结构的位移计算问题，因而式（7-28）仍可适用，但应注意：式中 M_P、F_{SP}、F_{NP} 应为基本结构由于外荷载和所有多余力 X_i 共同作用下的内力，即原超静定结构的实际内力；而 $\overline{M}$、$\overline{F}_S$、$\overline{F}_N$ 和 $\overline{F}_R$ 为基本结构由于虚拟单位力 $\overline{P}_K = 1$ 的作用所引起的内力和支座反力；t_0、Δt、c 分别为基本结构所承受的温度改变和支座移动，它们即是原结构的温度改变和支座移动。

根据以上分析，当计算超静定梁和超静定刚架由于外荷载引起的位移时，可首先求出原体系的最后弯矩图并将该图作为求位移的 M_P 图；而后求哪个方向的位移就在要求位移的方向上加上相应的单位力，绘出 $\overline{M}_K$ 图；最后按下式计算原体系的位移

$$\Delta = \sum \int \frac{\overline{M}_K M_P}{EI} ds$$

计算超静定结构的位移时，还应注意以下问题。

1）由于超静定结构的内力并不因所选取的基本结构不同而有所改变，因此可取任一基本结构作为求位移的虚拟状态。为了简化计算，尽量取单位弯矩图比较简单的基本结构。

2）基本结构是由原超静定结构简化而来，所以虚拟状态的约束不能大于原超静定结构的约束。

3）计算超静定结构由于温度改变、支座移动引起的位移时，其位移除包括 $\overline{M}_K$ 和 M_P 图相乘部分外，还应包括上述因素在基本结构上引起的位移。

下面举例说明超静定结构的位移计算。

例 7-13 试计算如图 7-40a 所示超静定梁中点 C 的竖向线位移 Δ_{Cv}。

解：计算原体系（计算过程略），绘出原体系的最后弯矩图，如图 7-40b 所示。为求梁中点 C 的竖向位移，应在 C 点竖直方向上加相应单位力。单位力可以加在由原超静定结构简化而来的任一基本结构上（图 7-40c、d），也可以加在原结构上（图 7-40e），用以上三种情况下的单位弯矩图 $\overline{M}_{K1}$ 或 $\overline{M}_{K2}$ 或 $\overline{M}_{K3}$ 中的任一个与 M 图相乘，都可以得到原结构 C 点的竖向位移，显然 $\overline{M}_{K1}$ 图与 M 图相乘比较简单

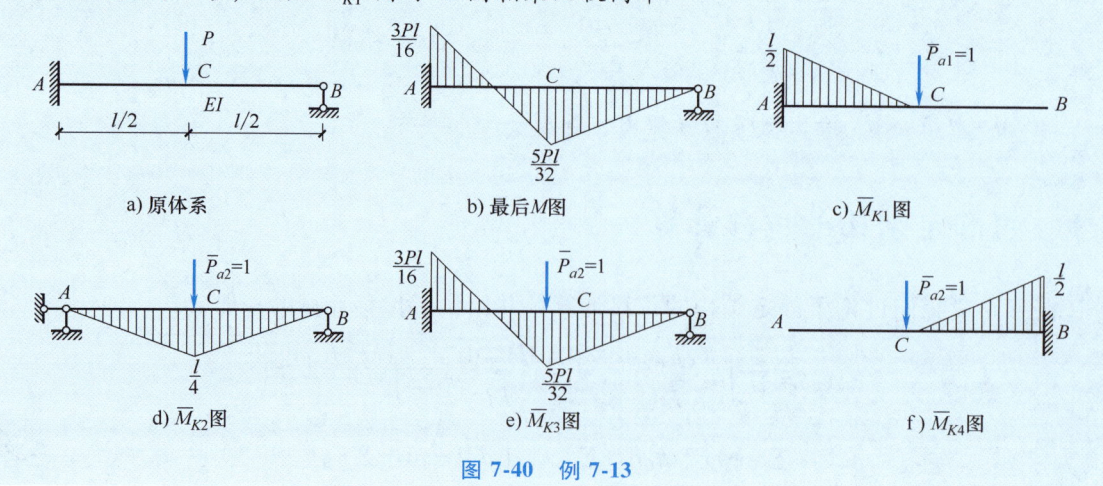

图 7-40　例 7-13

$$\Delta_{Cv} = \int_l \frac{\overline{M}_{K1}M}{EI}\mathrm{d}s = \frac{1}{EI}\left[\left(\frac{1}{2}\times\frac{l}{2}\times\frac{l}{2}\right)\times\left(\frac{2}{3}\times\frac{3Pl}{16} - \frac{1}{3}\times\frac{5Pl}{32}\right)\right] = \frac{7Pl^3}{768EI}(\downarrow)$$

如果用 $\overline{M}_{K4}$ 图（图 7-40f）与 M 图相乘，所得结果则是错误的，因为单位弯矩图中 B 点的约束大于原结构的约束，它不是由原超静定结构简化而来的约束。

例 7-14 试计算如图 7-41a 所示超静定刚架在荷载作用下横梁 CD 的水平位移 Δ_h。已知横梁的抗弯刚度为 $3EI$，竖柱的抗弯刚度为 $2EI$。

解： 此刚架为三次超静定。求解刚架（计算过程略），绘出荷载作用下刚架的最后弯矩图（图 7-41b）。为求 CD 杆的水平位移，在基本结构的 D 点加以水平单位力，并绘出单位弯矩图如图 7-41c 所示。将单位力弯矩图与刚架的最后弯矩图相乘，即可求得 CD 杆的水平位移为

$$\Delta H_{CD} = \frac{1}{2EI}\left[\left(\frac{1}{2}\times 6\times 6\right)\times\left(\frac{2}{3}\times 138.24 - \frac{1}{3}\times 34.56\right) - \left(\frac{2}{3}\times 6\times 75.6\times\frac{1}{2}\times 6\right)\right]$$

$$= \frac{1}{2EI}(145.52 - 907.2) = \frac{272.16}{EI}(\rightarrow)$$

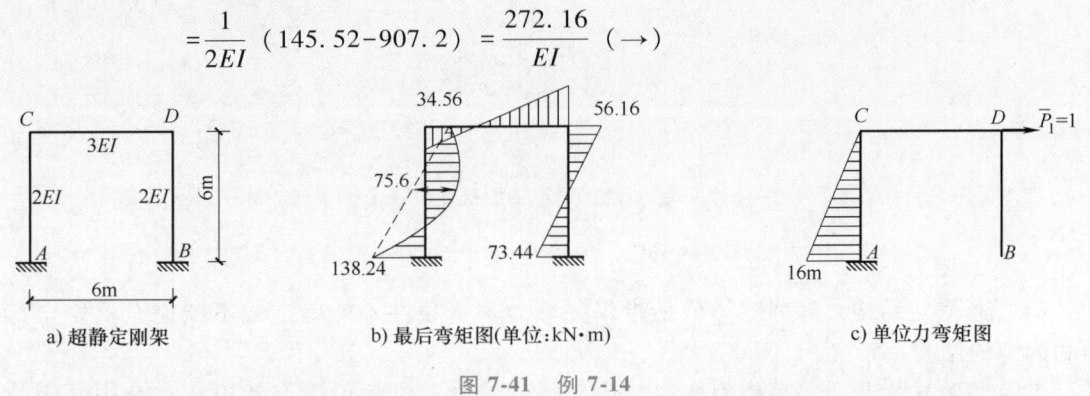

a) 超静定刚架　　　　b) 最后弯矩图(单位:kN·m)　　　　c) 单位力弯矩图

图 7-41　例 7-14

例 7-15 图 7-42a 所示为一单跨超静定梁。设固定支座 A 发生转角 φ，试求梁中点 C 的竖向位移 Δ_{Cv}。

解： 取基本体系 I（图 7-42b）或基本体系 II（图 7-42c），经计算后求得最后弯矩图（图 7-42d）。为求 C 点竖向位移 Δ_{Cv}，可在基本结构 I 上加单位力，绘出 $\overline{M}_{K1}$ 图并求出支座反力 $\overline{R}_{K1}$，于是有

$$\Delta_{Cv} = \int_l \frac{\overline{M}_{K1}M}{EI}\mathrm{d}s - \sum \overline{R}_{K1}\cdot c_a$$

$$= -\frac{1}{EI}\left[\left(\frac{1}{2}\times\frac{l}{2}\times\frac{l}{2}\right)\times\left(\frac{2}{3}\times\frac{3EI}{l}\varphi_A\right)\right] + \frac{l}{2}\times\varphi_A$$

$$= -\frac{5}{16}l\varphi_A + \frac{1}{2}l\varphi_A = \frac{3}{16}l\varphi_A(\downarrow)$$

也可以在基本结构 II 上加单位力，绘出 $\overline{M}_{K2}$ 图并求出支座反力 $\overline{R}_{K2}$（图 7-42f），由于

与虚拟支座反力 $\overline{R}_{K2}$ 相应的真实支座反力位移 c_a 等于零，于是有

$$\Delta_{Cv} = \int_l \frac{\overline{M}_{K2} M}{EI} ds - \sum \overline{R}_{K2} \cdot c_a = \frac{1}{EI}\left[\left(\frac{1}{2} \times l \times \frac{1}{4}\right) \times \left(\frac{3EI}{2l}\varphi_A\right)\right] + 0 = \frac{3}{16} l\varphi_A (\downarrow)$$

所得结果与前面相同。

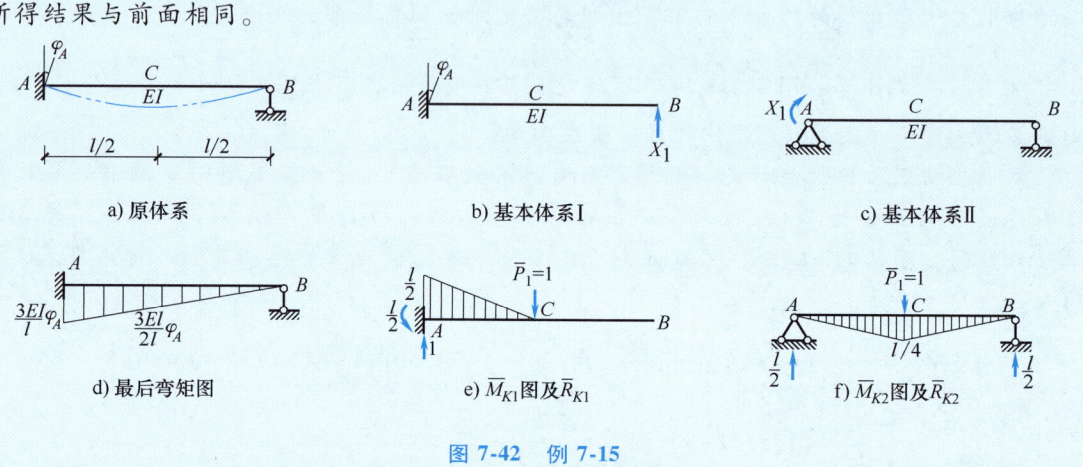

图 7-42　例 7-15

本 章 小 结

1. 基本概念

（1）超静定结构　超静定结构是指仅凭静力平衡条件不能确定或不能完全确定全部反力和内力的结构。

（2）超静定次数　当采用力法解超静定结构时常将结构的多余约束或多余未知力的数目称为结构的超静定次数。

（3）力法　当以超静定结构中的多余未知力作为基本未知数求解时，称为力法。

2. 知识要点

（1）力法的典型方程

$$\left.\begin{aligned}
\delta_{11}X_1 + \delta_{12}X_2 + \cdots + \delta_{1i}X_i + \cdots + \delta_{1n}X_n + \Delta_{1P} = 0 \\
\delta_{21}X_1 + \delta_{22}X_2 + \cdots + \delta_{2i}X_i + \cdots + \delta_{2n}X_n + \Delta_{2P} = 0 \\
\delta_{31}X_1 + \delta_{32}X_2 + \cdots + \delta_{3i}X_i + \cdots + \delta_{3n}X_n + \Delta_{3P} = 0 \\
\delta_{41}X_1 + \delta_{42}X_2 + \cdots + \delta_{4i}X_i + \cdots + \delta_{4n}X_n + \Delta_{4P} = 0
\end{aligned}\right\}$$

（2）用力法计算超静定结构的步骤

1）去掉原体系的多余约束，选取力法基本体系。

2）根据基本体系去掉多余约束处的位移条件建立力法方程。

3）求力法方程的柔度系数和自由项（计算超静定梁和刚架时，应绘出基本结构在单位力作用下的弯矩图和荷载作用下弯矩图，或写出弯矩表达式）。

4）解力法方程，求多余力。

5）由基本体系按静定结构的分析方法绘出原体系的内力图。

（3）温度变化时力法方程

$$\delta_{11}X_1 + \delta_{12}X_2 + \delta_{13}X_3 + \Delta_{1t} = 0$$
$$\delta_{21}X_1 + \delta_{22}X_2 + \delta_{23}X_3 + \Delta_{2t} = 0$$
$$\delta_{31}X_1 + \delta_{32}X_2 + \delta_{33}X_3 + \Delta_{3t} = 0$$

（4）对称结构　对称结构是指结构的几何形状、支承情况、杆件的截面尺寸和弹性模量均对称于某一几何轴线的结构。

（5）承受荷载的对称结构　对称结构在对称荷载作用下，只存在对称多余力，反对称多余力等于零；其变形是对称的。对称结构在反对称荷载作用下，只存在反对称多余力，对称多余力等于零；其变形是反对称的。

思考与讨论

1. 如何确定超静定次数？在确定超静定次数时应注意什么问题？
2. 超静定结构的内力（弯矩、剪力、轴力）是静定的，能否保证其任一截面上的应力（正应力和剪应力）也是静定的？
3. 原结构、原体系、基本结构和基本体系是怎样定义的？它们之间有什么区别和联系？
4. 用力法计算超静定结构的思路是什么？试说明力法方程的物理意义。
5. 在力法计算中可否利用超静定结构作为基本结构？
6. 力法原理与叠加原理有什么联系？当叠加原理不适用时，是否还能用力法原理分析超静定结构？
7. 用力法计算超静定梁和超静定刚架时，一般忽略剪力和轴力对位移的影响，具体分析时是如何体现的？
8. 工程实际中，很多梁两端都是铰支座，是一次超静定结构，为什么在横向荷载作用下可以按简支梁计算？
9. 为什么静定结构的内力状态与 EI 无关，而超静定结构的内力状态与 EI 有关？
10. 为什么对于刚性支座上的刚架，在荷载作用下，多余力和内力的大小都只与各杆弯曲刚度 EI 的相对值有关，而与其绝对值无关？
11. 计算超静定桁架时，取切断多余链杆的基本体系与取去掉多余链杆的基本体系，两者的力法方程有何异同？
12. 用力法分析超静定桁架和组合结构时，力法方程中的柔度系数和自由项的计算需要考虑哪些变形因素？
13. 如何考虑拱轴曲率对位移计算的影响？
14. 为什么两铰拱在支座发生竖向不均匀沉降时并不产生内力？什么样的支座位移才会引起两铰拱的内力？
15. 系杆拱有几类？它们各有什么特点？两铰拱与系杆拱的计算有何异同？
16. 为什么超静定结构在温度变化、支座移动情况下会引起内力？
17. 计算超静定结构时，在什么情况下只需给定各杆 EI 的比值？在什么情况下必需给定各杆 EI 的绝对值？
18. 为什么对称结构在对称荷载作用下，反对称未知力等于零？反之，在反对称荷载作用下，对称未知力等于零？

19. 试说明广义未知力在对称性中的应用及对应的力法方程的物理意义。
20. 计算静定结构的位移与计算超静定结构的位移，两者之间有什么区别与联系？
21. 计算超静定结构位移时应注意哪些问题？
22. 为什么计算超静定结构位移时，单位荷载可加在任一基本体系上？
23. 正确的内力图应满足什么条件？如何进行这些条件的校核？

习　题

一、选择题

1. 如图 7-43 所示，结构 EI = 常数，在给定荷载作用下，M_{BA} 为（　　）。
  A. Pl（上侧受拉）　　　　　　B. $Pl/2$（上侧受拉）
  C. $Pl/4$（上侧受拉）　　　　　D. $Pl/8$（上侧受拉）

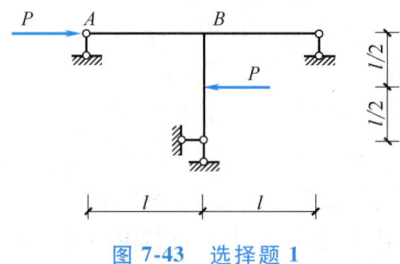

图 7-43　选择题 1

2. 用力法计算超静定结构时，所取基本结构必须是（　　）。
  A. 几何不变体系　　B. 几何可变体系　　C. 静定结构　　D. 超静定结构
3. 在力法方程 $\Sigma\delta_{ij}X_j+\Delta_{1c}=\overline{\Delta}_i$ 中，（　　）。
  A. $\overline{\Delta}_i=0$　　　　B. $\overline{\Delta}_i>0$　　　　C. $\overline{\Delta}_i<0$　　　　D. 前三种答案都有可能

二、判断题

1. 除荷载外，支座移动、温度改变、制造误差等外因均不引起任何结构产生内力。　　（　　）
2. 用图乘法计算超静定结构的位移时，虚拟状态的弯矩图可任取一力法基本结构对应的 $\overline{M}$ 图。　　（　　）
3. 如图 7-44a 所示，两结构的内力相同。　　（　　）
4. 如图 7-44b 所示，两结构的变形相同。　　（　　）

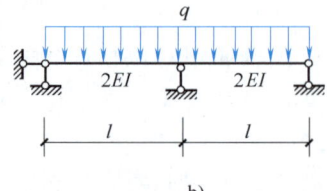

图 7-44　判断题 3、4

三、计算题

1. 试确定图 7-45 结构的超静定次数，并用撤除多余约束的方法将超静定结构变为静定结构。

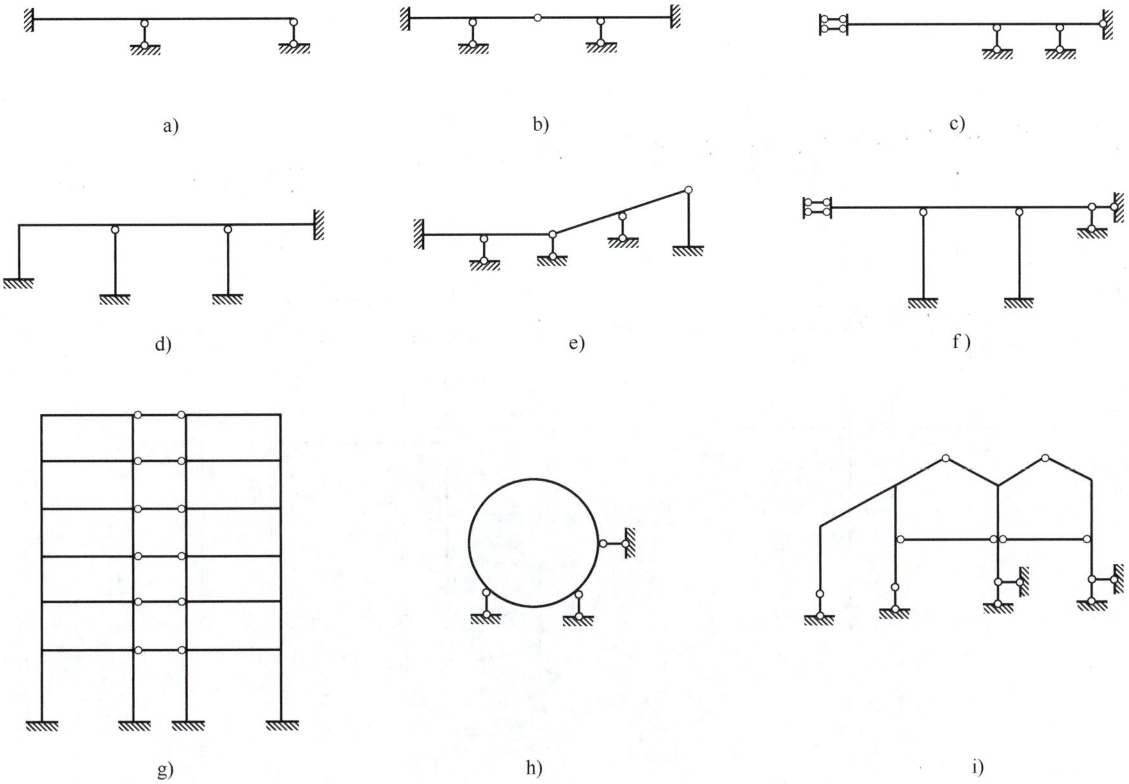

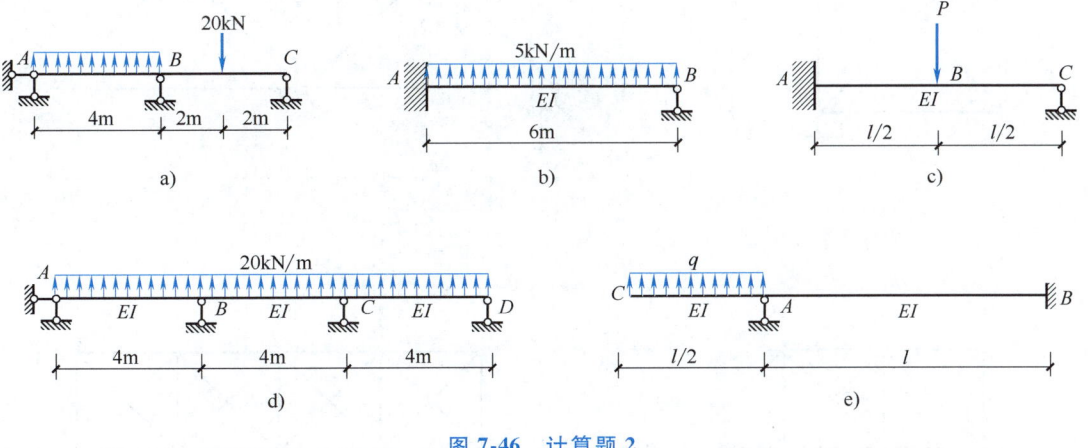

图 7-45　计算题 1

2. 试用力法计算图 7-46 所示超静定梁，并绘其 M、Q 图。

图 7-46　计算题 2

3. 试用力法计算图 7-47 所示超静定刚架，并绘其内力图。
4. 试用力法计算图 7-48 所示超静定桁架的轴力。设各杆 EI 均相同。
5. 试用力法计算图 7-49 所示排架，绘 M 图。

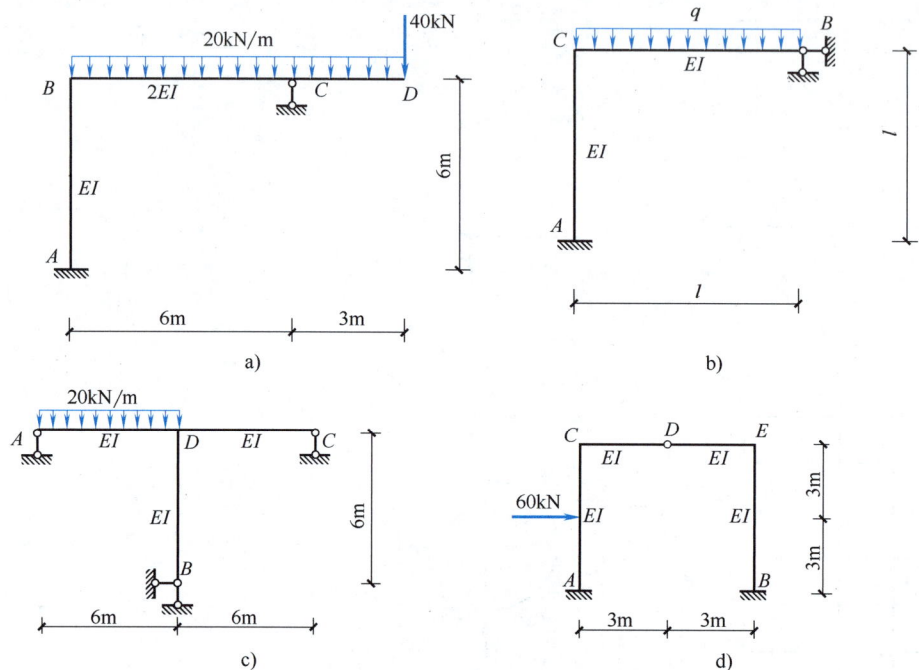

图 7-47 计算题 3

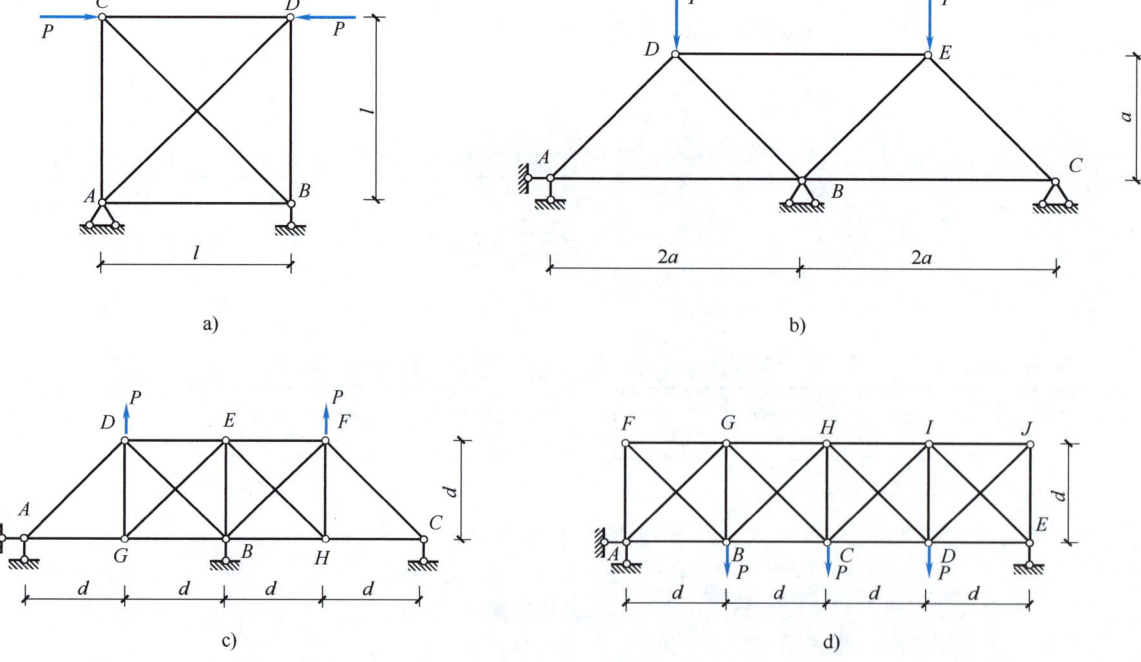

图 7-48 计算题 4

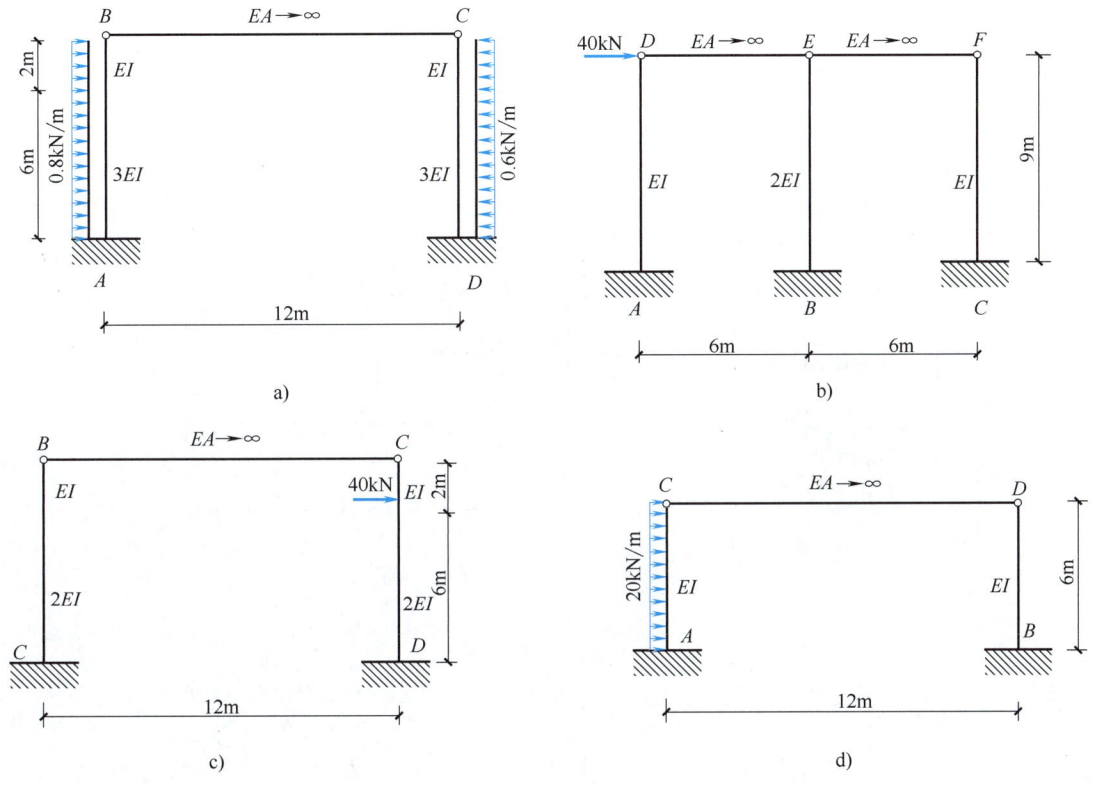

图 7-49 计算题 5

6. 试求图 7-50 所示等截面半圆拱的支座水平推力。设 EI 为常数，并只考虑弯矩对位移的影响。

7. 试推导图 7-51 所示，抛物线两铰拱在均布荷载作用下拉杆内力的表达式。拱截面 EI 等于常数，拱轴线方程为 $y = \dfrac{4f}{l^2}x(l-x)$。计算位移时拱肋只考虑弯矩的影响，并设 $ds = dx$。

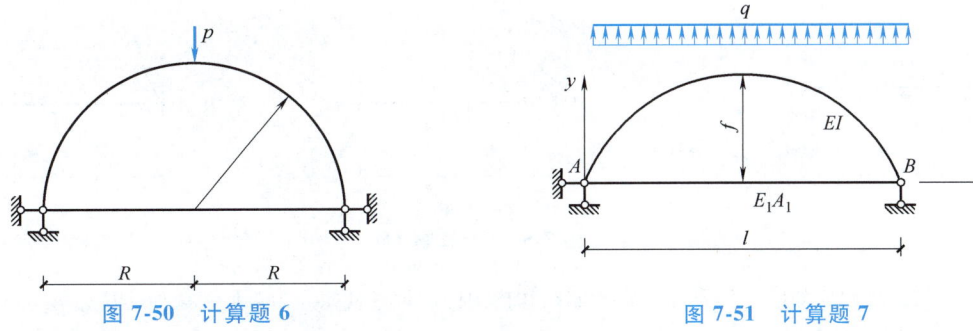

图 7-50 计算题 6   图 7-51 计算题 7

8. 试计算图 7-52 所示超静定组合结构的内力。已知横梁惯性矩 $I = 1 \times 10^{-4} \text{m}^4$，链杆截面积 $S = 1 \times 10^{-3} \text{m}^2$，$E =$ 常数。

9. 试求图 7-53 所示加劲梁各杆的轴力，并绘横梁 AB 的弯矩图。设各杆的 EA 相同，$\dfrac{A}{I} = 20 \text{m}^2$。

10. 利用结构的对称性，计算图 7-54 所示结构，并作出 M、Q、N 图。

11. 单跨超静定梁发生支座移动如图 7-55 所示，试绘制其 M 图、Q 图。

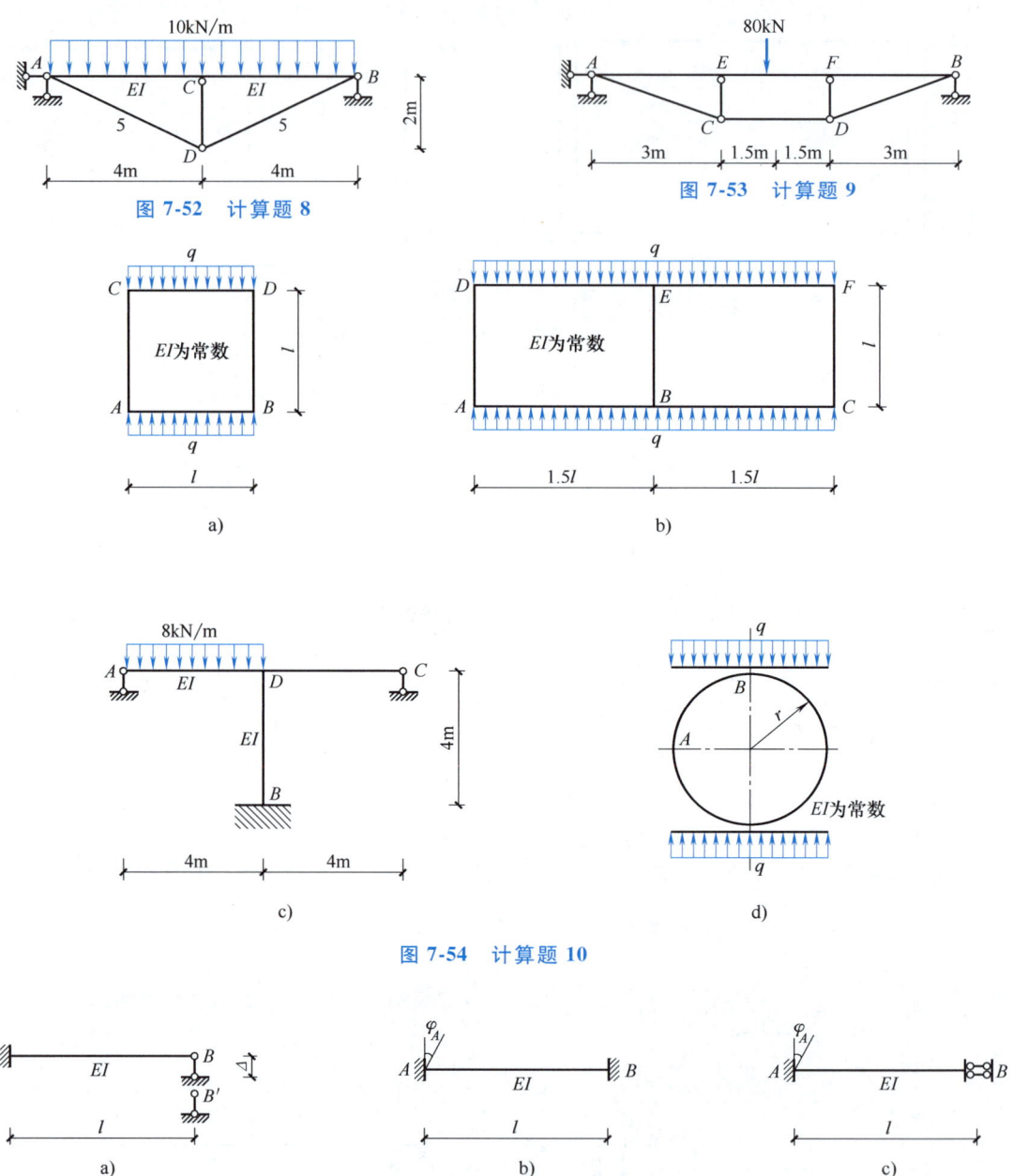

图 7-52 计算题 8

图 7-53 计算题 9

图 7-54 计算题 10

图 7-55 计算题 11

12. 结构温度改变如图 7-56 所示，试绘制结构内力图。设各杆截面为矩形，截面高度为 $h=l/10$，线膨胀系数为 α，EI 为常数。

13. 结构温度改变如图 7-57 所示，试绘制结构弯矩图。设各杆截面为矩形，截面高度为 $h=\dfrac{l}{10}$，线膨胀系数为 α，EI 为常数。

14. 图 7-58 所示结构支座 A 转动 φ_A，EI = 常数，用力法计算并绘制弯矩图。

15. 图 7-59 所示结构中 CD 杆在制造时比准确长度长 0.02m，将其压缩后安装，试求由此引起的内力。$EA = 7.68 \times 10^5 \text{kN}$。

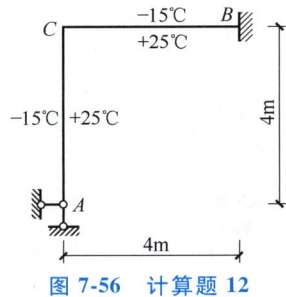

图 7-56 计算题 12

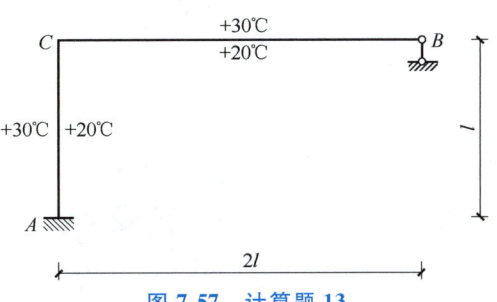

图 7-57 计算题 13

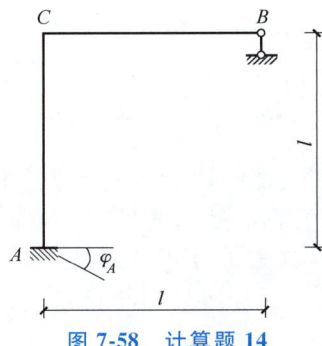

图 7-58 计算题 14

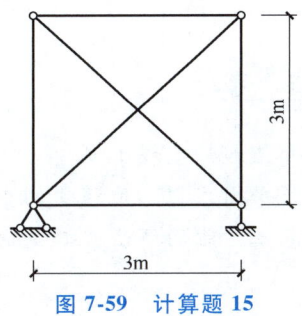

图 7-59 计算题 15

第8章 位 移 法

内容提要

本章介绍超静定结构的另一种基本解法——位移法。它以结点位移为基本未知量，基本方程是平衡方程。位移法的求解有两种途径，一是直接通过结点平衡和截面平衡建立位移法基本方程的解法，二是通过基本结构建立位移法基本方程的解法。

基本要求

熟悉位移法的基本概念、基本结构、位移法典型方程；用位移法计算荷载、温度改变和支座移动作用下超静定结构的内力和位移，位移法计算结果的校核，用平衡条件建立位移法方程的原理和方法；掌握用位移法求解荷载作用下超静定结构的内力，用平衡条件建立位移法方程。

导入案例

武汉广播电视中心大楼

武汉广播电视中心大楼（图8-1）坐落于汉口建设大道青年路口，是钢筋混凝土框架-筒体剪力墙结构，建筑面积为74462m²，主楼30层，其中地下室两层为停车场，局部区域为一层设备用房，裙楼5～6层，塔楼24层为办公用房，塔楼上部为8层钢结构功能用房，顶部为直升机停机坪。其建筑标高为164.8m，在主楼前面30层顶部装有钢结构电视发射塔，塔顶标高为198m。

思考：此类建筑为高次超静定结构，不宜采用力法求解，那该如何对其快速求解呢？

图 8-1 武汉广播电视中心大楼

8.1　位移法的基本概念

位移法是计算超静定结构的另一种基本方法。同力法一样，位移法的出现也是伴随着生产的发展而产生的。19 世纪末，工程中出现了各种连续梁等超静定结构，于是在静定结构的基础上出现了力法。20 世纪初，出现了大量的多层和高层超静定刚架，如果仍用力法计算，未知量太多，计算十分烦琐，人们开始探求新的计算方法，于是位移法应运而生，并随着生产的发展逐步完善。

力法和位移法：内力和位移是两个基本要素，如果先设法求出内力，然后计算位移，这就是力法；相反，如果先确定某些位移，再据此推求内力，这就是位移法。力法的基本未知量是多余约束力，去掉多余约束，列位移协调方程求解；位移法的基本未知量是独立的结点位移，加约束，然后列力系平衡方程求解。

力法的应用我们已经比较熟悉，接下来通过一个例子说明位移法的基本概念。图 8-2a 所示的刚架，在荷载 F 的作用下产生双点画线所示的变形，刚结点 1 处相连的两个杆件的杆端产生相同的转角 Z_1，如果不考虑杆件的轴向变形，则可以认为两杆件长度没有变化，所以结点 1 只有角位移，无线位移。那么如何来确定各杆件的内力呢？对于 12 杆，可以看成一根两端固定的梁，如图 8-2b 所示，该梁受到集中力 F 的作用，固定端 1 处还产生转角 Z_1，这种情况下的内力可以由力法求得。同理，对于 13 杆，可以看成一端固定一端铰支的梁，如图 8-1c 所示，该梁在固定端 1 处产生转角 Z_1，这种情况下的内力也可以由力法求得。可见，在分析该刚架时，可以把转角位移 Z_1 作为基本未知量，设法求出该位移，则各杆件的内力便可以确定。此即位移法的基本解题思路。

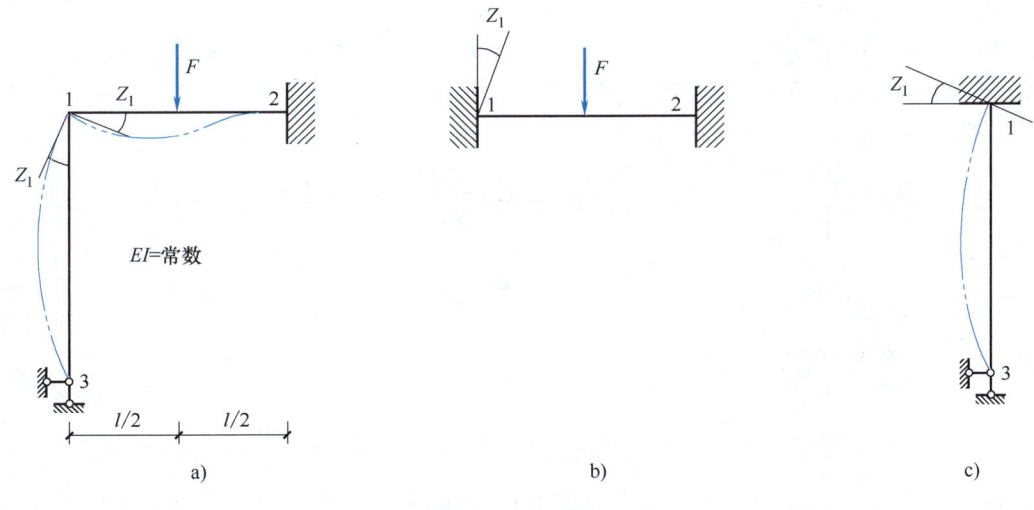

图 8-2　刚架示例

8.2　等截面直杆的转角位移方程

用位移法分析超静定刚架时，每个杆件都可以看作单跨超静定梁。在计算过程中，要用到这种梁在杆端发生转动或移动及外荷载、温度等外因作用下的杆端弯矩和剪力。

为了应用方便，本节先导出其杆端力的表达式。

在推导表达式之前，首先对杆端力的表示方法和正负号的规定予以说明。如图 8-3a、b 所示的单跨超静定梁，A 端的弯矩用 M_{AB} 表示，B 端的弯矩用 M_{BA} 表示。对杆端而言，弯矩以顺时针方向为正，逆时针方向为负（对结点或支座则刚好相反）。在图 8-3a、b 中，M_{AB} 为负弯矩，M_{BA} 为正弯矩。必须注意，这里对杆端弯矩正负号的规定与前面规定不同，前述规定中，弯矩使梁下部纤维受拉者为正。剪力和轴力分别用 Q、N 来表示，如 Q_{AB} 表示 A 端的剪力，N_{BA} 表示 B 端的轴力等，以此类推。剪力和轴力的正负号规定与前面规定相同。

图 8-3c 所示为两端固定的等截面梁，两端支座发生了位移。A 端转角为 φ_A，B 端转角为 φ_B，φ_A、φ_B 以顺时针方向为正。A、B 两端在垂直于杆轴方向的相对线位移为 $\Delta_{AB}=v_B-v_A$，Δ_{AB} 则以使整个杆件顺时针方向转动为正。注意 AB 沿杆轴方向的线位移以及在垂直杆轴方向的平移都不会引起弯矩，故不予考虑。另外，记 $\beta_{AB}=\Delta_{AB}/l$，称为弦转角，也是以顺时针方向转动为正。

根据两端支撑的不同，下面分三种情况讨论转角位移方程。

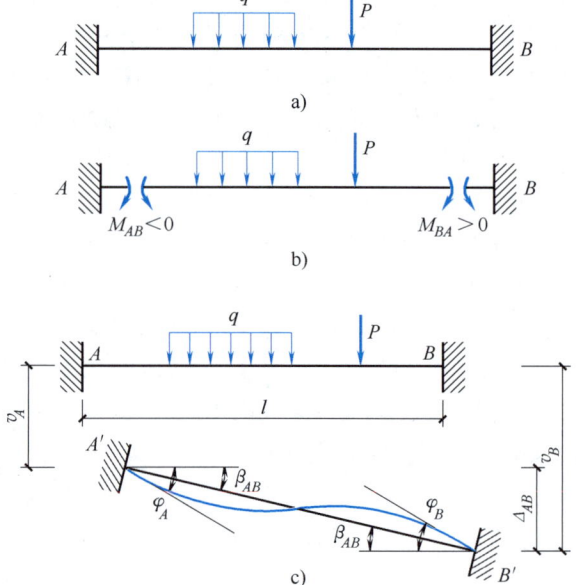

图 8-3 杆端弯矩、位移及其正负号规定

8.2.1 两端为固定端的单跨超静定梁

1. 梁的一端发生角位移

图 8-4a 所示两端固定的梁，A 端发生顺时针方向转角 φ_A，而 B 端固定不动，这时用力法可求得其杆端弯矩和杆端剪力如下，弯矩剪力图如图 8-4b、c 所示。

$$M_{AB}=\frac{4EI}{l}\varphi_A,\quad M_{BA}=\frac{2EI}{l}\varphi_A;$$

$$Q_{AB}=-\frac{6EI}{l^2}\varphi_A,\quad Q_{BA}=-\frac{6EI}{l^2}\varphi_A$$

令 $i=\dfrac{EI}{l}$，i 称为杆件的线刚度，则

$$M_{AB}=4i\varphi_A,\quad M_{BA}=2i\varphi_A;\quad Q_{AB}=-\frac{6i}{l}\varphi_A,\quad Q_{BA}=-\frac{6i}{l}\varphi_A$$

同理，当 A 端固定不动，而 B 端发生顺时针方向转角 φ_B 时，杆端弯矩和杆端剪力为

$$\begin{cases}M_{AB}=2i\varphi_B,\quad M_{BA}=4i\varphi_B;\\ Q_{AB}=-\dfrac{6i}{l}\varphi_B,\quad Q_{BA}=-\dfrac{6i}{l}\varphi_B\end{cases}$$

2. 梁的两端发生垂直于杆轴线方向的相对线位移

图 8-5a 所示为两端固定的梁，其两端在垂直于杆轴线方向发生相对线位移 Δ_{AB}，用力法

求得其杆端弯矩和杆端剪力如下，弯矩剪力图如图8-5b、c所示。

$$M_{AB} = -\frac{6EI}{l^2}\Delta_{AB}, \quad M_{BA} = -\frac{6EI}{l^2}\Delta_{AB}; \quad Q_{AB} = \frac{12EI}{l^3}\Delta_{AB}, \quad Q_{BA} = \frac{12EI}{l^3}\Delta_{AB}$$

线刚度 $i = \dfrac{EI}{l}$，弦转角 $\beta_{AB} = \dfrac{\Delta_{AB}}{l}$，则

$$M_{AB} = -6i\beta_{AB}, \quad M_{BA} = -6i\beta_{AB}; \quad Q_{AB} = \frac{12i}{l}\beta_{AB}, \quad Q_{BA} = \frac{12i}{l}\beta_{AB}$$

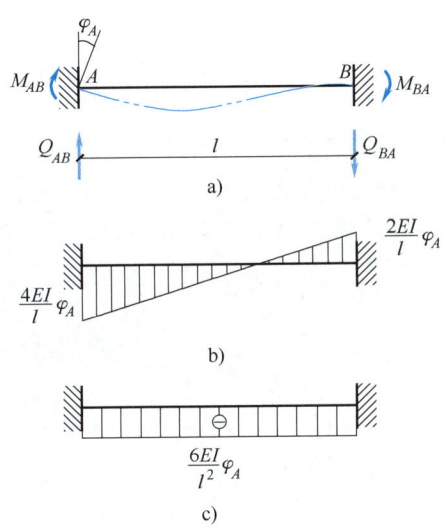

图 8-4 两端固定梁一端发生角位移情况

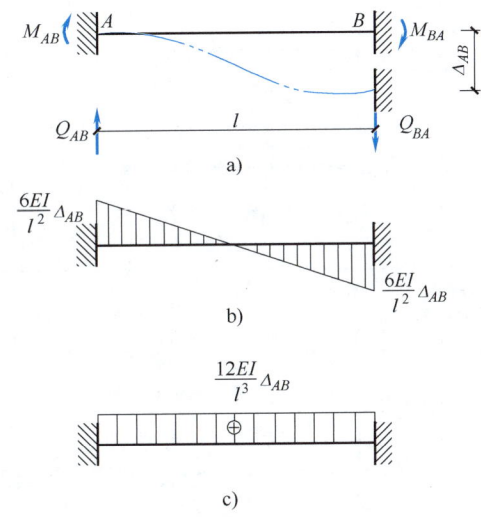

图 8-5 两端固定梁两端发生相对线位移情况

3. 支座位移、荷载和温度共同作用下的转角位移方程

荷载和温度作用下的杆端弯矩和杆端剪力分别称为固端弯矩和固端剪力，其表示方法是在杆端弯矩和杆端剪力的基础上加上角标"F"，如 M_{AB}^F、M_{BA}^F 分别表示 A 截面和 B 截面的固端弯矩，Q_{AB}^F、Q_{BA}^F 分别表示 A 截面和 B 截面的固端剪力。将支座移动及荷载、温度作用引起的固端弯矩和固端剪力进行叠加（图8-6），得到两端固定等截面梁的转角位移方程

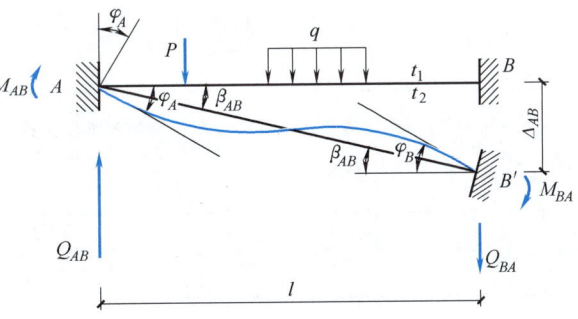

图 8-6 两端固定等截面梁的转角位移方程图示

$$\left.\begin{aligned}
M_{AB} &= 4i\varphi_A + 2i\varphi_B - 6i\beta_{AB} + M_{AB}^F \\
M_{BA} &= 2i\varphi_A + 4i\varphi_B - 6i\beta_{AB} + M_{BA}^F \\
Q_{AB} &= -\frac{6i}{l}\varphi_A - \frac{6i}{l}\varphi_B + \frac{12i}{l}\beta_{AB} + Q_{AB}^F \\
Q_{BA} &= -\frac{6i}{l}\varphi_A - \frac{6i}{l}\varphi_B + \frac{12i}{l}\beta_{AB} + Q_{BA}^F
\end{aligned}\right\} \quad (8-1)$$

单跨超静定梁由于支座移动引起的杆端弯矩和杆端剪力称为刚度系数，由于刚度系数只与杆件材料性质、尺寸及截面形状有关，也称为形常数。等截面直杆的形常数列于表 8-1 中。而单跨超静定梁由于荷载作用及温度变化引起的固端弯矩和固端剪力只与荷载形式有关，也称为载常数。载常数列于表 8-2 中。

表 8-1　等截面直杆的形常数

编号	简图	杆端弯矩		杆端剪力	
		M_{AB}	M_{BA}	Q_{AB}	Q_{BA}
1		$4i$	$2i$	$-\dfrac{6i}{l}$	$-\dfrac{6i}{l}$
2		$-\dfrac{6i}{l}$	$-\dfrac{6i}{l}$	$\dfrac{12i}{l^2}$	$\dfrac{12i}{l^2}$
3		$3i$	0	$-\dfrac{3i}{l}$	$-\dfrac{3i}{l}$
4		$-\dfrac{3i}{l}$	0	$\dfrac{3i}{l^2}$	$\dfrac{3i}{l^2}$
5		i	$-i$	0	0

注：表格中，$i=\dfrac{EI}{l}$；转角和位移均为单位转角和单位位移。

表 8-2　等截面直杆的载常数

编号	简图	杆端弯矩		杆端剪力	
		M_{AB}^{F}	M_{BA}^{F}	Q_{AB}^{F}	Q_{BA}^{F}
1		$-\dfrac{Pab^2}{l^2}$	$\dfrac{Pa^2b}{l^2}$	$\dfrac{Pb^2(l+2a)}{l^3}$	$-\dfrac{Pa^2(l+2b)}{l^3}$
2		$-\dfrac{Pl}{8}$	$\dfrac{Pl}{8}$	$\dfrac{P}{2}$	$-\dfrac{P}{2}$
3		$M\dfrac{b(3a-l)}{l^2}$	$M\dfrac{a(3b-l)}{l^2}$	$-M\dfrac{6ab}{l^3}$	$-M\dfrac{6ab}{l^3}$

(续)

编号	简图	杆端弯矩		杆端剪力	
		M_{AB}^F	M_{BA}^F	Q_{AB}^F	Q_{BA}^F
4	q 均布于AB全长，l	$-\dfrac{ql^2}{12}$	$\dfrac{ql^2}{12}$	$\dfrac{ql}{2}$	$-\dfrac{ql}{2}$
5	q 作用于a段，两端固定	$-\dfrac{qa^2}{12l^2}\times(6l^2-8la+3a^2)$	$\dfrac{qa^3}{12l^2}\times(4l-3a)$	$\dfrac{qa}{2l^3}\times(2l^3-2la^2+a^3)$	$-\dfrac{qa^3}{2l^3}\times(2l-a)$
6	三角形分布荷载	$-\dfrac{ql^2}{20}$	$\dfrac{ql^2}{30}$	$\dfrac{7ql}{20}$	$-\dfrac{3ql}{20}$
7	$\Delta t=t_2-t_1$ 温度变化	$-\dfrac{EI\alpha\Delta t}{h}$	$\dfrac{EI\alpha\Delta t}{h}$	0	0
8	P 集中荷载（一端固定一端铰支）	$-\dfrac{Pab(l+b)}{2l^2}$	0	$\dfrac{Pb(3l^2-b^2)}{2l^3}$	$-\dfrac{Pa^2(2l+b)}{2l^3}$
9	P 作用于跨中	$-\dfrac{3Pl}{16}$	0	$\dfrac{11P}{16}$	$-\dfrac{5P}{16}$
10	集中力偶 M	$M\dfrac{l^2-3b^2}{2l^2}$	0	$-M\dfrac{3(l^2-b^2)}{2l^3}$	$-M\dfrac{3(l^2-b^2)}{2l^3}$
11	q 均布（一端固定一端铰支）	$-\dfrac{ql^2}{8}$	0	$\dfrac{5ql}{8}$	$-\dfrac{3ql}{8}$
12	三角形荷载（大端在A）	$-\dfrac{ql^2}{15}$	0	$\dfrac{2ql}{5}$	$-\dfrac{ql}{10}$
13	三角形荷载（大端在B）	$-\dfrac{7ql^2}{120}$	0	$\dfrac{9ql}{40}$	$-\dfrac{11ql}{40}$
14	$\Delta t=t_2-t_1$ 温度变化（一端固定一端铰支）	$-\dfrac{3EI\alpha\Delta t}{2h}$	0	$\dfrac{3EI\alpha\Delta t}{2hl}$	$\dfrac{3EI\alpha\Delta t}{2hl}$
15	P 集中荷载（一端固定一端定向）	$-\dfrac{Pa(l+b)}{2l}$	$-\dfrac{Pa^2}{2l}$	P	0

(续)

编号	简图	杆端弯矩		杆端剪力	
		M_{AB}^F	M_{BA}^F	Q_{AB}^F	Q_{BA}^F
16	A⊟————⊟B, P at B, 长 l	$-\dfrac{Pl}{2}$	$-\dfrac{Pl}{2}$	P	$Q_{B左}=P$ $Q_{B右}=0$
17	A⊟——q——⊟B, 长 l	$-\dfrac{ql^2}{3}$	$-\dfrac{ql^2}{6}$	ql	0
18	A⊟——⊟B, $\Delta t=t_2-t_1$, 长 l	$-\dfrac{EI\alpha\Delta t}{h}$	$\dfrac{EI\alpha\Delta t}{h}$	0	0

8.2.2 一端固定、一端铰支的单跨超静定梁

一端固定、一端铰支的单跨超静定梁，在支座移动及荷载、温度等共同作用下（图 8-7）的转角位移方程如下

$$\left.\begin{aligned}M_{AB} &= 3i\varphi_A - 3i\beta_{AB} + M_{AB}^F \\ M_{BA} &= 0 \\ Q_{AB} &= -\frac{3i}{l}\varphi_A + \frac{3i}{l}\beta_{AB} + Q_{AB}^F \\ Q_{BA} &= -\frac{3i}{l}\varphi_A + \frac{3i}{l}\beta_{AB} + Q_{BA}^F\end{aligned}\right\} \tag{8-2}$$

8.2.3 一端固定、一端为滑动支座的单跨超静定梁

一端固定、一端为滑动支座的单跨超静定梁，在支座移动及荷载、温度等共同作用下（图 8-8）的转角位移方程如下

$$\left.\begin{aligned}M_{AB} &= i\varphi_A + M_{AB}^F \\ M_{BA} &= -i\varphi_A + M_{BA}^F \\ Q_{AB} &= Q_{AB}^F \\ Q_{BA} &= 0\end{aligned}\right\} \tag{8-3}$$

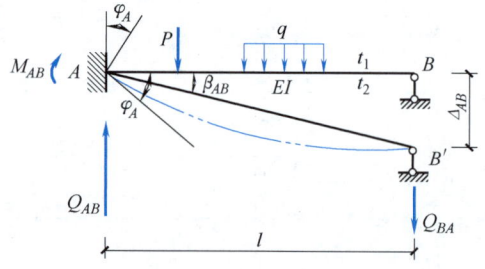

图 8-7 一端固定、一端铰支座等截面梁的转角位移方程图示

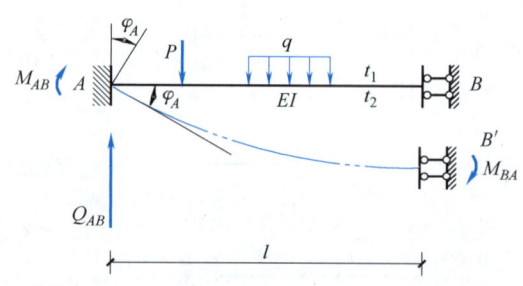

图 8-8 一端固定、一端为滑动支座等截面梁的转角位移方程图示

8.3 基本未知量数目的确定

由上节内容可知，如果杆件两端的角位移和线位移均已知，则杆件的内力可由转角位移方程求得。确定位移法的基本未知量是运用位移法计算的第一步，所以在计算时，首先应该确定独立的结点角位移和独立的结点线位移数目。

确定结点的角位移数目比较简单。连接于同一刚结点处的各个杆件，其转角都是相等的，故每一个刚结点处只有一个独立的角位移未知量。固定支座处，其转角等于零或者等于已知的支座位移。铰结点或者铰支座处，各杆端的转角不是独立的，而确定杆件内力时可以不需要它们的数值，故可不作为基本未知量。所以，独立结点角位移的数目即刚结点的数目，如图 8-9a 所示刚架，其独立结点角位移数目为 2。

确定结点的线位移时做如下基本假定：受弯直杆两端之间的距离在变形后保持不变，即受弯杆件忽略其轴向变形，并且认为弯曲变形也是微小的。如图 8-9a 所示刚架，4、5、6 处都是固定端，三根柱子的长度又保持不变，所以结点 1、2、3 均无竖向位移。而两根横梁的长度也是不变的，所以三个结点有相同的水平位移，因此，只有一个独立的结点线位移。上述确定结点角位移和结点线位移时，考虑了支座和结点及链杆的连接情况，满足了结构的支撑约束条件和变形连续条件。

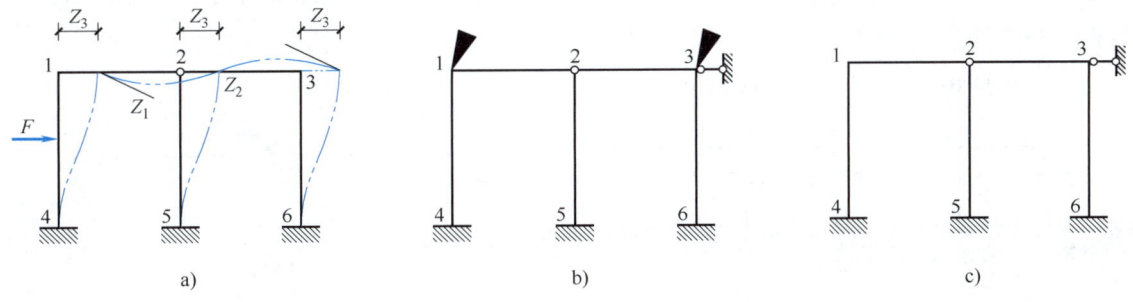

图 8-9 刚架在荷载作用下的变形与基本结构

应用位移法求解时，可以在每个刚结点处假想地加上一个附加刚臂，阻止刚结点的转动，同时加上一根附加链杆，阻止结点的线位移。这样每一杆件都变成单跨超静定梁，可以应用转角位移方程求解。然后设法求得角位移和线位移，叠加便可得到最终内力值。如图 8-9b 所示刚架，不含外荷载的原结构，在结点 1、3 处分别加上附加刚臂，在结点 3 处加上一根水平链杆，这样得到的结构称为基本结构。

在确定独立结点线位移数目时，对于比较复杂的结构，还可以采用"铰化结点，增设链杆"的方法，把每一个结点（包括固定端支座）都换成铰结点，然后进行几何组成分析。如果该铰结体系为几何不变体系，则原结构所有结点均无线位移。如果该铰结体系是几何可变的，则用增加附加链杆的方法使其不动，使整个铰结体系成为无多余约束的几何不变体系，则所需链杆的数目即原结构的独立结点线位移数目。如图 8-9c 所示刚架，把结点都改为铰结之后，只需要一根链杆就能得到无多余约束的几何不变体系，则原刚架只有一个独立的结点线位移。

现在再通过一个例子加深对位移法基本未知量的认识。如图 8-10a 所示，该刚架有四个刚结点，故有四个独立的结点角位移未知量。A、B 处都是固定端，两根柱子的长度又保持不变，所以结点 C、D、E、F 均无竖向位移。而两根横梁的长度也是不变的，所以 C、D 两结点有相同的水平线位移，E、F 两结点也有相同的水平线位移，因此，该刚架有两个独立的结点线位移。

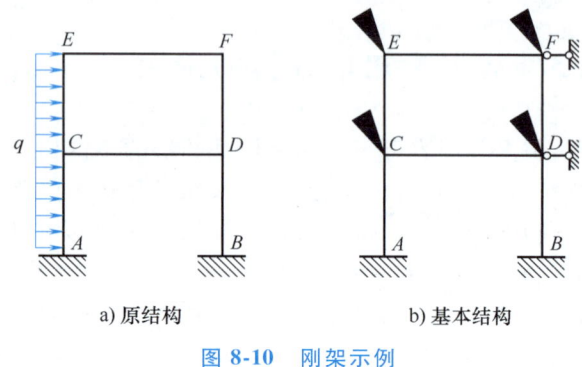

a) 原结构 b) 基本结构

图 8-10　刚架示例

8.4　位移法的典型方程及计算步骤

图 8-11a 所示为一超静定连续梁，该梁只有一个独立的结点角位移，而没有线位移，这种结构称为无侧移结构，用位移法求解较简单。在结点 B 加一附加刚臂约束其转动，就得到基本结构。基本结构与原结构不一样，原结构在外荷载作用下结点 B 可以自由转动，而基本结构被约束住了。为了使基本结构的受力和变形与原结构完全一致，须令附加刚臂发生与原结构相同的角位移 Z_1（图 8-11b）。基本结构在外荷载和独立结点位移共同作用下的体系称为基本体系。

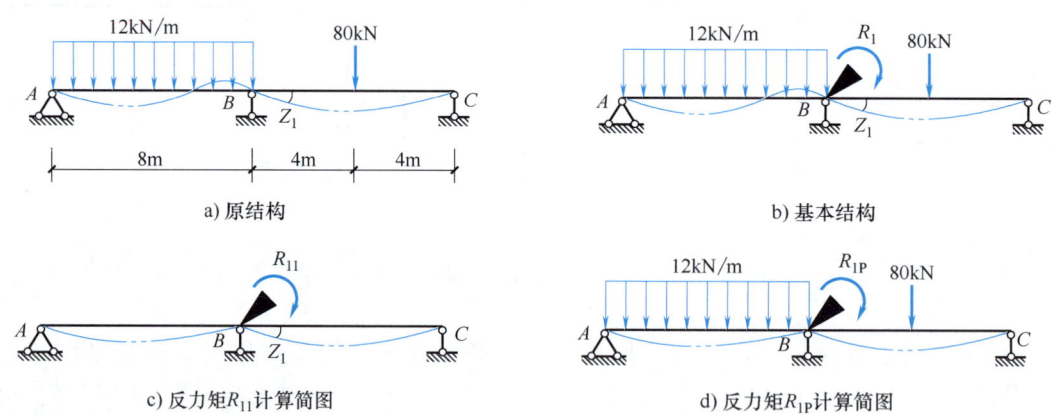

a) 原结构　　　　　　　　　　　b) 基本结构

c) 反力矩 R_{11} 计算简图　　　　　d) 反力矩 R_{1P} 计算简图

图 8-11　位移法典型方程推导示例

基本结构中有附加刚臂，附加刚臂会产生反力矩，但是原结构中没有附加刚臂，自然也就不存在该反力矩。现在基本体系的受力与原结构完全相同，故基本体系在结点位移和外荷载共同作用下，其刚臂的反力矩 R_1 必定为零。由结点位移 Z_1 和外荷载引起的反力矩分别为 R_{11} 和 R_{1P}，则有

$$R_1 = R_{11} + R_{1P} = 0$$

式中，R_{ij} 两个下标的含义：第一个下标表示该反力所属的附加约束，第二个下标表示引起该反力的原因。单位位移 $\overline{Z}_1 = 1$ 引起的附加刚臂上的反力矩记为 r_{11}，则上式可以表示为

$$\gamma_{11}Z_1 + R_{1P} = 0 \tag{8-4}$$

这就是仅有一个未知量的位移法基本方程。

如图 8-12 所示，分别绘出基本结构在 $\overline{Z}_1 = 1$ 作用下的弯矩图 $\overline{M}_1$ 图和荷载作用下的弯矩图 M_P 图。

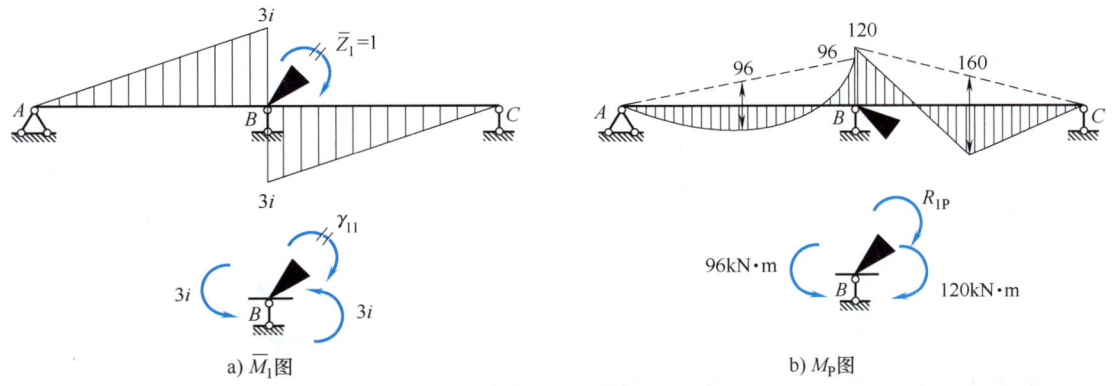

图 8-12 $\overline{M}_1$ 图及 M_P 图

取结点 B 为隔离体，根据力矩平衡条件 $\Sigma M_B = 0$，得到
$$\gamma_{11} = 3i + 3i = 6i$$
$$R_{1P} = (96 - 120)\text{kN} \cdot \text{m} = -24\text{kN} \cdot \text{m}$$

代入（8-4）式得
$$Z_1 = -\frac{R_{1P}}{\gamma_{11}} = \frac{4}{i}$$

结果为正，表示 Z_1 的实际方向与假设方向相同。

求得基本未知量 Z_1，最后的弯矩图叠加即可得到 $M = Z_1\overline{M}_1 + M_P$，最终弯矩图如图 8-13 所示。

上述连续梁仅有一个未知量，现在讨论具有多个未知量的结构，以加深对位移法计算方法的理解。如图 8-14a 所示刚架，杆件 AC 和 BD 有侧移产生，这种结构称为有侧移结构。此刚架有两个结点角位移 Z_1、Z_2 和一个独立的结点线位移 Z_3，其基本结构如图 8-14b 所示。为了使基本结构和原结构有完全相同的受力和变形，基本结构除了受外荷载，还必须使附加约束发生与实际情况相同的位移，即建立位移法的基本体系，基本体系如图 8-14c 所示。基本体系与原结构等效，则各附加约束中的总约束力应为零，即

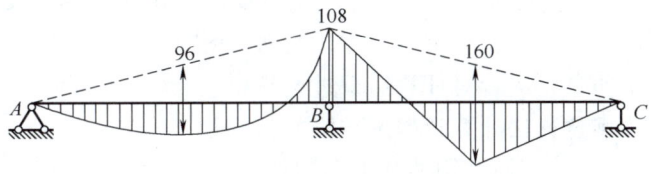

图 8-13 最终弯矩图（单位 kN·m）

$$R_1 = 0, \quad R_2 = 0, \quad R_3 = 0$$

设以 γ_{ij} 表示在附加约束 i 上，仅由于附加约束 j 发生单位位移 $\overline{Z}_j = 1$ 所引起的反力矩或反力，则当附加约束 j 所发生的位移为 Z_j 时，则相应的反力矩或反力等于 $\gamma_{ij}Z_j$。又设 R_{iP} 表示在附加约束 i 上，由于荷载引起的反力矩或反力，根据叠加原理，第 i 个附加约束上的总约束力 $R_i = \gamma_{i1}Z_1 + \gamma_{i2}Z_2 + \gamma_{i3}Z_3 + R_{iP} = 0$，于是各附加约束中的总约束力为零的条件可以展开为

$$\left.\begin{array}{l}\gamma_{11}Z_1+\gamma_{12}Z_2+\gamma_{13}Z_3+R_{1P}=0\\ \gamma_{21}Z_1+\gamma_{22}Z_2+\gamma_{23}Z_3+R_{2P}=0\\ \gamma_{31}Z_1+\gamma_{32}Z_2+\gamma_{33}Z_3+R_{3P}=0\end{array}\right\} \qquad (8\text{-}5)$$

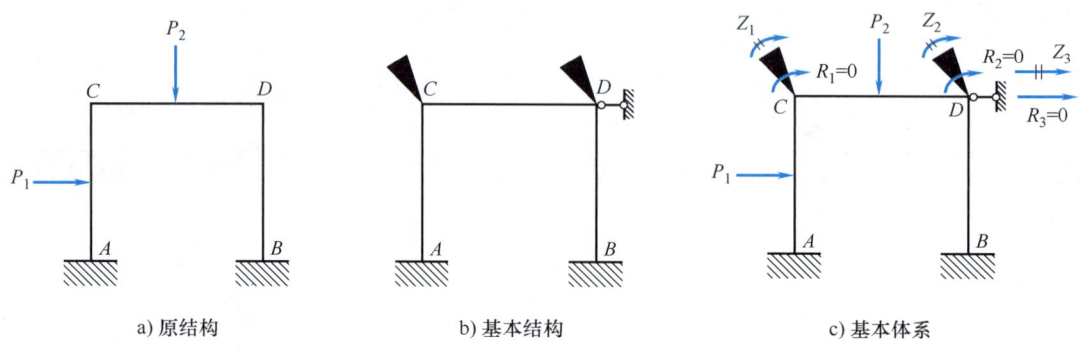

a) 原结构　　　　　　　b) 基本结构　　　　　　　c) 基本体系

图 8-14　位移法典型方程推导示例

以此类推，对于具有 n 个未知量的结构也可做同样的分析，根据每一附加约束上的总反力或反力矩应为零的静力平衡条件，建立如下方程

$$\left.\begin{array}{l}\gamma_{11}Z_1+\cdots+\gamma_{1i}Z_i+\cdots+\gamma_{1n}Z_n+R_{1P}=0\\ \gamma_{i1}Z_1+\cdots+\gamma_{ii}Z_i+\cdots+\gamma_{in}Z_n+R_{iP}=0\\ \gamma_{n1}Z_1+\cdots+\gamma_{ni}Z_i+\cdots+\gamma_{nn}Z_n+R_{nP}=0\end{array}\right\} \qquad (8\text{-}6)$$

式 (8-6) 就是位移法方程的一般形式，常称为位移法的典型方程。

在位移法典型方程中，对角线上的系数 γ_{ii} 称为主系数，它是附加约束 i 发生单位位移时，在自身约束中引起的反力矩或反力，其值恒为正。γ_{ij} 称为副系数，它是附加约束 j 发生单位位移时，在附加约束 i 中引起的反力矩或反力。γ_{ii} 和 γ_{ij} 统称为刚度系数。各式中的最后一项 R_{iP} 称为自由项，它表示外荷载作用在附加约束 i 中引起的反力矩或反力。副系数和自由项的值可正可负可为零。另外，根据反力互等定理有 $\gamma_{ij}=\gamma_{ji}$，此互等关系可以减少计算工作量，或者对计算结果进行校核。

用位移法计算超静定结构的步骤如下：

1) 确定原结构的基本未知量，即独立的结点角位移和线位移数目，加上附加约束得到基本结构。

2) 令附加约束发生与原结构相同的结点位移，根据基本结构在荷载等外因和各结点位移共同作用下，各附加约束上的反力矩或反力应等于零的条件，建立位移法的典型方程。

3) 绘出基本结构在各单位结点位移作用下的弯矩图 $\overline{M}_i$ 图和荷载等外因作用下的弯矩图 M_P 图，由平衡条件求出各系数和自由项。

4) 解位移法典型方程，求出各基本未知量 $Z_i(i=1，2，\cdots，n)$。

5) 按照 $M=\overline{M}_1Z_1+\overline{M}_2Z_2+\cdots+\overline{M}_nZ_n+M_P$ 叠加绘出最后弯矩图。

6) 在最后弯矩图的控制截面处，将结构切开成独立杆件和结点，根据杆件的平衡条件求杆端剪力，绘制剪力图；根据结点的平衡条件求杆端轴力，绘制轴力图。

8.5 位移法应用举例

上节讲述了位移法的典型方程，本节通过三道例题来熟悉位移法典型方程的应用。例8-1 是无侧移的连续梁，例 8-2 是有侧移的刚架，例 8-3 涉及支座移动的问题。

例 8-1 试用位移法计算图 8-15a 所示的连续梁，并绘制出结构的弯矩图。各杆件 EI 为常数。

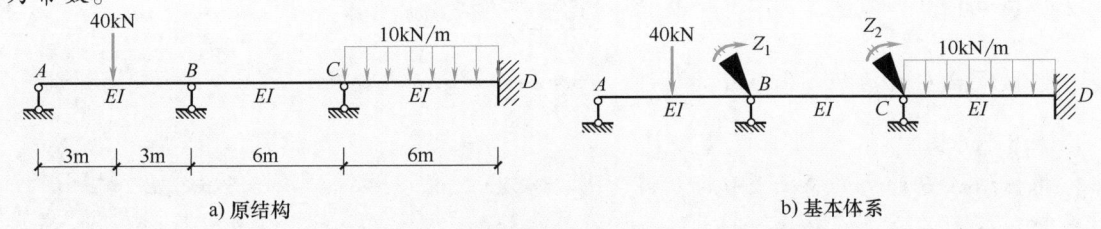

a) 原结构 　　　　　　　　　　　　b) 基本体系

图 8-15　例 8-1 一

解：该连续梁有两个刚结点 B 和 C，无结点线位移，取基本体系如图 8-15b 所示。根据基本体系附加刚臂上的总反力矩为零的条件，可建立位移法的典型方程

$$\left.\begin{array}{l}\gamma_{11}Z_1+\gamma_{12}Z_2+R_{1P}=0\\ \gamma_{21}Z_1+\gamma_{22}Z_2+R_{2P}=0\end{array}\right\}$$

分别绘制出 $\overline{M}_1$ 图、$\overline{M}_2$ 图和 M_P 图，如图 8-16a、b、c 所示，根据图示分别求刚度系数和自由项。

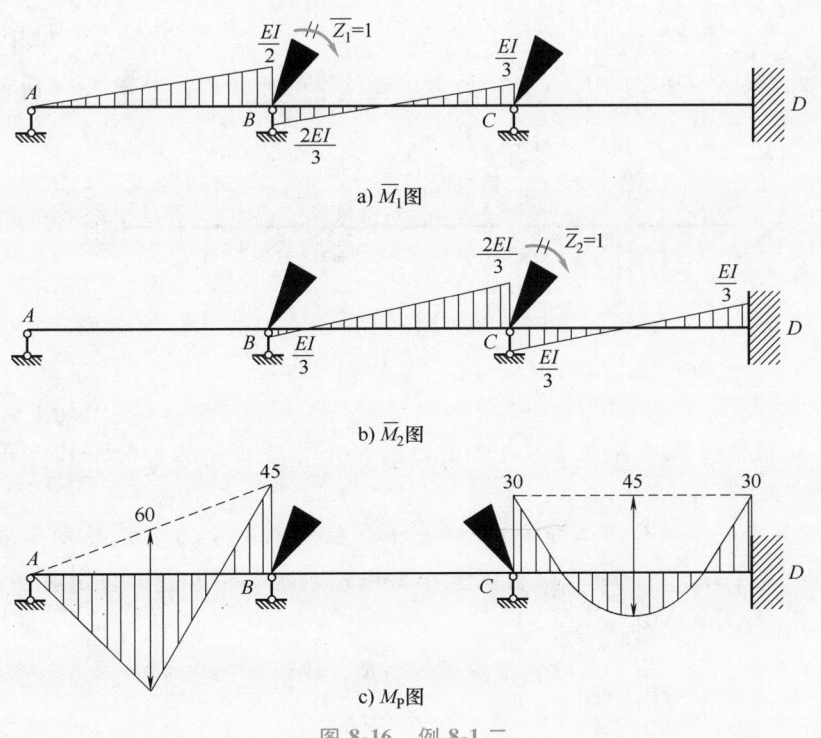

a) $\overline{M}_1$ 图

b) $\overline{M}_2$ 图

c) M_P 图

图 8-16　例 8-1 二

在 8-16a 图中：

根据结点 B 的力矩平衡 $\sum M_B = 0$ 得 $\gamma_{11} = \frac{1}{2}EI + \frac{2}{3}EI = \frac{7}{6}EI$

根据结点 C 的力矩平衡 $\sum M_C = 0$ 得 $\gamma_{21} = \frac{1}{3}EI$

在 8-16b 图中：

根据结点 B 的力矩平衡 $\sum M_B = 0$ 得 $\gamma_{12} = \frac{1}{3}EI = \gamma_{21}$

根据结点 C 的力矩平衡 $\sum M_C = 0$ 得 $\gamma_{22} = \frac{2}{3}EI + \frac{2}{3}EI = \frac{4}{3}EI$

在 8-16c 图中：

根据结点 B 的力矩平衡 $\sum M_B = 0$ 得 $R_{1P} = 45 \text{kN} \cdot \text{m}$

根据结点 C 的力矩平衡 $\sum M_C = 0$ 得 $R_{2P} = -30 \text{kN} \cdot \text{m}$

将求得的刚度系数和自由项数值代入位移法方程得

$$\left. \begin{array}{l} \dfrac{7EI}{6}Z_1 + \dfrac{EI}{3}Z_2 + 45 = 0 \\ \dfrac{EI}{3}Z_1 + \dfrac{4EI}{3}Z_2 - 30 = 0 \end{array} \right\}$$

解方程得

$$Z_1 = -\frac{630}{13EI}, \quad Z_2 = \frac{450}{13EI}$$

式中，Z_1 为负值，说明结点 B 实际转角方向与假设相反，即结点 B 为逆时针转动。最后，根据叠加原理，按 $M = \overline{M}_1 Z_1 + \overline{M}_2 Z_2 + M_P$ 绘出该连续梁的弯矩图，如图 8-17 所示。

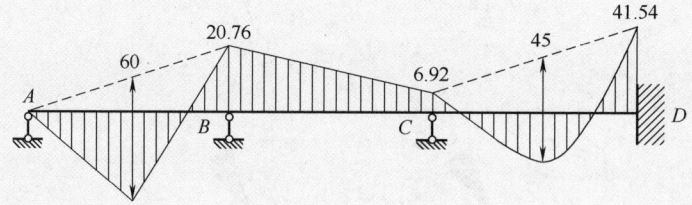

图 8-17　连续梁弯矩图

例 8-2　试用位移法计算图 8-18a 所示的刚架，并绘出结构的弯矩图。各杆件 EI 为常数。

解：该刚架有一个角位移未知量 Z_1 和一个线位移未知量 Z_2，取基本体系如图 8-18b 所示。本题中，$i_{AB} = i_{BC} = i_{CD} = i$。根据基本体系附加刚臂和附加链杆上的反力矩和反力为零的条件，可建立位移法的典型方程

$$\left. \begin{array}{l} \gamma_{11} Z_1 + \gamma_{12} Z_2 + R_{1P} = 0 \\ \gamma_{21} Z_1 + \gamma_{22} Z_2 + R_{2P} = 0 \end{array} \right\}$$

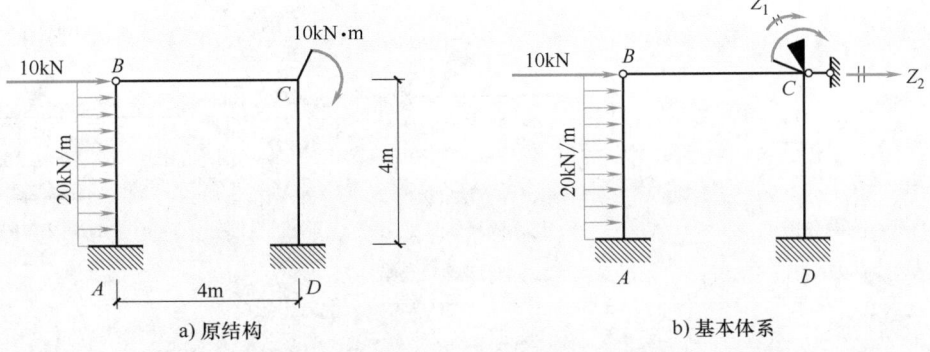

a) 原结构 b) 基本体系

图 8-18　例 8-2 一

分别绘制出 $\overline{M}_1$ 图、$\overline{M}_2$ 图和 M_P 图，如图 8-19a、b、c 所示，根据图示分别求刚度系数和自由项。

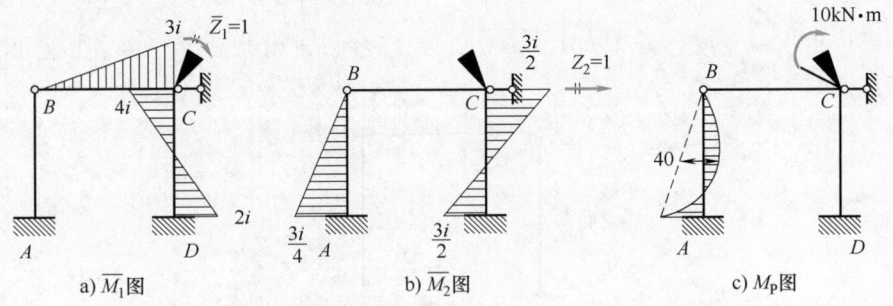

a) $\overline{M}_1$ 图　　b) $\overline{M}_2$ 图　　c) M_P 图

图 8-19　例 8-2 二

γ_{11}、γ_{12}、R_{1P} 都是在附加刚臂中产生的反力矩，分别是在附加刚臂、附加链杆发生单位位移以及外荷载作用下产生的，可以取结点 C 为隔离体，由 $\Sigma M_C = 0$ 求得。

在 8-19a 图中，根据结点 C 的力矩平衡 $\Sigma M_C = 0$ 得　　$\gamma_{11} = 4i + 3i = 7i$

在 8-19b 图中，根据结点 C 的力矩平衡 $\Sigma M_C = 0$ 得　　$\gamma_{12} = -\dfrac{3i}{2}$

在 8-19c 图中，根据结点 C 的力矩平衡 $\Sigma M_C = 0$ 得　　$R_{1P} = -10 \mathrm{kN \cdot m}$

γ_{21}、γ_{22}、R_{2P} 都是附加链杆中产生的反力，分别是附加刚臂、附加链杆发生单位位移及外荷载作用下产生的，可以截取刚架的某一部分为隔离体，利用力的投影方程求得。

从 $\overline{M}_1$ 图中取横梁为隔离体，如图 8-20a 所示，$\Sigma X = 0$ 得　　$\gamma_{21} = -\dfrac{3i}{2} = \gamma_{12}$

从 $\overline{M}_2$ 图中取横梁为隔离体，如图 8-20b 所示，$\Sigma X = 0$ 得　　$\gamma_{22} = \dfrac{15i}{16}$

从 $\overline{M}_P$ 图中取横梁为隔离体，如图 8-20c 所示，$\Sigma X = 0$ 得　　$R_{2P} = -40 \mathrm{kN}$

将求得的刚度系数和自由项数值代入位移法方程得

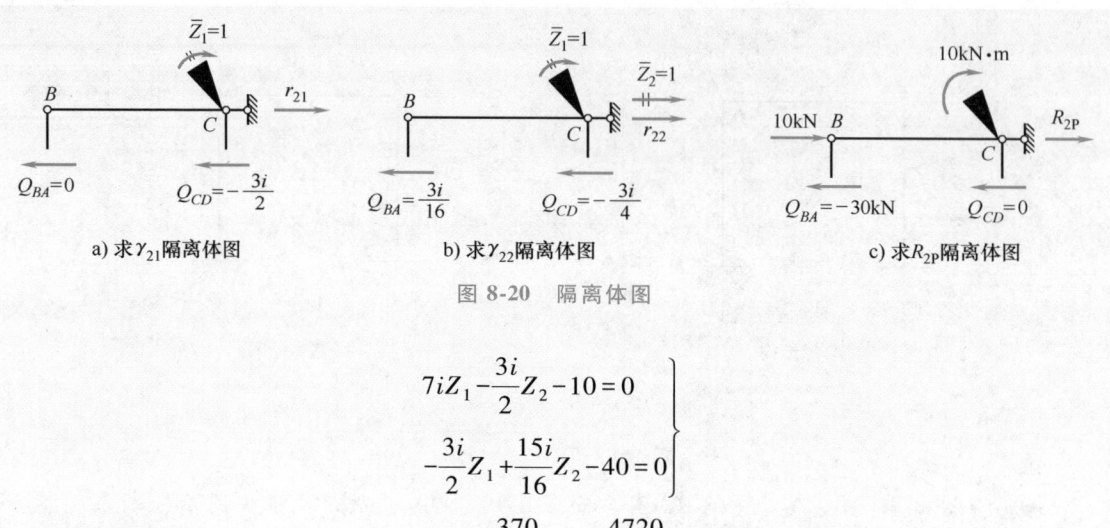

a) 求γ_{21}隔离体图 b) 求γ_{22}隔离体图 c) 求R_{2P}隔离体图

图 8-20　隔离体图

$$\left. \begin{array}{l} 7iZ_1 - \dfrac{3i}{2}Z_2 - 10 = 0 \\ -\dfrac{3i}{2}Z_1 + \dfrac{15i}{16}Z_2 - 40 = 0 \end{array} \right\}$$

解方程得
$$Z_1 = \dfrac{370}{23i}, Z_2 = \dfrac{4720}{69i}$$

最后，根据叠加原理，按 $M = \overline{M}_1 Z_1 + \overline{M}_2 Z_2 + M_P$ 绘出该刚架的弯矩图，如图 8-21 所示。

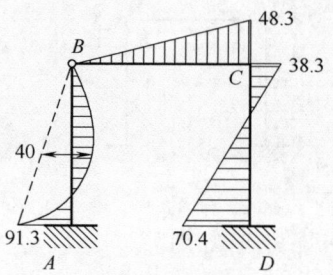

图 8-21　刚架弯矩图（单位：kN·m）

例 8-3　图 8-22a 所示刚架，支座 A 产生转角 φ，支座 B 产生竖向位移 $\Delta = \dfrac{3}{4}l\varphi$，试用位移法求解，绘制其弯矩图，各杆 EI 为常数。

解：该刚架只有一个基本未知量，即结点 C 的角位移 Z_1，在结点 C 加一附加刚臂得到基本体系，如图 8-22b 所示。根据基本体系附加刚臂上的反力矩为零的条件，可建立位移法的典型方程

$$\gamma_{11} Z_1 + R_{1\Delta} = 0$$

分别绘制出 $\overline{M}_1$ 图和 M_Δ 图，如图 8-23a、b 所示，根据图示分别求刚度系数和自由项。

在 $\overline{M}_1$ 图中，根据结点 C 的力矩平衡 $\sum M_C = 0$ 得
$$\gamma_{11} = 8i + 4i = 12i$$

在 $\overline{M}_\Delta$ 图中，根据结点 C 的力矩平衡 $\sum M_C = 0$ 得
$$R_{1\Delta} = 2i\varphi - \dfrac{32i}{3l}\Delta = -6i\varphi$$

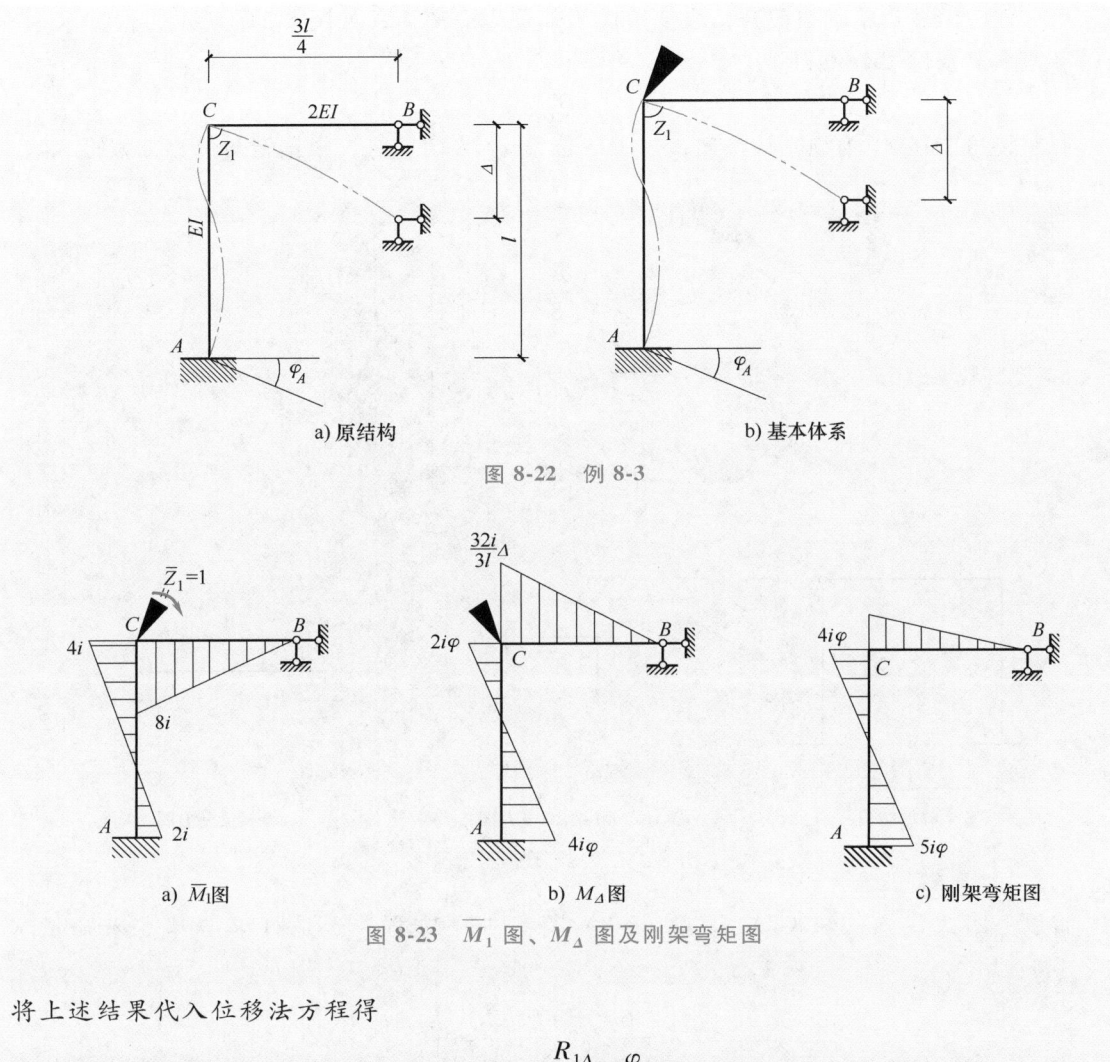

图 8-22 例 8-3

图 8-23 $\overline{M}_1$ 图、M_Δ 图及刚架弯矩图

将上述结果代入位移法方程得

$$Z_1 = -\frac{R_{1\Delta}}{\gamma_{11}} = \frac{\varphi}{2}$$

最后，根据叠加原理，按 $M = \overline{M}_1 Z_1 + M_\Delta$ 绘出该刚架的弯矩图，如图 8-23c 所示。

8.6 直接利用平衡条件建立位移法方程

用位移法计算时，首先加入附加刚臂或附加链杆得到基本体系，然后根据附加约束上总反力矩或反力为零的条件建立位移法的典型方程求解。位移法典型方程的实质即原结构的静力平衡条件。因此，也可以不通过基本体系，而直接利用原结构的静力平衡条件，并根据前述转角位移方程来求解。下边以图 8-24a 所示的刚架为例来说明这种方法的应用。

该刚架有两个基本未知量，一个是刚结点 1 的角位移 Z_1，一个是杆件 12 的水平线位移 Z_2。取结点 1 为隔离体，如图 8-24b 所示，根据力矩平衡条件 $\Sigma M_1 = 0$ 得

$$M_{1A} + M_{12} = 0 \tag{8-7}$$

用一截面沿柱头将刚架截开,取上边横梁部分为隔离体,如图 8-24c 所示,根据水平方向的静力平衡条件 $\Sigma X = 0$ 得

$$Q_{1A} + Q_{2B} = 0 \tag{8-8}$$

假定转角位移 Z_1 为顺时针方向,水平线位移 Z_2 方向向右,根据转角位移方程得

$$\left. \begin{aligned} M_{1A} &= 4iZ_1 - \frac{6i}{l}Z_2 + \frac{Fl}{8} \\ M_{12} &= 3iZ_1 - \frac{ql^2}{8} \\ Q_{1A} &= -\frac{6i}{l}Z_1 + \frac{12i}{l^2}Z_2 - \frac{F}{2} \\ Q_{2B} &= \frac{3i}{l^2}Z_2 \end{aligned} \right\}$$

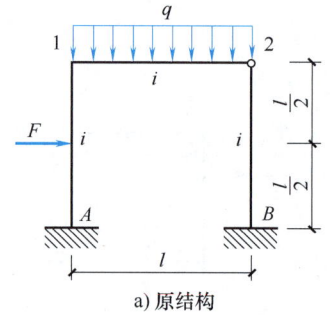
a) 原结构

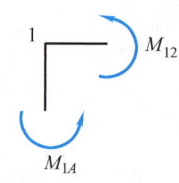
b) 结点1受力图

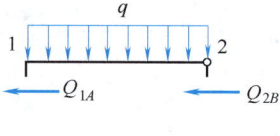
c) 横梁受力图

图 8-24 刚架及隔离体图

将以上四式代入式(8-7)及式(8-8)得到如下方程,于是可求得基本未知量 Z_1 和 Z_2。

$$\left. \begin{aligned} 7iZ_1 - \frac{6i}{l}Z_2 + \frac{Fl}{8} - \frac{ql^2}{8} &= 0 \\ -\frac{6i}{l}Z_1 + \frac{15i}{l^2}Z_2 - \frac{F}{2} &= 0 \end{aligned} \right\}$$

一般情况下,如果结构有 n 个基本未知量,则能建立 n 个方程。每个结点角位移都对应一个结点力矩平衡方程,每个结点线位移都对应一个截面平衡方程,然后根据 n 个方程可求得 n 个基本未知量,最后根据转角位移方程便可得最后的弯矩图。这就是利用平衡条件求解的基本思路。

平衡方程的优点是不必画出单位弯矩图和荷载弯矩图,可以节约解题篇幅,缺点是物理形象不够明确,需要记住和反复代入许多公式。位移法典型方程比较形象,解题步骤比较整齐,易于掌握。

8.7 对称性的利用

作用于对称结构上的任意荷载,可以分解为对称荷载和反对称荷载两部分分别计算,如

图 8-25 所示。对称结构在对称荷载作用下,变形是对称的,弯矩图和轴力图是对称的,而剪力图是反对称的。对称结构在反对称荷载作用下,变形是反对称的,弯矩图和轴力图是反对称的,而剪力图是对称的。利用上述规律,在分析对称结构时,只需计算这些结构的半边结构,从而大大简化工作量。

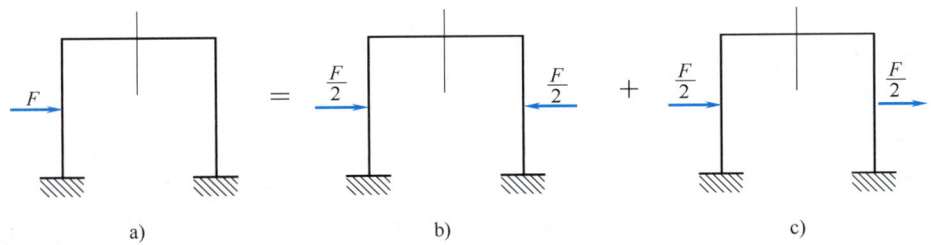

图 8-25 对称结构上任意荷载的分解

8.7.1 奇数跨对称结构

1. 对称荷载作用

图 8-26a 所示刚架在对称荷载作用下,只产生对称的变形和位移,故对称轴上的 C 截面没有转角位移和水平位移,只有竖向位移。计算时可以取如图 8-26b 所示的半边结构,在 C 处加一个定向支座,这样得到的半结构与原结构受力、变形情况完全一样。这样,只需计算图 8-26b 所示刚架的内力和位移,即可得到图 8-26a 左半刚架的内力和位移,而右半刚架的内力和位移,可根据对称性规律求得。因为对称结构在对称荷载作用下,弯矩图和轴力图正对称,剪力图反对称。

2. 反对称荷载作用

图 8-27a 所示刚架在反对称荷载作用下,会产生反对称的变形和位移,因此对称轴上的 C 截面没有竖向位移,但有转角位移和水平位移。计算时可以取图 8-27b 所示的半边结构,在 C 处加一个可动铰支座,这样得到的半结构与原结构受

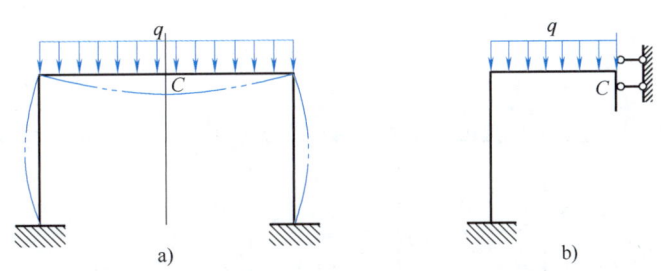

图 8-26 奇数跨对称刚架承受对称荷载情况

力、变形情况完全一样。这样,只需计算图 8-27b 所示刚架的内力和位移,即可得到图 8-27a 所示左半刚架的内力和位移,而右半刚架的内力和位移,可根据对称性规律求得,因为对称结构在反对称荷载作用下,弯矩图和轴力图反对称,剪力图正对称。

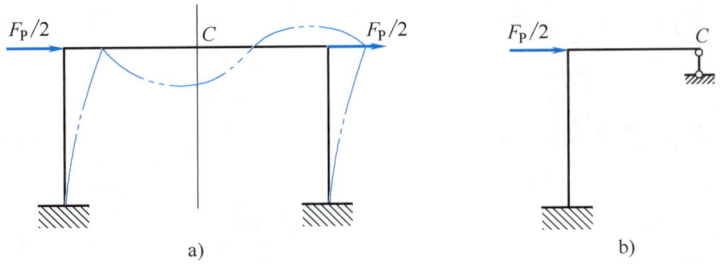

图 8-27 奇数跨对称刚架承受反对称荷载情况

8.7.2 偶数跨对称结构

1. 对称荷载作用

图 8-28a 所示刚架在对称荷载作用下，变形是正对称的，对称轴上的 C 截面没有转角位移和水平位移，由于忽略杆件 CD 的轴向变形，所以也没有竖向位移。杆件 CD 没有弯矩和剪力，可以取图 8-28b 所示的半结构。

2. 反对称荷载作用

图 8-29a 所示刚架在对称轴上，柱 CD 没有轴力和轴向位移，但有弯矩和弯曲变形。可以将中间柱分成两根柱子，分柱的抗弯刚度为原柱的一半，这样问题就变为奇数跨的问题，如图 8-29b 所示，在两根分柱之间增加了一跨，但其跨度为零。半结构如图 8-29c 所示，由于忽略轴向变形的影响，C 处的支杆可以取消，半结构一般取图 8-29d 所示的刚架。中间柱 CD 的总内力为两根分柱的内力之和。由于两根分柱的弯矩、剪力相同，故总弯矩和总剪力为分柱弯矩和剪力的两倍。又由于两根分柱的轴力数值相同而正负号相反，故总轴力为零。

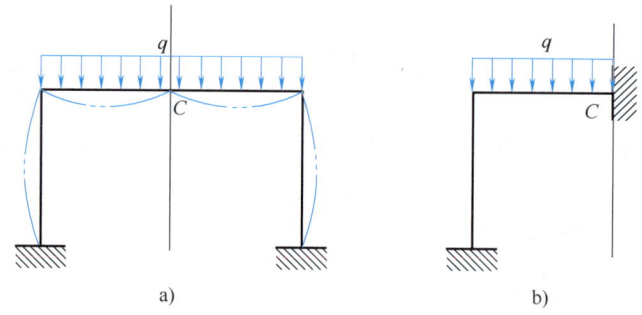

图 8-28　偶数跨对称刚架承受对称荷载情况

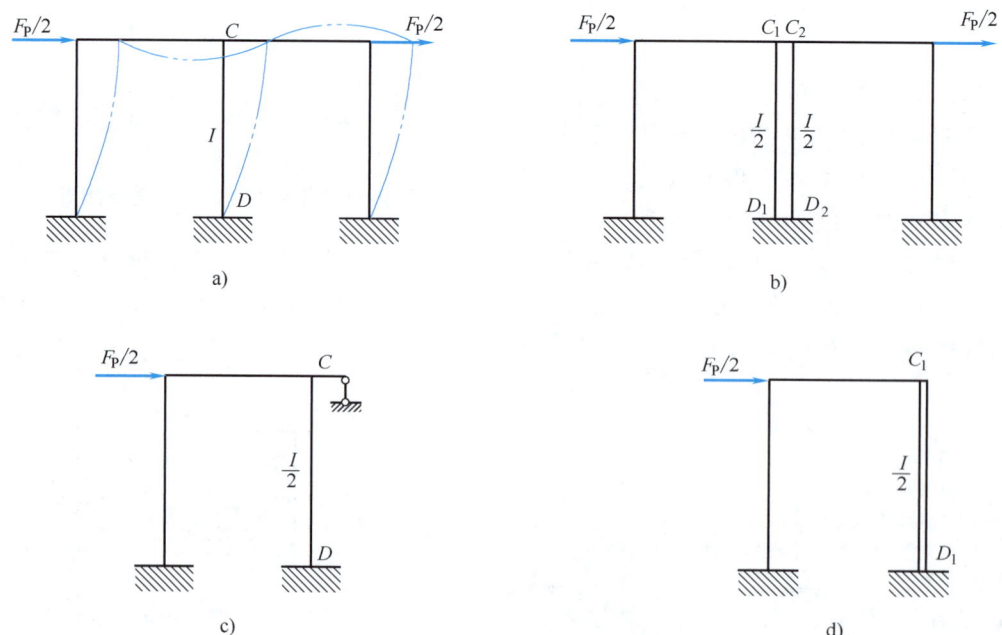

图 8-29　偶数跨对称刚架承受反对称荷载情况

本 章 小 结

位移法是超静定结构计算的基本方法之一,许多工程中使用的实用计算方法都是由位移法演变出来的,也是本课程的重点内容之一。

1. 基本概念

(1) 位移法 对于超静定结构,以某些位移作为基本未知量的求解方法称为位移法。

(2) 基本未知量 独立的结点角位移的数目即刚结点的数目。如果该铰结体系是几何可变的,则用增加附加链杆的方法使其不动,使整个铰结体系成为无多余约束的几何不变体系,则所需链杆的数目即原结构的独立结点线位移数目。

2. 知识要点

(1) 位移法计算超静定结构的步骤

1) 确定原结构的基本未知量即独立的结点角位移和线位移数目,加上附加约束得到基本结构。

2) 令附加约束发生与原结构相同的结点位移,根据基本结构在荷载等外因和各结点位移共同作用下,各附加约束上的反力矩或反力应等于零的条件,建立位移法的典型方程。

3) 绘出基本结构在各单位结点位移作用下的弯矩图 $\overline{M}_i$ 图和荷载等外因作用下的弯矩图 M_P 图,由平衡条件求出各系数和自由项。

4) 解位移法典型方程,求出各基本未知量 $Z_i (i=1,2,\cdots,n)$。

5) 按照 $M = \overline{M}_1 Z_1 + \overline{M}_2 Z_2 + \cdots + \overline{M}_n Z_n + M_P$ 叠加绘出最后弯矩图。

6) 在最后弯矩图的控制截面处,将结构切开成独立杆件和结点,根据杆件的平衡条件求杆端剪力,绘制剪力图;根据结点的平衡条件求杆端轴力,绘制轴力图。

(2) 对称性的利用 对称结构在对称荷载作用下,变形是对称的,弯矩图和轴力图是对称的,而剪力图是反对称的。对称结构在反对称荷载作用下,变形是反对称的,弯矩图和轴力图是反对称的,而剪力图是对称的。

思考与讨论

1. 力法和位移法二者的基本未知量、基本体系和基本方程有什么不同?在力法和位移法中,分别以什么方式满足平衡条件和变形连续条件?

2. 力法只能用于求解超静定结构,位移法则通用于分析静定结构和超静定结构,试解释其中的原因。

3. 位移法中杆端弯矩、杆端剪力的正负号是如何规定的?它们与材料力学中弯矩、剪力正负号的规定有何异同?

4. 满足什么条件时,独立结点线位移的数目等于使其相应铰结体系成为几何不变所需添加的最少链杆数目?

5. 位移法方程的实质是什么?为什么位移法方程中主系数 γ_{ii} 恒为正值,而副系数 γ_{ij} 和自由项 R_{iP} 可正可负?

6. 比较位移法典型方程和直接利用平衡条件求解的异同。

7. 对称结构在对称荷载和反对称荷载作用下可以取半边结构计算，荷载不对称的时候还能不能取半边结构计算？

8. 对称结构如果不取半边结构，而直接利用原结构用位移法进行求解，能否利用对称性进行简化？

9. 图 8-30 所示有结点线位移的刚架，荷载具有特殊性，在什么情况下各杆的弯矩均为零？

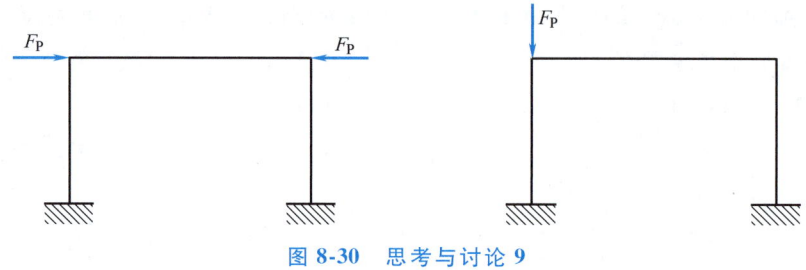

图 8-30　思考与讨论 9

习　题

一、选择题

1. 图 8-31 所示结构用位移法求解时，最少的未知数个数为（　　）。
A. 1　　　　B. 2　　　　C. 3　　　　D. 4

2. 图 8-32 所示结构用位移法求解时，基本未知量为（　　）。
A. 一个线位移　　　　B. 两个线位移和四个角位移
C. 四个角位移　　　　D. 两个线位移

3. 图 8-33 所示结构各杆 EI 为常数，用位移法求解时，结点位移未知量个数为（　　）。
A. 3　　　　B. 4　　　　C. 5　　　　D. 6

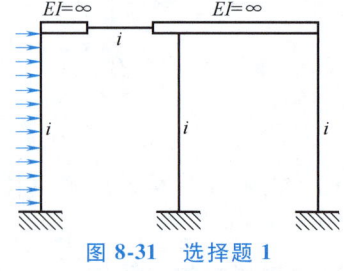

图 8-31　选择题 1

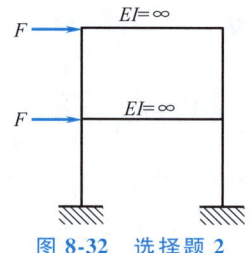
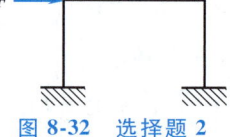

图 8-32　选择题 2

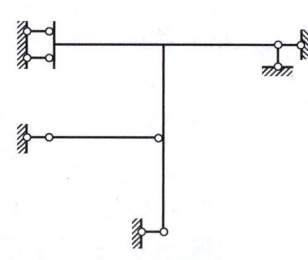

图 8-33　选择题 3

二、判断题

1. 位移法既可以用于求解超静定结构，也可用于求解静定结构。　　　　（　　）
2. 位移法基本未知量的个数与结构的超静定次数无关。　　　　（　　）
3. 用位移法计算结构温度变化引起的内力时，采用与荷载作用时相同的基本结构。　　（　　）
4. 位移法只能用于求解连续梁和刚架，不能用于求解桁架。　　　　（　　）

三、计算题

1. 确定图 8-34 所示位移法的基本未知量数目。
2. 写出图 8-35 所示结构杆端弯矩表达式及位移法基本方程。

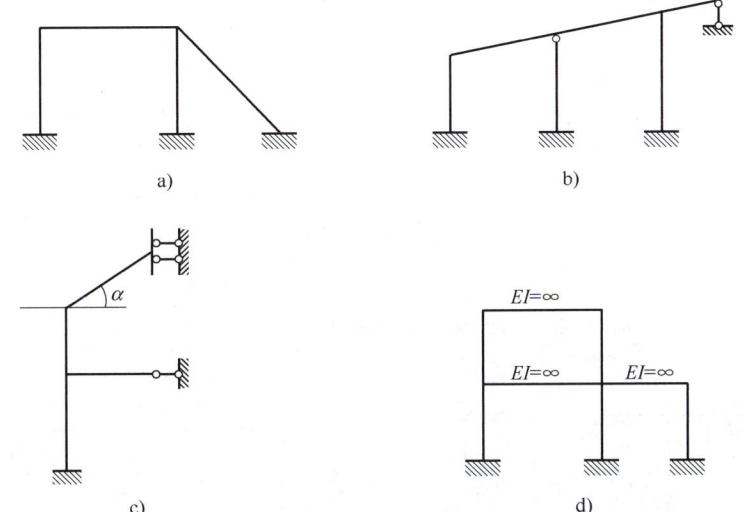

图 8-34 计算题 1

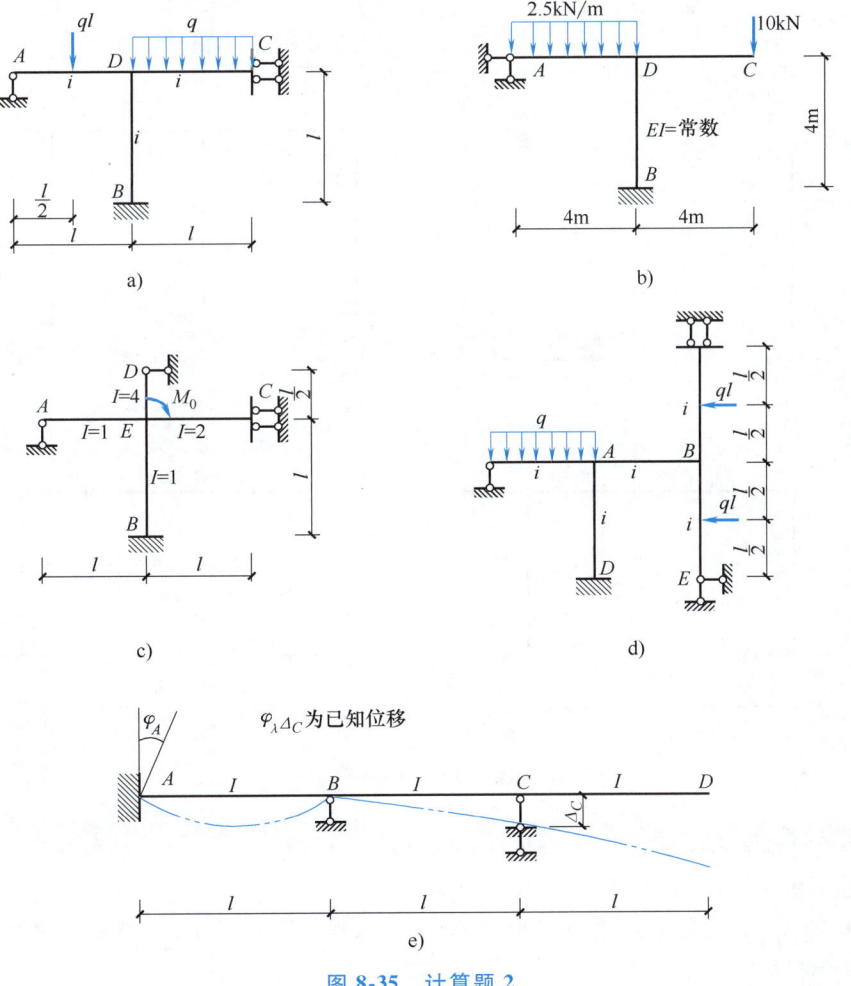

图 8-35 计算题 2

3. 用位移法计算图 8-36 所示连续梁，并绘制其弯矩图。

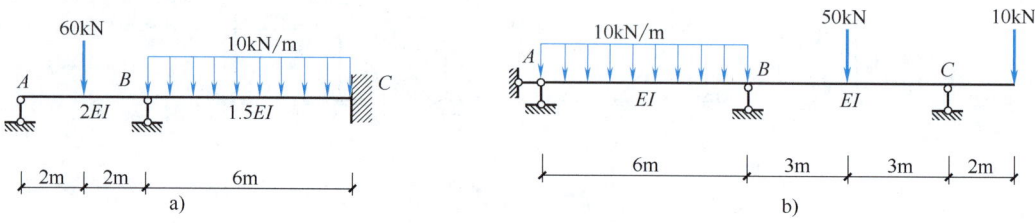

图 8-36　计算题 3

4. 用位移法计算图 8-37 所示刚架，并绘制其弯矩图。

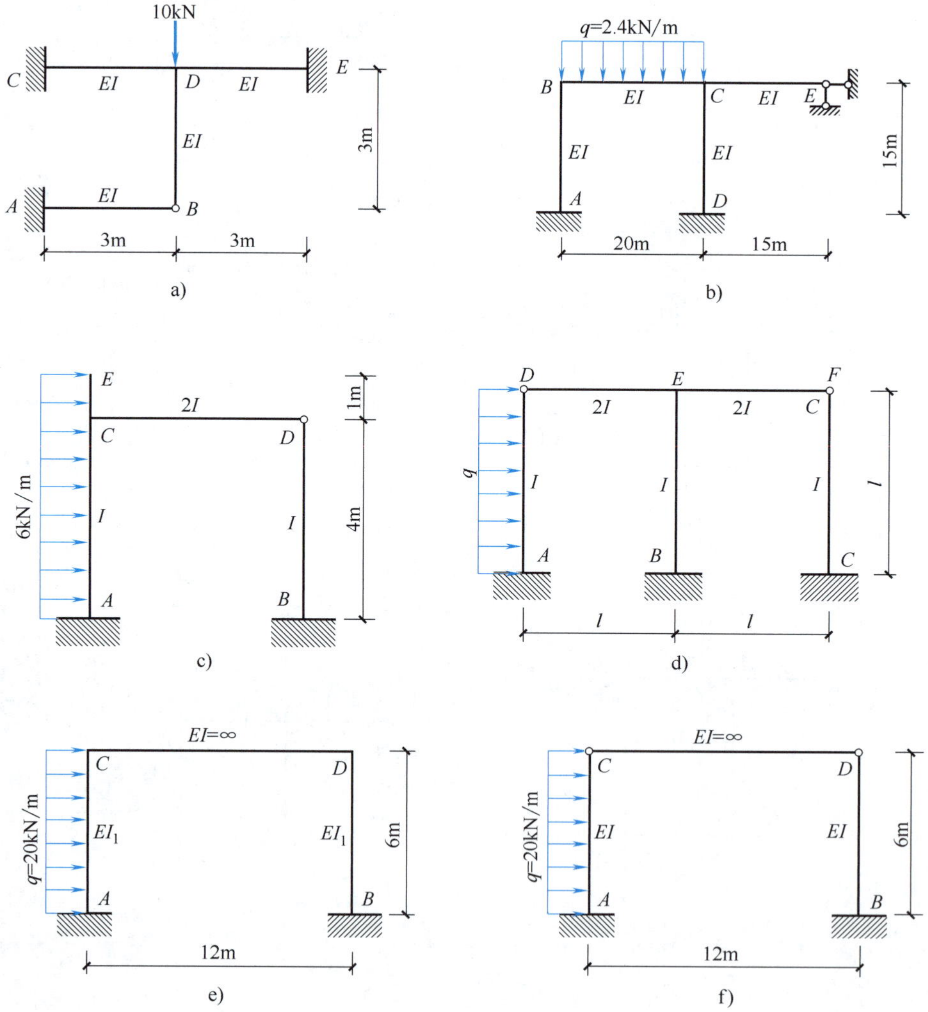

图 8-37　计算题 4

5. 用位移法计算图 8-38 所示刚架，并绘制其弯矩图。E 为常数。

6. 试作图 8-39 所示刚架的弯矩图。设各杆 EI 为常数。

7. 如图 8-40 所示，等截面连续梁支座 B 下沉 20mm，支座 C 下沉 12mm，试作此梁的弯矩图。已知 $E = 210\text{GPa}$，$I = 2 \times 10^{-4}\text{m}^4$。

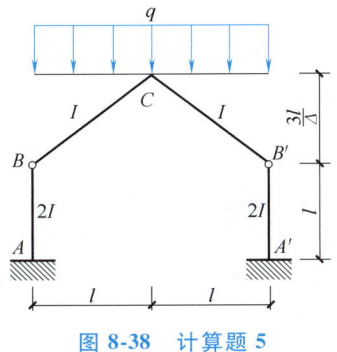

图 8-38 计算题 5

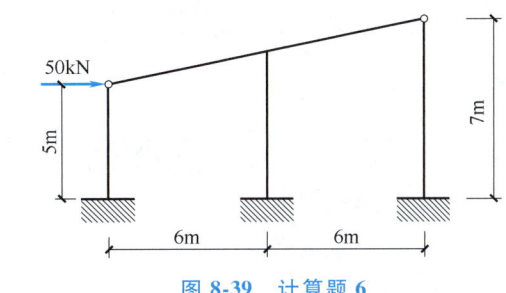

图 8-39 计算题 6

8. 刚架温度变化如图 8-41 所示，横梁内侧外侧均升高温度 t，柱子温度没有变化，试绘制其弯矩图。刚架 EI 为常数。

9. 图 8-42 所示刚架有着弹性支座，试绘制其弯矩图。其中 i 为杆件的线刚度，弹性支座刚度 $k = 4i/l^2$。

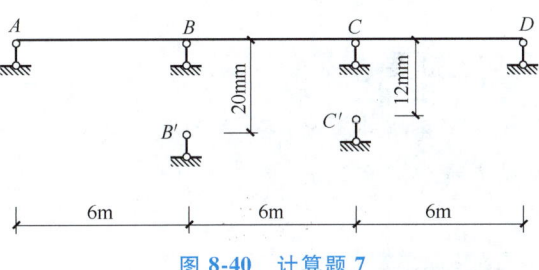

图 8-40 计算题 7

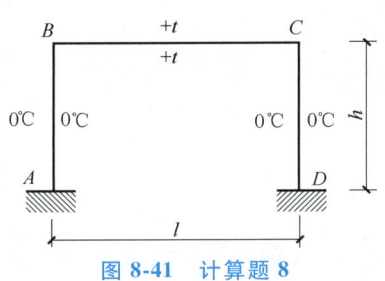

图 8-41 计算题 8

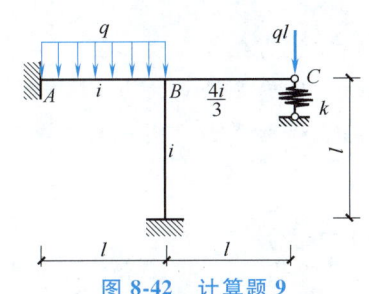

图 8-42 计算题 9

10. 利用对称性作图 8-43 所示刚架的弯矩图。

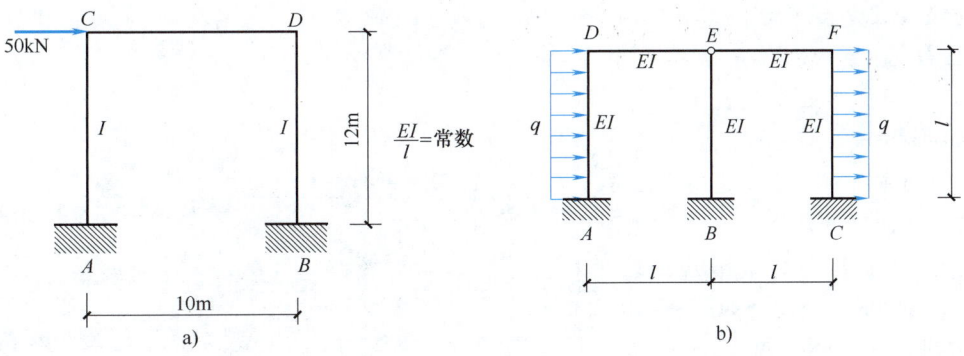

图 8-43 计算题 10

第9章 渐 近 法

> **内容提要**

本节讨论力矩分配法的基本概念（分配系数、传递系数）；用力矩分配法计算连续梁和无结点线位移刚架。

> **基本要求**

正确理解力矩分配法和位移法的关系及力矩分配法的适用条件，理解力矩分配法的基本概念，熟悉多结点的力矩分配，能够正确计算分配系数。能够熟练运用力矩分配法计算多结点连续梁和无侧移刚架在荷载作用下及支座移动下的内力。

> **导入案例**

重庆石板坡长江大桥

重庆石板坡长江大桥（图9-1）建成于20世纪80年代初，是连接渝中半岛（渝中区）和南岸区以及长江南北两岸省区市的一条重要交通要道，也是重庆通往我国南方的一条重要出口通道。这是重庆市横跨长江的第一座公路大桥，也是长江上游（宜宾-宜昌）的第一座公路大桥。正桥全长1120m，分跨为86.5m+4×138m+156m+174m+104.5m，最大跨度174m，悬臂端梁高3.2m，根部高11.0m，吊梁跨度35m，桥宽21m，四车道，两边各有2m人行道。

图 9-1 重庆石板坡长江大桥

思考：石板坡长江大桥桥跨结构简化之后，如何计算弯矩？

第9章 渐近法

9.1 概述

力法和位移法是求解超静定结构的两种基本方法。这两种方法都要求建立和求解典型方程。当未知数目较多时，解联立方程的工作是非常繁重的。为了避免求解联立方程，人们又寻求便于实际应用的计算方法，于是陆续出现了各种渐近法。力法—位移法—力矩分配法—矩阵位移法，一根同源，相互联系，与哲学中世界万物是相互联系的思想相通。

本章主要介绍其中应用较广范的力矩分配法、无剪力分配法和剪力分配法。力矩分配法和无剪力分配法都是以位移法为基础，采用逐次渐进的方法，其结果的精确度随着计算轮次的增加而提高，最后收敛于精确解，而每一轮的计算都是按同一步骤进行的，每一步都有明确的物理意义，因而便于理解掌握，在结构设计中被广泛采用。力矩分配法适用于连续梁和无结点线位移的刚架，无剪力分配法适用于某些特殊刚架，如单跨多层的对称刚架在反对称荷载作用下的内力计算。剪力分配法适用于无结点角位移的结构。此外，各种方法还可以联合应用。

9.2 力矩分配法的基本原理

9.2.1 力矩分配法中的几个概念

第8章在推导变截面杆件的转角位移方程时介绍了刚度系数、传递系数、侧移刚度等基本概念。由于力矩分配法是由只有一个结点角位移的超静定结构的几何计算问题导出的，主要用于连续梁和无结点线位移的刚架计算，因此，刚度系数、传递系数仍然适用，此外，还要用到分配系数的概念，现系统介绍如下。

1. 转动刚度

使等截面直杆的杆端发生单位转角时在该杆端需要施加的力矩，即转动刚度，用 S_{ij} 表示。转动刚度表示杆端对转动的抵抗能力，它的大小与杆件的线刚度 $i=EI/l$ 有关，也与杆件另一端的支承情况有关。当 B 端（也称远端）为不同支承情况时，S_{AB} 的大小也不同。如图 9-2 所示，杆件 AB 当 A 端（也称近端）发生单位转角时，在 A 端需施加的力矩即为 S_{AB}。

远端固定（图 9-2a）　　　　　　$S_{AB}=4i$ 　　　　　　　　　　(9-1)

远端铰支（图 9-2b）　　　　　　$S_{AB}=3i$ 　　　　　　　　　　(9-2)

远端滑动（图 9-2c）　　　　　　$S_{AB}=i$ 　　　　　　　　　　(9-3)

远端自由（图 9-2d）　　　　　　$S_{AB}=0$ 　　　　　　　　　　(9-4)

2. 传递系数

如图 9-2 所示，当杆件 A 端（近端）发生了单位转角时，A 端产生了弯矩 M_{AB}，称为近端弯矩，同时在 B 端（远端）也产生了弯矩 M_{BA}，称远端弯矩，将远端弯矩与近端弯矩之比称为传递系数，用 C_{ij} 表示。

对图 9-2a，远端 B 为固定端时，杆 AB 从 A 端向 B 端的传递系数

$$C_{AB}=\frac{M_{BA}}{M_{AB}}=\frac{1}{2}$$　　　　　　　　　　(9-5)

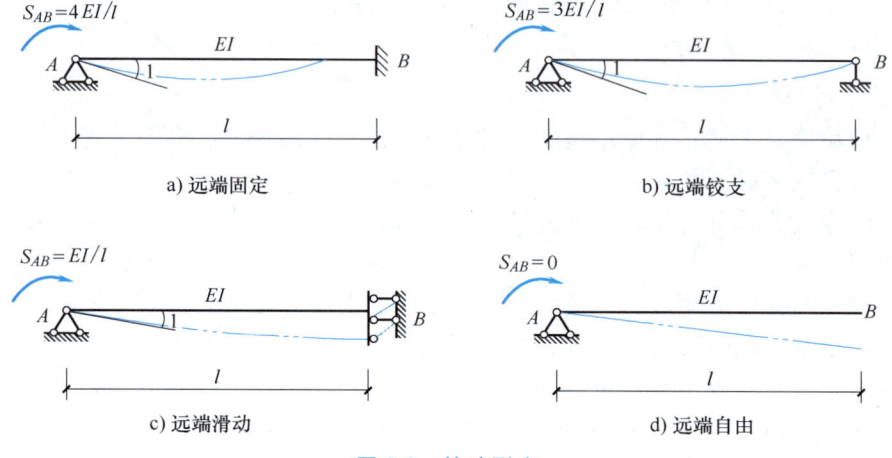

图 9-2 转动刚度

对图 9-2b，远端 B 为铰支时，杆 AB 从 A 端向 B 端的传递系数

$$C_{AB} = \frac{M_{BA}}{M_{AB}} = 0 \tag{9-6}$$

对图 9-2c，远端 B 为定向支承时，杆 AB 从 A 端向 B 端的传递系数

$$C_{AB} = \frac{M_{BA}}{M_{AB}} = -1 \tag{9-7}$$

利用传递系数，远端弯矩可由近端弯矩求出

$$M_{BA} = C_{AB} M_{AB} \tag{9-8}$$

3. 分配系数

如图 9-3a 所示的刚架，此刚架由三根等截面直杆组成并刚接于结点 A。设外力偶 M 作用于结点 A 上，并使 A 结点发生转角 φ_A，即各杆端均产生了转角 φ_A，各杆端在 A 端产生的弯矩分别为

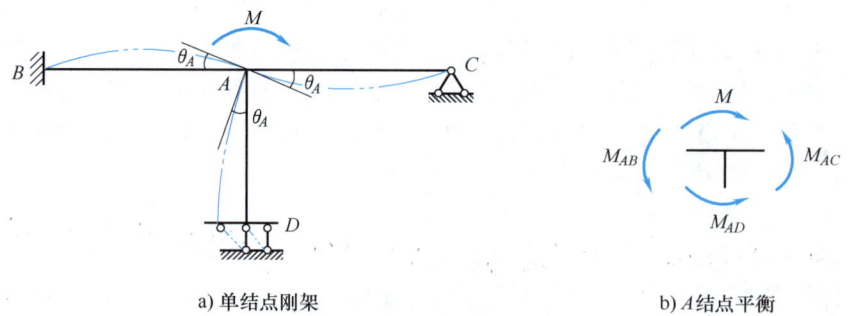

图 9-3 力矩分配法的一个计算单元

$$\left.\begin{array}{l} M_{AB} = 4i_{AB}\varphi_A = S_{AB}\varphi_A \\ M_{AC} = 3i_{AC}\varphi_A = S_{AC}\varphi_A \\ M_{AD} = i_{AD}\varphi_A = S_{AD}\varphi_A \end{array}\right\} \tag{9-9}$$

取 A 结点作隔离体（图 9-3b），由 $\sum M_A = 0$，得

即
$$M_{AB}+M_{AC}+M_{AD}=M$$
$$(S_{AB}+S_{AC}+S_{AD})\varphi_A=M$$

所以
$$\varphi_A = \frac{M}{S_{AB}+S_{AC}+S_{AD}} = \frac{M}{\sum_A S} \quad (9\text{-}10)$$

式中，$\sum_A S$ 为汇交于 A 结点的各杆 A 端转动刚度之和。

将式（9-10）代入式（9-9），得

$$\left. \begin{array}{l} M_{AB} = \dfrac{S_{AB}}{\sum_A S} M \\[2mm] M_{AC} = \dfrac{S_{AC}}{\sum_A S} M \\[2mm] M_{AD} = \dfrac{S_{AD}}{\sum_A S} M \end{array} \right\} \quad (9\text{-}11)$$

由式（9-11）知，各杆 A 端的弯矩与各杆转动刚度成正比。令

$$\mu_{Aj} = \frac{S_{Aj}}{\sum_A S} \quad (9\text{-}12)$$

式中，μ_{Aj} 称为分配系数；j 可分为 B、C、D，如 μ_{AB} 为 AB 在 A 端的分配系数，它等于杆 AB 的转动刚度与交于 A 点的各杆转动刚度之和的比值。

式（9-11）可统一写成下式

$$M_{Aj} = \mu_{Aj} M \quad (9\text{-}13)$$

由式（9-13）可知，作用于结点 A 的外力偶 M，可按各杆的分配系数分配给各杆的近端，而远端的弯矩可由式（9-8）求得，它等于近端弯矩乘以传递系数。

下面以单结点结构为例，说明力矩分配法的基本运算。

9.2.2 单结点力矩分配

力矩分配法的过程可以形象地归纳为三步：

1) 固定结点。加入刚臂，各杆端有固定弯矩，而结点上有不平衡力矩，它暂时由刚臂承担。

2) 放松结点。取消刚臂，让结点转动。这相当于在结点上又加入一个反号的不平衡力矩，于是不平衡力矩被消除而结点获得平衡。此反号的不平衡力矩将按分配系数大小的比例分配给各近端，于是各近端得到分配弯矩，同时各自向其远端进行传递，各远端得到传递弯矩。

3) 各近端弯矩等于固端弯矩加分配弯矩，各远端弯矩等于固端弯矩加传递弯矩。

图 9-4a 所示为一两跨连续梁，在荷载作用下各杆端产生了弯矩 M_{AB}、M_{BA}、M_{BC}、M_{CB}。下面用力矩分配法计算，步骤如下。

1) 在 B 点处加一附加刚臂，阻止其转动。这时 AB 和 BC 在荷载作用下单独发生变形。

AB 杆可看作两端固定的单跨梁，BC 件看作一端固定、一端铰支的单跨梁。它们在荷载作用下分别产生固端弯矩 M_{AB}^F、M_{BA}^F、M_{BC}^F、M_{CB}^F（图 9-3b）。这时 B 结点的附加刚臂上的力矩 M_B 可由 B 结点平衡求得

$$M_B = M_{BA}^F + M_{BC}^F$$

式中，M_B 称为约束弯矩或不平衡力矩，它等于 B 结点各固端弯矩之和，以顺时针为正。

2）由于原结构在 B 点没有约束，也不存在 M_B，为了与原结构等效，在 B 点处附加一反向的 M_B（图 9-3c），以抵消附加刚臂的作用。外力偶 $-M_B$ 作用于结点 B 处，使 AB 与 BC 杆在 B 端产生弯矩 M'_{BA}、M'_{BC}，称为分配弯矩，可由式（9-13）求得，同时远端 A、C 截面也产生弯矩 M'_{AB}、M'_{CB}，称为传递弯矩，可由式（9-8）求得。

3）将以上两种情况的弯矩进行叠加，即为图 9-3a 情况下的弯矩。即

$$M_{AB} = M_{AB}^F + M'_{AB}, M_{BA} = M_{BA}^F + M'_{BA}$$
$$M_{BC} = M_{BC}^F + M'_{BC}, M_{CB} = M_{CB}^F + M'_{CB}$$

将以上两种情况所得的各杆固端弯矩、分配弯矩、传递弯矩叠加，即得到各杆的最后弯矩。

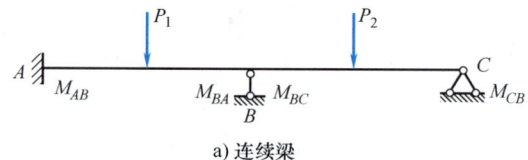

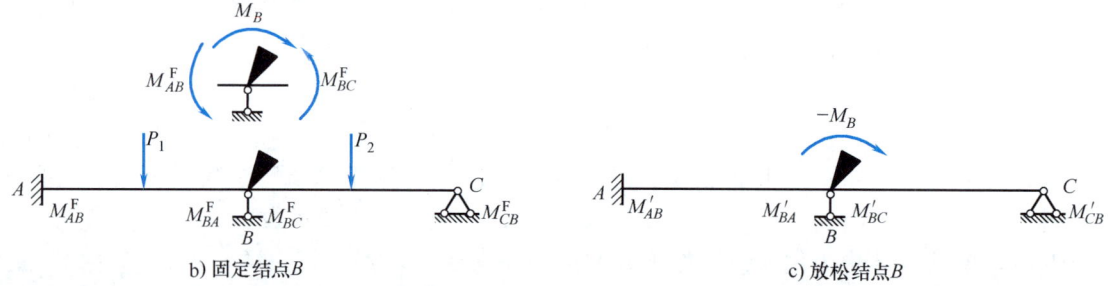

图 9-4 力矩分配法计算连续梁

例 9-1 试作图 9-5a 所示连续梁的弯矩图。

解：1）固定结点。在 B 结点上附加一刚臂（图 9-5b），计算各杆分配系数、固端弯矩。

令 $i = \dfrac{EI}{l}$，则

$$\mu_{BA} = \frac{S_{BA}}{S_{BA}+S_{BC}} = \frac{4i}{4i+3i} = \frac{4}{7}$$

$$\mu_{BC} = \frac{S_{BC}}{S_{BA}+S_{BC}} = \frac{3i}{4i+3i} = \frac{3}{7}$$

$$M_{AB}^{F} = -\frac{Pl}{8} = -\frac{40 \times 4}{8} \text{kN} \cdot \text{m} = -20 \text{kN} \cdot \text{m}$$

$$M_{BA}^{F} = \frac{Pl}{8} = \frac{40 \times 4}{8} \text{kN} \cdot \text{m} = 20 \text{kN} \cdot \text{m}$$

$$M_{BC}^{F} = -\frac{ql^2}{8} = -\frac{20 \times 4^2}{8} \text{kN} \cdot \text{m} = -40 \text{kN} \cdot \text{m}$$

$$M_{CB}^{F} = 0$$

2) 放松结点 B，B 结点上的不平衡力矩 $M_B = (-40+20) \text{kN} \cdot \text{m} = -20 \text{kN} \cdot \text{m}$，将其反号后加在 B 结点上（图 9-5c），计算分配弯矩、传递弯矩。

$$M'_{BA} = \mu_{BA}(-M_B) = \frac{4}{7} \times 20 \text{kN} \cdot \text{m} = 11.43 \text{kN} \cdot \text{m}$$

$$M'_{BC} = \mu_{BC}(-M_B) = \frac{3}{7} \times 20 \text{kN} \cdot \text{m} = 8.57 \text{kN} \cdot \text{m}$$

$$M'_{AB} = C_{BA} M'_{BA} = \frac{1}{2} \times \frac{80}{7} \text{kN} \cdot \text{m} = 5.71 \text{kN} \cdot \text{m}$$

$$M'_{CB} = C_{BA} + M'_{BC} = 0$$

3) 将以上两结果叠加，即得到最后的杆端弯矩。

$$M_{AB} = M_{AB}^F + M'_{AB} = (-20+5.71) \text{kN} \cdot \text{m} = -14.29 \text{kN} \cdot \text{m}$$

$$M_{BA} = M_{BA}^F + M'_{BA} = 31.43 \text{kN} \cdot \text{m}$$

$$M_{BC} = M_{BC}^F + M'_{BC} = (-40+8.57) \text{kN} \cdot \text{m} = -31.43 \text{kN} \cdot \text{m}$$

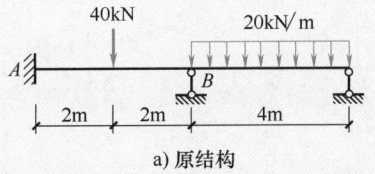

a) 原结构

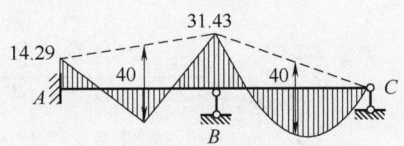

d) 弯矩图（单位：kN·m）

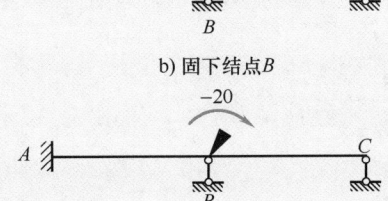

b) 固下结点 B

c) 放松结点 B

分配系数		$\frac{4}{7}$	$\frac{3}{7}$	
固定弯矩	−20	20	−40	0
分配和传递	5.71 ←	11.43	8.57 →	0
最后弯矩	−14.29	31.43	−31.43	0

e) 弯矩的分配与传递

图 9-5 例 9-1

$$M_{CB} = M_{CB}^{F} + M'_{CB} = 0$$

弯矩图如图 9-5d 所示。

上述计算过程可直接写在图下面的表格内，如图 9-5e 所示。

例 9-2 试作图 9-6a 所示刚架的弯矩图。

解： 1) 固定结点。在 A 结点上附加一刚臂（图 9-6b），计算各杆分配系数、固端弯矩。

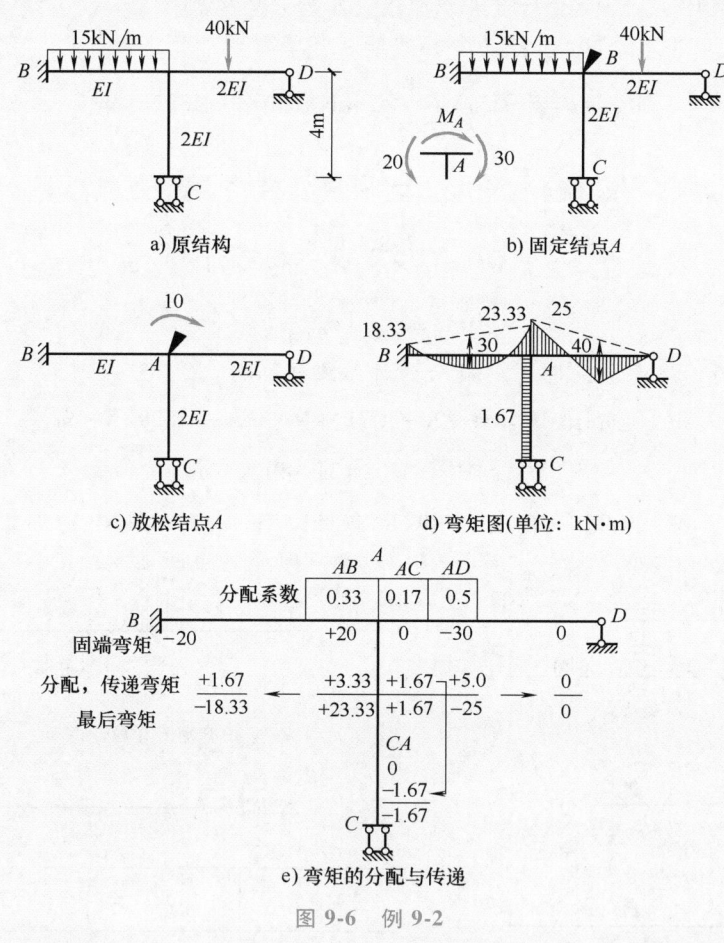

图 9-6 例 9-2

$$\mu_{AB} = \frac{S_{AB}}{S_{AB}+S_{AC}+S_{AD}} = \frac{4 \times \dfrac{EI}{4}}{4 \times \dfrac{EI}{4} + \dfrac{2EI}{4} + 3 \times \dfrac{2EI}{4}} = 0.33$$

$$\mu_{AC} = \frac{S_{AC}}{S_{AB}+S_{AC}+S_{AD}} = \frac{\dfrac{2EI}{4}}{4 \times \dfrac{EI}{4} + \dfrac{2EI}{4} + 3 \times \dfrac{2EI}{4}} = 0.17$$

$$\mu_{AD} = \frac{S_{AD}}{S_{AB}+S_{AC}+S_{AD}} = \frac{3\times\dfrac{2EI}{4}}{4\times\dfrac{EI}{4}+\dfrac{2EI}{4}+3\times\dfrac{2EI}{4}} = 0.5$$

$$M_{BA}^{F} = -\frac{ql^2}{12} = -\frac{15\times 4^2}{12}\text{kN}\cdot\text{m} = -20\text{kN}\cdot\text{m}$$

$$M_{AB}^{F} = \frac{ql^2}{12} = \frac{15\times 4^2}{12}\text{kN}\cdot\text{m} = 20\text{kN}\cdot\text{m}$$

$$M_{AD}^{F} = -\frac{3pl}{16} = -\frac{3\times 40\times 4}{16}\text{kN}\cdot\text{m} = -30\text{kN}\cdot\text{m}$$

$$M_{DA}^{F} = 0,\ M_{AC}^{F} = 0,\ M_{CA}^{F} = 0$$

2) 放松结点 A，A 结点上的不平衡力矩 $M_A = (-30+20)\text{kN}\cdot\text{m} = -10\text{kN}\cdot\text{m}$，将其反号后加在 A 结点上（图 9-6c），计算分配弯矩、传递弯矩

$$M_{AB}' = \mu_{AB}(-M_A) = \frac{1}{3}\times 10\text{kN}\cdot\text{m} = 3.333\text{kN}\cdot\text{m}$$

$$M_{AD}' = \mu_{AD}(-M_A) = \frac{1}{2}\times 10\text{kN}\cdot\text{m} = 5\text{kN}\cdot\text{m}$$

$$M_{AC}' = \mu_{AC}(-M_A) = \frac{1}{6}\times 10\text{kN}\cdot\text{m} = 1.67\text{kN}\cdot\text{m}$$

$$M_{BA}' = C_{AB}M_{AB}' = \frac{1}{2}\times 3.33\text{kN}\cdot\text{m} = 1.67\text{kN}\cdot\text{m}$$

$$M_{CA}' = C_{AC}M_{AC}' = -1\times 1.67\text{kN}\cdot\text{m} = -1.67\text{kN}\cdot\text{m}$$

$$M_{DA}' = 0$$

3) 将以上两结果叠加，即得到最后的杆端弯矩

$$M_{AB} = M_{AB}^{F} + M_{AB}' = (20+3.33)\text{kN}\cdot\text{m} = 23.33\text{kN}\cdot\text{m}$$

$$M_{BA} = M_{BA}^{F} + M_{BA}' = (-20+1.67)\text{kN}\cdot\text{m} = -18.33\text{kN}\cdot\text{m}$$

$$M_{AD} = M_{AD}^{F} + M_{AD}' = (-30+5)\text{kN}\cdot\text{m} = -25\text{kN}\cdot\text{m}$$

$$M_{DA} = M_{DA}^{F} + M_{DA}' = 0$$

$$M_{AC} = M_{AC}^{F} + M_{AC}' = (0+1.67)\text{kN}\cdot\text{m} = 1.67\text{kN}\cdot\text{m}$$

$$M_{CA} = M_{CA}^{F} + M_{CA}' = (0-1.67)\text{kN}\cdot\text{m} = -1.67\text{kN}\cdot\text{m}$$

弯矩图如图 9-6d 所示。

将上述计算过程写在图上，如图 9-6e 所示。

9.3　用力矩分配法计算连续梁和无侧移刚架

9.2 节通过只有一个结点的结构，介绍了力矩分配法的基本概念。对于具有多个结点转角和无结点线位移的刚架，只要依次对每个结点应用上节所述的基本运算，经过几次循环后

便可求得杆端弯矩的渐近解。下面结合一等截面连续梁（图 9-7a）说明力矩分配法的计算过程。

该连续梁有两个结点角位移，用力矩分配法可按下述步骤进行。

1）在结点 B、结点 C 处加上附加刚臂（图 9-7b），阻止结点的转动，这时连续梁变成了三根单跨超静定梁的组合体，计算各杆的固端弯矩

$$M_{AB}^F = -\frac{ql^2}{12} = -\frac{10 \times 6^2}{12} \text{kN} \cdot \text{m} = -30 \text{kN} \cdot \text{m}$$

$$M_{BA}^F = \frac{ql^2}{12} = \frac{10 \times 6^2}{12} \text{kN} \cdot \text{m} = 30 \text{kN} \cdot \text{m}$$

$$M_{BC}^F = 0, \quad M_{CB}^F = 0$$

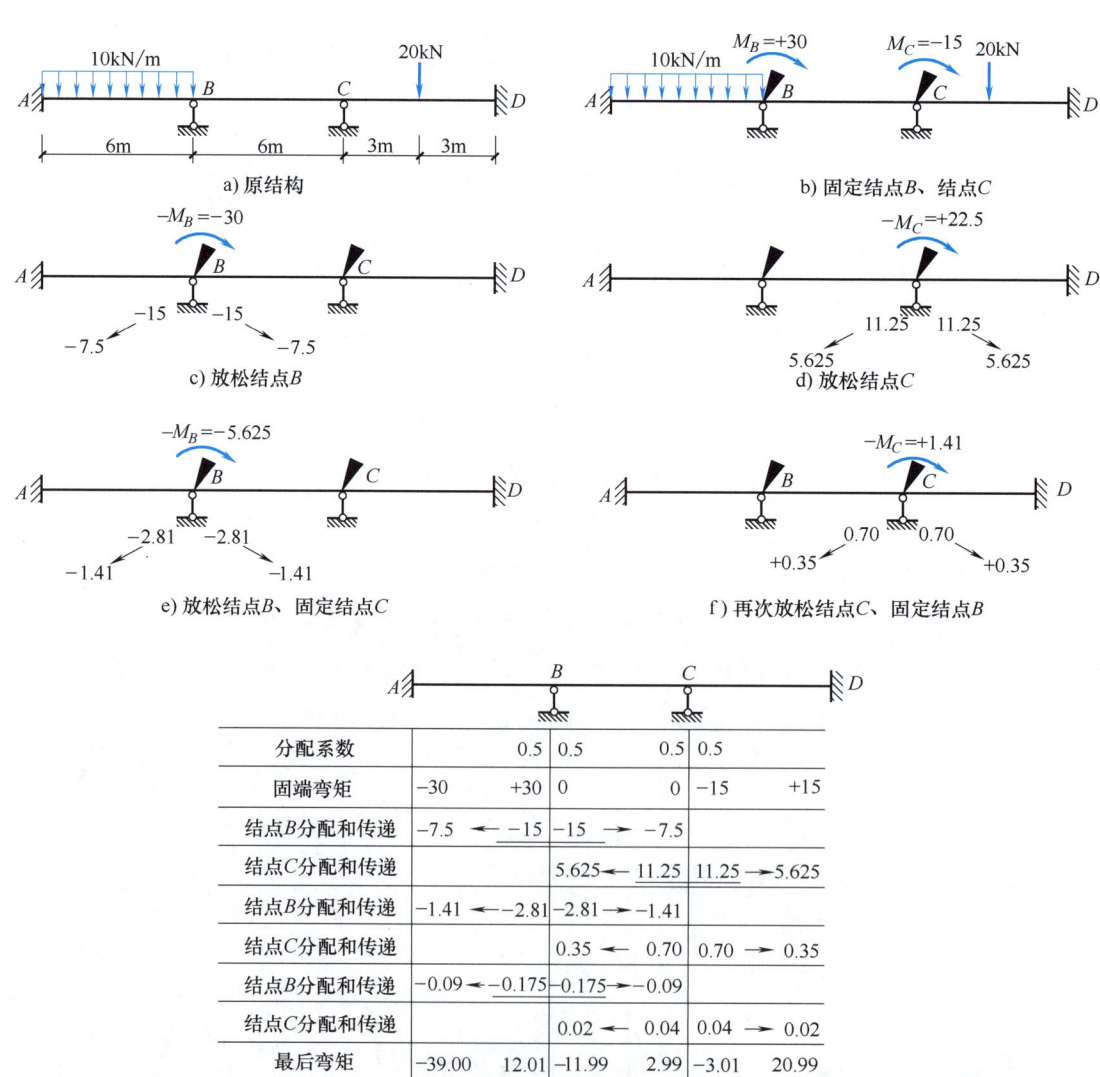

图 9-7　力矩分配法计算连续梁的过程

$$M_{CD}^F = -\frac{Pl}{8} = -\frac{20 \times 6}{8} \text{kN} \cdot \text{m} = -15 \text{kN} \cdot \text{m}$$

$$M_{DC}^F = \frac{Pl}{8} = \frac{20 \times 6}{8} \text{kN} \cdot \text{m} = 15 \text{kN} \cdot \text{m}$$

然后计算结点 B、结点 C 上的不平衡力矩

$$M_B = M_{BA}^F + M_{BC}^F = 30 \text{kN} \cdot \text{m}$$

$$M_C = M_{CB}^F + M_{CD}^F = -15 \text{kN} \cdot \text{m}$$

2) 为了抵消附加刚臂作用，必须要放松结点 B、结点 C，在此采用各结点轮流放松的方法。假设先放松结点 B，结点 C 仍然固定，即在结点 B 处反号加上不平衡力矩 M_B，将其进行分配传递（图 9-7c），这时结点 C 的不平衡力矩为 $(-15-7.5)\text{kN} \cdot \text{m} = -22.5 \text{kN} \cdot \text{m}$，结点 B 暂时获得了平衡。

3) 将结点 B 固定，放松结点 C，即在结点 C 处反号加上不平衡力矩 22.5kN·m，并进行分配、传递（图 9-7d），结点 C 暂时获得了平衡。

4) 由于放松结点 C，使结点 B 上又有了新的不平衡力矩 5.625kN·m，将结点 C 重新固定（图 9-7e），放松结点 B，按同样的方法进行分配、传递等。如此反复地将各结点轮流固定、放松，不断地进行力矩的分配和传递，则不平衡力矩的数值将越来越小，直到小到可以忽略不计时，可以认为各结点已达到了平衡状态。

5) 将各杆端的固端弯矩、每次的分配弯矩、传递弯矩叠加，便可得到各杆的杆端弯矩。

上述计算过程可列于图 9-7g 所示的表格中。

例 9-3 用力矩分配法计算如图 9-8a 所示的连续梁，并绘 M 图。

解： 由于 AB 部分的内力是静定的，可将荷载产生的弯矩和剪力作为外力加在 B 结点上，如图 9-8b 所示。

1) 将 C、D、E 各结点加上附加刚臂，计算固端弯矩即分配系数

$$M_{BC}^F = -20 \text{kN} \cdot \text{m}, \quad M_{CB}^F = -10 \text{kN} \cdot \text{m}$$

$$M_{CD}^F = -\frac{Pl}{8} = -\frac{50 \times 4}{8}\text{kN} \cdot \text{m} = -25\text{kN} \cdot \text{m}, \quad M_{DC}^F = \frac{Pl}{8} = \frac{50 \times 4}{8}\text{kN} \cdot \text{m} = 25\text{kN} \cdot \text{m}$$

$$M_{DE}^F = -\frac{ql^2}{12} = -\frac{10 \times 6^2}{12}\text{kN} \cdot \text{m} = -30\text{kN} \cdot \text{m}, \quad M_{ED}^F = \frac{ql^2}{12} = \frac{10 \times 6^2}{12}\text{kN} \cdot \text{m} = 30\text{kN} \cdot \text{m}$$

$$M_{EF}^F = -\frac{ql^2}{12} = -\frac{15 \times 4^2}{12}\text{kN} \cdot \text{m} = -20\text{kN} \cdot \text{m}, \quad M_{FE}^F = \frac{ql^2}{12} = \frac{15 \times 4^2}{12}\text{kN} \cdot \text{m} = 20\text{kN} \cdot \text{m}$$

$$\mu_{CB} = \frac{S_{CB}}{S_{CB}+S_{CD}} = \frac{3 \times \frac{1}{3}}{3 \times \frac{1}{3}+4 \times \frac{2}{4}} = 0.33, \quad \mu_{CD} = \frac{S_{CD}}{S_{CB}+S_{CD}} = \frac{4 \times \frac{2}{4}}{3 \times \frac{1}{3}+4 \times \frac{2}{4}} = 0.67$$

$$\mu_{DC} = \frac{S_{DC}}{S_{DC}+S_{DE}} = \frac{4 \times \frac{2}{4}}{4 \times \frac{2}{4}+4 \times \frac{2}{6}} = 0.6, \quad \mu_{DE} = \frac{S_{DE}}{S_{DC}+S_{DE}} = \frac{4 \times \frac{2}{6}}{4 \times \frac{2}{4}+4 \times \frac{2}{6}} = 0.4$$

$$\mu_{ED}=\frac{S_{ED}}{S_{ED}+S_{EF}}=\frac{4\times\frac{2}{6}}{4\times\frac{2}{6}+4\times\frac{2}{4}}=0.4,\mu_{EF}=\frac{S_{EF}}{S_{ED}+S_{EF}}=\frac{4\times\frac{2}{4}}{4\times\frac{2}{6}+4\times\frac{2}{4}}=0.6$$

2) 将结点轮流放松进行力矩的分配和传递，为了使计算时收敛较快，分配宜从不平衡力矩数值较大的结点开始，可先放松结点 C，由于放松结点 C 时，结点 D 是固定的，所以可以同时放松结点 E，因此，凡不相邻的各结点每次均可同时放松，这样便可加快收敛的速度。整个计算过程如图 9-8c 所示。

3) 计算杆端最后弯矩，并绘弯矩图（图 9-8d）。

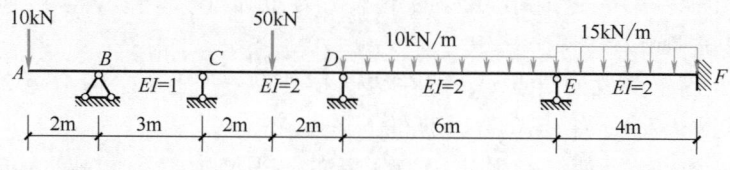

a) 原结构

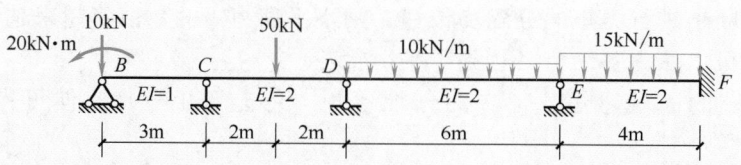

b) 等效结构

	B	C		D		E		F
分配系数		0.33	0.67	0.6	0.4	0.4	0.6	
固端弯矩	−20 −10	−25	+25	−30		30	−20	+20
	0 ← 11.67	23.33 →	11.67	−2	←	−4	−6 →	−3
		−1.4 ←	−2.8	−1.87	→	−0.93		
	0 ← 0.47	0.93 →	0.47	0.19	←	0.37	0.56 →	0.28
		−0.20 ←	0.39	0.26	→	−0.13		
	0.07	0.13				0.05	0.08	
最后弯矩	−20 2.20	−2.20	33.94	−33.94		25.36	−25.36	17.28

c) 弯矩分配与传递

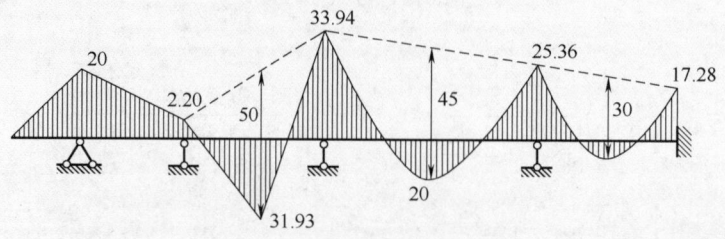

d) 弯矩图(单位：kN·m)

图 9-8 例 9-3

例 9-4 用力矩分配法计算如图 9-9a 所示的刚架，并绘 M 图。

解：1）将结点 B、结点 C 固定，计算分配系数及固端弯矩。

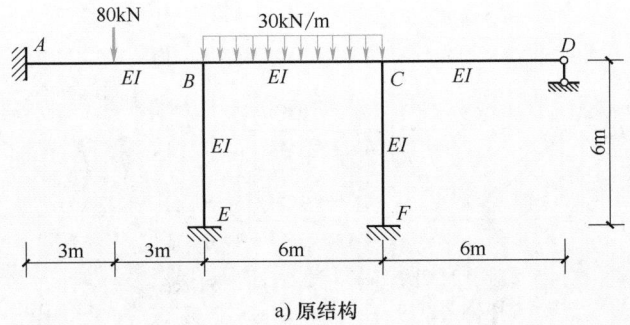

a) 原结构

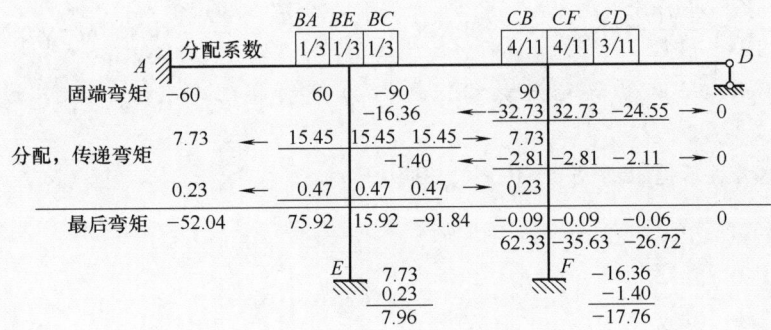

b) 弯矩的分配与传递

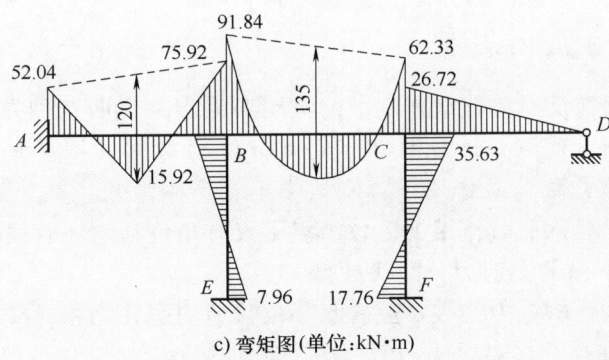

c) 弯矩图(单位：kN·m)

图 9-9 例 9-4

令

$$\frac{EI}{6} = 1$$

结点 B：

$$\mu_{BA} = \frac{S_{BA}}{S_{BA} + S_{BC} + S_{BE}} = \frac{4 \times 1}{4 \times 1 + 4 \times 1 + 4 \times 1} = \frac{1}{3}$$

$$\mu_{BC} = \frac{S_{BC}}{S_{BA} + S_{BC} + S_{BE}} = \frac{4 \times 1}{4 \times 1 + 4 \times 1 + 4 \times 1} = \frac{1}{3}$$

结点 C：

$$\mu_{BE} = \frac{S_{BE}}{S_{BA}+S_{BC}+S_{BE}} = \frac{4\times1}{4\times1+4\times1+4\times1} = \frac{1}{3}$$

$$\mu_{CB} = \frac{S_{CB}}{S_{CB}+S_{CD}+S_{CF}} = \frac{4\times1}{4\times1+3\times1+4\times1} = \frac{4}{11}$$

$$\mu_{CD} = \frac{S_{CD}}{S_{CB}+S_{CD}+S_{CF}} = \frac{3\times1}{4\times1+3\times1+4\times1} = \frac{3}{11}$$

$$\mu_{CF} = \frac{S_{CF}}{S_{CB}+S_{CD}+S_{CF}} = \frac{4\times1}{4\times1+3\times1+4\times1} = \frac{4}{11}$$

$$M_{AB}^{F} = -\frac{Pl}{8} = -\frac{80\times6}{8} \text{kN}\cdot\text{m} = -60\text{kN}\cdot\text{m}, \quad M_{BA}^{F} = \frac{Pl}{8} = \frac{80\times6}{8}\text{kN}\cdot\text{m} = 60\text{kN}\cdot\text{m},$$

$$M_{BC}^{F} = -\frac{ql^2}{12} = -\frac{30\times6^2}{12}\text{kN}\cdot\text{m} = -90\text{kN}\cdot\text{m}, \quad M_{CB}^{F} = \frac{ql^2}{12} = \frac{30\times6^2}{12}\text{kN}\cdot\text{m} = 90\text{kN}\cdot\text{m}.$$

2）将结点 B、C 两结点轮流放松，进行力矩的分配和传递，计算过程如图 9-9b 所示。

3）计算杆端最后弯矩，并绘 M 图（图 9-9c）。

9.4　无剪力分配法

力矩分配法可用于计算无侧移的刚架。对于有侧移的刚架，且符合某些特定条件时，可采用无剪力分配法。

9.4.1　无剪力分配法的应用条件

下面以单跨对称刚架在反对称荷载作用下的半刚架为例来说明这种方法。如图 9-10a 所示，刚架上作用着水平结点荷载，计算时常将荷载分解为对称（图 9-10b）和反对称荷载（图 9-10c）分别求解。在对称荷载作用下，刚架中不会产生弯矩，故只对刚架进行反对称荷载作用下的计算。在反对称荷载作用下，各结点不仅有角位移，还有线位移，这时可取半个刚架（图 9-10d），用下面的无剪力分配法计算。

在图 9-10d 中，各横梁 BC、DE、FG 虽有水平位移但两端并无相对线位移，这类杆件称为两端无相对线位移的杆件。各柱 AB、BD、DF 两端虽有相对侧移，但由于链杆支座 C、E、G 处并无水平反力，所以各柱的剪力是静定的，各柱的剪力如图 9-10e 所示。这类杆件称为剪力静定杆件。

所以，无剪力分配法的应用条件是：刚架中除了两端无相对线位移的杆件，其余杆件都是剪力静定杆件。

9.4.2　剪力静定杆的固端弯矩

计算图 9-11a 所示的半刚架时，与力矩分配法一样，可分为以下两步：第一步是固定结点，加附加刚臂以阻止结点的转动，但不阻止线位移（图 9-11b），求各杆端在荷载作用下的固端弯矩；第二步是放松结点（图 9-11c）使结点产生角位移和线位移，求各杆的分配弯

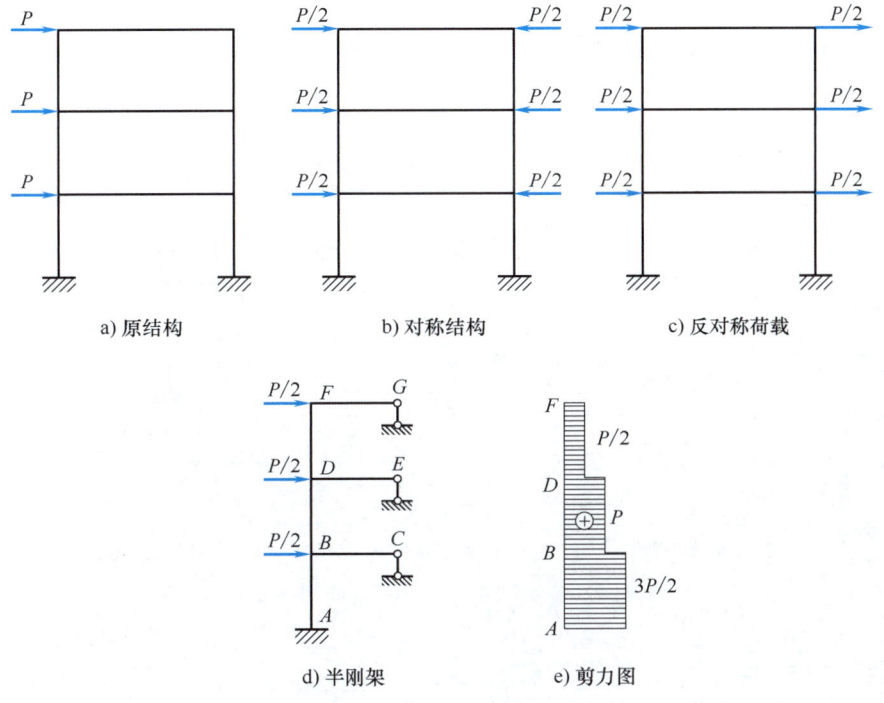

图 9-10 单跨对称结构

矩和传递弯矩。将以上两步所得的杆端弯矩叠加，即得原刚架的杆端弯矩。

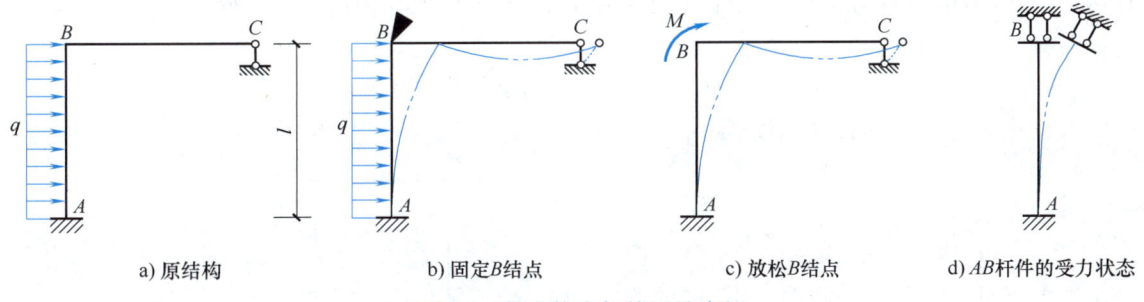

图 9-11 剪力静定杆的固端弯矩

在计算 AB 杆件的固端弯矩时，因 AB 杆的剪力是静定的，在顶点 B 处的剪力为零。所以 AB 杆件的受力状态与图 9-11d 所示下端固定、上端滑动的杆件相同，则 AB 杆件的固端弯矩可根据表 8-1 查得

$$M_{AB}^F = -\frac{ql^2}{3}, \quad M_{BA}^F = -\frac{ql^2}{6}$$

AB 杆件两端的剪力为

$$Q_{BA} = 0, \quad Q_{AB} = ql$$

对于多层的情况，如图 9-12a 所示各梁均为两端无相对线位移的杆件，各竖杆为剪力静定杆件，固定结点 B、C、D，阻止其转动，不阻止其线位移（图 9-12b）。任取其中一柱 BC，其受力状态如图 9-12c 所示，可将其看作下端固定、上端滑动的杆件，柱顶 C 处的剪力为 ql，因此对于 BC 杆件，其两端固定的固端弯矩可按图 9-12c 所示的情况求出。因此可

推知，无论刚架有多少层，其中各层柱子均可视为上端滑动、下端固定的杆件，除了本身可承受的荷载，柱顶还承受剪力，其值等于柱顶以上各层所有水平荷载的代数和，这样便可根据表 8-2 计算各柱的固端弯矩。

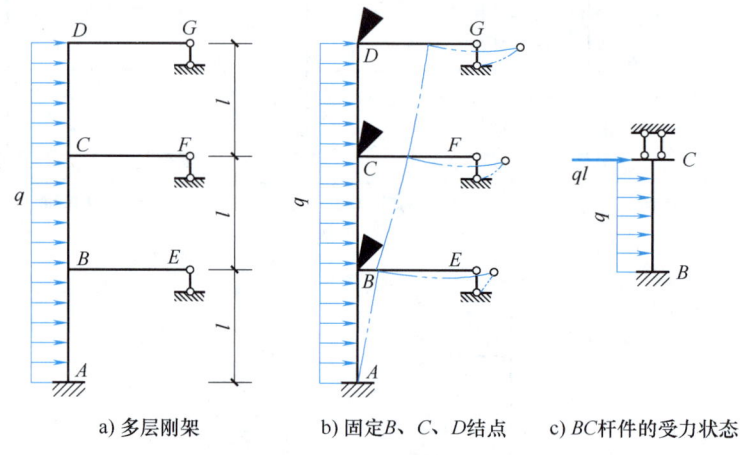

a) 多层刚架　　　　b) 固定 B、C、D 结点　　c) BC 杆件的受力状态

图 9-12　多层刚架剪力静定杆的固端弯矩

9.4.3　零剪力杆件的转动刚度和传递系数

在图 9-11c 所示的半刚架中，放松结点 B，即在结点 B 处反号加上一不平衡力矩（图 9-13a）。由于横梁 BC 中无轴力，所以 AB 杆各截面的剪力也为零，称为零剪力杆件。AB 杆件的受力情况视为一悬臂杆件（图 9-13b），结点 B 既有转角，又有侧移，在结点 B 发生转角时，杆端力偶为

$$M_{BA} = i_{AB}\varphi_B, \quad M_{AB} = -M_{BA}$$

所以零剪力杆件的转动刚度为

$$S_{AB} = i_{AB}$$

传递系数为

$$C_{AB} = -1$$

由上可见，在固定结点时，AB 柱的剪力为静定的，在放松结点时，将 B 端的分配弯矩乘以 -1 的传递系数传到 A 端，因此弯矩沿 AB 杆的全长为常数，而剪力为零。这样，在力矩的分配和传递过程中，柱中原有的剪力将保持不变而不增加新的剪力，所以这种方法称为无剪力分配法，它们的转动刚度和传递系数按式（9-14）、式（9-15）计算。

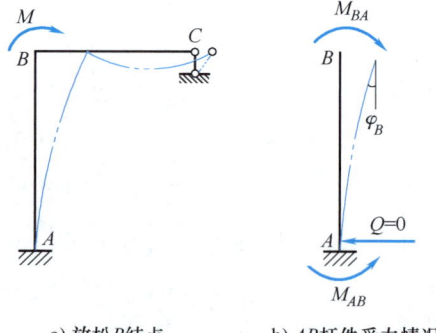

a) 放松 B 结点　　b) AB 杆件受力情况

图 9-13　零剪力杆的转动刚度与传递系数

例 9-5　试用无剪力分配法计算图 9-14a 所示刚架的弯矩。

解：由于刚架为对称刚架，将荷载分解为正对称和反对称两种情况（图 9-14b、c），其中正对称情况不需要计算，对反对称取其半刚架进行计算（图 9-14d）。

1）计算固端弯矩
2）立柱 AB、BC 为剪力静定杆件，其剪力为

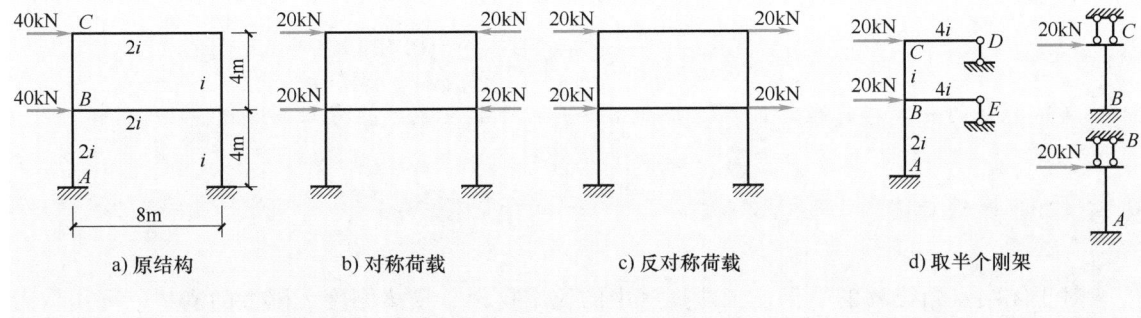

a) 原结构   b) 对称荷载   c) 反对称荷载   d) 取半个刚架

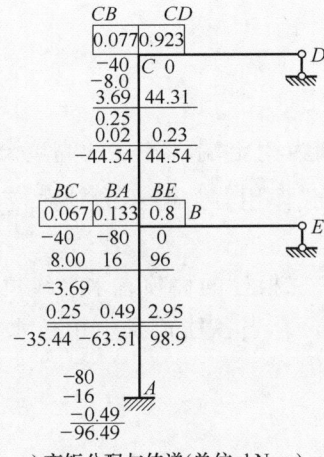

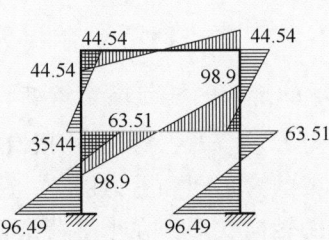

e) 弯矩分配与传递(单位:kN·m)   f) M 图(单位:kN·m)

图 9-14 例 9-5

$$Q_{BC} = 20\text{kN}, \quad Q_{AB} = 40\text{kN}$$

固端弯矩为

$$M_{CB} = M_{BC} = -\frac{1}{2} \times 20 \times 4 \text{kN} \cdot \text{m} = -40 \text{kN} \cdot \text{m}$$

$$M_{BA} = M_{AB} = -\frac{1}{2} \times 20 \times 4 \text{kN} \cdot \text{m} = -80 \text{kN} \cdot \text{m}$$

3) 计算分配系数

C 结点：
$$S_{CD} = 3 \times 4i = 12i, \quad S_{CB} = i$$

$$\mu_{CD} = \frac{S_{CD}}{S_{CD} + S_{CB}} = \frac{12i}{12i + i} = 0.923$$

$$\mu_{CB} = \frac{S_{CB}}{S_{CD} + S_{CB}} = \frac{i}{12i + i} = 0.077$$

B 结点：
$$S_{BE} = 3 \times 4i = 12i, \quad S_{BC} = i, \quad S_{BA} = 2i$$

$$\mu_{BE} = \frac{S_{BE}}{S_{BE} + S_{BC} + S_{BA}} = \frac{12i}{12i + i + 2i} = 0.8$$

$$\mu_{BC} = \frac{S_{BC}}{S_{BE} + S_{BC} + S_{BA}} = \frac{i}{12i + i + 2i} = 0.067$$

215

$$\mu_{BA} = \frac{S_{BA}}{S_{BE}+S_{BC}+S_{BA}} = \frac{2i}{12i+i+2i} = 0.133$$

4）力矩的分配与传递。计算过程如图 9-14e 所示，最后的弯矩图如图 9-14f 所示。

9.5 剪力分配法

对于无结点角位移的结构，工业厂房中的铰结排架、横梁刚度无限大的刚架，可用剪力分配法进行计算。

9.5.1 柱顶有水平荷载作用的铰结排架

如图 9-15a 所示的排架，柱与横梁铰结，柱下端为固定端，各柱的高度分别为 h_1、h_2、h_3，弯曲刚度分别为 EI_1、EI_2、EI_3，柱顶有水平荷载作用，忽略梁的轴向变形，下面用剪力分配法绘制该排架的弯矩图和剪力图。

由于忽略横梁的轴向变形，在水平荷载作用下，三根柱的柱顶有水平线位移且相等，现在在柱顶加一水平链杆阻止该水平线位移（图 9-15b）。当各柱顶发生单位水平位移时，各柱顶的剪力分别为

$$\left.\begin{aligned}\overline{Q}_1 &= \frac{3EI_1}{h_1^3} = \frac{3i_1}{h_1^2} \\ \overline{Q}_2 &= \frac{3EI_2}{h_2^3} = \frac{3i_2}{h_2^2} \\ \overline{Q}_3 &= \frac{3EI_3}{h_3^3} = \frac{3i_3}{h_3^2}\end{aligned}\right\} \quad (9\text{-}14)$$

式中，$i_j = \dfrac{EI_j}{h_j}$（$i = 1、2、3$）为柱的线刚度。

当各柱顶发生相同的水平位移 Δ 时，各柱的剪力为

$$\left.\begin{aligned}Q_1 &= \frac{3i_1}{h_1^2}\Delta \\ Q_2 &= \frac{3i_2}{h_2^2}\Delta \\ Q_3 &= \frac{3i_3}{h_3^2}\Delta\end{aligned}\right\} \quad (9\text{-}15)$$

由平衡条件，各柱顶剪力之和应等于 P（图 9-14c），即

$$Q_1 + Q_2 + Q_3 = P \quad (9\text{-}16)$$

由式（9-15）、式（9-16），得

第9章 渐近法

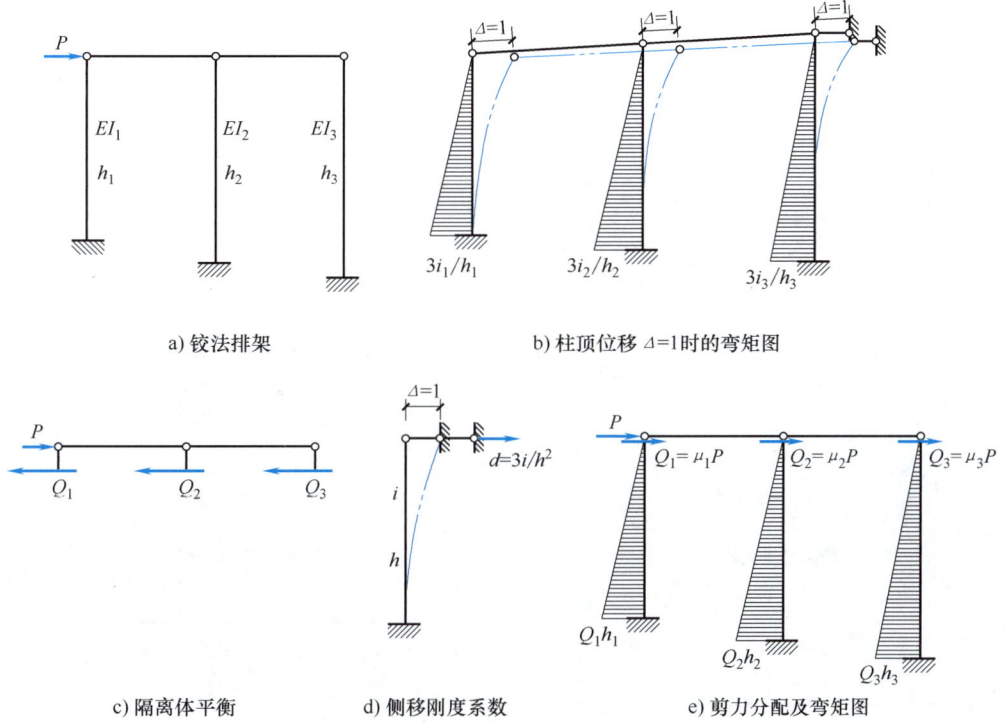

a) 铰法排架　　b) 柱顶位移 Δ=1时的弯矩图

c) 隔离体平衡　　d) 侧移刚度系数　　e) 剪力分配及弯矩图

图 9-15　铰结排架的剪力分配

$$Q_j = \frac{\dfrac{3i_j}{h_j^2}}{\dfrac{3i_1}{h_1^2}+\dfrac{3i_2}{h_2^2}+\dfrac{3i_3}{h_3^2}}P \quad (j=1,2,3) \tag{9-17}$$

令

$$d_j = \frac{3i_j}{h_j^2} \tag{9-18}$$

则式（9-17）可写为

$$Q_j = \frac{d_j}{\sum\limits_{j=1}^{3} d_j}P = \mu_j p \quad (j=1,2,3) \tag{9-19}$$

式中

$$\mu_j = \frac{d_j}{\sum d_j} \tag{9-20}$$

由式（9-19）可知，各柱顶剪力 Q_j 与 d_j 成正比，且水平荷载 P 按各柱 d_j 的比例分配给各柱，这里 d_j 称为侧移刚度系数（图9-15d），μ_j 为剪力分配系数，即在柱顶水平荷载 P 作用下，各柱顶的剪力可按各柱的剪力分配系数将 P 进行分配求得，由于弯矩零点在柱顶，从而可由剪力求得弯矩，这种方法称为剪力分配法。绘出其弯矩图（图9-15e）。

9.5.2　横梁刚度无限大时刚架的剪力分配

如图 9-16a 所示的刚架，横梁刚度无限大，柱顶作用水平力 P，用位移法计算时，该结

构无结点角位移，只有水平线位移 Δ。对两端无转角的柱，当柱顶发生单位水平线位移时，柱顶的剪力为

$$\overline{Q} = \frac{12i}{h^2}$$

令 $d = \dfrac{12i}{h^2}$，d 称为两端无转角柱的侧移刚度系数（图 9-16b）。

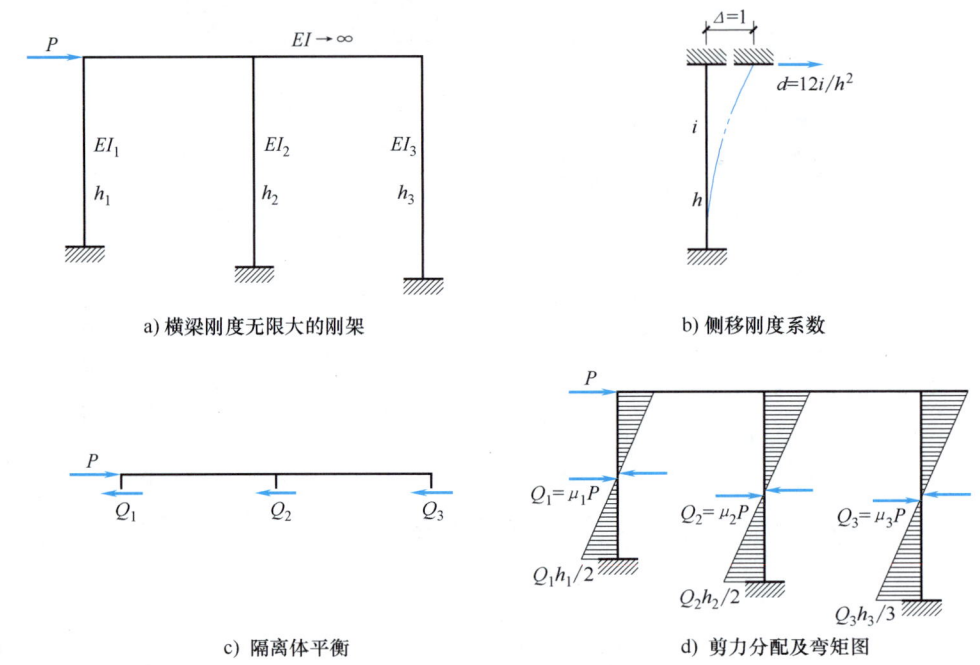

图 9-16 横梁刚度无限大时的计算

当各柱顶侧移均为 Δ 时，各柱的剪力为

$$Q_j = \overline{Q}\Delta = d_j \Delta \tag{9-21}$$

由平衡条件，各柱顶的剪力之和应等于 P（图 9-15c），即

$$Q_1 + Q_2 + Q_3 = P \tag{9-22}$$

由式（9-21）、式（9-22）得

$$Q_j = \frac{d_j}{\sum_{j=1}^{3} d_j} P = \mu_j P \qquad (j=1,2,3) \tag{9-23}$$

由式（9-23）可知，对横梁刚度无限大的刚架，柱顶有水平荷载时，各柱顶的剪力也可按各柱的侧移刚度系数之比，即剪力分配系数，将水平荷载 P 进行分配求得。由剪力求弯矩时，应注意由于柱上端无转角，弯矩图的特点是柱中点的弯矩为零，柱上下端的弯矩是等值反向的。利用这个特点，可由剪力求得各柱两端弯矩为 $M = Qh/2$，从而可绘出柱的弯矩图（图 9-16d）。由结点的平衡，可求出梁端弯矩。

9.5.3 柱间有水平荷载作用时的计算

对铰结排架及横梁刚度无限大的刚架（图 9-17a），如果荷载作用在柱间，仍可用剪力

分配法进行下列计算：

1）在柱顶加一水平链杆（图 9-17b），阻止水平线位移，由表 8-1 可查出此时承受荷载的柱的柱顶端剪力 Q_1^F，进而求出附加链杆的约束反力 F_{1P}。

2）将 F_{1P} 反向加在原结构上（图 9-17c），此时可用剪力分配法进行计算。

3）将图 9-17b、c 两种情况下的内力叠加，即得原结构的解。

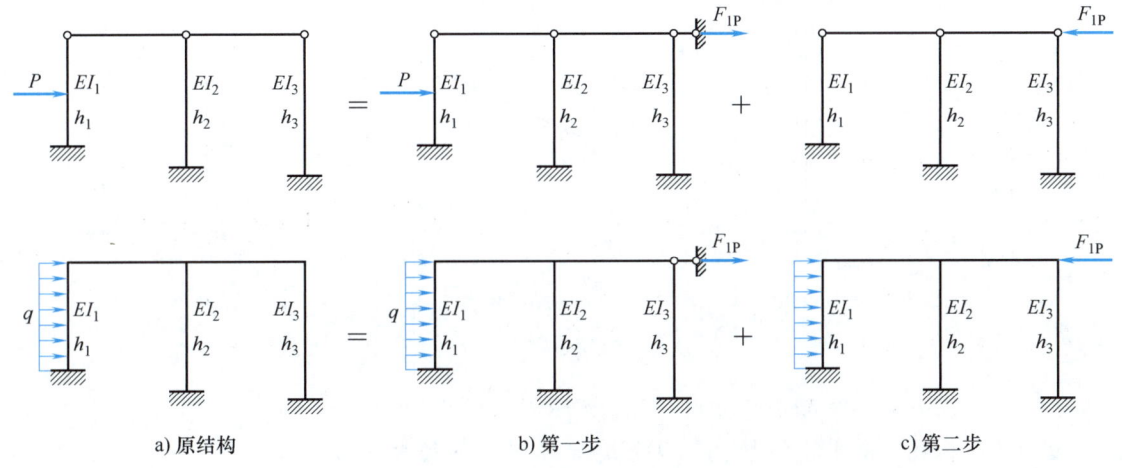

a) 原结构　　　　　　　　　b) 第一步　　　　　　　　　c) 第二步

图 9-17　柱间有荷载的剪力分配

例 9-6 试用剪力分配法计算图 9-18a 所示排架的弯矩。$P = 10\text{kN}$。

解： 1）求各柱的剪力分配系数。

$$d_1 = \frac{3i_1}{h_1^2} = \frac{3}{16}, \quad d_2 = \frac{3i_2}{h_2^2} = \frac{1}{6}, \quad d_3 = \frac{3i_3}{h_3^2} = \frac{3}{64}$$

$$\mu_1 = \frac{d_1}{\sum_{j=1}^{3} d_j} = \frac{\dfrac{3}{16}}{\dfrac{3}{16} + \dfrac{1}{6} + \dfrac{3}{64}} = 0.4675$$

$$\mu_2 = \frac{\dfrac{1}{6}}{\dfrac{3}{16} + \dfrac{1}{6} + \dfrac{3}{64}} = 0.4156$$

$$\mu_3 = \frac{\dfrac{3}{64}}{\dfrac{3}{16} + \dfrac{1}{6} + \dfrac{3}{64}} = 0.1169$$

2）计算各柱剪力（图 9-18b）。

$$Q_1 = \mu_1 P = 0.4675 \times 10\text{kN} = 4.675\text{kN}$$
$$Q_2 = \mu_2 P = 0.4156 \times 10\text{kN} = 4.156\text{kN}$$
$$Q_3 = \mu_3 P = 0.1169 \times 10\text{kN} = 1.169\text{kN}$$

3) 计算杆端弯矩。

$$M_1 = Q_1 h_1 = 4.675 \times 4 \text{kN} \cdot \text{m} = 18.70 \text{kN} \cdot \text{m}$$
$$M_2 = Q_2 h_2 = 4.156 \times 6 \text{kN} \cdot \text{m} = 24.94 \text{kN} \cdot \text{m}$$
$$M_3 = Q_3 h_3 = 1.169 \times 8 \text{kN} \cdot \text{m} = 9.35 \text{kN} \cdot \text{m}$$

4) 绘制弯矩图（图9-18c）。

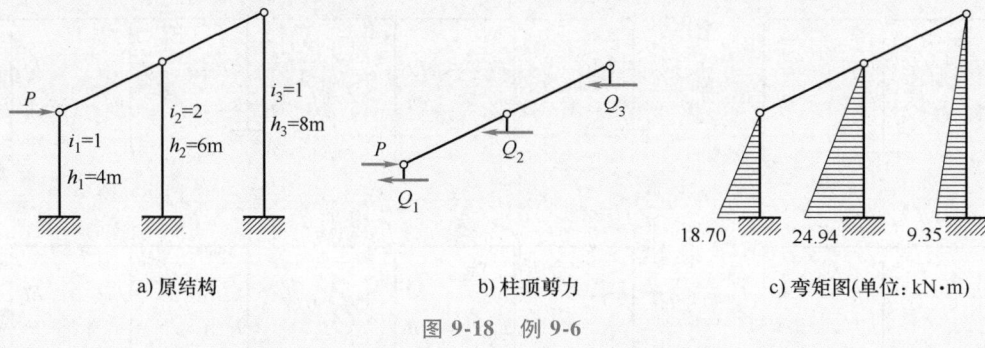

a) 原结构　　　b) 柱顶剪力　　　c) 弯矩图(单位：kN·m)

图 9-18　例 9-6

例 9-7 试用剪力分配法计算图 9-19a 所示刚架的弯矩。

解：1) 在柱顶加水平链杆（图 9-19b），求链杆的约束反力 F_1。

画出 AB 柱的弯矩图，固端剪力 $Q_{AB}^F = -P/2 = -10 \text{kN}$。

由 $\sum X = 0$，得链杆的约束反力 $F_1 = -10 \text{kN}$。

2) 将链杆的约束反力 F_1 反向加在原结构上，用剪力分配法计算。

$$\mu_1 = \frac{d_1}{\sum_{j=1}^{3} d_j} = \frac{1}{1+2+1} = 0.25, \quad \mu_2 = \frac{2}{1+2+1} = 0.5, \quad \mu_3 = 0.25$$

柱顶剪力：
$$Q_1 = Q_3 = \mu_1 F_1 = 0.25 \times 10 \text{kN} = 2.5 \text{kN}$$
$$Q_2 = \mu_2 F_1 = 0.5 \times 10 \text{kN} = 5.0 \text{kN}$$

柱端弯矩：
$$M_1 = M_3 = -Q_1 \cdot \frac{h}{2} = -2.5 \times \frac{4}{2} \text{kN} \cdot \text{m} = -5 \text{kN} \cdot \text{m}$$
$$M_2 = -Q_2 \cdot \frac{h}{2} = -5 \times \frac{4}{2} \text{kN} \cdot \text{m} = -10 \text{kN} \cdot \text{m}$$

绘出弯矩图（图 9-19c）。

3) 叠加图 9-19b、c，即得最后弯矩图（图 9-19d）。

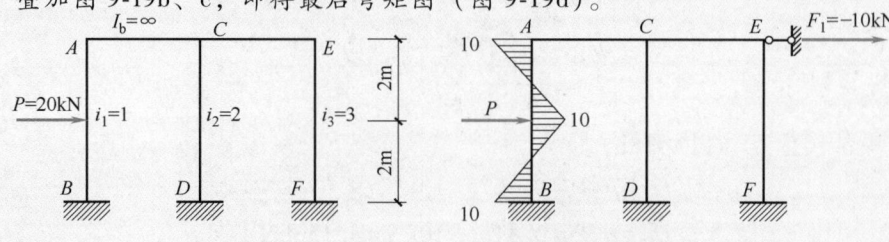

a) 原结构　　　b) 柱顶附加不动铰时弯矩图(单位：kN·m)

图 9-19　例 9-7

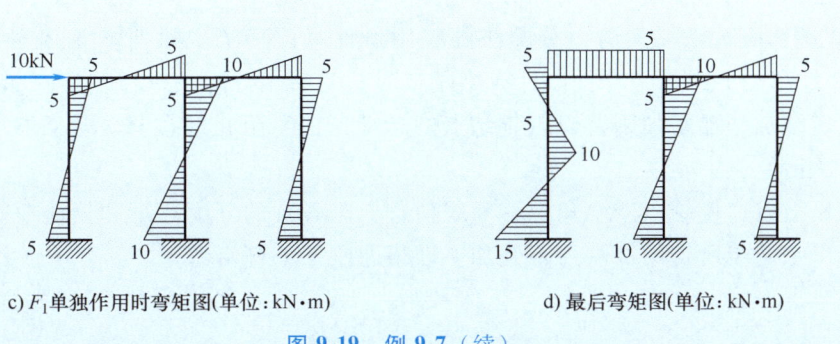

c) F_1单独作用时弯矩图(单位:kN·m)　　d) 最后弯矩图(单位:kN·m)

图 9-19　例 9-7（续）

本 章 小 结

本章主要介绍了超静定结构计算的渐近法与近似法的基本原理和适用条件。对于超静定结构而言，如果未知量数目在 3 个以内，采用力法或位移法计算起来比较容易，而像刚架或组合结构此类具有更多未知量的工程结构，很困难或无法用前几章介绍的方法计算，而以逐次渐近的方法来计算杆端弯矩，其计算结果的精度随计算轮次的增多而提高，最后收敛于精确解。

1. 基本概念

（1）转动刚度　使等截面直杆的杆端发生单位转角时在该杆端需要施加的力矩，即转动刚度，用 S_{ij} 表示。

（2）传递系数和传递弯矩　当近端发生单位转角时，远端会产生杆端弯矩，也称为传递弯矩。远端杆端弯矩与近端杆端弯矩之比称为传递系数，用 C 表示。对于等截面杆件，传递系数 C 与远端的支承情况有关。远端为固定端支座时，$C=1/2$；远端为铰支座时，$C=0$；远端为定向支座时，$C=-1$。

（3）分配系数和分配弯矩　分配系数是汇交于某一结点各杆件的转动刚度与各杆件转动刚度之和的比值，用 μ_{ij} 表示。用分配系数将结点力矩按比例分配给各杆的近端，所得的近端弯矩称为分配弯矩，用 M 表示。

（4）不平衡力矩　当某结点被固定时，附加在刚臂上的反力矩等于汇交于该点的各杆端的固端弯矩的代数和，即各固端弯矩所不能平衡的差值，称为该结点上的不平衡力矩。

2. 知识要点

（1）力矩分配法步骤

1）固定结点。加入刚臂，各杆端有固定弯矩，而结点上有不平衡力矩，它暂时由刚臂承担。

2）放松结点。取消刚臂，让结点转动。这相当于在结点上又加入一个反号的不平衡力矩，于是不平衡力矩被消除而结点获得平衡。此反号的不平衡力矩将按劲度系数大小的比例分配给各近端，于是各近端得到分配弯矩，同时各自向其远端进行传递，各远端得到传递弯矩。

3）各近端弯矩等于固端弯矩加分配弯矩，各远端弯矩等于固端弯矩加传递弯矩。

（2）无剪力分配法　无剪力分配法的应用条件时：刚架中除两端无相对线位移的杆件外，其余杆件都是剪力静定杆件。计算半刚架时，与力矩分配法一样，步骤如下：

1）固定结点，加附加刚臂以阻止结点的转动，但不阻止线位移，求各杆端在荷载作用下的固端弯矩。

2）放松结点，使结点产生角位移和线位移，求各杆的分配弯矩和传递弯矩。

3）将以上两步所得的杆端弯矩叠加，即得原刚架的杆端弯矩。

思考与讨论

1. 力矩分配法中对杆件的固端弯矩、杆端弯矩的正负号是怎样规定的？
2. 什么叫转动刚度？它与哪些因素有关？什么叫分配系数？为什么在一个结点上各杆的分配系数之和等于1？
3. 结点上的不平衡力矩（约束力矩）与该结点的固端弯矩有何关系？为什么要将约束力矩变号后才能进行分配？
4. 什么叫传递弯矩和传递系数？传递系数如何确定？
5. 力矩分配法的计算过程为什么是收敛的？
6. 在多结点力矩分配中，"松开"结点的顺序不同，对杆端弯矩值有无影响？欲使分配收敛快，应从什么结点开始？
7. 当支座移动和温度发生改变时，可以用力矩分配法计算吗？
8. 什么是无剪力分配法？它的适用条件是什么？
9. 什么是剪力分配法？它的适用条件是什么？当柱间有荷载作用时，如何用剪力分配法计算？

习　　题

一、选择题

1. 下列说法正确的是（　　）。
A. 力法以多余未知力作为未知数，故力法方程表示的是力的平衡条件
B. 位移法是以结点位移作为基本未知数，故位移法方程表示的是几何条件
C. 力矩分配法是位移法得到的，故力矩分配法可以解有侧移的结构
D. 位移法可以求解静定结构，但力法不能解静定结构

2. 用力矩分配法解图 9-20 所示结构内力时，若不考虑支座到自由结点的传递，则传递系数等于 0、-1 和 1/2 的杆件的个数分别为（　　）。
A. 3，2，2　　　　B. 1，2，4　　　　C. 2，1，4　　　　D. 3，1，3

二、判断题

1. 力矩分配法可以计算任何超静定刚架的内力。　　　　　　　　　　　　　　　（　　）
2. 图 9-21 所示，连续梁的弯曲刚度为 EI，杆长为 l，杆端弯矩 $M_{BC}<0.5M$。　　（　　）
3. 图 9-22 所示结构不能用力矩分配法计算，但可以用无剪力分配法计算。　　　（　　）

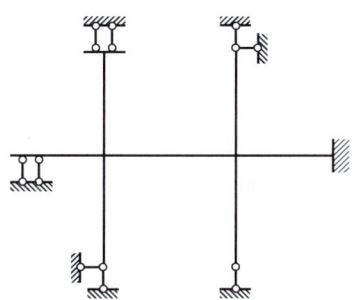

图 9-20　选择题 2

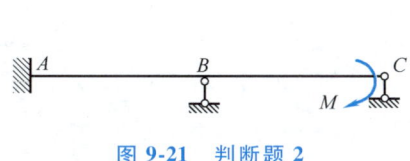

图 9-21　判断题 2

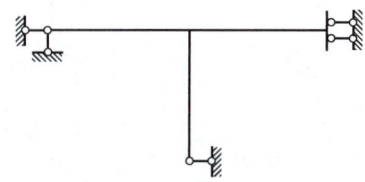

图 9-22　判断题 3

三、计算题

1. 利用分配系数和传递系数，求图 9-23 所示梁的杆端弯矩。各杆 EI 相同。作用在 B 结点处。
2. 用力矩分配法求图 9-24 所示梁的杆端弯矩，并作 M 图。

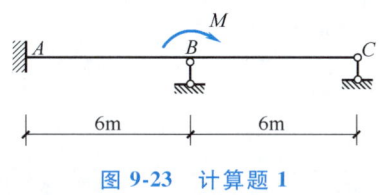

图 9-23　计算题 1

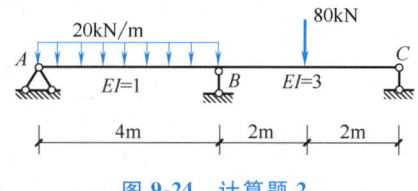

图 9-24　计算题 2

3. 用力矩分配法求图 9-25 所示梁的杆端弯矩，并作 M 图。
4. 用力矩分配法作图 9-26 所示刚架的 M 图、Q 图和 N 图。
5. 用力矩分配法作图 9-27 所示刚架的 M 图。
6. 用力矩分配法计算图 9-28 所示连续梁，并作 M 图、Q 图。
7. 用力矩分配法计算图 9-29 所示连续梁，并作 M 图。

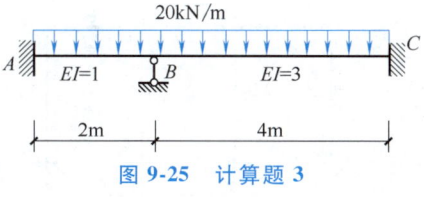

图 9-25　计算题 3

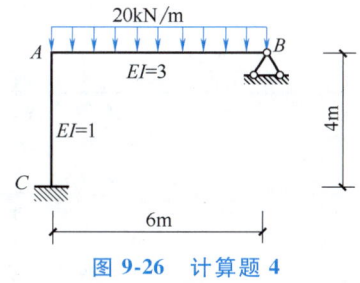

图 9-26　计算题 4

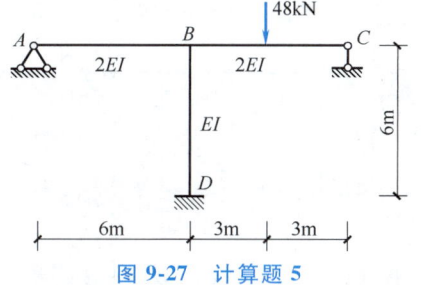

图 9-27　计算题 5

8. 用力矩分配法计算图 9-30 所示连续梁，并作 M 图。

9. 用力矩分配法计算图 9-31 所示刚架，并作 M 图。

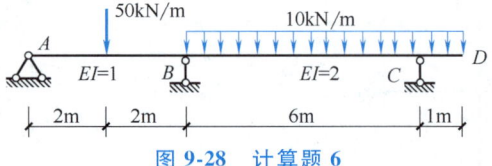

图 9-28　计算题 6

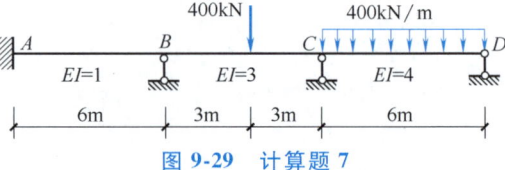

图 9-29　计算题 7

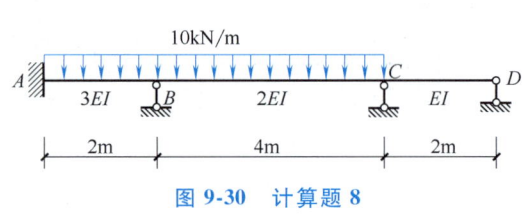

图 9-30　计算题 8

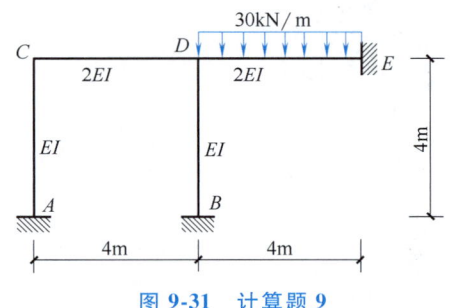

图 9-31　计算题 9

10. 用力矩分配法计算图 9-32 所示刚架，并作 M 图。

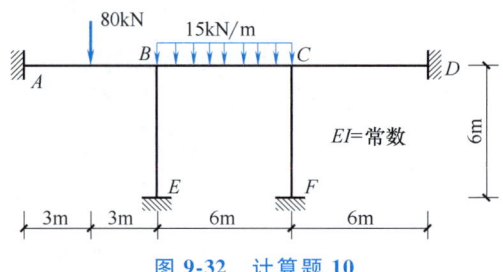

图 9-32　计算题 10

11. 用力矩分配法并利用对称性计算图 9-33 所示刚架，并作 M 图。

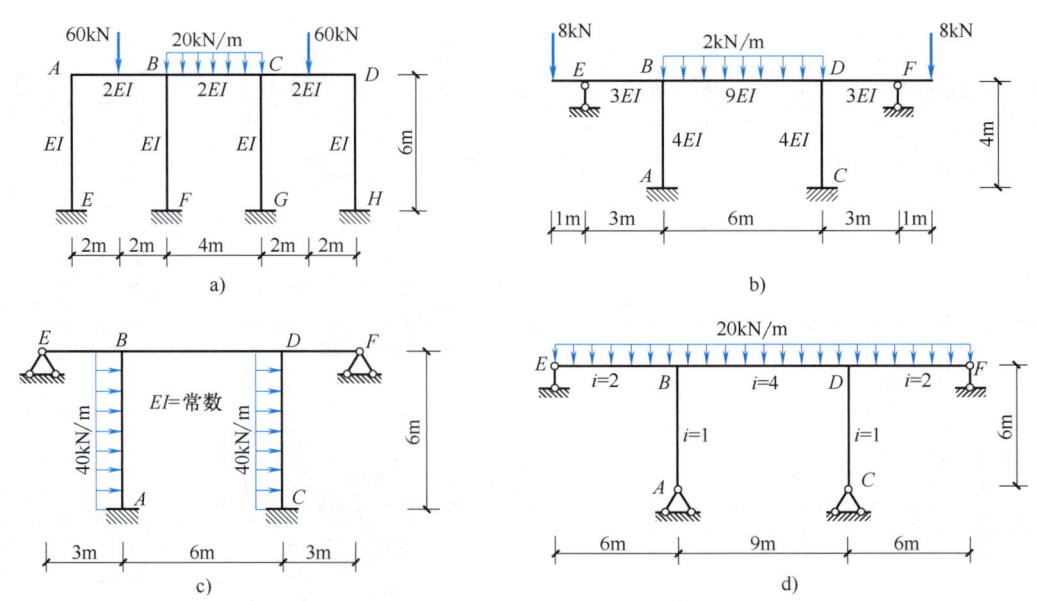

图 9-33　计算题 11

12. 用力矩分配法计算图 9-34 所示刚架，并作 M 图。
13. 用无剪力分配法计算图 9-35 所示刚架，并作 M 图。

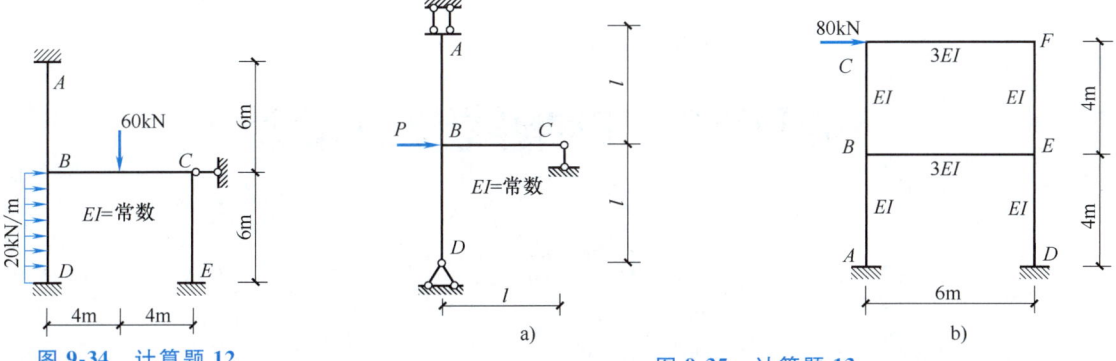

图 9-34　计算题 12　　　　　　　　图 9-35　计算题 13

14. 用力矩分配法计算图 9-36 所示刚架，并作 M 图。
15. 用力矩分配法计算图 9-37 所示排架，并作 M 图。

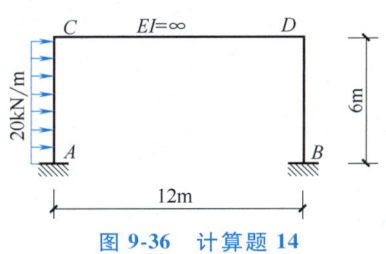
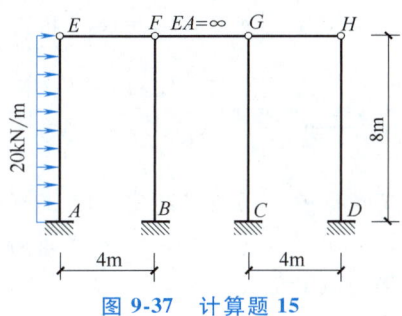

图 9-36　计算题 14　　　　　　　　图 9-37　计算题 15

第10章　影响线及其应用

内容提要

本节讨论结构在移动荷载作用下的内力变化规律。首先介绍移动荷载和影响线的概念，其次介绍利用静力法和机动法绘制静定结构影响线的原理和步骤，介绍超静定结构的影响线，最后讨论影响线的应用。

基本要求

了解影响线的基本概念，简支梁的绝对最大弯矩的概念；熟悉利用静力法和机动法作静定梁的影响线，利用影响线求影响量的数值，求解简支梁的最不利荷载位置，计算简支梁的绝对最大弯矩值；掌握静力法和机动法作静定梁的影响线，利用影响线求影响量的数值。

导入案例

港珠澳大桥

港珠澳大桥（图10-1）是粤、港、澳三地首次合作共建的超大型跨海通道，全长55km，设计使用寿命120年，总投资约1200亿元人民币。大桥于2003年8月启动前期工作，2009年12月开工建设，筹备和建设前后历时达十五年，于2018年10月开通营运。主体工程实行桥、岛、隧组合，总长约29.6km，穿越伶仃航道和铜鼓西航道段约6.7km为隧道，东、西两端各设置一个海中人工岛（蓝海豚岛和白海豚岛），犹如"伶仃双贝"熠熠生辉；其余路段约22.9km为桥梁，分别设有寓意三地同心的"中国结"青州桥、人与自然和谐相处的"海豚塔"江海桥，以及扬帆起航的"风帆塔"九洲航道桥三座通航斜拉桥。

港珠澳大桥在通行之前需要进行荷载试验，该试验数据除了为交工验收提供服务，对后期港珠澳大桥的养护、管理也意义重大，一旦遇到重大自然灾害或撞船事故等，该数据将成为判断大桥结构是否安全的对比数据。

图 10-1 港珠澳大桥

思考：港珠澳大桥通行前的荷载试验理论依据是什么？

10.1 概述

之前学习的内容中，作用在结构上的荷载都是固定荷载，即荷载作用位置是固定不动的。但在实际工程中，结构除了承受固定荷载作用，往往还要承受移动荷载的作用。比如，桥梁承受火车、汽车的荷载；厂房中的吊车梁承受起重机荷载等。固定荷载和移动荷载对结构产生的影响是不同的。在移动荷载作用下，结构中的内力和支座反力将随着荷载位置的变化而变化。因此，在结构设计中，必须求出移动荷载作用下结构的支座反力及内力的最大值，作为结构设计的依据。所以，需要研究结构在移动荷载作用下其支座反力和内力的变化规律。对于不同的支座反力和不同截面的内力，其变化规律是不相同的，即使是同一个截面，不同的内力（如弯矩、剪力和轴力）变化规律也不相同。所以，一次只能研究一个支座反力或某一个截面的某一项内力的变化规律。同时，要确定某一支座反力或某一内力的最大值，首先必须确定产生这一最大值的移动荷载的位置，这一移动荷载的位置称为该支座反力或内力的最不利荷载位置。

实际工程中移动荷载的类型很多，这些移动荷载通常是由很多间距不变的竖向荷载组成，不可能逐一加以研究，如果用固定荷载的方法去解决这类问题，难度较大。因此，可先只研究一种最简单的荷载，即一个竖向单位集中荷载 $P=1$ 沿结构移动时，对某一指定量值（如某一支座反力或某一截面的某一内力或某一位移等）所产生的影响，然后根据叠加原理就可进一步研究各种移动荷载对该量值的影响。

为研究移动荷载的作用，我们引入影响线的概念。影响线是研究移动荷载作用的基本工具。当一个指向不变的单位集中荷载（通常为竖直向下）沿着结构移动时，表示某一指定截面某一量值（内力或反力）变化规律的图形，称为该量值的影响线。

10.2 用静力法绘制静定结构的影响线

绘制静定结构的支座反力或内力影响线，有两种基本方法，静力法和机动法。本节先介绍静力法。

用静力法绘制影响线，方法是以 x 表示移动荷载的作用位置，根据静力平衡条件确定所求量值（支座反力或内力）与移动荷载位置 x 之间的函数关系，这种关系式称为影响线方程，然后根据影响线方程作出影响线。下面，将分别介绍简支梁和外伸梁的影响线，它们是绘制影响线的基础。

10.2.1 简支梁的影响线

1. 支座反力的影响线

图 10-2a 所示简支梁受到一个集中移动荷载 $P=1$ 作用，先研究支座 A 的支座反力 R_A 随 $P=1$ 移动的变化规律。取 A 点为坐标原点，用 x 表示移动荷载 $P=1$ 到 A 点的距离，由静力平衡方程可求出支座反力 R_A。

由 $\sum M_B = 0$，得 $R_A \times x - P(l-x) = 0$，则

$$R_A = \frac{l-x}{l} (0 \leq x \leq l) \qquad (10\text{-}1)$$

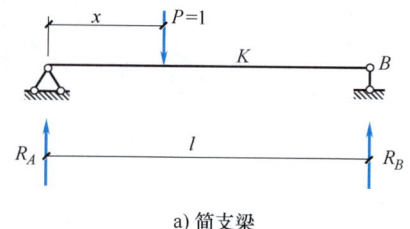

a) 简支梁

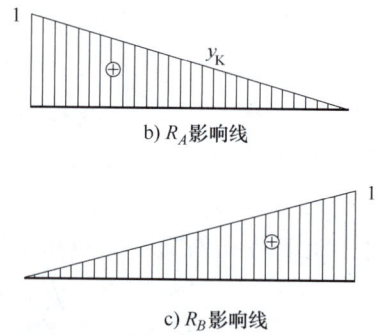

b) R_A 影响线

c) R_B 影响线

图 10-2 简支梁 R_A、R_B 影响线

式（10-1）表示支座反力 R_A 与移动荷载位置 x 之间的函数关系，用横坐标表示移动荷载的位置，纵坐标表示支座反力 R_A 的数值。当 $x=0$ 时，$R_A=1$，当 $x=l/2$ 时，$R_A=l/2$；当 $x=l$ 时，$R_A=0$。将这些数值在水平的基线上用竖标绘出，由于式（10-1）为一次函数，所以计算式（10-1）所表示的图形为一直线。用直线将这些竖标各顶点连起来，所得的图形即 R_A 的影响线（图 10-2b），式（10-1）称为影响线方程。对于支座反力的影响线，通常规定向上为正，正值的竖标绘在基线的上方，并注明正号。

同理绘制支座反力 R_B 的影响线。由 $\sum M_A = 0$ 得

$$R_B \times l - P \times x = 0$$

$$R_B = \frac{x}{l} (0 \leq x \leq l) \qquad (10\text{-}2)$$

式（10-2）是 R_B 的影响线方程，R_B 是 x 的一次函数，所以 R_B 的影响线也是一条直线：当 $x=0$ 时，$R_B=0$；当 $x=l$ 时，$R_B=1$。由这两点便可绘出 R_B 的影响线，如图 10-2c 所示。

根据影响线的定义，影响线的任一竖标表示移动荷载 $P=1$ 作用于该点时该量值的大小，如图 10-2b 中的 y_K 即代表 $P=1$ 作用在 K 点时支座反力 R_A 的大小。

在绘制影响线时，为了研究方便，假定移动荷载 $P=1$ 是不带任何单位的，即 $P=1$ 为一无量纲量。由此可知，支座反力的影响线，其竖标也是一无量纲量。

2. 内力影响线

（1）弯矩影响线　现在绘制简支梁（图10-3a）某指定截面 C 的弯矩 M_C 的影响线。仍取 A 点为坐标原点，用 x 表示移动荷载 $P=1$ 到 A 点的距离。当 $P=1$ 在 AC 段（$0 \leq x \leq a$）移动时，为了方便计算，取 BC 段为隔离体，并规定使梁下侧受拉弯矩为正，由平衡方程 $\sum M_C = 0$ 得

$$M_C = R_B \times b = \frac{x}{l} b \quad (0 \leq x \leq a) \quad (10\text{-}3)$$

由此可知，M_C 的影响线在截面 C 以左的部分为一直线：当 $x=0$ 时，$M_C=0$；当 $x=a$ 时，$M_C = \frac{ab}{l}$，根据影响线方程可绘出 $P=1$ 在截面 C 以左部分移动时 M_C 的影响线（图10-3b）。

当 $P=1$ 在 BC 段（$a \leq x \leq l$）移动时，取 AC 段为隔离体，由平衡方程 $M_C = 0$ 得

$$M_C = R_A \times a = \frac{l-x}{l} a \quad (a \leq x \leq l) \quad (10\text{-}4)$$

由式（10-4）可知，M_C 的影响线在截面 C 以右的部分也为一直线：当 $x=a$ 时，$M_C = \frac{ab}{l}$；当 $x=l$ 时，$M_C = D$，根据影响线方程绘出 $P=1$ 在截面 C 以右的部分移动时 M_C 的影响线（图10-3b）。

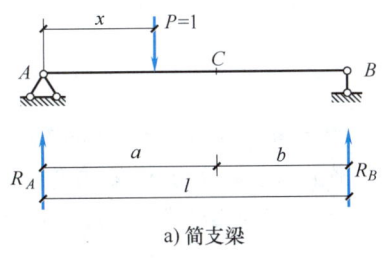

a）简支梁

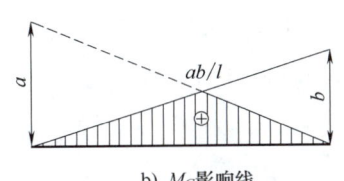

b）M_C 影响线

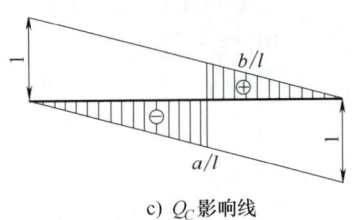

c）Q_C 影响线

图10-3　简支梁 M_C、Q_C 影响线

由图10-3b可知，M_C 的影响线由两部分组成，两直线在 C 点相交，C 点的竖标为 $\frac{ab}{l}$，称截面以左的直线为影响线的左直线，截面以右的直线为影响线的右直线。

由式（10-3）、式（10-4）还可以看出，M_C 的影响线与支座反力的影响线之间存在一定关系：左直线可由 R_B 的影响线将竖标放大 b 倍，然后取 AC 段，右直线可由 R_A 的影响线放大 a 倍，取 BC 段得到。这种利用已知影响线来绘制其他量值影响线的方法是很方便的，以后会经常用到。

因为 $P=1$ 是无量纲量，所以弯矩影响线的量纲是长度单位。

（2）剪力影响线　下面绘制图10-3a所示简支梁 C 截面的剪力 Q_C 的影响线。

当 $P=1$ 在 AC 段移动时，取 BC 段为隔离体，剪力以使隔离体产生顺时针方向旋转的为正，列平衡方程

$$Q_C = -R_B \quad (10\text{-}5)$$

所以，绘制 Q_C 影响线的左直线时，可以将 R_B 的影响线取负号并取 AC 段即可（图10-3c）。根据比例关系，可求得 C 点的竖标为 $-\frac{a}{l}$。

当 $P=1$ 在 BC 段移动时，取 AC 段为隔离体，列平衡方程：$Q_C = R_A$，即绘制 Q_C 影响线的右直线时，可以绘制出 R_A 的影响线，取 BC 段即可（图10-3c）。按比例关系，求得 C 点

的竖标为 b/l。由图 10-3c 可知，Q_C 的影响线由两段互相平行的直线组成，在 C 点处竖标有突变，当 $P=1$ 在 AC 段移动时，Q_C 为负值；当 $P=1$ 在 BC 段移动时，Q_C 为正值；当 $P=1$ 从 C 点的左侧移到右侧时，截面 C 的剪力发生了突变。

10.2.2　外伸梁的影响线

简支梁的影响线绘制完成后，下面介绍外伸梁影响线的绘制。

作图 10-4a 所示外伸梁的支座反力的影响线，C、K 两截面弯矩和剪力的影响线，以及支座 A 截面的剪力影响线。

1. 支座反力的影响线

取 A 点为坐标原点，横坐标 x 以向右为正。由平衡条件可求出支座反力

$$R_A = \frac{l-x}{l}, \quad R_B = \frac{x}{l} \quad (-l_2 \leq x \leq l+l_1) \quad (10\text{-}6)$$

式（10-6）与简支梁的支座反力影响线方程完全相同，只不过 x 的范围为 $-l_2 \leq x \leq l+l_1$，所以，只要将简支梁的支座反力影响线向两个伸臂部分延长，即得到外伸梁的支座反力影响线，如图 10-4b、c 所示。

2. 跨内的部分截面内力 M_C、Q_C 的影响线

当 $P=1$ 在 C 截面以左部分移动时，取 C 截面的右侧部分为隔离体，通过平衡方程可得到下式

$$M_C = R_B b, \quad Q_C = -R_B \quad (10\text{-}7)$$

当 $P=1$ 在 C 截面以右部分移动时，取 C 截面的左侧部分为隔离体，通过平衡方程可得到下式

$$M_C = R_A a, \quad Q_C = R_A \quad (10\text{-}8)$$

根据式（10-7）、式（10-8）可绘出 M_C、Q_C 影响线，如图 10-4d、e 所示。

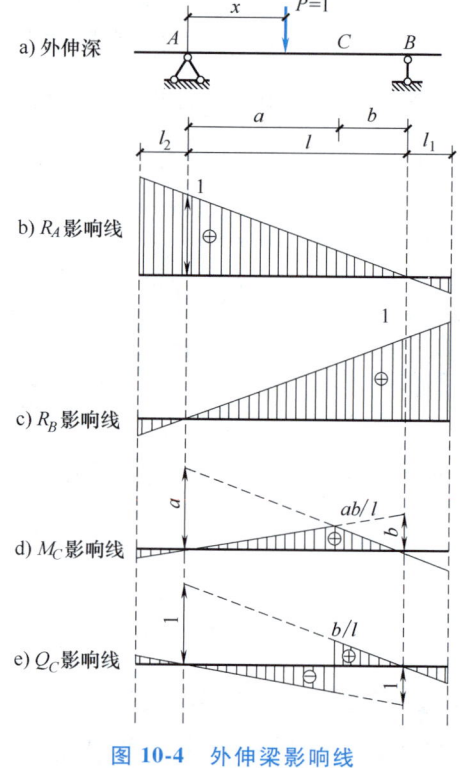

图 10-4　外伸梁影响线

由图可看出，只要将简支梁相应截面的内力影响线的左右直线分别向左、右两伸臂部分延长，就可得到外伸梁跨内的部分截面的 M_C、Q_C 的影响线。

3. 外伸部分内力 M_K、Q_K 的影响线

当 $P=1$ 在 K 截面以右部分移动时，取 K 截面的左侧部分为隔离体，通过平衡方程可得到下式

$$M_K = 0, \quad Q_K = 0 \quad (10\text{-}9)$$

当 $P=1$ 在 K 截面以左部分移动时，仍取 K 截面的左侧部分为隔离体，并取 K 点为坐标原点，x 以向左为正，则有

$$M_K = -x, \quad Q_K = -1 \quad (10\text{-}10)$$

作出 M_K、Q_K 的影响线，如图 10-5b、c 所示。

4. A 支座截面的剪力 Q_A 影响线

对于 A 支座截面的剪力影响线，需对 A 支座的左右截面分别进行讨论，这是因为 A 支

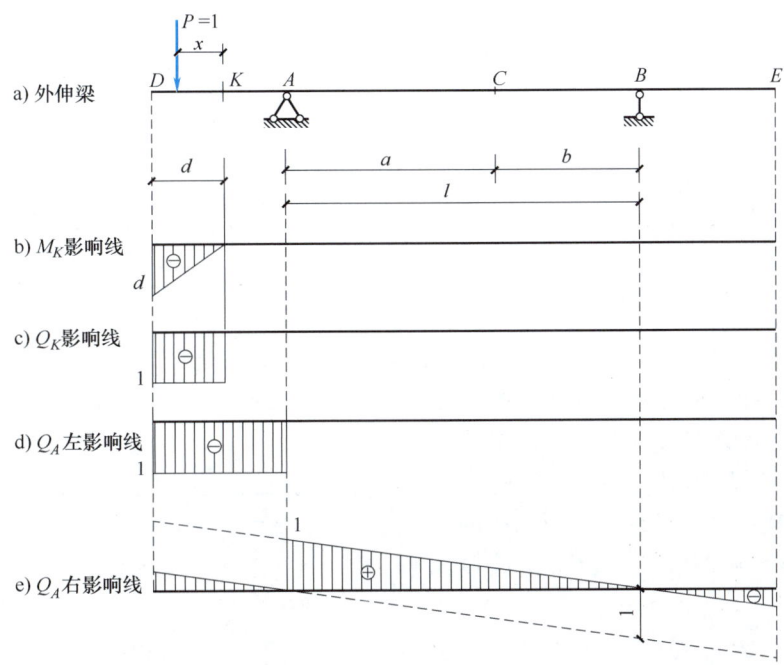

图 10-5 外伸梁 M_K、Q_K、Q_A 影响线

座的左右截面分别属于外伸部分和跨内部分。所以,对于 $Q_{A右}$ 的影响线,可由 Q_C 的影响线(图 10-4e)使截面 C 趋于截面 A 而得到,如图 10-5e 所示,对于 $Q_{A左}$ 的影响线,可由 Q_K 的影响线(图 10-5c)使截面趋于截面 A 而得到,如图 10-5d 所示。

由上面的例题可知,对于外伸梁作任意截面的内力影响线,只要作出其简支梁的影响线,将简支梁的影响线向伸臂部分延长即得。

上面以简支梁和外伸梁为例,说明了用静力法绘制影响线的具体步骤。用静力法绘制影响线时,以单位荷载的位置 x 作为变量,适当选取隔离体,列出平衡方程,找出所求量值与 x 之间的函数关系,即影响线方程。根据影响线方程即可绘出所求量值的影响线。结构上各部分影响线方程不同时,应分段列出。

10.2.3　内力影响线与内力图比较

内力影响线与内力图是两个完全不同的概念。内力影响线反映了移动荷载作用下结构上某截面内力的变化规律,内力图则反映了固定荷载作用下结构各截面内力的分布情况。两者的主要区别见表 10-1。

表 10-1　内力影响线与内力图的比较

荷载	内力影响线	内力图
	单位集中荷载	实际荷载
荷载位置	变化的	固定的
横坐标意义	表示移动荷载 $P=1$ 的位置	表示竖标所在截面的位置
竖标意义	表示指定量值	表示竖标所在截面量值

(续)

荷载	内力影响线	内力图
	单位集中荷载	实际荷载
图形范围	$P=1$ 移动的杆段	整个结构
作图一般规定	正号量值绘在基线上方,并注明符号	M 图绘在受拉侧,不标符号;剪力、轴力图与内力影响线规定相同

10.3 用机动法绘制影响线

机动法作影响线的依据是前面讲过的虚位移原理,在任何微小的虚位移中,力系所做的虚功之和为零。机动法把作影响线的静力问题转化为作位移图的几何问题。

下面以图 10-6a 所示的外伸梁 AB 的支座反力 R_A 的影响线为例,说明机动法绘制影响线的原理。

要求外伸梁 AB 的支座反力 R_A,首先去掉与 R_A 相应的支座链杆,同时用向上的力 R_A 来表示(图 10-6b),这时体系变为具有一个自由度的可变体系。让体系发生微小虚位移,即让外伸梁 AB 绕 B 点做微小的转动,并且分别用 δx 和 δp 表示支座反力 R_A 和荷载 P 的作用点沿作用线方向的虚位移。由于体系在 R_B、P 和 R_A 的共同作用下处于平衡状态,则由虚位移原理知各力在虚位移上所做的虚功之和应等于零,列出虚功方程如下

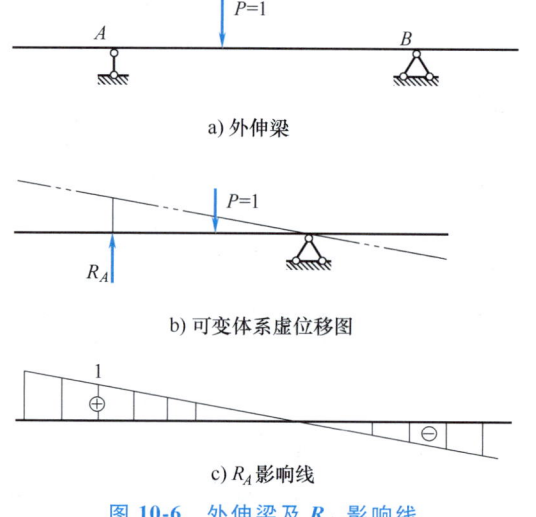

图 10-6 外伸梁及 R_A 影响线

$$\delta x \times R_A - P \times \delta p = 0 \tag{10-11}$$

由于 $P=1$,则

$$R_A = \frac{\delta p}{\delta x} \tag{10-12}$$

式中,δx 在给定虚位移的情况下是一个常数,而 δp 随单位荷载 $P=1$ 的移动而变化,其实就是荷载 $P=1$ 移动时各点的竖向虚位移图。可见 R_A 的影响线与 δp 是成正比的,将位移图除以常数 δx,就得到 R_A 的影响线(图 10-5c)。为了方便起见,令 $\delta x = 1$,则上式成为

$$R_A = \delta p \tag{10-13}$$

由式(10-13)可知,此时的虚位移图 δp 就代表 R_A 的影响线。因为 δp 是以与力 P 方向一致为正,即以向下为正,也就是说,当 δp 向下时,R_A 为正;当 δp 向上时,R_A 为负。这正好与在影响线中正值的竖标绘在基线的上方相一致。

由上可知,欲作某一量值的影响线,将该量值相应的联系去掉,并使所得体系沿该量值的正方向发生单位位移,由此得到的荷载作用点的竖向位移图就是该量值的影响线。这种绘制影响线的方法称为机动法。

用机动法绘制影响线的优点是不需要计算就能快速绘出影响线的轮廓。这对设计工作很有帮助,还可利用它来校核静力法所绘制的影响线。

【例 10-1】 用机动法绘制图 10-7a 所示的外伸梁 C 截面的弯矩和剪力影响线。

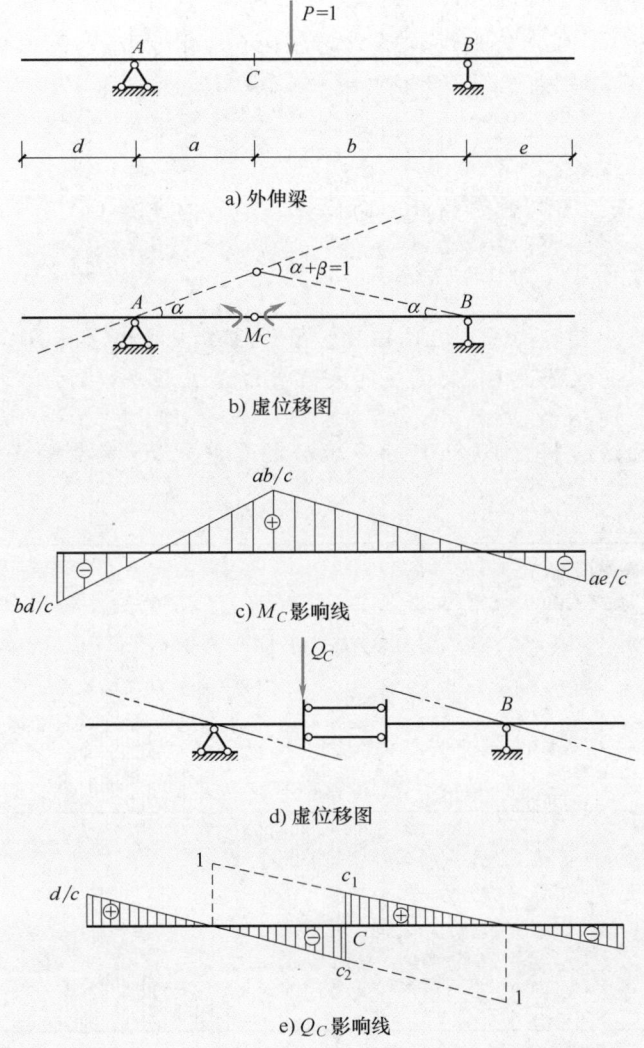

图 10-7 外伸梁及影响线

解:(1)绘制 M_C 影响线 去掉与 M_C 相应的约束,即将 C 截面处改为铰结,并用一对力偶 M_C 代替原约束的作用,然后使 AC、BC 两部分沿 M_C 的正向发生虚位移(图 10-7b),由虚功原理得

$$M_C(\alpha+\beta)+P\times\delta_p=0$$

式中,α、β 为两部分的相对转角。令 $\alpha+\beta=1$,则所得的虚位移图为 M_C 的影响线(图 10-7c),由比例关系可确定影响线在 C 点处的竖标为 $\dfrac{ab}{l}$($l=a+b$)。

(2) 绘制 Q_C 影响线 去掉与 Q_C 相应的约束，即将 C 截面处用两根水平链杆相连，同时加上一对正向剪力 Q_C 代替原约束的作用，然后使 AC、BC 两部分沿 Q_C 的正向发生虚位移（图 10-7d），由虚功原理得

$$Q_C \times (cc_1 + cc_2) + P \times \delta p = 0$$

$$Q_C = -\frac{\delta p}{cc_1 + cc_2}$$

式中，cc_1、cc_2 为截面左右两侧的相对竖向位移。令 $cc_1 + cc_2 = 1$，则所得的虚位移图（图 10-7e）即为 Q_C 的影响线，由比例关系知：$cc_1 = \frac{b}{l}$，$cc_2 = \frac{a}{l}$。由于 AC 和 BC 两部分是用两根平行链杆相连的，它们之间只能作相对的平行移动，因此，图 10-7d 所示的虚位移图中应为两平行直线，也就是说 Q_C 影响线的左右直线是互相平行的。

例 10-2 用机动法绘制图 10-8a 所示多跨静定梁 M_K、R_C 的影响线。

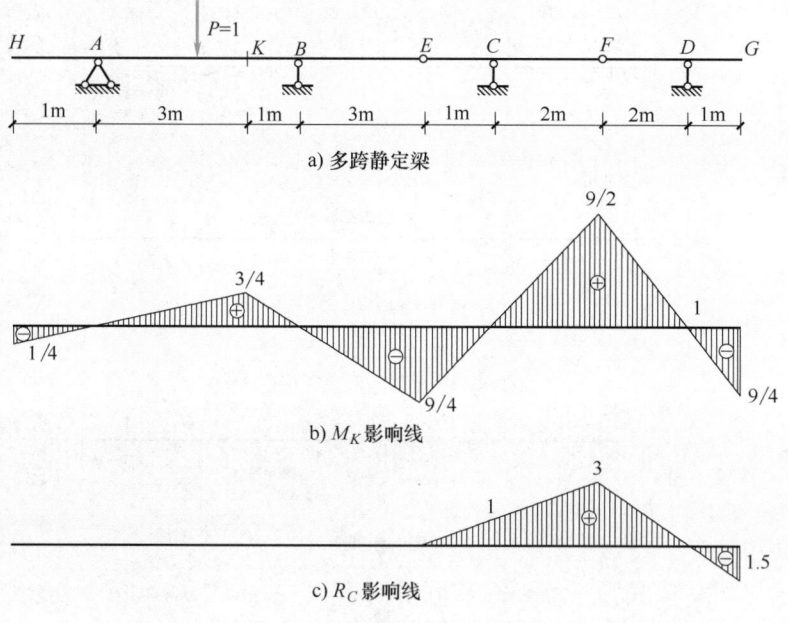

a) 多跨静定梁

b) M_K 影响线

c) R_C 影响线

图 10-8 多跨静定梁及影响线

解：对于多跨静定梁，只需分清它的基本部分和附属部分及这些部分之间的传力关系，再利用单跨静定梁的已知影响线，就可顺利绘出多跨静定梁的影响线。

(1) 绘制 M_K 的影响线 先绘制基本部分 HE 的 M_K 影响线，然后将 $P=1$ 置于 C、D 两点时竖标为零，最后在附属部分将铰 E、F 为界连成直线，即为 M_K 的影响线（图 10-8b）。

(2) 绘制 Q_C 的影响线 基本部分 HE 的 Q_C 影响线竖标为零，附属部分按照直线变化规律绘制，即可得到 Q_C 的影响线（图 10-8c）。

10.4 间接荷载作用下的影响线

在桥梁设计中,经常会遇到间接荷载的情况。图 10-9a 所示为桥梁结构中的纵横梁桥面系及主梁的简图,根据荷载情况,在计算主梁时,通常可假定纵梁简支在横梁上,横梁简支在主梁上。荷载是直接作用在纵梁上,再通过横梁传到主梁,主梁只在各横梁处(结点处)受到集中力作用。对主梁来说,这种荷载称为间接荷载或结点荷载。下面以主梁上任意截面 D 的弯矩为例,说明如何绘制间接荷载作用下的影响线。

当 $P=1$ 作用于结点 A、C、E、F、B 时,与荷载直接作用于主梁上的情况完全相同。所以,可先绘出直接荷载作用下主梁 M_D 的影响线(图 10-9c)。在此影响线中,对于间接荷载来说,各结点处的竖标和直接荷载作用在各结点处的竖标完全相等。

当 $P=1$ 作用在任意两相邻结点 C、E 之间时(图 10-9b),设荷载 P 到 C 点的距离为 x,则纵梁 CE 两端的支座反力反向作用到主梁,C 点处的支座反力为 $(d-x)/d$,E 点处的支座反力为 x/d,即此时主梁在 CE 段受到两结点荷载的作用,根据影响线的定义和叠加原理,可用下列方法求 M_D 的影响线。

设直接荷载作用下 M_D 的影响线在 C 点和 E 点处的影响线竖标分别为 y_C 和 y_E,则在两结点荷载的作用下,M_D 的竖标值 y 应为

$$y = \frac{d-x}{d} y_C + \frac{x}{d} y_E \tag{10-14}$$

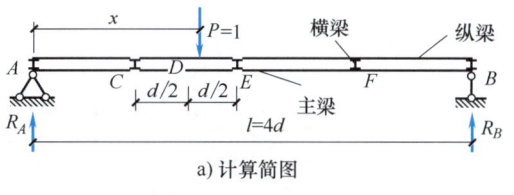

a) 计算简图

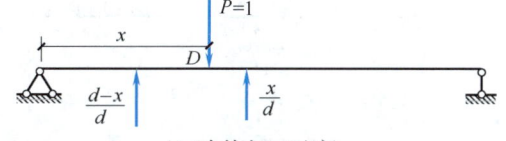

b) P 在结点 C、E 之间

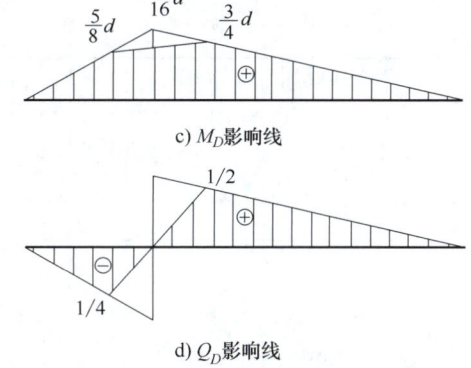

c) M_D 影响线

d) Q_D 影响线

图 10-9 间接荷载影响线

由式(10-14)可知,y 与 x 是一次函数关系,当 $x=0$ 时,$y=y_C$;当 $x=d$ 时,$y=y_E$。所以在 CE 段,M_D 的影响线为连接竖标 y_C 和 y_E 的直线。

上述方法适用于绘制间接荷载作用下主梁的所有量值的影响线。间接荷载作用下,可按照如下步骤绘制影响线:

1)绘制出直接荷载作用下的影响线。
2)将直接荷载作用下各个结点处的影响线竖标顶点用直线相连,就得到间接荷载作用下的影响线。

同理,可以绘制出间接荷载作用下,主梁上 D 截面的剪力影响线,如图 10-9d 所示。

【例 10-3】 作图 10-10 所示梁在间接荷载作用下 R_B、$Q_{G左}$、$Q_{G右}$、$Q_{B左}$、$M_{1右}$、$Q_{1右}$ 的影响线。

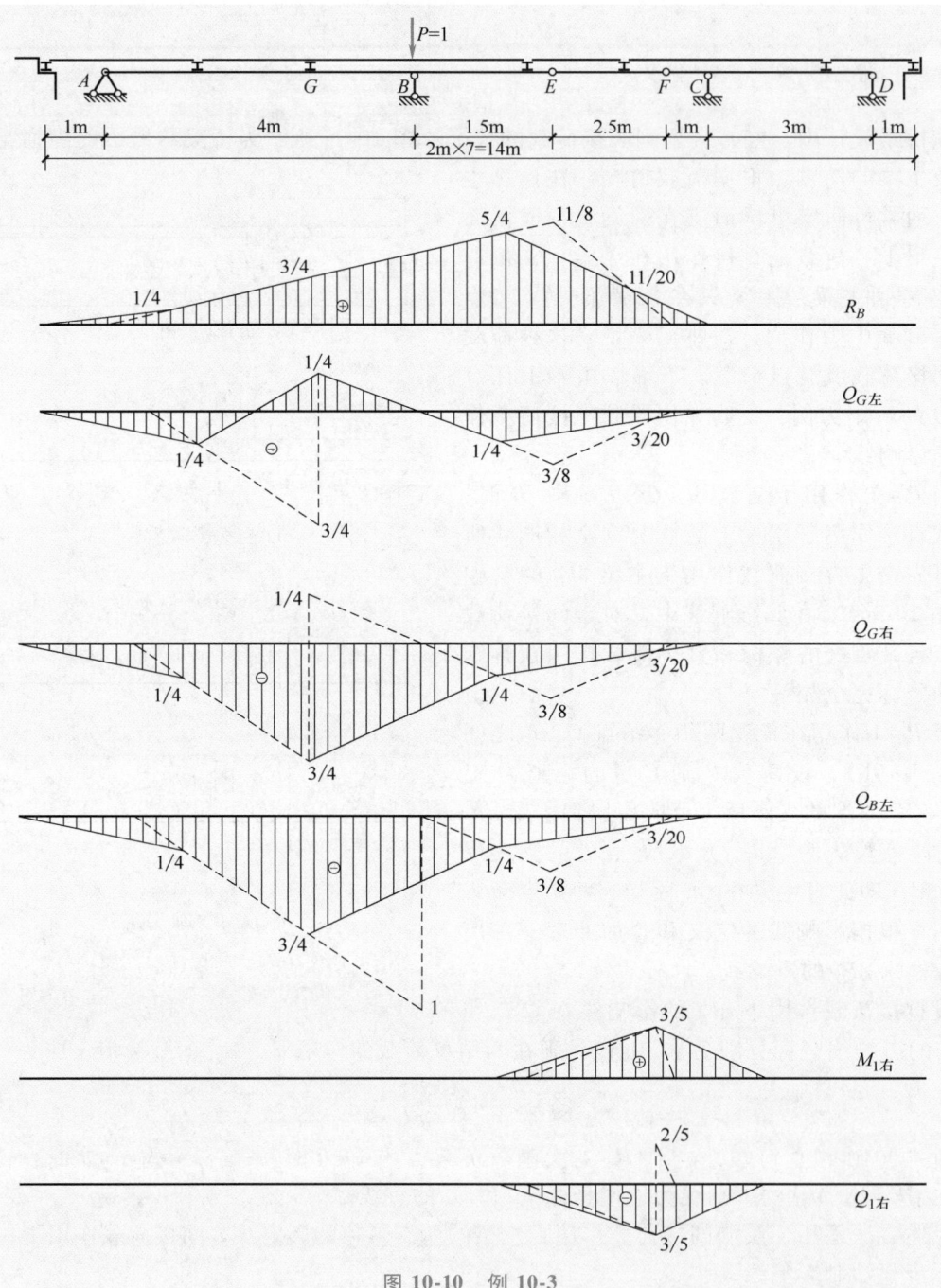

图 10-10 例 10-3

解：1）先按照多跨静定梁，作出直接荷载作用下 R_B、$Q_{G左}$、$Q_{G右}$、$Q_{B左}$、M_1、$Q_{1右}$ 的影响线，如图 10-10 中虚线所示。

2）将各个结点处的影响线竖标顶点用直线相连，便得到 R_B、$Q_{G左}$、$Q_{G右}$、$Q_{B左}$、M_1、$Q_{1右}$ 的影响线，如图 10-10 实线所示。

10.5 桁架的影响线

计算桁架内力的基本方法有结点法和截面法，而截面法又可分为力矩方程法和投影方程法。作桁架轴力的影响线时，同样是用这些方法，只不过作用荷载是一个移动的单位荷载。因此，只需考虑 $P=1$ 在不同部分移动时，分别求出所求杆件的内力影响线方程，就可以根据影响线方程作出影响线。对于斜杆，为计算方便，可先绘出其水平或竖向分力影响线，然后按比例关系求得其内力影响线。

桁架上的荷载一般是通过纵梁和横梁作用于桁架结点上，因此可用 10.4 节所述的方法绘制。对于梁式桁架，其支座反力的影响线与相应的单跨静定梁完全相同，所以本节只讨论桁架杆件轴力的影响线。

【例 10-4】 作图 10-11a 所示桁架，CE 杆、DE 杆、DF 杆、EF 杆的内力影响线。假设单位荷载在桁架的下弦杆移动。

解：(1) 绘制 N_{CE} 的影响线 作 Ⅰ—Ⅰ 截面，当 $P=1$ 在 AD 之间移动时，取 Ⅰ—Ⅰ 截面右侧部分为隔离体，由 $\sum M_D = 0$，并设 N_{CE} 为拉力，得

$$N_{CE} \times h_1 + R_B \times 6d = 0$$

$$N_{CE} = -\frac{6d}{h_1} R_B \tag{10-15}$$

由式 (10-15) 可知，只要将 R_B 的影响线竖标乘以 $6d/h_1$，并取负号，取 AD 部分，即得 N_{CE} 影响线的左直线（图 10-11b）。

当 $P=1$ 在 BF 之间移动时，取 Ⅰ—Ⅰ 截面左侧部分为隔离体，仍由 $\sum M_D = 0$，设 N_{CE} 为拉力，得

$$N_{CE} \times h_1 + R_A \times 2d = 0$$

$$N_{CE} = -\frac{2d}{h_1} R_A \tag{10-16}$$

由式 (10-16) 可知，只要将 R_A 的影响线竖标乘以 $2d/h_1$，并取负号，取 BD 部分，即得 N_{CE} 影响线的右直线（图 10-11b）。

由图 10-11b 可看出，左右两直线的交点正好在矩心 D 点，可将式 (10-15) 和式 (10-16) 统一写成 $N_{CE} = -\dfrac{M_D}{h_1}$，即 N_{CE} 等于相应简支梁 D 截面的弯矩影响线乘以 $-l/h_1$。

(2) 绘制 N_{DE} 的影响线 绘制 N_{DE} 的影响线时，对 CE 和 AD 的延长线交点 O 列力矩平衡方程。

当 $P=1$ 在 AD 段移动时，取 Ⅰ—Ⅰ 截面右侧部分为隔离体，由 $\sum M_O = 0$，设 N_{CE} 为拉力，得

$$N_{DE} = \frac{R_B \times (8d+a)}{h_2} \tag{10-17}$$

当 $P=1$ 在 BF 段移动时，取 Ⅰ—Ⅰ 截面左侧部分为隔离体，

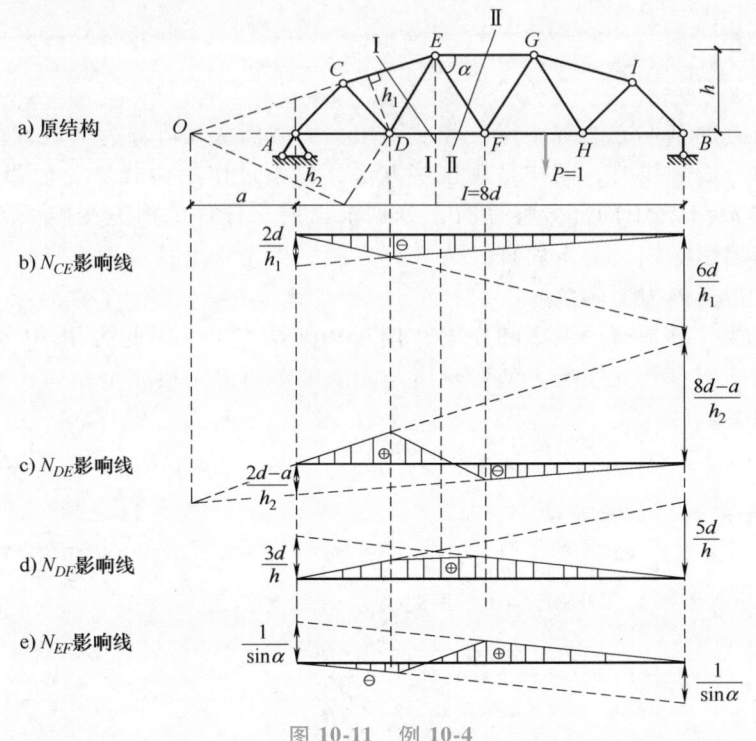

图 10-11 例 10-4

由 $\sum M_O = 0$，设 N_{CE} 为拉力，得

$$N_{DE} = -\frac{R_A \times a}{h_2} \tag{10-18}$$

由式（10-17）和式（10-18）可知，将 R_B 的影响线竖标乘以 $(8d+a)/h_2$，取 AD 部分，可得到 N_{DE} 影响线的左直线。将 R_A 的影响线竖标乘以 $-(2d+a)/h_2$，取 BF 段，可得到 N_{DE} 影响线的右直线，再将结点 D 和 F 之间用直线相连，即得 N_{DE} 影响线，如图 10-11c 所示。两段直线的延长线交点也在矩心 O 点下方。

（3）绘制 N_{DF} 的影响线 根据上述方法，可以绘制出 N_{DF} 的影响线，如图 10-11d 所示。左右两段直线的交点在矩心 E 点下方。左直线的影响线方程为

$$N_{DF} = \frac{5d}{h} R_B$$

右直线的影响线方程为

$$N_{DF} = \frac{3d}{h} R_A$$

上两式可统一写成 $\quad N_{DF} = \frac{1}{h} M_E^0$

式中，M_E^0 为相应简支梁 E 截面处的弯矩。

（4）绘制 N_{EF} 的影响线 绘制 N_{EF} 的影响线，先作 Ⅱ—Ⅱ 截面，当 $p=1$ 在 AD 段移动时，取 Ⅱ—Ⅱ 截面右侧部分为隔离体，根据投影方程 $\sum Y = 0$，并设 N_{EF} 为拉力，得

$$N_{EF} \times \sin\alpha + R_B = 0$$

$$N_{EF} = -\frac{1}{\sin\alpha}R_B \tag{10-19}$$

当 $p=1$ 在 BF 段移动时，取 Ⅱ—Ⅱ 截面左侧部分为隔离体，根据投影方程 $\sum Y=0$，得

$$N_{EF} \times \sin\alpha - R_A = 0$$

$$N_{EF} = -\frac{1}{\sin\alpha}R_A \tag{10-20}$$

由式（10-19）和式（10-20）作左右直线，再将结点 D 和 F 之间用直线相连，即得 N_{EF} 的影响线（图 10-11e）。

绘制桁架的轴力影响线时，应注意单位荷载 $P=1$ 是沿下弦移动还是沿上弦移动，通常将沿上弦移动称为上承式桁架，沿下弦移动称为下承式桁架，这两种情况作出的影响线是不同的。

【例 10-5】 作图 10-12a 所示的平行弦桁架 N_{24}、N_{35} 的影响线。

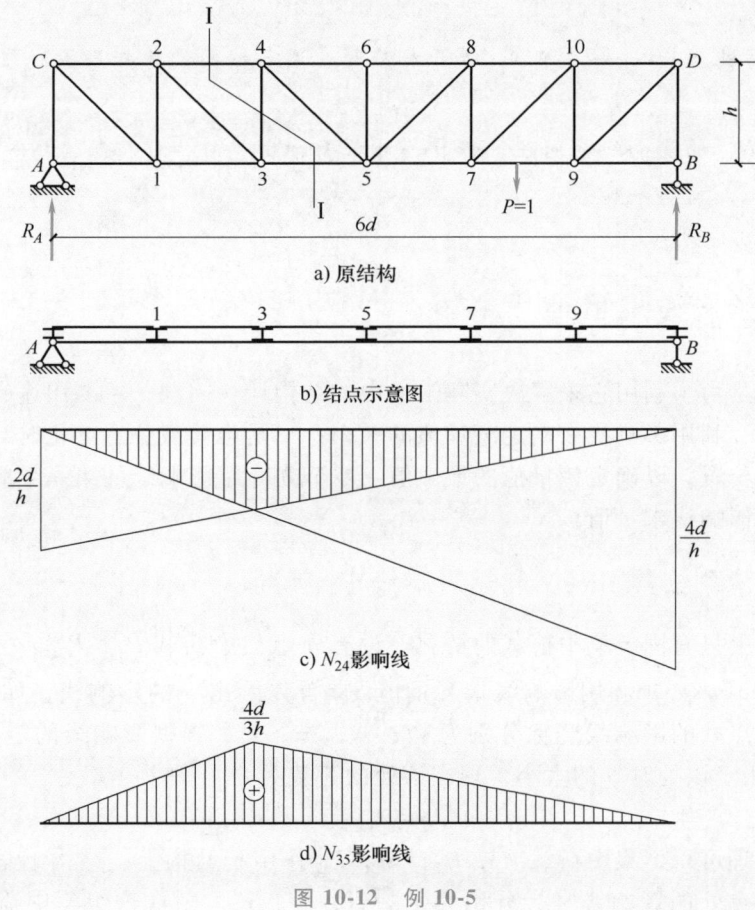

图 10-12 例 10-5

解：(1) 绘制 N_{24} 的影响线 作 Ⅰ—Ⅰ 截面，当 $P=1$ 在 A_1 之间移动时，取 Ⅰ—Ⅰ 截面右侧部分为隔离体，由 $\sum M_3=0$，并设 N_{24} 为拉力，得

$$N_{24} \times h + R_B \times 4d = 0$$

$$N_{CE} = -\frac{4d}{h} R_B \tag{10-21}$$

由式（10-21）可知，只要将 R_B 的影响线竖标乘以 $4d/h$，并取负号，取 A_1 部分，即得 N_{24} 影响线的左直线（图 10-12c）。

当 $P=1$ 在 3B 之间移动时，取 Ⅰ—Ⅰ 截面左侧部分为隔离体，仍由 $\sum M_3 = 0$，设 N_{24} 为拉力，得

$$N_{24} \times h + R_A \times 2d = 0$$

$$N_{24} = -\frac{2d}{h} R_A \tag{10-22}$$

由式（10-22）可知，只要将 R_A 的影响线竖标乘以 $2d/h$，并取负号，取 3B 部分，即得 N_{24} 影响线的右直线（图 10-12c）。

由图 10-12c 可看出，左右两直线的交点正好在矩心 3 点。我们可将式（10-15）和式（10-16）统一写成 $N_{24} = -\dfrac{M_3^0}{h}$，即 N_{24} 等于相应简支梁 3 截面的弯矩影响线乘以 $-l/h$。

（2）绘制 N_{35} 的影响线　同理，作 Ⅱ—Ⅱ 截面，由 $\sum M_4 = 0$ 得 $N_{35} = \dfrac{M_3^0}{h}$，即得 N_{35} 的影响线（图 10-12d）。

10.6　利用影响线求量值

绘制影响线是为了利用它来解决实际工程中的结构计算问题，主要用途有两个：一是当荷载位置固定时，利用影响线来确定某量值的大小；二是当荷载位置变化时，利用影响线来确定最不利荷载位置，以确定该量值的最大值。本节先介绍影响线的第一个应用，即荷载位置固定时，利用影响线求量值。

10.6.1　集中荷载位置固定时利用影响线求某量值

先研究结构上只有固定集中荷载的情况。设有一组集中荷载 P_1，P_2，$\cdots$，P_n 作用于一结构上（图 10-13），要求利用影响线求某量值 S。首先绘出 S 的影响线，如图 10-12 所示，各集中荷载作用点处的影响线竖标分别为 y_1，y_2，$\cdots$，y_n，根据影响线的定义 y_1 表示当集中荷载 $P=1$ 作用于该处时 S 的大小，现在该处的荷载为 P_1，则

$$S = P_1 y_1 \tag{10-23}$$

根据叠加原理可得，集中荷载 P_1，P_2，$\cdots$，P_n 作用于结构上，结构上某量值 S 的影响线在各荷载作用点处的影响线竖标分别为 y_1，y_2，$\cdots$，y_n，则在这组集中荷载的共同作用下，量值 S 的大小可由下式求得

$$S = P_1 y_1 + P_2 y_2 + \cdots + P_n y_n = \sum_{i=1}^{n} P_i y_i \tag{10-24}$$

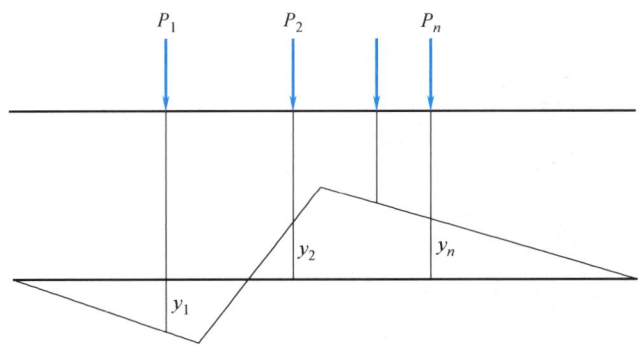

图 10-13 结构承受固定集中荷载作用

10.6.2 分布荷载位置固定时利用影响线求某量值

如果梁在某段上只有分布荷载作用,如图 10-14a 所示,分布荷载的大小为 $q(x)$,长度为 DE,要求利用影响线求截面 C 的弯矩。此种情况,可将分布荷载沿其长度分成若干个无穷小的微段 dx,每一个微段 dx 上的荷载 $q(x)dx$ 可看作一集中荷载,它产生的 M_C 的大小为 $q(x)dx \cdot y$,由此,整个分布荷载所产生的 M_C 的大小可按积分求得,即

$$M_C = \int_D^E q(x)y\,dx \qquad (10\text{-}25)$$

若 $q(x)$ 为均布荷载,则式(10-25)可进一步简化为

$$M_C = q\int_D^E y\,dx = qw \qquad (10\text{-}26)$$

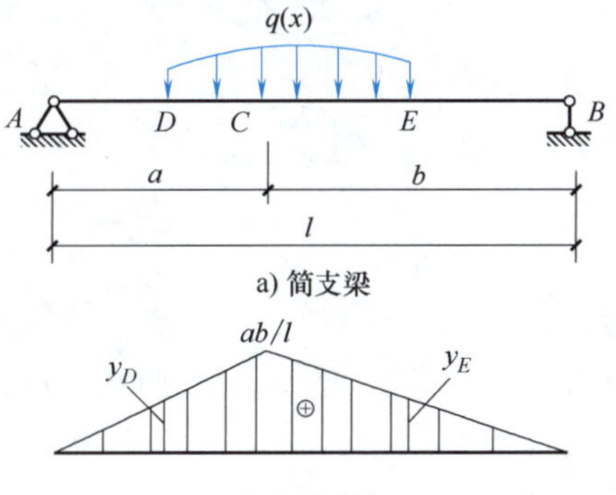

式中,w 为影响线在均布荷载作用段 DE 上的面积。

在应用式(10-24)、式(10-26)时,需要注意竖标 y 和面积 w 的正负号。

图 10-14 简支梁承受固定分布荷载作用

10.6.3 当集中荷载与均布荷载同时作用时,利用影响线求某量值

根据叠加原理,当集中荷载与均布荷载同时作用时,求某量值的大小可按下式计算

$$S = \sum_{i=1}^n P_i y_i + qw \qquad (10\text{-}27)$$

【例 10-6】 利用影响线求图 10-15 所示简支梁 AB 的 C 截面的弯矩和剪力。

解:1)绘出 M_C 和 Q_C 的影响线,如图 10-15b 和图 10-15c 所示。

2)依据公式 $S = \sum_{i=1}^n P_i y_i + qw$ 有

$$M_C = 15 \times 1 \text{kN} \cdot \text{m} + 8 \times \left(\frac{1}{2} \times 4 \times 2 - \frac{1}{2} \times 2 \times 1\right) \text{kN} \cdot \text{m} = (15+24)\text{kN} \cdot \text{m} = 39\text{kN} \cdot \text{m}$$

$$Q_C = 15 \times (-0.25)\text{kN} + 8 \times \left(\frac{1}{2} \times 4 \times 0.5 - \frac{1}{2} \times 2 \times 0.25\right)\text{kN} = 2.25\text{kN}$$

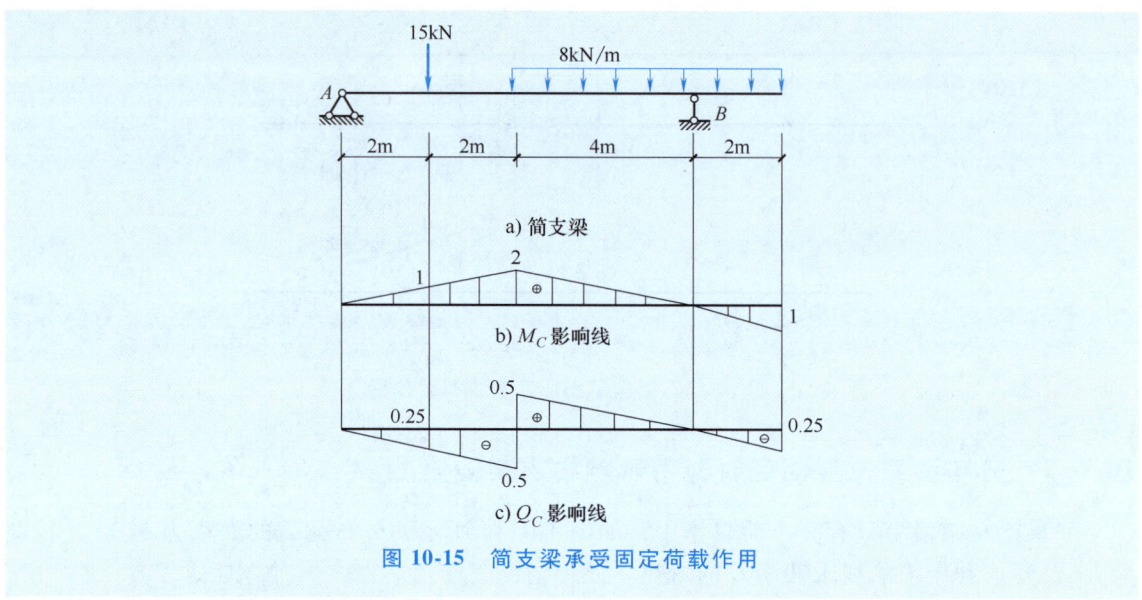

图 10-15　简支梁承受固定荷载作用

10.7　最不利荷载位置

上节介绍了影响线的第一个应用，利用影响线求量值。本节介绍影响线的第二个应用，即当荷载位置变化时，利用影响线来确定最不利荷载位置。移动荷载作用下，结构中所有量值都随着移动荷载的位置的变化而变化，当移动荷载移动到某一位置时，某个量值达到最大值，包括最大正值和最大负值（最小值），则此位置称为该量值的最不利荷载位置。

10.7.1　移动均布荷载作用时最不利荷载位置

1. 任意断续分布的移动均布荷载作用

如果移动均布荷载是任意断续分布的（如人群、货物等），由式（10-25）可知：当移动均布荷载布满影响线正号面积时，量值有最大值；当移动均布荷载布满影响线负号面积时，量值有最小值。如图 10-16a 所示外伸梁 AB，当荷载按图 10-16c 所示进行布置时，C 截面弯矩 M_C 有最大值；当荷载按图 10-16d 所示进行布置时，C 截面弯矩 M_C 有最小值。

2. 一段固定长度为 d 的移动均布荷载作用

如果移动均布荷载的长度固定为 d，其最不利荷载位置可按下列方法确定。图 10-17a 所示的简支梁 AB，梁上作用一段固定长度为 d 的移动均布荷载，求梁上任一截面 C 的弯矩最大值。绘出 M_C 的影响线，如图 10-17b 所示，则

$$M_C = qw$$

假设均布荷载在当前的 1、2 位置上向右移动一微段 dx，则影响线的面积左侧将减小 $y_1 dx$，右侧将增加 $y_2 dx$，所以 M_C

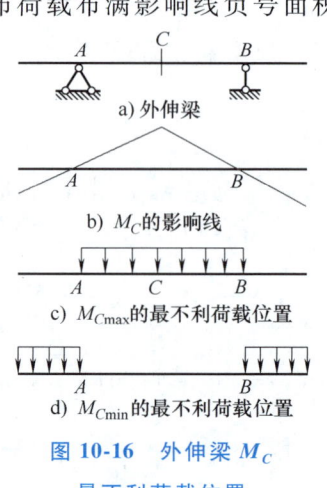

图 10-16　外伸梁 M_C 最不利荷载位置

的增量为 $dM_C = q(y_2 dx - y_1 dx)$，即

$$dM_C/dx = q(y_2 - y_1) \quad (10-28)$$

当 $dM_C/dx = 0$，即 $y_1 = y_2$ 时，M_C 有极值。

结论：一段固定长度为 d 的移动均布荷载，当移动至两端点对应的影响线竖标相等时，其对应的影响线面积最大，此时量值取得最大值。

10.7.2 移动集中荷载作用时最不利荷载位置

1. 只有一个移动集中荷载 P 作用

只有一个移动集中荷载 P 作用时，当 P 移动至影响线的最大竖标处，量值取得最大值，当 P 移动至影响线的最小竖标处，量值取得最小值（图 10-18）。

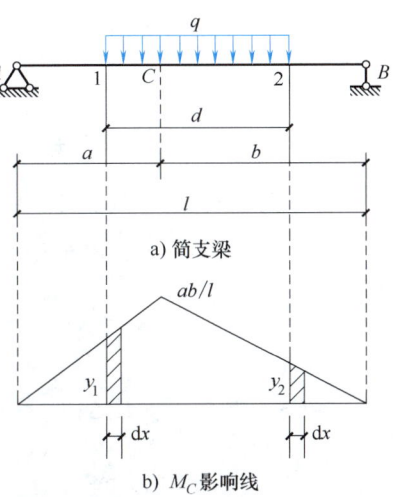

图 10-17 简支梁及 M_C 影响线

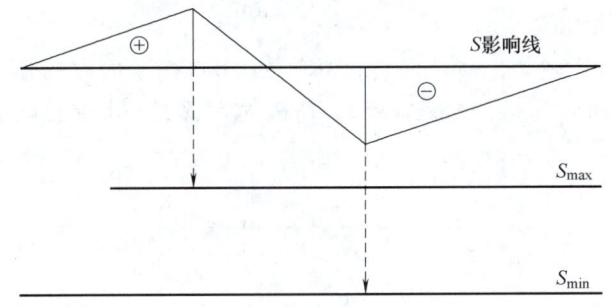

图 10-18 S 影响线及荷载不利布置

2. 一组相互平行且间距不变的移动集中荷载作用

实际工程中，移动集中荷载多为一组相互平行且间距不变的集中荷载，这时量值的最不利荷载位置，需要研究量值随荷载移动的变化情况。图 10-19a 所示的多边形影响线，各段影响线的倾角分别为 α_1，α_2，…，α_n，一般 α 以逆时针为正。图 10-19b 所示为一组相互平

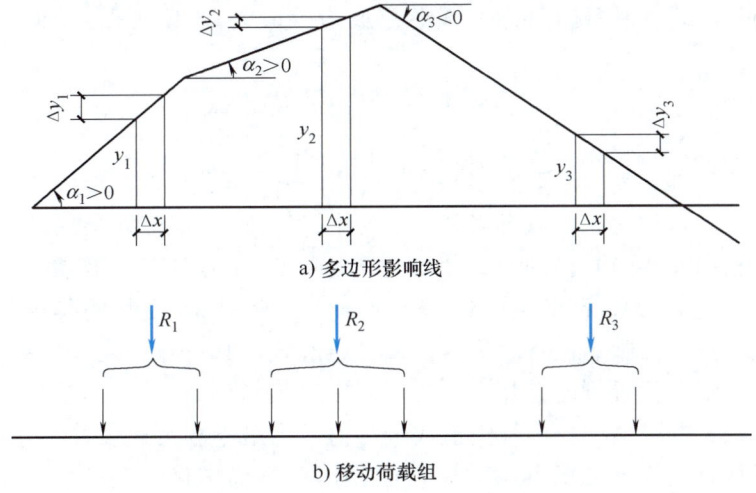

图 10-19 移动荷载组及多边形影响线

行且间距不变的移动集中荷载,每段直线对应的合力分别为 P_1,P_2,…,P_n,则它们所产生的量值为

$$S = P_1 y_1 + P_2 y_2 + \cdots + P_n y_n = \sum_{i=1}^{n} P_i y_i$$

式中,y_1,y_2,…,y_n 为各合力在影响线上相应的竖标。当荷载向右移动微小距离 Δx,在此移动过程中,各集中荷载都没有跨越影响线的顶点,则各合力 P 大小不变,相应竖标 y_i 增量为

$$\Delta y_i = \Delta x \tan \alpha_i$$

则 S 的增量为

$$\Delta S = P_1 \Delta y_1 + P_2 \Delta y_2 + \cdots + P_n \Delta y_n = P_1 \Delta x \tan \alpha_1 + P_2 \Delta x \tan \alpha_2 + \cdots + P_n \Delta x \tan \alpha_n$$

$$= \Delta x (P_1 \tan \alpha_1 + P_2 \tan \alpha_2 + \cdots + P_n \tan \alpha_n) = \Delta x \sum_{i=1}^{n} P_i \tan \alpha_i$$

所以

$$\frac{\Delta S}{\Delta x} = \sum_{i=1}^{n} P_i \tan \alpha_i \tag{10-29}$$

若 S 要成为极大值,则无论荷载向右移动($\Delta x>0$)还是向左移动($\Delta x<0$),ΔS 均应减小($\Delta S \leq 0$)。即荷载向右移时,$\Delta S/\Delta x \leq 0$,荷载向左移时,$\Delta S/\Delta x \geq 0$,所以 S 成为极大值的条件是

$$\left.\begin{array}{ll} \text{当荷载向左移动时} & \sum_{i=1}^{n} P_i \tan \alpha_i \geq 0 \\ \text{当荷载向右移动时} & \sum_{i=1}^{n} P_i \tan \alpha_i \leq 0 \end{array}\right\} \tag{10-30}$$

同理,S 成为极小值的条件是

$$\left.\begin{array}{ll} \text{当荷载向左移动时} & \sum_{i=1}^{n} P_i \tan \alpha_i \leq 0 \\ \text{当荷载向右移动时} & \sum_{i=1}^{n} P_i \tan \alpha_i \geq 0 \end{array}\right\} \tag{10-31}$$

由式(10-30)、式(10-31)可知,S 若想成为极值,ΔS 必须变号,即无论荷载向左移动或向右移动,$\sum_{i=1}^{n} P_i \tan \alpha_i$ 都要变号。

α_i 是各段影响线直线的斜率,为常数,所以若 $\sum_{i=1}^{n} P_i \tan \alpha_i$ 想变号,则各段的合力 P_i 的数值必须发生变化,这种情况,只有当某一个集中荷载正好位于影响线的顶点时才有可能发生。所以当荷载稍向左或向右移动时,使合力 P_i 或 ΔS 变号的条件是有一个集中荷载作用于影响线的顶点,这是必要条件,但不是充分条件。能使 ΔS 变号的集中荷载称为临界荷载,此时的荷载位置称为临界位置。临界位置可通过式(10-30)、式(10-31)来判别。

一般情况下,临界位置可能有几个,所以要求最不利荷载位置,应先对各临界位置求极值,从所有临界位置的极值中找出最大值或最小值,为最不利荷载位置。

一组相互平行且间距不变的移动集中荷载作用时,确定最不利荷载位置可按以下步骤进行。

1）将某一集中荷载置于影响线的一个顶点上。

2）令荷载向左或向右稍移动，计算 $\sum_{i=1}^{n} P_i \tan\alpha_i$ 的数值。如果 $\sum_{i=1}^{n} P_i \tan\alpha_i$ 变号，则此荷载为临界荷载，若不变号，应换一个集中荷载，重新计算。

3）将所有临界位置的极值求出，从中选出最大值或最小值，该位置即为最不利荷载位置。

【例 10-7】 求图 10-20a 所示简支梁在移动荷载作用下截面 K 的最大弯矩，其中 $P_1 = 70\text{kN}$，$P_2 = 130\text{kN}$，$P_3 = 50\text{kN}$，$P_4 = 100\text{kN}$。

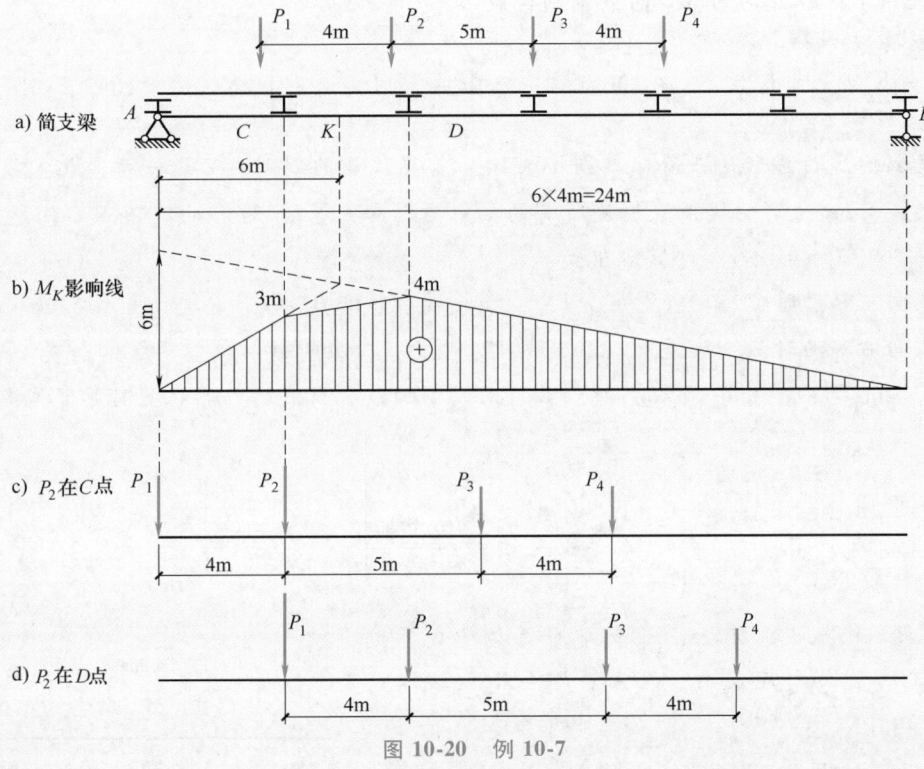

图 10-20　例 10-7

解：1）作 M_K 的影响线，如图 10-20b 所示，各直线段的斜率分别为

$$\tan\alpha_1 = \frac{3}{4},\quad \tan\alpha_2 = \frac{1}{4},\quad \tan\alpha_3 = -\frac{1}{4}$$

2）确定临界位置。

① 将 $P_2 = 130\text{kN}$ 放在 C 点（图 10-20c）。

荷载向左移 $\sum_{i=1}^{n} P_i \tan\alpha_i = 130\text{kN} \times \frac{3}{4} - (50 + 100)\text{kN} \times \frac{1}{4} = \frac{390 - 150}{4}\text{kN} > 0$

荷载向右移 $\sum_{i=1}^{n} P_i \tan\alpha_i = 70\text{kN} \times \frac{3}{4} + 130 \times \frac{1}{4} - (50 + 100)\text{kN} \times \frac{1}{4} = \frac{340 - 150}{4}\text{kN} > 0$

$\sum_{i=1}^{n} P_i \tan\alpha_i$ 不变号，不满足判别式，此位置不是临界位置。

② 试将 $P_2 = 130 \text{kN}$ 放在 D 点（图 10-20d）。

荷载向左移 $\sum_{i=1}^{n} P_i \tan\alpha_i = 70\text{kN} \times \dfrac{3}{4} + 130\text{kN} \times \dfrac{1}{4} - (50+100)\text{kN} \times \dfrac{1}{4} = \dfrac{340-150}{4}\text{kN} > 0$

荷载向右移 $\sum_{i=1}^{n} P_i \tan\alpha_i = 70\text{kN} \times \dfrac{1}{4} - (130+50+100)\text{kN} \times \dfrac{1}{4} = \dfrac{70-280}{4}\text{kN} < 0$

$\sum_{i=1}^{n} P_i \tan\alpha_i$ 变号，满足判别式，此位置为临界位置。

3) 当 P_2 在 D 点时为 M_K 的最不利荷载位置，此时有

$$M_K = \sum_{i=1}^{n} P_i y_i = \left(70 \times 3 + 130 \times 4 + 50 \times \dfrac{11}{4} + 100 \times \dfrac{7}{4}\right) \text{kN}\cdot\text{m} = 1042.5 \text{kN}\cdot\text{m}$$

如果影响线的图形是三角形（图 10-21），临界位置的判别式可进一步简化。设 P_{cr} 为临界荷载，$\sum P_{\text{左}}$ 为影响线顶点左侧所有的集中力之和，$\sum P_{\text{右}}$ 为影响线顶点右侧所有的集中力之和，则式 (10-30) 可写成下式：

荷载向左移动时 $\qquad (\sum P_{\text{左}} + P_{\text{cr}})\tan\alpha - \sum P_{\text{右}} \tan\beta \geq 0$

荷载向右移动时 $\qquad \sum P_{\text{左}} \tan\alpha - (P_{\text{cr}} + \sum P_{\text{右}})\tan\beta \leq 0$

由于 $\tan\alpha = h/a$，$\tan\beta = h/b$，所以三角形的影响线，荷载的临界位置可按下式判别

$$\left.\begin{array}{l} \dfrac{\sum P_{\text{左}} + P_{\text{cr}}}{a} \geq \dfrac{\sum P_{\text{右}}}{b} \\[6pt] \dfrac{\sum P_{\text{左}}}{a} \leq \dfrac{\sum P_{\text{右}} + P_{\text{cr}}}{b} \end{array}\right\} \qquad (10\text{-}32)$$

【例 10-8】 求图 10-21a 所示外伸梁在荷载作用下 B 支座的最大支座反力。已知：$P_1 = P_2 = 295\text{kN}$，$P_3 = P_4 = 435\text{kN}$。

解：1) 作出 R_B 影响线，如图 10-21c 所示。

2) 确定临界位置。由 $S = \sum\limits_{i=1}^{n} P_i y_i$ 可以看出，欲使 $\sum\limits_{i=1}^{n} P_i y_i$ 中的各项具有较大的值，这要求在影响线顶点附近有较大的和较密集的集中荷载。由此可知，临界荷载必然是 P_2 或 P_3。

① 将 P_2 置于 R_B 影响线的顶点 B，有

$$\left.\begin{array}{l} \dfrac{295+295}{6}\text{kN} < \dfrac{435 \times 2}{6}\text{kN} \\[6pt] \dfrac{295}{6}\text{kN} > \dfrac{295 + 435 \times 2}{6}\text{kN} \end{array}\right\}$$

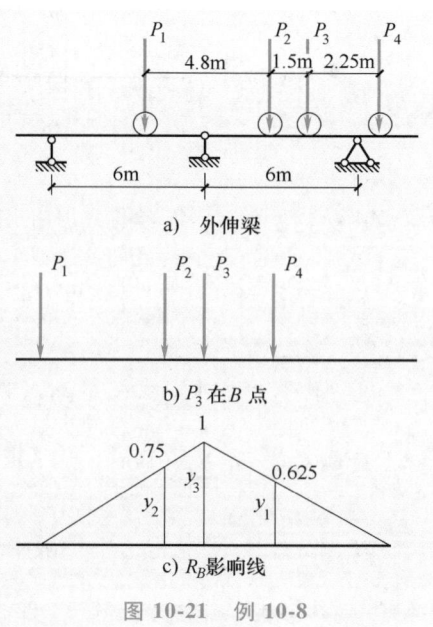

图 10-21 例 10-8

不满足判别式，所以 P_2 在 B 点不是临界荷载。

② 将 P_3 置于 R_B 影响线的顶点 B（图 10-21b），有

$$\left.\begin{array}{l}\dfrac{295+435}{6}\text{kN} > \dfrac{435}{6}\text{kN} \\ \dfrac{295}{6}\text{kN} < \dfrac{435+2}{6}\text{kN}\end{array}\right\}$$

满足判别式，所以 P_3 在 B 点是临界荷载。

③ P_3 在 B 点时为 R_B 的最不利荷载位置，此时有

$$R_{B\max} = (295 \times 0.75 + 435 \times 1 + 435 \times 0.625)\text{kN} = 298.125\text{kN}$$

10.8 简支梁的绝对最大弯矩及内力包络图

10.8.1 简支梁的绝对最大弯矩

当移动荷载作用在简支梁上时，可使简支梁的任一截面产生最大弯矩，在整个简支梁的所有最大弯矩中，有一个截面的最大弯矩是最大的，称为绝对最大弯矩。

要想确定简支梁的绝对最大弯矩，必须要明确绝对最大弯矩的截面位置和此时移动荷载的位置。图 10-22 所示简支梁 AB 上有一组间距不变的移动集中荷载。由前面所学内容可知，简支梁在移动集中荷载组的作用下，无论荷载在什么位置，弯矩图的顶点总是在移动集中荷载下面。由此判断，简支梁的绝对最大弯矩必然发生在某一移动集中荷载的作用点处的截面上。可以采用试算的办法，确定到底是哪个移动集中荷载。

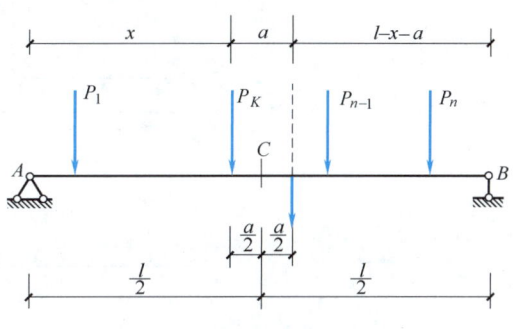

图 10-22 简支梁及其荷载

从移动集中荷载组中任意取一集中荷载 P_K，其作用点到 A 支座的水平距离为 x，简支梁上所有移动集中荷载的合力为 R，R 与 P_K 之间的水平距离为 a，由 $\sum M_B = 0$，得

$$R_A = \frac{R}{l}(l-x-a)$$

P_K 作用点截面的弯矩为

$$M = R_A x - M_K = \frac{R}{l}(l-x-a)x - M_K$$

式中，M_K 为 P_K 以左所有荷载对 P_K 作用点的力矩之和，它是一个与 x 无关的常数。

当 $\mathrm{d}M/\mathrm{d}x = 0$ 时，M 取得极值，即

$$\mathrm{d}M/\mathrm{d}x = \frac{R}{l}(l-2x-a) = 0$$

因为 $R \neq 0$，所以

$$l-2x-a=0$$

即
$$x=\frac{l-a}{2} \tag{10-33}$$

结论：当 P_K 与 R 对称于梁的中点时，P_K 作用点截面的弯矩达到最大值，为

$$M_{\max}=R\left(\frac{l-a}{2}\right)^2\times\frac{1}{l}-M_K \tag{10-34}$$

根据式（10-34）可计算出各个荷载作用点截面的最大弯矩，而其中最大的一个，就是整个简支梁的绝对最大弯矩。如果移动荷载的数目较多，对每个荷载均按照式（10-34）计算，则计算量较大。由经验可知，简支梁的绝对最大弯矩总是发生在梁跨中位置的附近，即梁中点处截面产生最大弯矩的临界荷载，也就是产生整个简支梁的绝对最大弯矩的临界荷载。因此，计算简支梁的绝对最大弯矩可按以下步骤进行：

1）确定使简支梁的中点截面发生最大弯矩的临界荷载 P_K。

2）使 P_K 与梁上移动荷载的合力 R 对称于梁的中点，算出该截面的弯矩，即简支梁的绝对最大弯矩。

【例 10-9】 求图 10-23 所示的吊车梁在图示起重机荷载作用下的绝对最大弯矩。

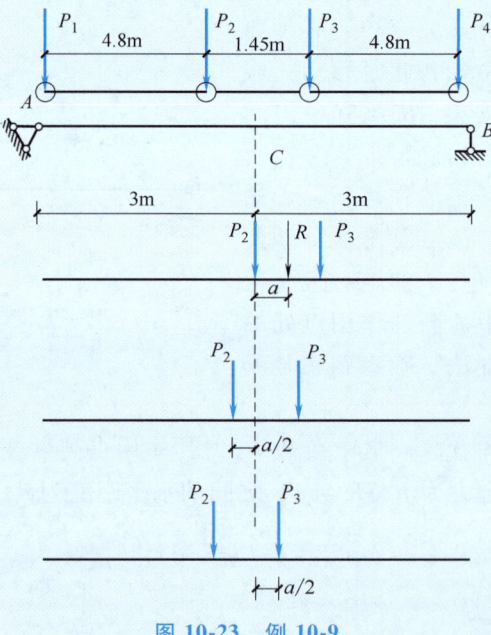

图 10-23　例 10-9

解：1）可能使跨中产生最大弯矩的临界荷载 $P_K=P_2$ 或 P_3。

梁上所有的移动荷载的合力 $R=P_2+P_3=649\text{kN}$

2）临界荷载 P_2 与合力 R 对称于梁的中点。利用合力矩定理，$a=0.725\text{m}$

$$M_{\max}=R\left(\frac{l-a}{2}\right)^2\frac{1}{l}-M_K=649\times\left(\frac{6-0.725}{2}\right)^2\times\frac{1}{6}\text{kN}\cdot\text{m}=752.5\text{kN}\cdot\text{m}$$

10.8.2 简支梁的内力包络图

简支梁承受移动荷载时,需要确定出各截面的内力最大值(最大正值和最大负值)作为结构设计的依据。把简支梁各截面内力的最大值按比例标在图上,连成曲线,该曲线称为简支梁的内力包络图。

简支梁内力包络图的绘制方法:将梁沿跨度分成若干等份,求出各等分点的内力最大值和最小值,将最大值连成光滑的曲线,将最小值也连成曲线,由此得到的图形即为简支梁的内力包络图。

【例 10-10】 绘制图 10-24a 所示简支梁的内力包络图,$P_1 = P_2 = P_3 = P_4 = 200 \text{kN}$。

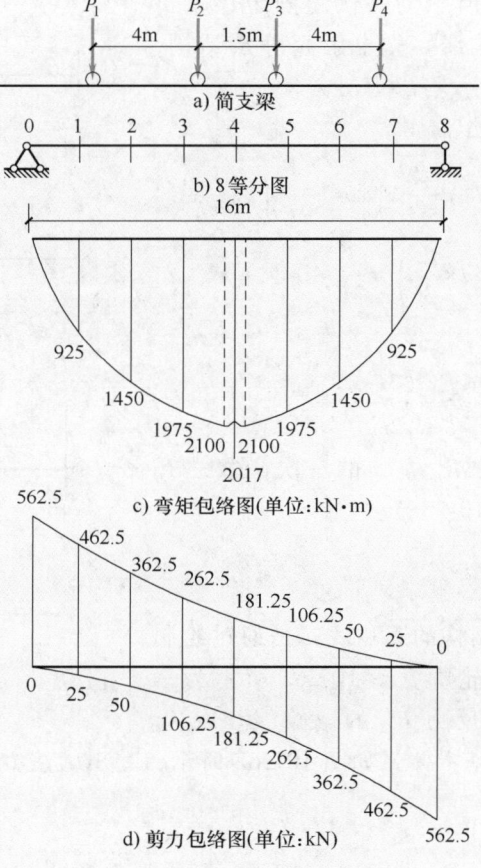

图 10-24 简支梁的内力包络图

解:
1)将梁分成 8 等份(图 10-24b),依次 $a = 0.125l$, $a = 0.25l$, ⋯, $a = l$。
2)求出各等分点截面的弯矩最大值 $M_{C\max} = 925 \text{kN}$, 1450kN, ⋯。
3)将这些最大值按比例以竖标标出并连成光滑的曲线,便可以得到弯矩包络图,如图 10-24c 所示,按同样的方法可绘出简支梁的剪力包络图,如图 10-24d 所示。

在实际设计中,绘制简支梁的内力包络图需要同时考虑恒载和移动荷载(活载)的作用,对于移动荷载(活载)还要考虑动力效应,一般将移动荷载(活载)的内力乘以相应的动力系数,动力系数在有关规范中均有明确规定。

10.9 超静定结构影响线作法概述

绘制超静定结构的内力和支座反力的影响线,和静定结构一样,通常也是采用两种方法,即静力法和机动法。

10.9.1 静力法绘制超静定结构的影响线

用静力法绘制超静定结构的影响线,需要先求解超静定结构,再写出影响线方程,最后根据影响线方程绘制影响线。图 10-25a 所示为一次超静定梁,要求绘制支座反力 R_B 的影响线。先求解超静定结构,建立基本体系(图 10-25b),写出力法方程

$$\delta_{11}X_1 + \Delta_{1P} = 0$$

式中,$\Delta_{1P} = -\dfrac{1}{EI}\left[\dfrac{1}{2} \times x \times x \times \left(l - x + \dfrac{2}{3}x\right)\right] = -\dfrac{x^2}{2EI}\left(l - \dfrac{1}{3}x\right)$

$$\delta_{11} = \dfrac{1}{EI}\left(\dfrac{1}{2} \times l \times l \times \dfrac{2}{3}l\right) = \dfrac{l^3}{3EI}$$

得到 R_B 的影响线方程

$$R_B = X_1 = -\dfrac{\Delta_{1P}}{\delta_{11}} = \dfrac{x^2(3l - x)}{2l^3}$$

根据影响线方程可知:R_B 是 x 的三次函数,R_B 影响线的形状为曲线(图 10-25e)。

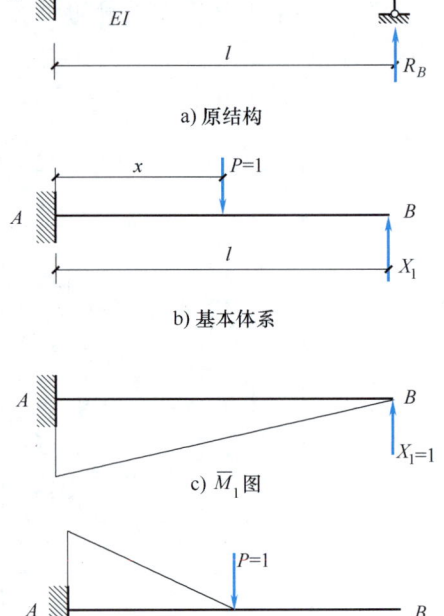

图 10-25 超静定梁及其支座反力影响线

10.9.2 机动法绘制超静定结构的影响线

用机动法绘制超静定结构的影响线,是通过绘制虚位移图,得到影响线的轮廓。图 10-26a 所示为一超静定梁,要求绘制支座反力 R_C 的影响线。取 $R_C(x)$ 为基本未知量,建立基本体系如图 10-26b 所示,写出力法方程为 $\delta_{11}X_1 + \Delta_{1P} = 0$,则

$$X_1 = -\dfrac{\Delta_{1P}}{\delta_{11}}$$

式中,由于 $P = 1$ 为单位荷载,所以 $\Delta_{1P} = \delta_{1P}$,$\delta_{1P}$ 为单位力 $P = 1$ 在 X_1 方向上引起的位移(图 10-26c);δ_{11} 为单位力 $X_1 = 1$ 在 X_1 方向上引起的位移(图 10-26d)。

由位移互等定理可得,$\delta_{1P} = \delta_{P1}$,$\delta_{P1}$ 为单位力 $X_1 = 1$ 在 P 方向上引起的位移,所以

$$R_C = X_1 = -\dfrac{\delta_{P1}}{\delta_{11}} \qquad (10\text{-}35)$$

在式(10-35)中,支座反力 X_1 和位移 δ_{P1} 都随荷载 P 的移动而变化,它们都是荷载位置 x 的函数,而 δ_{11} 为常量,因此,式(10-35)可写成下式

$$R_C = X_1 = -\dfrac{\delta_{P1}(x)}{\delta_{11}} \qquad (10\text{-}36)$$

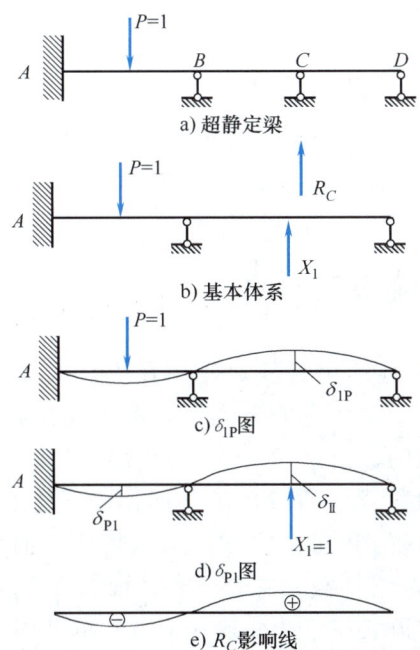

图 10-26 超静定梁及其支座反力影响线

当 x 变化时，函数 X_1 的变化图就是 X_1 的影响线，而函数 $\delta_{P1}(x)$ 的变化图形就是荷载作用点的竖向位移图。因此可以得到影响线与位移图之间的关系。因为 $\delta_{P1}(x)$ 以向下为正，而 X_1 与 $\delta_{P1}(x)$ 反号，所以在影响线中，梁轴线上方的位移为正。

【例 10-11】 图 10-27a 所示为一个四跨超静定连续梁，要求绘制 K 截面的剪力 Q_K 及

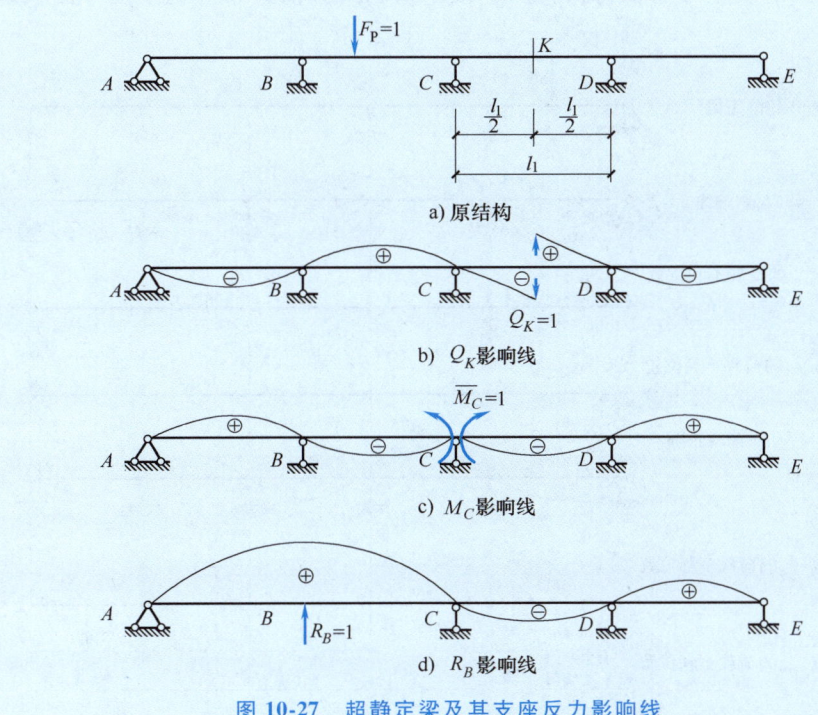

图 10-27 超静定梁及其支座反力影响线

支座 M_C、R_B 的影响线。

解：1）绘制 Q_K 的影响线。去掉与 Q_K 相应的约束，使体系沿 Q_K 正向发生相应的位移，所得的位移图即 Q_K 影响线（图 10-27b）。

2）用同样方法绘制 M_C、R_B 的影响线，如图 10-27c、d 所示。

10.10 连续梁的内力包络图

结构中的板和梁一般都按连续梁计算，作用在连续梁上的荷载包括恒载和移动荷载（活载），所以进行结构设计时，必须同时考虑恒载和移动荷载（活载）的共同影响。恒载作用下，连续梁的内力是不变的，而移动荷载（活载）产生的内力随活载位置的不同而不同。为保证结构在恒载和移动荷载（活载）的共同作用下能安全使用，必须求出结构各截面在恒载和移动荷载（活载）的共同作用下的最大内力。而其中关键在于确定移动荷载（活载）的影响。求出移动荷载（活载）作用下各截面的最大内力，再加上恒载作用下该截面的内力，就可以得到结构在恒载和移动荷载（活载）的共同作用下该截面的最大内力。

由于移动荷载（活载）的位置是不断变化的，所以确定各截面的最大内力，需要确定移动荷载（活载）的最不利荷载位置，我们知道最不利荷载位置是可以通过影响线来确定的。

如图 10-28a 所示一五跨连续梁，求支座截面 B 的弯矩 M_B 及截面 C 的弯矩 M_C 的最不利荷载位置。首先绘出 M_B 及 M_C 处的影响线轮廓如图 10-28b、e 所示，由 $S=qw$ 可知，当移动均布荷载布满影响线正号面积时，将产生该量值的最大值，布影响线负号面积时，将产生

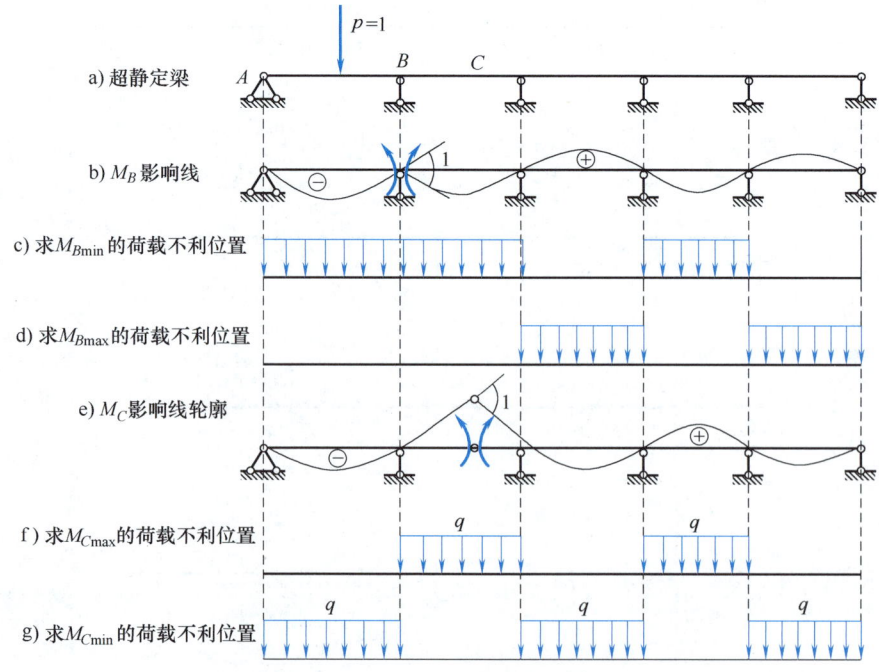

图 10-28 超静定梁最不利荷载位置

该量值的最小值。所以,当移动均布荷载(活载)布满 B 支座的相邻跨及隔跨(图 10-28c)时,M_B 取得最小值;当移动均布荷载(活载)布满第三跨、第五跨时,M_B 取得最大值。同理,求截面 C 的最大弯矩时,移动均布荷载(活载)应布满本跨,然后隔跨布置(图 10-28f),求 M_C 的最小值(最大负值)时,应该本跨无移动均布荷载(活载)荷载,每隔一跨有(图 10-28g)。和简支梁一样,连续梁求出最大内力和最小内力后,将它们按比例标在图上,并连成两条光滑的曲线,称为连续梁的内力包络图。

绘制连续梁的内力包络图,首先绘出恒载作用下的内力图,然后将每一跨单独布置移动均布荷载(活载)情况下的内力图,逐一绘出。再将各跨分成若干等份,将每一截面在恒载作用下的内力值及移动均布荷载(活载)作用下的内力图对应的正(负)竖标值进行叠加,得到该截面最大(小)内力值。将上述各最大(小)值,按比例用竖标标在同一图上,并用曲线相连,即得到内力包络图。

【例 10-12】 图 10-29a 所示为三跨等截面连续梁,梁上的恒载 $q_1 = 16$ kN/m,活载 $q_2 = 30$ kN/m,绘制该连续梁的弯矩包络图和剪力包络图。

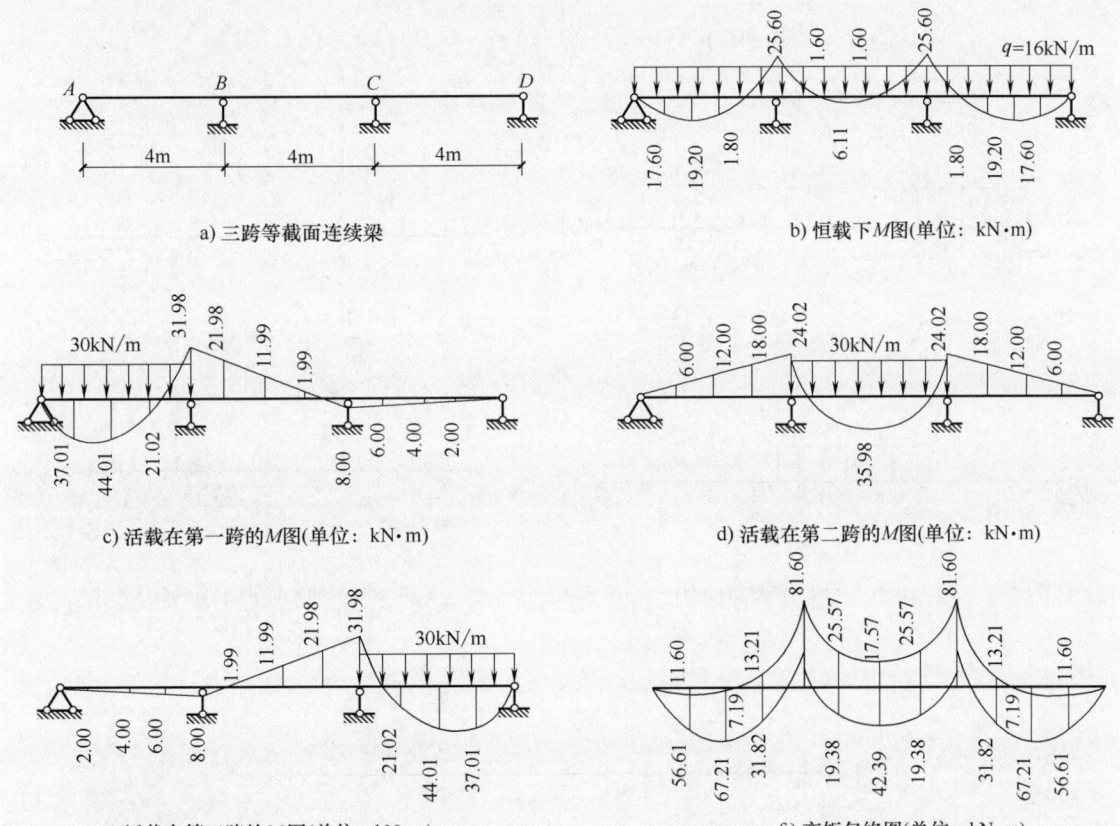

图 10-29 例 10-12 —

解:(1)作弯矩包络图
1)用力矩分配法作出恒载作用下的弯矩图(图 10-29b)。

2) 作出每一跨单独布置活载情况下的弯矩图（图10-29c~e）。

3) 将梁的每一跨分为四等份，求出各弯矩图中等分点的竖标值。然后将恒载弯矩图（图10-29b）的竖标值和所有活载弯矩图（图10-29c~e）中对应的正（负）竖标值相加，即得最大（最小）弯矩值。如在支座B处

$$M_{B\max}=(-25.6)\text{kN}\cdot\text{m}+8.00\text{kN}\cdot\text{m}=-17.6\text{kN}\cdot\text{m}$$

$$M_{B\min}=(-25.6)\text{kN}\cdot\text{m}+(-31.98)\text{kN}\cdot\text{m}+(-24.02)\text{kN}\cdot\text{m}=-81.60\text{kN}\cdot\text{m}$$

4) 将每个最大弯矩值和最小弯矩值分别用曲线相连，即得弯矩包络图（图10-29f）。

(2) 作剪力包络图

1) 作出恒荷载作用下的剪力图（图10-30a）。

2) 作出每一跨单独布置活载情况下的剪力图（图10-30b~d）。

3) 将恒载剪力图（图10-30a）中各支座左右两边截面处的竖标值和各跨分别作用活载时的剪力图（图10-30b~d）中对应的正（负）竖标值相加即得最大（最小）剪力值。如在支座B的左侧截面上

$$Q_{B\max}^{左}=(-38.40)\text{kN}+2.00\text{kN}=-36.40\text{kN}$$

$$Q_{B\min}^{左}=(-38.40)\text{kN}+(-67.99)\text{kN}+(-6.00)\text{kN}=112.39\text{kN}$$

4) 将每个最大剪力值和最小剪力值分别用直线相连，即得剪力包络图（图10-30e）。

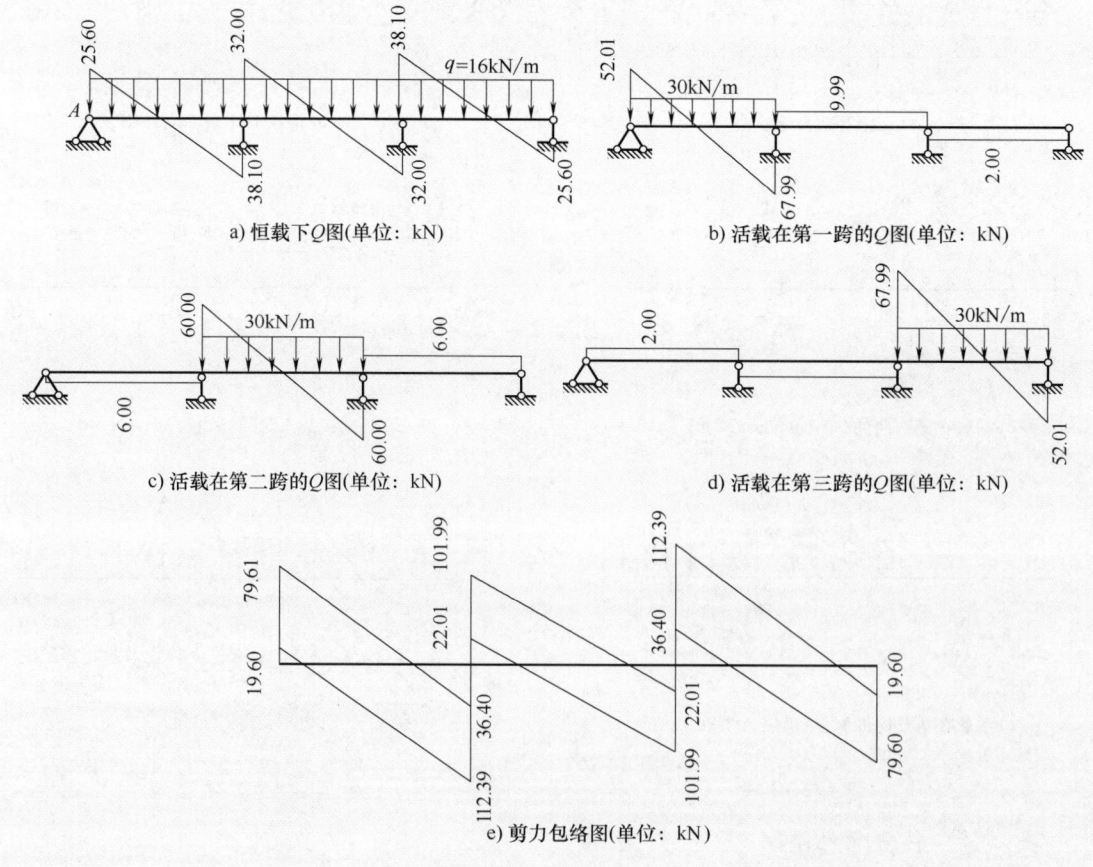

图 10-30　例 10-12 二

本 章 小 结

1. 基本概念

（1）移动荷载　在移动荷载作用下，结构中的内力和支座反力将随着荷载位置的变化而变化。

（2）影响线　当一个不变的单位集中荷载（通常为竖直向下）沿着结构移动时，表示某一指定截面某一量值（内力或反力）变化规律的图形，称为该量值的影响线。

（3）荷载的最不利位置　移动荷载作用下，结构中所有量值都随着移动荷载的位置的变化而变化，当移动荷载移动到某一位置时，某个量值达到最大值，包括最大正值和最大负值（最小值），则此位置称为该量值的最不利荷载位置。

（4）内力包络图　连接各截面的最大、最小内力的图形，称为内力包络图。

2. 知识要点

（1）静力法作影响线　用静力法绘制影响线，方法是以 x 表示移动荷载的作用位置，根据静力平衡条件确定所求量值（支座反力或内力）与移动荷载位置 x 之间的函数关系，这种关系式称为影响线方程，然后根据影响线方程作出影响线。

（2）机动法作影响线　欲作某一量值的影响线，将该量值相应的联系去掉，并使所得体系沿该量值的正方向发生单位位移，由此得到的荷载作用点的竖向位移图就是该量值的影响线。这种绘制影响线的方法称为机动法。

（3）确定最不利荷载步骤　一组相互平行且间距不变的移动集中荷载作用时，确定最不利荷载位置可按以下步骤进行。

1）将某一集中荷载置于影响线的一个顶点上。

2）令荷载向左或向右稍移动，计算的数值。如果变号，则此荷载为临界荷载，若不变号，应换一个集中荷载，重新计算。

3）将所有临界位置的极值求出，从中选出最大值或最小值，该位置即为最不利荷载位置。

思考与讨论

1. 简述影响线的定义。
2. 如何用静力法作某内力影响线？
3. 在什么情况下影响线方程需要分段求出？
4. 什么是间接荷载？如何绘制间接荷载作用下的影响线？
5. 机动法作影响线的原理是什么？
6. 什么是最不利荷载位置？什么是临界荷载和临界位置？
7. 简支梁的绝对最大弯矩与跨中截面最大弯矩是否相等？什么情况下二者会相等？
8. 什么是内力包络图？它与内力图、影响线有什么区别？三者的用途分别是什么？
9. 如何用机动法绘制超静定结构内力（反力）影响线？它与静定结构的机动法作影响线有何异同？

习 题

一、选择题

1. 简支梁绝对最大弯矩的意义是（　　）。
   A. 梁中某截面的最大弯矩值　　　　B. 距梁中点较近的某截面的弯矩值
   C. 梁中各截面最大弯矩中的最大者　　D. 梁中点截面的最大弯矩值
2. 图 10-31 所示，三铰拱的拉杆 N_{BA} 的影响线为（　　）。
   A. 斜直线　　　　B. 曲线　　　　C. 平直线　　　　D. 三角形
3. 机动法作静定结构内力影响线的依据是（　　）。
   A. 刚体体系的虚力原理　　　　B. 变形体系的虚功原理
   C. 刚体体系的虚位移原理　　　D. 变形体系的虚位移原理

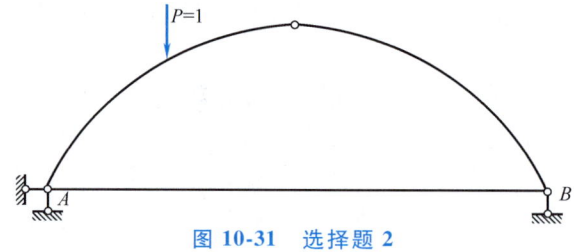

图 10-31　选择题 2

二、判断题

1. 结构上某截面剪力的影响线，在该截面出必定有突变。　　　　　　　　　　　　（　　）
2. 简支梁跨中截面 C 弯矩影响线的物理意义是荷载 $F_P = 1$ 作用在截面 C 的弯矩图。（　　）

三、作图与计算题

1. 作图 10-32 所示悬臂梁支座反力 M_A、R_A 及截面内力 M_C、Q_C 的影响线。
2. 作图 10-33 所示外伸梁支座反力 R_A 及截面内力 M_C、Q_C、M_D、Q_D、M_B、$Q_{B左}$、$Q_{B右}$ 的影响线。

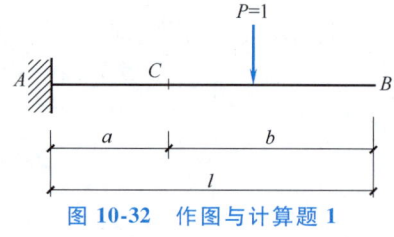

图 10-32　作图与计算题 1

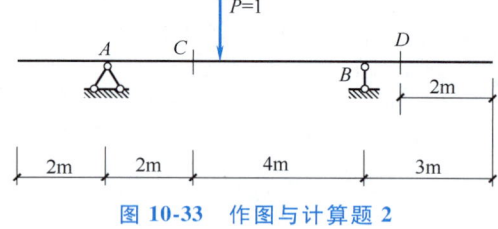

图 10-33　作图与计算题 2

3. 作图 10-34 所示斜梁支座反力 R_B 及截面内力 M_C、Q_C、N_C 的影响线。
4. 作图 10-35 所示多跨静定梁 M_D、Q_C 的影响线。

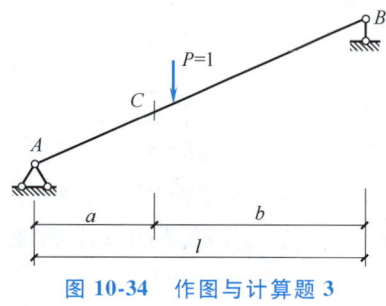

图 10-34　作图与计算题 3

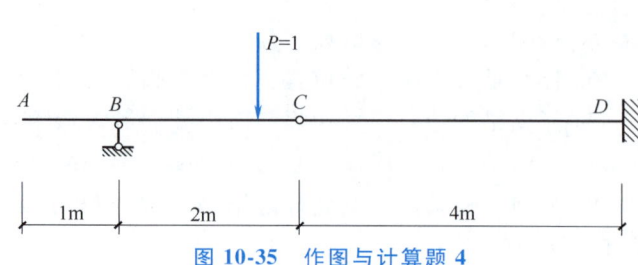

图 10-35　作图与计算题 4

5. 作图 10-36 所示梁 M_C、Q_C 的影响线。

6. 作图 10-37 所示结构 M_E、M_C、$Q_{C右}$、N_{CD} 的影响线。$P=1$ 沿 AB 移动。

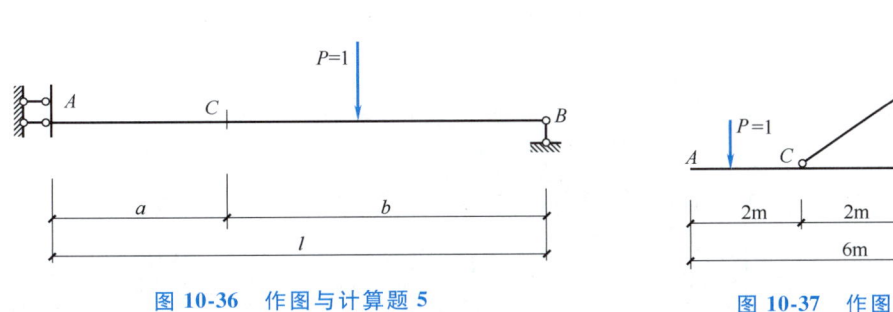

图 10-36 作图与计算题 5　　　　　图 10-37 作图与计算题 6

7. 作图 10-38 所示结构 M_C、Q_C 的影响线。$P=1$ 沿 DE 移动。

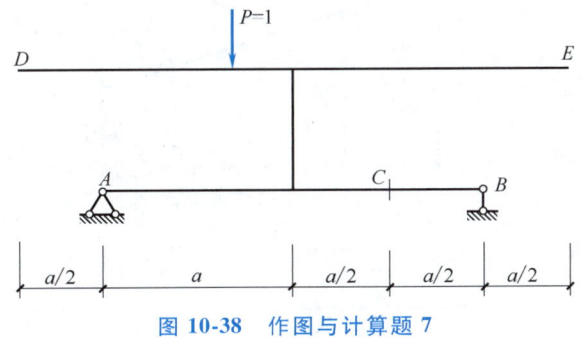

图 10-38 作图与计算题 7

8. 作图 10-39 所示结构 R_B、M_E 的影响线。$P=1$ 沿 AC 移动。

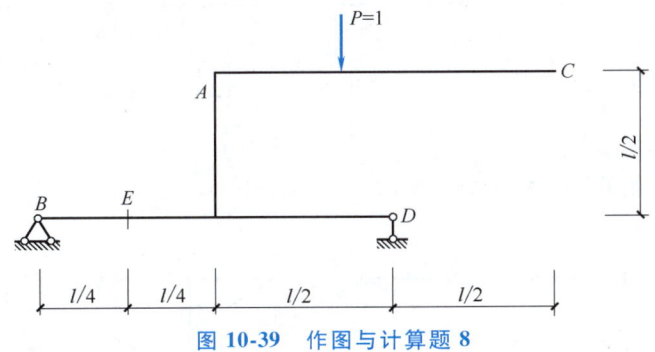

图 10-39 作图与计算题 8

9. 如图 10-40 所示，单位荷载在 DE 上移动，试作 R_A、M_C、Q_C 的影响线。

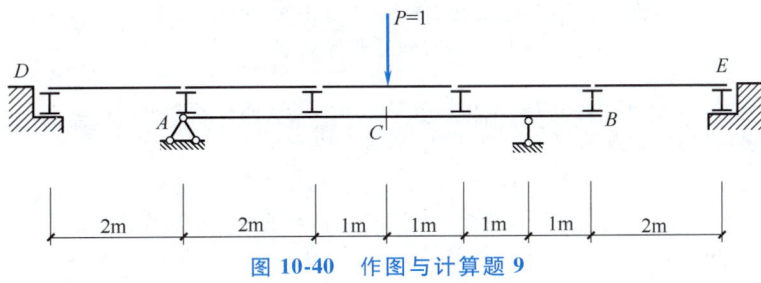

图 10-40 作图与计算题 9

10. 用机动法作图 10-41 所示梁的 R_C、M_K、Q_K、Q_E、M_D 的影响线。

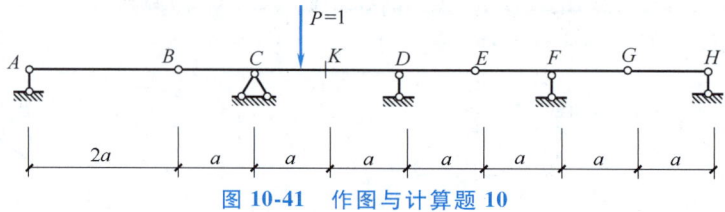

图 10-41　作图与计算题 10

11. 作图 10-42 所示桁架 N_a、N_b、N_c 的影响线。

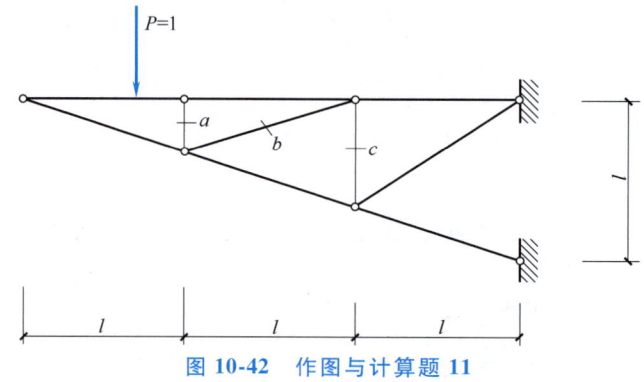

图 10-42　作图与计算题 11

12. 作图 10-43 所示桁架 N_a、N_b 的影响线。考虑 $P=1$ 在上弦和下弦移动。

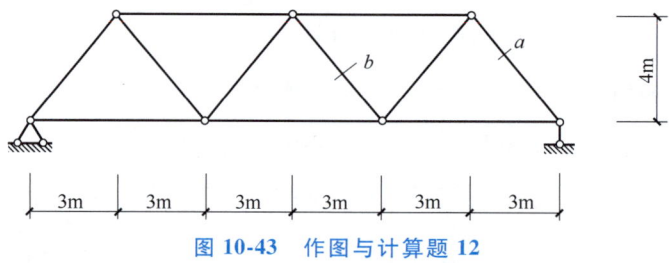

图 10-43　作图与计算题 12

13. 作图 10-44 所示桁架 N_1、N_2 的影响线。$P=1$ 在上弦移动。

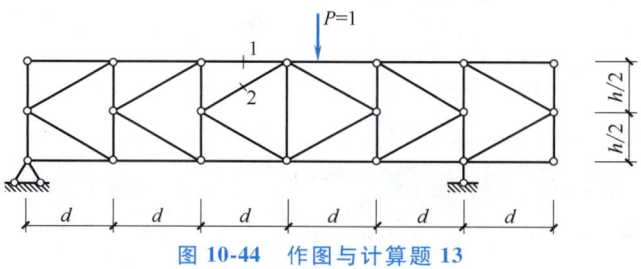

图 10-44　作图与计算题 13

14. 画出图 10-45 所示梁 M_A 的影响线，并利用影响线求出给定荷载下 M_A 的值。

15. 试求图 10-46 所示梁在移动荷载作用下 M_C 的最大值。

16. 求图 10-47 所示吊车梁在起重机荷载作用下支座 B 的最大反力。

17. 求图 10-48 所示简支梁的绝对最大弯矩，并与跨中截面的最大弯矩作比较。

18. 试绘出图 10-49 所示连续梁 R_C、M_B、$Q_{B左}$、$Q_{B右}$、M_E、Q_E 影响线的轮廓。

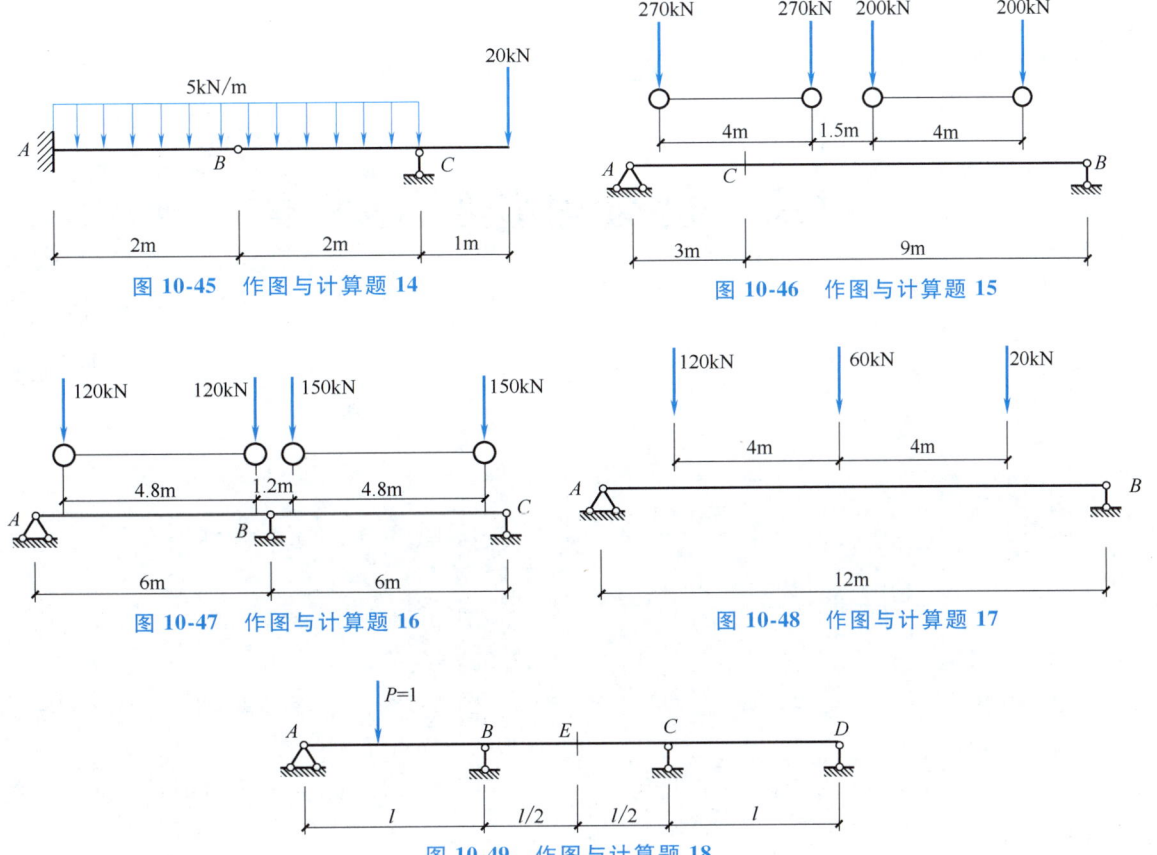

图 10-45　作图与计算题 14

图 10-46　作图与计算题 15

图 10-47　作图与计算题 16

图 10-48　作图与计算题 17

图 10-49　作图与计算题 18

附录 部分习题参考答案

第1章

一、选择题

DDDBD

第2章

一、选择题

BBCCBB

二、分析题

1. 图 2-33a~e 为无多余约束的几何不变体；

图 2-33f、g 为有一个多余约束的几何不变体；

图 2-33h 为有两个多余约束的几何不变体；

图 2-33i 为无多余约束的几何不变体；

图 2-33j 为有一个多余约束的几何不变体；

图 2-33k 为有多余约束的几何可变体；

图 2-33l~o 为无多余约束的几何不变体；

图 2-33p 左图为无多余约束的几何不变体；右图为瞬变体；

图 2-33q、r 为瞬变体。

2. 图 2-34a 为九次超静定；图 2-34b 为十六次超静定。

第3章

一、选择题

BC

二、判断题

×××

三、作图题

1. 图 3-28a：$V_A = 35\text{kN}$（↑）；$V_B = 75\text{kN}$（↑）

图 3-28b：$V_A = 26.67\text{kN}$（↑）；$V_B = 13.33\text{kN}$（↑）

图 3-28c：$V_A = 120\text{kN}$（↑）；$M_B = 120\text{kN}\cdot\text{m}$（下侧受拉）

图 3-28d：$M_A = -254.84\text{kN}\cdot\text{m}$（上侧受拉）；

$Q_A = 101.2\text{kN}$

2. 图 3-29a：$M_C = 16\text{kN}\cdot\text{m}$（下侧受拉）；

$Q_{CA} = -10.75\text{kN}$；$N_{CA} = 5.37\text{kN}$

图 3-29b：$M_{BC} = 210\text{kN}\cdot\text{m}$（上侧受拉）；

$Q_{BC} = 72\text{kN}$；$N_{BC} = 54\text{kN}$

3. $M_A = 48\text{kN}\cdot\text{m}$（上侧受拉）；

$Q_{BC} = 11\text{kN}$

4. $M_B = -120\text{kN}\cdot\text{m}$（上侧受拉）

5. $x = 0.1716l$

6~7. 略

8. 图 3-35a：$M_{EB} = 80\text{kN}\cdot\text{m}$（外侧受拉）；

$Q_{EB} = 0$；$N_{EB} = -40\text{kN}$

图 3-35b：$M_{CA} = 320\text{kN}\cdot\text{m}$（内侧受拉）；

$Q_{CA} = 0$；$N_{CA} = 25.71\text{kN}$

图 3-35c：$M_{DA} = 60$kN·m（外侧受拉）；

$Q_{DA} = -10$kN；$N_{DA} = 0$

图 3-35d：$M_{DA} = 64.02$kN·m（外侧受拉）；

$Q_{DA} = -10.67$kN；

$N_{DA} = -60$kN

图 3-35e：$M_{DA} = 24$kN·m（外侧受拉）；

$Q_{DA} = -8$kN；$N_{DA} = -12$kN

图 3-35f：$M_{DB} = 16$kN·m（外侧受拉）；

$Q_{DB} = 0$；$N_{DB} = -8$kN

9. 略

10. 图 3-37a：$M_{EB} = 12$kN·m（右侧受拉）；

$Q_{EB} = 6$kN；$N_{EB} = 0$

图 3-37b：$M_{EB} = 135$kN·m（内侧受拉）

图 3-37c：$M_{CD} = 180$kN·m（下侧受拉）

图 3-37d：$M_{AC} = 120$kN·m（外侧受拉）；

$Q_{AC} = 60$kN；$N_{AC} = 2.5$kN

图 3-37e：$H_D = 20$kN（←）；$V_D = 10$kN（↓）；

$M_{GD} = 40$kN·m（内侧受拉）

图 3-37f：$M_{EA} = 840$kN·m（内侧受拉）

$Q_{EA} = 140$kN

第 4 章

一、选择题

CD

二、判断题

××

三、计算题

1. 图 4-17a：$V_B = P/2$（↑），$H_B = P/2$（←）

图 4-17b：$H = 20$kN，$V_A = 20$kN（↑），$V_B = 8$kN（↑）

2. 图 4-18a：$(1-\sqrt{3})Pr/2$

图 4-18b：$M_K = \dfrac{3}{50}qR^2$（内侧受拉）

3. 图 4-19a：$N_A = 30$kN

图 4-19b：$N_{AB} = -15$kN

4. 集中荷载作用点处：

$N_左 = +71.25$kN，$N_右 = +41.25$kN，

$Q_左 = +14.5$kN，$Q_右 = -25.55$kN，

$M = 79.375$kN·m

5. $y = \dfrac{8f}{3l^2}\left(lx - \dfrac{x^3}{l}\right)$

第 5 章

一、选择题

BC

二、判断题

××√×

三、计算题

1. 略

2. 图 5-24a：$N_{DE} = 37.5$kN；$N_{FH} = 7.5$kN

图 5-24b：$N_{DE} = \sqrt{2}P$；$N_{CF} = 1.5P$

图 5-24c：$N_{DB} = -13.33$kN；$N_{GC} = -83.33$kN

图 5-24d：$N_{FG} = -4P$

3. 图 5-25a：$N_a = 18.03$kN；$N_b = 37.5$kN

图 5-25b：$N_a = -\dfrac{\sqrt{2}}{3}P$；$N_b = -\dfrac{\sqrt{5}}{3}P$；

$N_c = \dfrac{\sqrt{2}}{3}P$

图 5-25c：$N_a = 52.5$kN；$N_b = 18.03$kN

图 5-25d：$N_a = -5.59$kN；$N_b = 5$kN

图 5-25e：$N_a = \dfrac{P}{3}$；$N_b = -\dfrac{P}{3}$；$N_c = \dfrac{\sqrt{2}}{3}P$

图 5-25f：$N_a = -3.75P$；$N_b = 3.33P$；

$N_c = -0.5P$；$N_d = 0.65P$

图 5-25g：$N_a = -20$kN；$N_b = -2.5\sqrt{2}$kN；$N_c = 7.5\sqrt{2}$kN

图 5-25h：$N_a = -P$；$N_b = \sqrt{2}$kN

图 5-25i：$N_a = 0$；$N_b = 20$kN

4. 图 5-26a：$N_{AD} = 12.5\text{kN}$

图 5-26b：$N_{ED} = 0$；$M_{EC} = 45\text{kN} \cdot \text{m}$（下侧受拉）

图 5-26c：$N_{KJ} = -44.69\text{kN}$；$M_{KB} = 53.32\text{kN} \cdot \text{m}$（外侧受拉）

图 5-26d：$N_{DF} = N_{EF} = -5\sqrt{2}\text{kN}$；$V_A = 2.5\text{kN}$（↑）；$V_B = 2.5\text{kN}$（↓）

图 5-26e：$Q_{AC} = 40\text{kN}$；$N_{AE} = -80\text{kN}$

图 5-26f：$N_{CB} = 75\sqrt{2}\text{kN}$；$M_{DA} = 150\text{kN} \cdot \text{m}$（外侧受拉）

第 6 章

一、选择题

BCAA

二、判断题

××√×××

三、计算题

1. $\Delta_{Cy} = 3.52 \times 10^{-3}\text{m}$（↓）

2. 图 6-40：$y_{\max} = \dfrac{23Fl^3}{648EI}$（↓）

图 6-41：$\varphi_A = \dfrac{ql^3}{8EI}$（逆时针）

图 6-42：$\Delta_{Cy} = \dfrac{3F_P l^3}{16EI}$（↓）

图 6-43：$\Delta_{Cy} = \dfrac{330.8}{EI}$（↓）

图 6-44：$\Delta_{Cx} = \dfrac{486}{EI}$（→）；$\Delta_{Cy} = -\dfrac{54}{EI}$（↑）；$\varphi_D = \dfrac{27}{EI}$（顺时针）

图 6-45：$\Delta_{Bx} = \dfrac{F_P r^3}{2EI}$（→）

3. $\Delta_{Cy} = 0.009\text{m}$

4. $\Delta_{CD} = \dfrac{11qa^4}{15EI}$（离开）

5. $\Delta_{Dx} = \dfrac{F_P a^3}{EI}$（→）

6. 支座反力为 $\dfrac{M}{a}$，$F_{Ay} = \dfrac{4Ma^2}{3EI}$

7. $\Delta_{Cy} = -15\alpha l$（↑）

8. $\Delta_{Cy} = 2.5\text{cm}$（↑）

9. $\Delta_{Dy} = -\dfrac{396}{EI}$（↑）

10. $\Delta_{Bx} = \dfrac{2qa^4}{3EI}$（←）

第 7 章

一、选择题

CAD

二、判断题

×√√×

三、计算题

1. 图 4-75：a 1 次；b 4 次；c 1 次；d 7 次；e 4 次；f 5 次；g 42 次；h 3 次；i 3 次

2. 图 7-46a：$M_{BC} = 11.68\text{kN} \cdot \text{m}$（上侧受拉）；

$Q_{AB} = +7.08\text{kN}$

图 7-46b：$M_{AB} = 22.5\text{kN} \cdot \text{m}$（上侧受拉）；

$Q_{AB} = +18.75\text{kN}$

图 7-46c：$M_{AB} = \dfrac{3}{16}Pl$（上侧受拉）；

$Q_{AB} = \dfrac{11}{16}p$

图 7-46d：$M_{BA} = 32.0\text{kN} \cdot \text{m}$（上侧受拉）；

$Q_{BA} = -48.0\text{kN}$

图 7-46e：$M_{BA} = \dfrac{ql^2}{16}$（下侧受拉）；

$Q_{BA} = \dfrac{3ql}{16}$（拉）

3. 图 7-47a：$M_{BC} = 2.16\text{kN} \cdot \text{m}$（内侧受拉）；

$Q_{BC} = 24.64\text{kN}$

图 7-47b：$M_{CA} = \dfrac{ql^2}{14}$（左侧受拉）；

$Q_{BC} = -\dfrac{3ql}{7}$

图 7-47c：$M_{DA} = 45.0$kN·m（上侧受拉）；

$Q_{DA} = -67.5$kN

图 7-47d：$M_{AC} = 104.46$kN·m（左侧受拉）

4. 图 7-48a：$Q_{AB} = 0.104P$

图 7-48b：$N_{AB} = 0.415P$；$N_{AD} = -0.587P$；$N_{DE} = 0.170P$

图 7-48c：$N_{GE} = +0.3373P$；$V_B = 1.328P$（↑）

图 7-48d：$N_{FB} = +1.293P$；$N_{BC} = +0.3056P$

5. 图 7-49a：$M_{AB} = 23.26$kN·m（左侧受拉）；$M_{DC} = 21.54$kN·m（左侧受拉）

图 7-49b：$M_{AD} = 90.0$kN·m（左侧受拉），$M_{BE} = 180.0$kN·m（左侧受拉）

图 7-49c：$M_{CA} = 117.6$kN·m（左侧受拉）

图 7-49d：$M_{AB} = 23.26$kN·m（左侧受拉）

6. $H_A = H_B = \dfrac{P}{\pi}$（→←）

7. $N_{AB} = \dfrac{ql^2}{8f} \dfrac{1}{1 + \dfrac{15}{8} \dfrac{EI}{E_1 A_1 f^2}}$

8. $M_{CA} = 9.8$kN·m（上侧受拉）；$N_{AD} = +50.2$kN；$N_{CD} = -44.9$kN

9. $M_{EA} = 5.2$kN·m（上侧受拉）；$N_{CD} = +125.2$kN

10. 图 7-54a：$M_{CD} = \dfrac{ql^2}{24}$（上侧受拉）

图 7-54b：$M_{DE} = \dfrac{9}{112}ql^2$（上侧受拉），$M_{ED} = \dfrac{27}{112}ql^2$

图 7-54c：$M_{DA} = 9.16$kN·m（上侧受拉）；$M_{DC} = 6.84$kN·m（上侧受拉）

图 7-54d：$M_{AB} = \dfrac{qr^2}{4}$（左侧受拉）

11. 图 7-55a：$M_{AB} = \dfrac{3EI}{l^2}\Delta$（上侧受拉）；

$Q_{AB} = -\dfrac{3EI}{l^3}\Delta$

图 7-55b：$M_{AB} = \dfrac{4EI}{l}\varphi_A$（下侧受拉）；

$Q_{AB} = -\dfrac{6EI}{l^2}\varphi_A$

图 7-55c：$M_{AB} = \dfrac{EI}{l^2}\varphi_A$（下侧受拉）；

$Q_{AB} = 0$

12. $M_{CB} = \dfrac{3750\alpha EI}{7l}$（上侧受拉）；

$M_{BC} = \dfrac{2220\alpha EI}{7l}$（上侧受拉）

13. $M_{CB} = \dfrac{112.5\alpha EI}{l}$（下侧受拉）；

$V_B = \dfrac{56.25\alpha EI}{l^2}$（↑）

14. $M_{CB} = \dfrac{3EI\varphi_A}{4l}$（下侧受拉）；$V_B = \dfrac{3EI\varphi_A}{4l^2}$（↑）

15. $N_{AB} = -530$kN；$N_{AD} = +750$kN

第 8 章

一、选择题

BDA

二、判断题

√√√×

三、计算题

1. 图 8-34：a　1 个；b　4 个；c　3 个；d　9 个

2. 图 8-35a：$M_{DB} = 4i\varphi_D$；$M_{DA} = 3i\varphi_D + \dfrac{3ql^2}{16}$；$M_{DC} = i\varphi_D - \dfrac{ql^2}{3}$；$8i\varphi_D - \dfrac{7}{48}ql^2 = 0$

图 8-35b：$M_{DA} = \dfrac{3EI}{4}\varphi_D + 5$，$M_{DB} = EI\varphi_D$；$M_{DC} = -40$kN·m，$1.75EI\varphi_D = 35$

图 8-35c：$M_{EA} = \dfrac{4E}{l}\varphi_E$；$M_{ED} = \dfrac{24E}{l}\varphi_E$；$M_{EC} = \dfrac{2E}{l}\varphi_E$；$M_{EB} = 0$；$\dfrac{30E}{l}\varphi_E = M_0$

图 8-35d：$M_{AB} = 4i\varphi_A + 2i\varphi_B$；$M_{BA} = 4\varphi_B + 2i\varphi_A$；$M_{BF} = i\varphi_B + \dfrac{3ql^2}{8}$；$M_{BE} = 3i\varphi_B - \dfrac{3ql^2}{16}$；$8i\varphi_A + 2i\varphi_B + \dfrac{ql^2}{2} = 0$；$2i\varphi_A + 8i\varphi_B + \dfrac{3ql^2}{16} = 0$

图 8-35e：$M_{BA} = 4i\varphi_B + 2i\varphi_A$；$M_{BC} = 3i\varphi_B - \dfrac{3i}{l}\Delta_C$；$M_{CD} = 0$；$7i\varphi_B + 2i\varphi_A - \dfrac{3i}{l}\Delta_C = 0$

3. 图 8-36a：$M_{BA} = 45.63 \text{kN} \cdot \text{m}$（上侧受拉）；$M_{CB} = 20.0 \text{kN} \cdot \text{m}$（上侧受拉）

图 8-36b：$M_{BA} = 36.0 \text{kN} \cdot \text{m}$（上侧受拉）；$M_{CB} = 27.0 \text{kN} \cdot \text{m}$（上侧受拉）

4. 图 8-37a：$M_{AB} = -10/3 \text{kN} \cdot \text{m}$（上侧受拉）；$M_{ED} = 20/3 \text{kN} \cdot \text{m}$（上侧受拉）

图 8-37b：$M_{AB} = 27.2 \text{kN} \cdot \text{m}$（右侧受拉）；$M_{CB} = 70.3 \text{kN} \cdot \text{m}$（上侧受拉）

图 8-37c：$M_{AC} = -38.05 \text{kN} \cdot \text{m}$（左侧受拉）；$M_{BD} = -18.16 \text{kN} \cdot \text{m}$（左侧受拉）

图 8-37d：$M_{AD} = -11ql^2/56$（左侧受拉）；$M_{CF} = -ql^2/14$（左侧受拉）

图 8-37e：$M_{AC} = -150 \text{kN} \cdot \text{m}$（左侧受拉）；$M_{BD} = -90 \text{kN} \cdot \text{m}$（左侧受拉）

图 8-37f：$M_{AC} = -225 \text{kN} \cdot \text{m}$（左侧受拉）；$M_{BD} = -135 \text{kN} \cdot \text{m}$（左侧受拉）

5. $M_{AB} = 0.4870ql^2$（右侧受拉）；$M_{CB} = -0.1347ql^2$（下侧受拉）

6. $M_{AD} = -84.2 \text{kN} \cdot \text{m}$（左侧受拉）；$M_{EB} = -70.0 \text{kN} \cdot \text{m}$（右侧受拉）

7. $M_{BA} = -50.4 \text{kN} \cdot \text{m}$（下侧受拉）；$M_{CD} = -5.6 \text{kN} \cdot \text{m}$（上侧受拉）

8. $M_{BC} = -\dfrac{3\alpha tlEI}{h^2(2l+h)}$（上侧受拉）；

$M_{AB} = \dfrac{3\alpha tl(1+h)EI}{h^2(2l+h)}$（右侧受拉）

9. $M_{AB} = 0$；$M_{BA} = \dfrac{ql^2}{4}$（上侧受拉）；$M_{BC} = -\dfrac{5ql^2}{12}$（上侧受拉）

10. 图 8-43a：$M_{AC} = M_{BD} = -171.4 \text{kN} \cdot \text{m}$（左侧受拉）；$M_{CA} = M_{DB} = -128.6 \text{kN} \cdot \text{m}$（右侧受拉）

图 8-43b：$M_{AD} = 0.838ql^2$（左侧受拉）；$M_{BE} = 0.512ql^2$（左侧受拉）

第 9 章

一、选择题

AD

二、判断题

×√√

三、计算题

1. $M_{AB} = \dfrac{2}{7}M$；$M_{BC} = \dfrac{3}{7}M$

2. $M_{BA} = 45 \text{kN} \cdot \text{m}$；$M_{BC} = -45 \text{kN} \cdot \text{m}$

3. $M_{AB} = -2.67 \text{kN} \cdot \text{m}$

4. $M_{AC} = 36 \text{kN} \cdot \text{m}$；$Q_{AC} = -13.5 \text{kN}$；$N_{AC} = -66 \text{kN}$

5. $M_{BA} = 20.25 \text{kN} \cdot \text{m}$；$M_{DB} = 6.75 \text{kN} \cdot \text{m}$

6. $M_{BA} = 39.6 \text{kN} \cdot \text{m}$

7. $M_{AB} = 45.5 \text{kN} \cdot \text{m}$；$M_{CD} = -308.3 \text{kN} \cdot \text{m}$

8. $M_{BA} = 14.06 \text{kN} \cdot \text{m}$；$M_{CB} = 6.45 \text{kN} \cdot \text{m}$

9. $M_{ED} = 48.6 \text{kN} \cdot \text{m}$

10. $M_{AB} = -61.3 \text{kN} \cdot \text{m}$

11. 图 9-33a：$M_{BA} = 34.05 \text{kN} \cdot \text{m}$；$M_{BC} = -31.10 \text{kN} \cdot \text{m}$

图 9-33b：$M_{BA} = 34.05 \text{kN} \cdot \text{m}$；$M_{BD} = -3 \text{kN} \cdot \text{m}$，$M_{BE} = -1 \text{kN} \cdot \text{m}$

图 9-33c：$M_{AB} = -135 \text{kN} \cdot \text{m}$；$M_{BD} = -45 \text{kN} \cdot \text{m}$，$M_{BA} = 90 \text{kN} \cdot \text{m}$

图 9-33d：$M_{BA} = 97.4 \text{kN} \cdot \text{m}$；$M_{BD} = -113.8 \text{kN} \cdot \text{m}$

12. $M_{BD} = 64.82 \text{kN} \cdot \text{m}$

13. 图 9-35a：$M_{AB} = -\dfrac{Pl}{4}$；$M_{BD} = -PL$

图 9-35b：$M_{AB} = -91.9 \text{kN} \cdot \text{m}$

14. $M_{AC} = -150 \text{kN} \cdot \text{m}$

15. $M_{AE} = -280 \text{kN} \cdot \text{m}$；$M_{CG} = -120 \text{kN} \cdot \text{m}$

第 10 章

一、选择题

CDC

二、判断题

√ ×

三、作图与计算题

1~13．略

14. $M_A = 0$

15. $M_{C\max} = 195 \text{kN} \cdot \text{m}$

16. $R_{B\max} = 276 \text{kN}$

17. $M_{\max} = 426.7 \text{kN} \cdot \text{m}$

其他：略

参 考 文 献

［1］ 李廉锟，侯文崎. 结构力学：上册［M］. 7版. 北京：高等教育出版社，2022.
［2］ 范小春. 结构力学［M］. 北京：机械工业出版社，2021.
［3］ 常伏德，王晓天. 结构力学实用教程［M］. 北京：北京大学出版社，2014.
［4］ 刘金春，杜青. 结构力学［M］. 杭州：浙江大学出版社，2013.
［5］ 龙驭球，包世华，袁驷. 结构力学 I［M］. 北京：高等教育出版社，2012.
［6］ 单建. 趣味结构力学［M］. 北京：高等教育出版社，2008.
［7］ 崔恩第. 结构力学［M］. 北京：国防工业出版社，2006.
［8］ 张系斌. 结构力学简明教程［M］. 北京：北京大学出版社，2006.
［9］ 刘昭培，张美. 结构力学［M］. 4版. 天津：天津大学出版社，2006.
［10］ 樊友景. 结构力学学习辅导与习题精解［M］. 北京：中国建筑工业出版社，2013.
［11］ 李家宝. 结构力学［M］. 北京：高等教育出版社，2004.
［12］ 王焕定. 结构力学［M］. 北京：清华大学出版社，2004.
［13］ 朱永甫，汪琴. 结构力学考研辅导及真题详解［M］. 北京：中国建筑工业出版社，2018.
［14］ 文国治. 结构力学辅导［M］. 北京：机械工业出版社，2018.
［15］ 金圣才. 注册结构工程师基础考试过关必做1500题［M］. 北京：中国石化出版社，2009.
［16］ 崔恩第. 结构力学学习指导［M］. 北京：国防工业出版社，2006.
［17］ 彭俊生，罗永坤. 结构力学指导型习题册［M］. 成都：西南交通大学出版社，2001.